Une histoire de la lecture

Alberto Manguel

Une histoire de la lecture

Essai traduit de l'anglais
par Christine Le Bœuf

Titre original :
A HISTORY OF READING

Éditeurs originaux :
Knopf Canada, Toronto
Harper Collins, Londres
Viking, New York

© Alberto Manguel, 1996

Pour la traduction française :
© Éditions Actes Sud, 1998

À Craig Stephenson,

*Le jour où il a rapproché nos têtes,
Le destin était plein d'imagination,
Ma tête si occupée du temps qu'il fait dehors,
La tienne du temps qu'il fait dedans.*

*D'après Robert F*ROST*.*

REMERCIEMENTS

Au cours des sept années durant lesquelles j'ai travaillé à ce livre, j'ai accumulé bon nombre de dettes de reconnaissance. L'idée d'écrire une histoire de la lecture est née d'une tentative de composer un essai ; Catherine Yolles a suggéré que le sujet méritait un livre – je la remercie de sa confiance. Merci à mes éditeurs – Louise Dennys, lectrice très bienveillante, dont l'amitié m'assiste depuis les jours lointains du *Guide de nulle part et d'ailleurs* ; Nan Graham, qui a soutenu le livre dès le début ; et Courtney Hodell, dont l'enthousiasme l'a accompagné jusqu'à la fin ; Philip Gwyn Jones dont les encouragements m'ont aidé à réviser les passages difficiles. Sans ménager leur peine, et avec un talent digne de Sherlock Holmes, Gena Gorrel et Beverley Beetham Endersby ont revu mon manuscrit : à elles, comme d'habitude, mes remerciements. Paul Hodgson a mis l'ouvrage en pages avec un soin intelligent. Mes agents Jennifer Barclay et Bruce Westwood ont écarté de ma porte les loups, banquiers et percepteurs. De nombreux amis m'ont offert leurs suggestions – Marina Warner, Giovanna Franci, Dee Fagin, Ana Becciú, Greg Gatenby, Carmen Criado, Stan Persky, Simone Vauthier. Les professeurs Amos Luzzatto et Roch Lecours, M. Hubert Meyer et le père F.A. Black ont eu la générosité d'accepter de relire et de corriger certains chapitres particuliers ; les erreurs qui restent sont les miennes. Sybel Ayse Tuzlac a fait une partie des recherches préliminaires. Je remercie vivement les bibliothécaires qui ont déniché pour moi de vieux livres et ont répondu avec patience à mes questions peu académiques à la Metro Toronto Reference Library, la Robarts Library, la Thomas Fisher Rare Books Library – toutes à Toronto –, Bob Foley et les bibliothécaires du Banff Centre for the Arts, la Bibliothèque humaniste à Sélestat, la Bibliothèque nationale de France, la Bibliothèque historique de la Ville de Paris, l'American Library à Paris, la Bibliothèque de l'université de Strasbourg, la Bibliothèque municipale de Colmar, la Huntington Library à Pasadena, Californie, la Biblioteca Ambrosiana à Milan, la London Library et la Biblioteca Nazionale Marciana à Venise. Je tiens à remercier également le Maclean Hunter Arts Journalism Programme, le Banff Centre for the Arts et Pages Bookstore à Calgary, où des passages de ce livre ont été lus pour la première fois.

Il m'eût été impossible d'achever cet ouvrage sans l'aide financière du Conseil des Arts de l'Ontario (avant Michael Harris) et du Conseil des Arts du Canada, ainsi que du fonds George Woodcock.

In memoriam Jonathan Warner,
dont le soutien et les conseils
me manquent extrêmement.

AU LECTEUR

La lecture a une histoire.

Robert DARNTON,
The Kiss of Lamourette, 1990.

Car le désir de lecture, comme tous les autres désirs qui troublent nos pauvres âmes, peut être analysé.

Virginia WOOLF,
Sir Thomas Browne, 1923.

Mais qui sera le maître ? L'auteur ou le lecteur ?

P.N. FURBANK
Diderot, 1992.

SOMMAIRE

LA DERNIÈRE PAGE
La dernière page 15

FAITS DE LECTURE
Lire des ombres 47
Lire en silence 65
Le livre de la mémoire 83
L'apprentissage de la lecture 97
La première page manquante 121
Lire des images 135
Écouter lire 153
La forme du livre 173
Lecture privée 205
Métaphores de la lecture 223

POUVOIRS DU LECTEUR
Commencements 239
Ordonnateurs de l'univers 251
Lire l'avenir 269
Le lecteur symbolique 283
Lire en lieu clos 299
Le voleur de livres 315
L'auteur en lecteur 329
Le traducteur en lecteur 345
Lectures interdites 371
Le fou de livres 387

PAGES DE FIN
Pages de fin 409
Notes 423
Crédits photographiques 469

LA DERNIÈRE PAGE

> *Lisez* pour vivre.
>
> Gustave Flaubert,
> *Lettre à Mlle de Chantepie*, juin 1857.

Une communauté universelle de lecteurs. *De gauche à droite et de haut en bas :*
Aristote jeune, par Charles Degeorge ; Virgile par Ludger tom Ring l'Ancien ;
saint Dominique par Fra Angelico ; Paolo et Francesca par Anselm Feuerbach ;
deux étudiants islamiques par un illustrateur anonyme ;
l'Enfant Jésus enseignant au Temple par des élèves de Martin Schongauer ;
le tombeau de Valentina Balbiani par Germain Pilon ;
saint Jérôme par un émule de Giovanni Bellini ;
Érasme dans son cabinet de travail par un graveur inconnu.

LA DERNIÈRE PAGE

Une main pendante, abandonnée, et l'autre soutenant son front, le jeune Aristote, assis sur un siège rembourré et les pieds confortablement croisés, lit, alangui, un papyrus déroulé sur ses genoux. Tout en maintenant un lorgnon sur son nez osseux, un Virgile enturbanné et barbu tourne les pages d'un volume orné de lettrines rouges, dans un portrait peint quinze siècles après la mort du poète. Assis sur une marche spacieuse, le menton reposant sur le bout des doigts de la main droite, saint Dominique, absorbé dans le livre qu'il tient ouvert sur ses genoux, semble sourd au monde. Blottis sous un arbre, deux amants, Paolo et Francesca, lisent un vers d'un poème qui leur sera fatal : Paolo, tel saint Dominique, se touche le menton de la main ; Francesca tient le livre ouvert en marquant avec deux doigts une page qui ne sera jamais atteinte. En chemin vers l'école de médecine, deux étudiants islamiques du XIIe siècle s'arrêtent pour consulter un passage d'un des livres qu'ils portent. Le doigt pointé sur la page de droite d'un livre ouvert sur ses genoux, l'Enfant Jésus explique sa lecture aux Anciens réunis dans le Temple tandis qu'eux, étonnés et sceptiques, tournent en vain les pages de leurs volumes respectifs à la recherche d'une réfutation.

Belle comme de son vivant, sous la garde d'un petit chien attentif, la noble Milanaise Valentina Balbiani feuillette son livre de marbre sur le couvercle d'un tombeau qui porte, en bas-relief, l'image de son corps émacié. Loin de l'agitation de la ville, parmi les sables et les rochers arides, saint Jérôme, tel un vieux banlieusard en attente de son train quotidien, lit un manuscrit au format d'un journal du dimanche tandis que, couché dans un coin, un lion écoute. Le grand érudit humaniste Desiderius Erasmus fait partager à son ami Gilbert Cousin une plaisanterie lue dans un livre ouvert devant lui sur un lutrin. À genoux, entouré de lauriers en fleur, un poète indien du XVIIe siècle se caresse la barbe en méditant sur les vers qu'il vient de se lire à haute voix afin d'en saisir toute la saveur ; il tient de la main gauche le volume

De gauche à droite et de haut en bas : Un poète moghol par Muhammad Ali ; la bibliothèque du temple de Haeinsa, en Corée ; Izaak Walton par un artiste anglais anonyme du XIXe siècle ; Marie-Madeleine par Emmanuel Benner ; Dickens faisant la lecture ; un jeune homme sur les quais de Paris.

richement relié. Debout près d'une longue rangée d'étagères grossières, un moine coréen en retire l'une des quatre-vingt mille tablettes de bois de la *Tripitaka Koreana* vieille de sept siècles et, en la tenant devant lui, lit avec une attention silencieuse. « *Study to be quiet* » (« Étudiez pour être en paix »), tel est le conseil donné par l'artiste anonyme qui a réalisé ce vitrail représentant le pêcheur et essayiste Izaak Walton en train de lire un petit livre au bord de la rivière Itchen, près de la cathédrale de Winchester.

Allongée, complètement nue, sur un drap recouvrant un rocher dans le désert, une Marie-Madeleine bien coiffée et peu repentie en apparence lit un grand volume illustré. Usant de ses talents d'acteur, Charles Dickens présente un exemplaire de l'un de ses romans dont il s'apprête à lire des passages devant un public fervent. Appuyé sur un parapet de pierre surplombant la Seine, un jeune homme se perd dans un livre (quel livre?) tenu ouvert devant lui. Avec impatience ou simple ennui, une mère soutient un livre pour son rouquin de fils tandis que celui-ci s'efforce de suivre de la main droite les mots sur la page. Jorge Luis Borges, aveugle, serre les paupières afin de mieux entendre les paroles d'un lecteur

 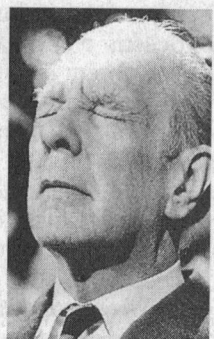 

De gauche à droite : Une mère enseignant la lecture à son fils par Gerard Terborch ; Jorge Luis Borges par Eduardo Comesaña, scène dans la forêt par Hans Toma.

invisible. Dans une forêt mouchetée de lumière, assis sur un tronc moussu, un garçon tient à deux mains un petit livre qu'il est en train de lire dans une douce quiétude, maître du temps et de l'espace.

Tous sont des lecteurs, et leurs gestes, leur savoir-faire, le plaisir, la responsabilité et le pouvoir que leur procure la lecture, sont également les miens.

Je ne suis pas seul.

J'avais quatre ans lorsque j'ai découvert que je pouvais lire. J'avais vu et revu les lettres dont je savais (parce qu'on me l'avait dit) qu'elles figuraient les noms des images au bas desquelles elles se trouvaient. Le garçon dessiné à gros traits noirs, vêtu d'une culotte rouge et d'une chemise verte (ces mêmes rouge et vert dont étaient coloriées toutes les autres images du livre, chiens, chats, arbres, et mères grandes et maigres), était aussi représenté, je le savais, par les sévères formes noires au-dessous de lui, comme si le corps du garçon – *boy* – avait été partagé en trois figures bien distinctes : un bras et le torse, *b* ; la tête coupée, d'une rondeur si parfaite, *o* ; et les jambes mollement pendantes, *y*. Je dessinais des yeux dans le visage rond, ainsi qu'un sourire, et je remplissais le rond vide du torse. Mais ce n'était pas tout : je savais que ces formes n'étaient pas seulement le reflet du garçon au-dessus d'elles, mais qu'elles pouvaient aussi me dire exactement ce que faisait ce garçon, bras tendus et jambes écartées. *The boy runs*, disaient les formes : le garçon court. Il ne saute pas, il ne fait pas semblant d'être figé sur place, il ne joue pas à un jeu dont j'ignore les règles et le but. *Le garçon court*.

Et pourtant ces découvertes n'étaient que sorcellerie banale, d'un intérêt mineur puisque quelqu'un me les avait révélées. Un autre lecteur – ma nurse, sans doute – m'avait expliqué les signes et désormais, chaque fois que les pages s'ouvraient sur l'image de ce garçon exubérant, je savais ce que signifiaient les formes au-dessous de lui. Il y avait là du plaisir, mais un plaisir qui s'usait. Il n'y avait pas de surprise.

Et puis un jour, par la fenêtre d'une voiture (roulant vers une destination maintenant oubliée), j'ai aperçu un panneau publicitaire au bord de la route. La vision n'a guère pu durer ; peut-être la voiture s'est-elle arrêtée un instant, peut-être a-t-elle ralenti juste assez longtemps pour que je voie surgir de grandes formes, des formes semblables à celles de mon livre, mais des formes que je n'avais jamais vues. Et pourtant, tout à coup, j'ai su ce qu'elles étaient ; j'entendais dans ma tête ces traits noirs et ces espaces blancs métamorphosés en une réalité solide, sonore, pleine de sens. J'avais fait cela tout seul. Personne n'avait exécuté pour moi ce tour de magie. Moi et les formes, nous étions seuls, la révélation avait eu lieu en un dialogue respectueusement silencieux. Puisque je pouvais transformer des traits nus en réalité vivante, j'étais tout-puissant. Je savais lire.

Ce qu'était le mot sur ce panneau il y a si longtemps, je n'en sais plus rien (j'ai le vague souvenir d'un mot comportant plusieurs *a*), mais cette impression de me trouver soudain capable de comprendre ce qu'auparavant je ne pouvais que contempler est demeurée aussi flamboyante aujourd'hui qu'elle doit l'avoir été alors. C'était comme l'acquisition d'un sens nouveau, de sorte que désormais certaines choses ne consistaient plus seulement en ce que mes yeux pouvaient voir, mes oreilles entendre, ma langue goûter, mon nez sentir ou mes doigts palper, mais en ce que mon corps entier pouvait déchiffrer, traduire, énoncer, lire.

Les lecteurs de livres, dans la tribu desquels j'entrais sans le savoir (nous nous croyons toujours seuls à chaque découverte, et chaque expérience, de la naissance à la mort, nous paraît formidable et unique), développent ou concentrent une fonction qui nous est commune à tous. Lire des lettres sur une page n'est qu'un de ses nombreux atours. L'astronome qui lit une carte d'étoiles disparues ; l'architecte japonais qui lit le terrain sur lequel on doit construire une maison afin de la protéger des forces mauvaises ; le zoologue qui lit les déjections des animaux dans la forêt ; le joueur de cartes qui lit l'expression de son partenaire avant de jouer la carte gagnante ; le danseur qui lit les indications du chorégraphe, et le public qui lit les gestes du danseur sur la scène ; le tisserand qui lit les dessins complexes d'un tapis en cours de tissage ; le joueur d'orgue qui lit plusieurs lignes musicales simultanées orchestrées sur la page ; les parents qui lisent sur le visage du bébé des signes de joie, de peur ou d'étonnement ; le devin chinois qui lit des marques antiques sur une carapace de tortue ; l'amant qui lit à l'aveuglette le corps aimé, la nuit, sous les draps ; le psychiatre qui aide ses patients à lire leurs rêves énigmatiques ; le pêcheur hawaïen qui lit les courants marins en plongeant une main dans l'eau ; le fermier qui lit dans le ciel le temps qu'il va faire – tous partagent avec le lecteur de livres l'art de déchiffrer et de traduire des signes. Certaines de ces lectures sont colorées par la notion que l'objet lu a été créé dans ce but spécifique par d'autres êtres humains – la musique, par exemple, ou la signalisation routière – ou par les dieux – la carapace de tortue, le ciel nocturne. Les autres relèvent du hasard.

Et pourtant, dans chaque cas, c'est le lecteur qui lit le sens ; c'est le lecteur qui accorde ou reconnaît à un objet, un lieu ou un événement une certaine lisibilité ; il revient au lecteur d'attribuer une signification à un système de signes et puis de le déchiffrer. Tous, nous nous lisons nous-mêmes et lisons le monde qui nous entoure afin d'apercevoir ce que nous sommes et où nous

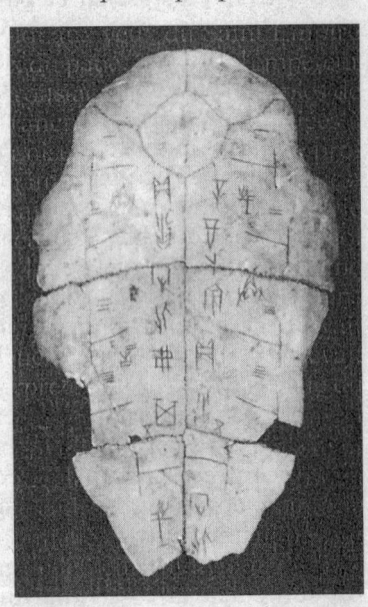

Un spécimen de *Chia-ku-wen*, « écrit sur os ou coquille », sur une carapace de tortue, vers 1300-1100.

nous trouvons. Nous lisons pour comprendre, ou pour commencer à comprendre. Nous ne pouvons que lire. Lire, presque autant que respirer, est notre fonction essentielle.

Je n'ai appris à écrire que beaucoup plus tard, à sept ans. Je pourrais peut-être vivre sans écrire. Je ne crois pas que je pourrais vivre sans lire. La lecture, ai-je découvert, vient avant l'écriture. Une société peut exister – beaucoup existent – sans l'écriture[1], mais aucune société ne peut exister sans la lecture. Selon l'ethnologue Philippe Descola[2], les sociétés sans écriture ont du temps un sens linéaire, tandis que dans les sociétés dites alphabétisées, le sens du temps est cumulatif ; les unes et les autres évoluent à l'intérieur de ces temps différents mais également complexes en lisant la multitude de signes que l'univers peut leur offrir. Même dans les sociétés qui rédigent la chronique de leur passage, la lecture précède l'écriture ; celui qui souhaite écrire doit être capable de reconnaître et de déchiffrer le système social des signes avant de les inscrire sur la page. Pour la plupart des sociétés alphabétisées – pour l'Islam, pour les sociétés juives et chrétiennes telles que la mienne, pour les anciens Mayas, pour les vastes cultures bouddhistes – la lecture se trouve au début du contrat social. Apprendre à lire fut mon rite de passage.

Lorsque j'ai su déchiffrer mes lettres, je me suis mis à tout lire : des livres, mais aussi des notices, des publicités, les petits caractères au dos des tickets de tramway, des lettres jetées à la poubelle, de vieux journaux traînant sous mon banc, au parc, des graffitis, la dernière page de couverture de magazines entre les mains d'autres lecteurs dans l'autobus. Quand j'ai découvert que Cervantès, dans son amour de la lecture, lisait « jusqu'aux bribes de papier qu'on jette à la rue[3] », je connaissais exactement la nécessité qui le poussait à de telles récupérations. Ce culte du livre (rouleaux, papier ou écran) est l'un des dogmes d'une société alphabétisée. L'islam pousse cette notion plus loin encore : le Coran n'est pas seulement l'une des créations de Dieu, il est l'un de Ses attributs, telles Son omniprésence ou Sa miséricorde.

L'expérience m'est venue d'abord des livres. Quand, plus tard dans ma vie, je me suis trouvé en présence d'événements, de circonstances, de personnages similaires à ceux que j'avais rencontrés dans mes lectures, cela m'a souvent donné l'impression un peu étonnante mais décevante de *déjà vu*, parce que j'imaginais que ce qui se passait à ce moment m'était déjà advenu en paroles, avait déjà été nommé. Le plus ancien texte hébreu de réflexion systématique et spéculative – le *Sefer Yezirah*, écrit dans le courant du VIe siècle – affirme que Dieu créa le monde au moyen de trente-deux voies secrètes de sagesse ; dix *Sefirot* ou chiffres et vingt-deux lettres[4]. À partir des *Sefirot*, toutes choses abstraites furent créées ; à partir des vingt-deux lettres, tous les êtres réels le furent dans les trois strates du cosmos – le monde, le temps et le corps humain. Dans la tradition judéo-chrétienne, l'univers est conçu comme un Livre écrit, fait de chiffres et de lettres ; la clé de notre compréhension de l'univers consiste en notre capacité de lire ceux-ci correctement et de maîtriser leurs combinaisons, et par là de donner vie à une partie de ce texte colossal, en imitation de notre Créateur. (Selon une légende du IVe siècle, les savants talmudistes Hanani et Hoshaiah, une fois la semaine, étudiaient le *Sefer Yezirah* et, au moyen de la bonne combinaison de lettres, créaient un veau de trois ans dont ils faisaient ensuite leur dîner.)

Mes livres étaient pour moi des transcriptions ou des gloses de cet autre Livre colossal. Dans un sonnet, Miguel de Unamuno[5] parle du Temps, dont il situe la source dans le futur ; ma vie de lecteur me donnait la même impression d'avancer à contre-courant, de revivre ce que j'avais lu. Les rues autour de chez moi étaient pleines d'hommes mal intentionnés allant à leurs affaires douteuses. Le désert, qui s'étendait non loin de notre maison à Tel-Aviv, où j'ai vécu jusqu'à l'âge de six ans, était prodigieux parce que je savais qu'une Cité de Bronze gisait enterrée sous ses sables, juste en dessous de la route asphaltée. La *jelly* – cette gelée translucide, colorée et parfumée, qui faisait les délices des petits Anglais – était une substance mystérieuse que je connaissais sans l'avoir vue par les livres d'Enid Blyton, et qui n'égala jamais, quand je la goûtai enfin, la qualité de cette ambroisie littéraire. J'écrivis à ma grand-mère en son pays lointain pour me plaindre de je ne sais quelle petite misère, pensant qu'elle serait la source de la même magnifique liberté que trouvaient mes orphelins littéraires lorsqu'ils découvraient des parents perdus depuis longtemps ; au lieu de remédier à mon chagrin, elle envoya ma lettre à mes parents, auxquels mes plaintes parurent plutôt comiques. Je croyais à la sorcellerie, et j'étais certain qu'un jour me seraient accordés ces trois souhaits dont d'innombrables contes m'avaient enseigné comment ne pas les gaspiller. Je me préparais à des rencontres avec des fantômes, avec la mort, avec des animaux doués de la parole, avec des batailles ; j'échafaudais des projets compliqués de voyages vers des îles aventureuses où Sindbad deviendrait mon ami de cœur. Ce fut bien des années plus tard, lorsque je touchai pour la première fois le corps de mon amant, que je me rendis compte que la littérature pouvait parfois être inférieure à l'événement véritable.

L'essayiste canadien Stan Persky m'a dit un jour que « pour des lecteurs, il doit exister un million d'autobiographies », puisqu'il semble que nous retrouvions dans un livre après l'autre les traces de notre vie. « Noter nos impressions sur *Hamlet* après une relecture annuelle, écrivait Virginia Woolf, reviendrait à rédiger notre autobiographie puisque dès que nous en savons plus de la vie, Shakespeare commente ce que nous savons[6]. » Pour moi, il en allait un peu autrement. Si les livres étaient des autobiographies, ils l'étaient avant les faits, et je reconnaissais des événements ultérieurs à partir de ce que j'avais lu autrefois dans H.G. Wells, dans *Alice au pays des merveilles*, dans le larmoyant *Grands Cœurs* d'Edmondo De Amicis, dans les aventures de Bomba, l'enfant de la jungle. Sartre, dans ses mémoires, fait

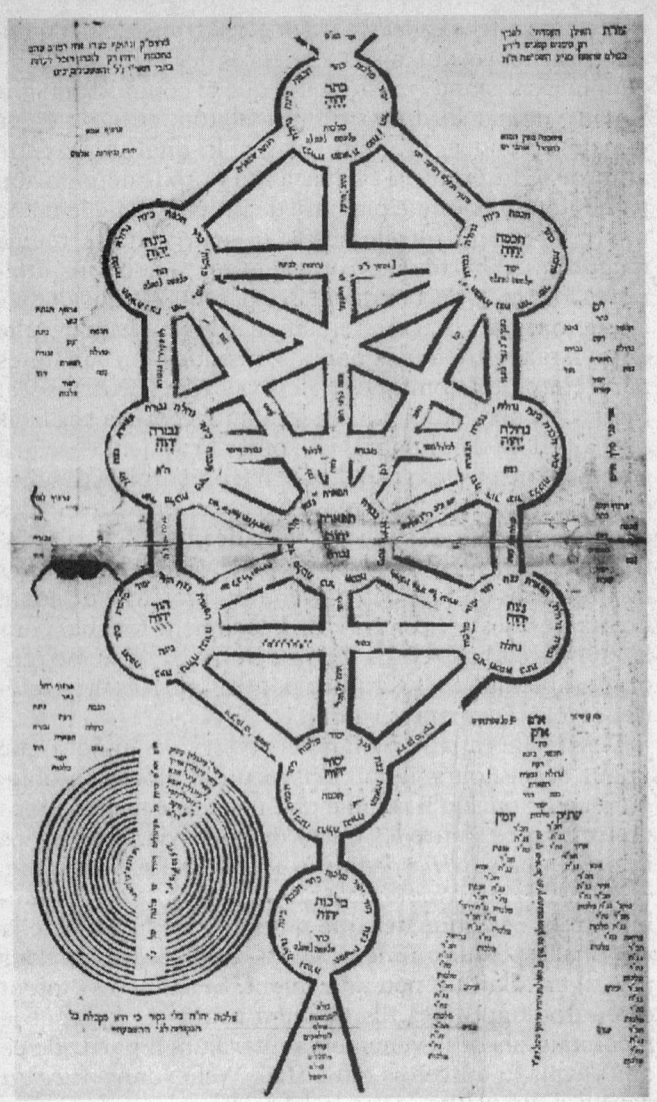

Une page du texte kabbalistique *Pa'amon ve-Rimmon*, imprimée à Amsterdam en 1708, où sont représentées les dix *Sefirot*.

l'aveu d'une expérience très semblable. En comparant la flore et la faune découvertes sur les pages de l'Encyclopédie Larousse avec leurs équivalents dans la vie réelle, il constatait : « au Jardin d'acclimatation, les singes étaient moins singes, au jardin du Luxembourg, les hommes étaient moins hommes. Platonicien par état, j'allais du savoir à son objet. Je trouvais à l'idée plus de réalité qu'à la chose. C'est dans les livres que j'ai rencontré l'univers : assimilé, classé, étiqueté, pensé, redoutable encore[7]. »

Lire m'était prétexte à rester seul, ou peut-être donnait un sens à la solitude qui m'était imposée, puisque durant toute mon enfance, après notre retour en Argentine, en 1955, j'ai vécu à l'écart du reste de ma famille, confié à ma nurse dans une partie distincte de la maison. Mon lieu de lecture préféré était alors le plancher de ma chambre, où je me couchais à plat ventre, les pieds croisés sous un fauteuil. Ensuite, mon lit, tard le soir, est devenu l'endroit le plus sûr, le mieux protégé pour lire dans cette région nébuleuse entre sommeil et veille. Je ne me rappelle pas m'être jamais senti seul ; de fait, lors des rares occasions où je rencontrais d'autres enfants, je trouvais leurs jeux et leurs conversations beaucoup moins intéressants que les aventures et dialogues que je lisais dans mes livres. Le psychologue James Hillman soutient que ceux qui ont lu des histoires ou à qui on en a lu dans l'enfance « sont en meilleure condition et ont de meilleures perspectives que ceux auxquels il faut les faire connaître... Venant au début de la vie, c'est déjà une vision de la vie. » Pour Hillman, ces premières lectures deviennent « quelque chose de vécu et de senti », un moyen pour l'âme d'apprendre à se découvrir[8]. À ces lectures, et pour cette raison, je suis retourné sans cesse, et j'y retourne encore.

Puisque mon père était diplomate, nous voyagions beaucoup ; les livres m'offraient un foyer permanent, un foyer que je pouvais habiter exactement comme bon me semblait, à tout moment, si peu familière que fût la chambre où je devais dormir ou inintelligibles les voix devant ma porte. Souvent, la nuit, j'allumais ma lampe de chevet, tandis que ma nurse tricotait à la machine ou dormait en ronflant dans le lit voisin du mien, et je tentais à la fois d'atteindre la fin du livre que j'étais en train de lire et de retarder cette fin autant que possible, en revenant en arrière de quelques pages, en recherchant un passage que j'avais apprécié, en vérifiant des détails qui m'avaient, croyais-je, échappé.

Je ne parlais jamais à personne de mes lectures ; le besoin de partager est venu plus tard. À cette époque, j'étais d'un superbe égoïsme, et je m'identifiais complètement à ces vers de Stevenson :

> *C'était le monde et j'étais roi ;*
> *Pour moi les abeilles venaient chanter,*
> *Pour moi volaient les hirondelles*[9].

Chaque livre était un monde en soi, et je m'y réfugiais. Tout en me sachant incapable d'inventer des histoires telles qu'en écrivaient mes auteurs préférés, je me sentais si bien d'accord avec eux que j'aurais pu reprendre à mon compte la phrase de Montaigne : « Si me gratifie-je de ceci, que mes opinions ont cet honneur de rencontrer souvent les leurs ; et que je vais au moins de loing après, disant que voire[10]. » Plus tard, je suis devenu capable de me dissocier de leur fiction ; mais dans mon enfance et pendant une grande partie de mon adolescence, ce que le livre me disait, si fantastique que ce fût, était vrai au moment de ma lecture et aussi tangible que la matière dont le livre était fait. Walter Benjamin décrit la même expérience. « Ce qu'ont été pour moi les premiers livres – pour m'en souvenir je dois commencer par oublier tout autre savoir sur les livres. Certes tout mon savoir actuel repose sur mon empressement d'autrefois à laisser le livre entrer en moi ; mais alors qu'aujourd'hui le contenu et le sujet, l'objet et la matière apparaissent comme extérieurs au livre, tout cela se trouvait autrefois entièrement en lui, était tout aussi peu extérieur au livre, indépendant de lui que ne le seraient aujourd'hui le nombre de ses pages ou son papier. Le monde qui s'ouvrait dans le livre et le livre lui-même ne pouvaient être à aucun prix séparés et ne faisaient rigoureusement qu'un. En même temps que le livre, son contenu, son monde étaient aussi à portée de main, à pied d'œuvre en un tournemain. Mais alors ce contenu, ce monde transfiguraient aussi le livre dans toutes ses parties. Ils brûlaient en lui, irradiaient; ils ne se nichaient pas seulement dans la reliure ou dans les images; les titres de chapitre et les initiales, les paragraphes et les colonnes étaient leur coquille. On ne les lisait pas de bout en bout, non, on habitait, on logeait entre leurs lignes et quand « on » les rouvrait après une pause, on s'éveillait en sursaut à l'endroit même où on s'était arrêté[11]. »

Plus tard, adolescent, dans la bibliothèque pratiquement inemployée de mon père à Buenos Aires (il avait demandé à sa secrétaire de garnir les rayons, et elle avait acheté des livres au mètre et les avait fait relier à la hauteur des étagères, de sorte que les titres en haut des pages avaient souvent été coupés et même les premières lignes manquaient parfois), je fis une autre découverte. J'avais commencé à consulter, dans la gigantesque encyclopédie espagnole Espasa-Calpe, les articles que j'imaginais en relation quelconque avec le sexe : « Masturbation », « Pénis », « Vagin », « Syphilis », « Prostitution ». Je me trouvais toujours seul dans la bibliothèque, puisque mon père ne s'en servait que dans les rares occasions où il lui fallait recevoir quelqu'un à la maison plutôt qu'au bureau. J'avais douze ou treize ans; pelotonné dans un des grands fauteuils, j'étais plongé dans un article sur les effets dévastateurs de la blennorragie, quand mon père entra et s'installa à son bureau. Pendant quelques instants, je fus terrifié à l'idée qu'il allait remarquer ce que j'étais en train de lire, et puis je me rendis compte que personne – pas même mon père, assis à quelques pas de moi – ne pouvait pénétrer mon espace de lecture, distinguer ce que le livre m'expliquait avec impudeur, et que rien, sinon ma propre volonté, ne pouvait en donner à quiconque la possibilité. Ce petit miracle fut un miracle silencieux, connu de moi seul. Je terminai l'article sur la blennorragie plus exultant que choqué. Plus tard encore, dans cette même bibliothèque, afin de parfaire mon éducation sexuelle, j'ai lu *Le Conformiste*, d'Alberto Moravia, un ou deux romans de Francis Carco, *Peyton Place*, de Grace Metalious, *Main Street*, de Sinclair Lewis, et la *Lolita* de Vladimir Nabokov.

Non seulement mes lectures étaient affaire privée, mais aussi la décision de ce que j'allais lire, le choix de mes livres dans les librairies d'autrefois à Tel-Aviv, Chypre ou Garmisch-Partenkirchen, Paris ou Buenos Aires. Souvent je choisissais les livres pour leurs couvertures. Il y a des instants dont je me souviens encore : par exemple celui où j'ai vu les jaquettes mates des *Rainbow Classics* (proposés par la World Publishing Company de Cleveland, Ohio) et où, ravi par les reliures toilées en dessous, j'étais sorti avec *Croc-Blanc* (que je n'ai ni aimé ni terminé), *Les Quatre Filles du Dr March* et *Huckleberry Finn*. Tous étaient précédés d'une introduction de May Lamberton Becker intitulée : « Comment ce livre fut écrit », et je considère ses commérages comme l'une des façons les plus excitantes de parler des livres. « Ainsi, par un matin froid de septembre 1880, tandis qu'une pluie bien écossaise martelait les fenêtres, Stevenson s'installa près du feu et se mit à écrire », lisait-on dans l'introduction de May Becker à *L'Île au trésor*. Cette pluie et ce feu m'ont accompagné tout au long du livre.

Je me rappelle, dans une librairie de Chypre, où notre bateau avait fait escale pendant quelques jours, une vitrine entière d'histoires de Oui-Oui avec leurs couvertures aux couleurs criardes, et le plaisir de m'imaginer en train de bâtir la maison de Oui-Oui avec lui à l'aide d'un jeu de construction dessiné sur la page. (Plus tard, sans la moindre honte, j'ai fait mes délices des autres séries d'Enid Blyton, dont j'ignorais alors que les bibliothécaires anglais l'avaient taxée de « sexiste et snob ».) À Buenos Aires, j'ai découvert la collection Robin Hood et ses couvertures cartonnées, avec le portrait de chaque héros dessiné en noir sur un fond jaune uni, et j'ai lu les histoires de pirates d'Emilio Salgari – *Les Tigres de Malaisie* –, les romans de Jules Verne et *Le Mystère d'Edwin Drood*, de Dickens. Je n'ai pas le souvenir d'avoir jamais lu les prières d'insérer pour voir ce dont il était question dans les livres ; je ne sais pas si les livres de mon enfance en comportaient.

Je crois que je lisais de deux façons au moins. La première consistait à suivre, en apnée, les événements et les personnages, sans m'arrêter aux détails, à un train dont l'accélération emportait parfois le récit au-delà de la dernière page – comme lorsque j'ai lu Rider Haggard, l'*Odyssée*, Conan Doyle et Karl May, auteur allemand d'histoires du Far West. La seconde était une exploration attentive, un examen minutieux du texte afin d'en démêler le sens, en prenant plaisir non seulement à la sonorité des mots ou aux indices que les mots ne désiraient pas révéler, mais à ce que je soupçonnais d'être caché tout au fond de l'histoire, trop terrible ou trop merveilleux pour être regardé. Cette seconde façon de lire – qui avait quelque chose de la lecture de romans policiers –, je la découvris chez Lewis Carroll, chez Dante, chez Kipling, chez Borges. Je lisais aussi en fonction de ce que je pensais que devait être un livre (d'après ce qu'en disaient l'auteur, l'éditeur, un autre lecteur). À douze ans, j'ai lu *Chasse tragique*, de Tchekhov, dans une collection spécialisée dans les romans policiers et, croyant que Tchekhov était un auteur russe de romans à suspense, j'ai lu ensuite *La Dame au petit chien* comme si ce récit avait été composé par un rival de Conan Doyle – et je l'ai apprécié, bien que le mystère me parût un peu mince. Dans le même ordre d'idées, Samuel Butler parle d'un certain William Sefton Moorhouse qui s'imagina converti au christianisme par la lecture de *L'Anatomie de la mélancolie*, de Burton, qu'il avait prise pour *L'Analogie* de Butler, qu'un ami lui avait recommandée. « Mais il en était fort intrigué[12]. » Dans une nouvelle publiée dans les années quarante, Borges suggère que lire *L'Imitation de Jésus-Christ*, de Thomas a Kempis, comme si elle avait été écrite par James Joyce serait « renouveler suffisamment les minces conseils de cet ouvrage[13] ».

Dès 1650, Spinoza notait dans son *Traité théologico-politique* (dénoncé par l'Église catholique comme un livre « forgé en enfer par un juif rénégat et le diable ») : « Il arrive souvent que dans différents livres nous lisions des histoires similaires en elles-mêmes mais sur lesquelles nous portons des jugements très différents, en fonction des opinions que nous nous sommes faites des auteurs. Je me souviens d'avoir un jour lu dans un livre qu'un certain Orlando Furioso chevauchait dans les airs une sorte de monstre ailé, volait au-dessus de tous les pays qu'il désirait, tuait sans aide grand nombre d'hommes et de géants, et autres telles fantaisies qui, du point de vue de la raison, sont manifestement absurdes. J'ai lu une histoire très semblable dans Ovide, à propos de Persée, et aussi, dans le livre des Juges et des Rois, celle de Samson qui, seul et sans armes, tua des milliers d'hommes, et celle d'Elie, qui vola dans les airs et finit par monter au ciel dans un chariot embrasé tiré par des chevaux de feu. Il est évident que toutes ces histoires se ressemblent, mais nous les jugeons de façons très différentes. La première se proposait d'amuser, l'objet de la seconde était politique, celui de la troisième religieux[14]. » Moi aussi, très longtemps, j'ai attribué des intentions aux livres que je lisais, m'attendant, par exemple, à me sentir endoctriné par *Le Voyage du pèlerin*, de Bunyan, parce que c'était, m'avait-on dit, une allégorie religieuse – comme si j'avais été capable d'écouter ce qui se passait dans le cerveau de l'auteur au moment de la création et d'acquérir la preuve que cet auteur disait effectivement la vérité. L'expérience et un certain bon sens ne m'ont pas encore tout à fait guéri de cette superstition vicieuse.

Parfois les livres eux-mêmes étaient des talismans : un *Tristram Shandy* en deux volumes, une édition Penguin de *Que la bête meure* de Nicholas Blake, un exemplaire fatigué de l'édition commentée d'*Alice au pays des merveilles* par Martin Gardner, que j'avais fait relier (au prix d'un mois entier d'argent de poche) chez un bouquiniste obscur. Ceux-là, je les lisais avec une attention particulière et je les gardais pour des moments particuliers. Thomas a Kempis recommandait à ses élèves de prendre un livre entre les mains « comme Siméon le Juste prit dans ses bras l'Enfant Jésus pour le porter et l'embrasser » et, leur lecture achevée, de fermer le livre en rendant grâces à Dieu pour chaque parole venue de Sa bouche ; « car dans le champ du Seigneur vous avez trouvé un trésor caché[15] ». Et saint Benoît, qui écrivait à une époque où les livres étaient relativement rares et chers, ordonnait à ses moines de tenir « si possible » les livres qu'ils lisaient dans la main gauche, enveloppée dans la manche de la tunique et reposant sur les genoux ; la main droite devait rester dégagée afin de saisir et de tourner les pages[16]. Mes lectures d'adolescent ne comportaient pas une vénération aussi profonde ni un rituel aussi attentif, mais elles possédaient une certaine solennité secrète et une importance que je ne nierai pas aujourd'hui.

Je voulais vivre parmi les livres. À seize ans, en 1964, j'ai trouvé un emploi, après l'école, à la librairie Pygmalion, l'une des trois librairies anglo-allemandes de Buenos Aires. Elle appartenait à Lily Lebach, une juive allemande qui avait fui les nazis et s'était installée à Buenos Aires à la fin des années trente, et qui me confia la tâche quotidienne d'épousseter chacun des livres du magasin – méthode grâce à laquelle elle pensait (avec raison) que j'arriverais rapidement à connaître le stock ainsi que la place des volumes sur les rayons. Malheureusement, beaucoup de ces livres représentaient une tentation qui excédait largement le souci de leur propreté ; ils demandaient à être tenus et ouverts et inspectés, et parfois cela ne suffisait pas. De temps à autre, je volais un de ces tentateurs ; je le ramenais chez moi, enfoui dans la poche de ma veste, parce qu'il ne me fallait pas seulement le lire ; il me fallait le posséder, le dire mien. La romancière Jamaica Kincaid, en avouant avoir commis le même crime dans la bibliothèque de son enfance, à Antigua, explique qu'elle n'avait pas l'intention de voler ; simplement, « une fois que j'avais lu un livre, je ne pouvais supporter de m'en séparer[17] ». Je me suis vite aperçu, moi aussi, qu'on ne lit pas simplement *Crime et Châtiment* ou *Les dieux ont soif*. On lit une certaine édition, un exemplaire en particulier, reconnaissable à la rugosité ou à la douceur de son papier, à son odeur, à une légère déchirure page 72 et à la trace d'une tasse de café sur le coin droit de la quatrième de couverture. La règle épistémologique en matière de lecture, établie au IIe siècle, en vertu de laquelle le texte le plus récent remplace le précédent, puisqu'il est censé le contenir, s'est rarement vérifiée dans mon cas. Dans le haut Moyen Âge, les scribes « corrigeaient » les fautes qu'ils pouvaient discerner dans le texte qu'ils copiaient et produisaient ainsi un « meilleur » texte ; pour moi, cependant, l'édition dans laquelle j'ai lu un livre pour la première fois devient l'*editio princeps*, à laquelle toutes les autres doivent être comparées. L'imprimerie nous a donné l'illusion que les lecteurs de *Don Quichotte* lisent tous le même livre. Pour moi, aujourd'hui encore, comme si l'invention de l'imprimerie n'avait jamais eu lieu, chaque exemplaire d'un livre demeure aussi unique que le phénix.

Et pourtant, la vérité, c'est que certains livres ont pour certains lecteurs des caractéristiques particulières. La possession d'un livre comprend, implicite, l'histoire de ses lectures antérieures – c'est-à-dire que tout nouveau lecteur est sensible à l'idée qu'il ou elle se fait de ce qu'a été le livre dans les mains précédentes. Mon exemplaire de l'autobiographie de Kipling, *Souvenirs. Un peu de moi-même pour mes amis connus et inconnus*, acheté d'occasion à Buenos Aires, porte sur la page de garde un poème manuscrit, daté du jour de la mort de Kipling. Le poète improvisé qui possédait cet exemplaire, était-il un ardent impérialiste ? Un amoureux de la prose de Kipling qui distinguait l'artiste sous le vernis chauvin ? Mon prédécesseur imaginaire affecte ma lecture parce que je me surprends à dialoguer avec lui, à discuter de tel ou tel point. Un livre apporte au lecteur sa propre histoire.

Miss Lebach devait savoir que ses employés chipaient des livres mais, du moment que nous ne lui paraissions pas dépasser certaines limites tacitement établies, je soupçonne qu'elle autorisait le délit. Une ou deux fois, me voyant absorbé dans un nouvel arrivage, elle se contenta de me dire de me remettre au travail et de garder le livre pour le lire chez moi, pendant mon temps libre. Dans son magasin, des livres merveilleux me sont passés entre les mains : *Joseph et ses frères*, de Thomas Mann, *Herzog*, de Saul Bellow, *Le Nain*, de Pär Lagerkvist, *Neuf Histoires*, de Salinger, *La Mort de Virgile*, de Broch, *L'Enfant vert*, de Herbert Read, *La Conscience de Zeno*, d'Italo Svevo, les poèmes de Rilke, de Dylan Thomas, d'Emily Dickinson, de Gerard Manley Hopkins, les chansons d'amour égyptiennes traduites par Ezra Pound, l'épopée de Gilgamesh.

Un après-midi, Jorge Luis Borges entra dans la librairie, accompagné de sa mère, qui était âgée de quatre-vingt-huit ans. Il était célèbre, mais je n'avais lu de lui que quelques rares poèmes et nouvelles, et je ne me sentais pas emballé par sa littérature. Bien qu'il fût alors presque totalement aveugle, il refusait d'utiliser une canne, et il passait la main sur les étagères comme si ses doigts pouvaient voir les titres. Il cherchait des livres susceptibles de l'aider dans l'étude de l'anglo-saxon, devenu sa dernière passion, et nous avions commandé pour lui le dictionnaire de Skeat et une version annotée d'un ancien poème anglo-saxon : *La Bataille de Maldon*. La mère de Borges s'impatienta. « Oh, Georgie, dit-elle, je ne comprends pas pourquoi tu perds ton temps avec l'anglo-saxon, au lieu d'étudier quelque chose d'utile comme le latin ou le grec ! » Enfin, il se tourna vers moi et me demanda plusieurs livres. J'en trouvai quelques-uns et pris note des autres, c'est alors qu'au moment de sortir il me demanda si j'étais occupé le soir parce qu'il avait besoin (il disait cela comme en s'excusant) de quelqu'un pour lui faire la lecture, sa mère se fatiguant vite désormais. Je répondis que je le ferais volontiers.

Pendant deux ans, le soir ou, si l'école le permettait, dans la matinée, j'ai fait la lecture à Borges, de même que d'autres élus rencontrés par hasard. Le rituel était toujours à peu près le même. Ignorant l'ascenseur, je grimpais l'escalier jusqu'à son appartement (un escalier semblable à celui que Borges avait un jour gravi plongé dans un exemplaire des *Mille et Une Nuits* qu'il venait d'acquérir; il ne remarqua pas une fenêtre ouverte et se blessa, la blessure s'infecta, entraînant le délire et la conviction qu'il devenait fou); je sonnais; la femme de chambre m'introduisait, par un vestibule drapé de rideaux, dans le petit salon où Borges venait m'accueillir en me tendant une main douce. Il n'y avait pas de préliminaires; il s'asseyait sur le canapé, plein d'impatience, et suggérait d'une voix légèrement asthmatique la lecture du jour. «Choisirons-nous Kipling, ce soir? Hein?» Et, bien entendu, il n'attendait pas vraiment de réponse.

Dans ce salon, sous une gravure de Piranèse représentant des ruines romaines circulaires, j'ai lu Kipling, Stevenson, Henry James, plusieurs articles de l'encyclopédie allemande de Brockhaus, des poèmes de Marino, d'Enrique Banchs, de Heine (mais ces derniers, il les connaissait par cœur et à peine en avais-je commencé la lecture que sa voix hésitante les reprenait et les récitait; l'hésitation n'était que dans la cadence, pas dans les mots, qu'il se rappelait de manière infaillible). Je n'avais pas encore lu beaucoup de ces auteurs, et le rituel était donc étrange. Je découvrais un texte en le lisant à haute voix, tandis que Borges se servait de ses oreilles comme d'autres de leurs yeux pour parcourir la page à la recherche d'un mot, d'une phrase, d'un paragraphe confirmant un souvenir. Pendant que je lisais, il m'interrompait pour commenter le texte afin (je crois) d'en prendre note mentalement.

M'arrêtant après une expression qu'il trouvait désopilante dans les *Nouvelles Mille et Une Nuits* de Stevenson («habillé et maquillé de manière à représenter une personne en relation avec la presse qui a connu des jours meilleurs» – «Comment peut-on être habillé comme ça, hein ? Que pensez-vous que Stevenson avait en tête ? Une impossible précision ? Hein ? »), il se mit à analyser le procédé stylistique consistant à définir quelque chose ou quelqu'un au moyen d'une image ou d'une catégorie qui, tout en paraissant précise, oblige le lecteur à inventer une définition personnelle. Avec son ami Adolfo Bioy Casares, il avait joué de cette idée dans une nouvelle longue de onze mots : « L'étranger monta l'escalier dans l'obscurité : tic-toc, tic-toc, tic-toc. »

Alors qu'il m'écoutait lire un récit de Kipling, « Bisesa » (dans *L'Homme qui voulut être roi*), Borges m'interrompit après une scène où une veuve hindoue envoie à son amant un message composé de plusieurs objets emballés ensemble. Il en souligna la justesse poétique et se demanda à haute voix si Kipling avait inventé ce langage concret et cependant symbolique[18]. Et puis, comme s'il parcourait une bibliothèque mentale, il le compara au « langage philosophique » de John Wilkins, dans lequel chaque mot est sa propre définition. Par exemple, Borges observait que le mot *saumon* ne nous dit rien de l'objet qu'il représente ; *zana*, le mot correspondant dans le langage de Wilkins, fondé sur des catégories préétablies, signifie « un poisson de rivière écailleux à la chair rougeâtre[19] » : *z* pour poisson, *za* pour poisson de rivière, *zan* pour poisson de rivière écailleux, et *zana* pour poisson de rivière écailleux à la chair rougeâtre. Lorsque je faisais la lecture à Borges, il en résultait toujours pour moi une réorganisation mentale de mes propres livres ; ce soir-là, Kipling et Wilkins figurèrent l'un à côté de l'autre sur le même rayon imaginaire.

Une autre fois (je ne me souviens plus de ce qu'il m'avait demandé de lire), il se lança dans l'improvisation d'une anthologie d'expressions malheureuses d'auteurs célèbres, qui comprenait Keats : « le hibou, malgré toutes ses plumes, avait froid », Shakespeare : « O mon âme prophétique ! Mon oncle ! » (Borges trouvait le mot « oncle » dépourvu de poésie, peu approprié dans la bouche de Hamlet – il aurait préféré « Le frère de mon père ! » ou « Le parent de ma mère ! »), Webster : « Nous ne sommes que les balles de tennis des étoiles », dans *La Duchesse d'Amalfi*, et les derniers vers de Milton dans *Le Paradis reconquis* : « He unobserv'd/Home to his Mother's house private return'd » (à peu près, « Sans être vu, il revint discrètement chez sa mère ») qui, de l'avis de Borges, faisaient du Christ un gentleman anglais en chapeau melon rentrant chez sa maman à l'heure du thé.

Il se servait parfois de ces lectures dans son propre travail. Sa découverte d'un tigre fantôme dans « Les Canons du'fore and'aft », une nouvelle de Kipling que nous avions lue peu avant Noël, l'incita à composer un de ses derniers récits, « Tigres bleus » ; les « Deux images dans un étang » de Giovanni Papini lui inspirèrent son « 24 août 1982 », une date qui était encore dans le futur ; l'irritation qu'il éprouvait envers Lovecraft (dont il me fit commencer et abandonner les récits une demi-douzaine de fois) le poussa à créer une version « corrigée » d'un récit de Lovecraft qu'il publia dans *Le Rapport de Brodie*. Souvent, il me demandait de noter quelque chose sur la page de garde à la fin du livre que nous lisions – la référence d'un chapitre ou une réflexion. Je ne sais pas quel usage il pouvait en faire, mais j'ai pris, moi aussi, l'habitude de parler des livres derrière leur dos.

Il y a une histoire d'Evelyn Waugh dans laquelle un homme, après avoir été secouru par un autre au milieu de la jungle amazonienne, se trouve obligé par son sauveteur à lire Dickens à haute voix pendant le restant de ses jours[20]. Je n'ai jamais eu l'impression de m'acquitter d'une obligation quand je lisais pour Borges ; l'expérience ressemblait plutôt à une sorte de captivité heureuse. J'étais ravi, non seulement des textes qu'il me faisait découvrir (et dont beaucoup ont pris place parmi mes préférés), mais surtout de ses commentaires, qui étaient d'une érudition immense quoique discrète, très drôles, parfois cruels, presque toujours indispensables. J'avais l'impression d'être l'unique possesseur d'une édition annotée avec soin, compilée exclusivement pour moi. Bien entendu, je n'étais rien de tel ; j'étais simplement (comme beaucoup d'autres) son bloc-notes, un aide-mémoire dont le vieil homme avait besoin pour rassembler ses idées. Je me prêtais volontiers à cet usage.

Avant de rencontrer Borges, j'avais lu pour moi-même en silence, ou quelqu'un m'avait lu à haute voix un livre de mon choix. Faire la lecture à ce vieil homme aveugle fut pour moi une expérience curieuse, car même si je me sentais, non sans quelque effort, maître du ton et de la cadence de lecture, c'était néanmoins Borges, l'auditeur, qui devenait le maître du texte. J'étais le conducteur, mais le paysage, le déploiement de l'espace appartenaient à celui qui était conduit, pour qui il n'existait d'autre responsabilité que celle d'appréhender le territoire vu par les fenêtres. Borges choisissait le livre, Borges m'arrêtait ou me priait de continuer, Borges m'interrompait pour faire des commentaires, Borges laissait les mots venir à lui. Je restais invisible.

J'appris bientôt que la lecture est cumulative et se développe selon une progression géométrique : chaque nouvelle lecture s'ajoute à ce que le lecteur a lu auparavant. Au début, j'avais des idées préconçues sur les histoires que Borges choisissait pour moi – la prose de Kipling serait guindée, celle de Stevenson puérile, celle de Joyce inintelligible – mais très rapidement l'expérience l'emporta sur les préjugés et la découverte d'une histoire m'en faisait anticiper une autre, qui à son tour s'enrichirait du souvenir des réactions de Borges et des miennes. L'évolution de mes lectures ne suivait jamais le déroulement conventionnel du temps. Par exemple, le fait de lui lire à haute voix des textes que j'avais déjà lus seul modifiait ces lectures solitaires antérieures, amplifiait et imprégnait le souvenir que j'en avais, me faisait percevoir ce que je n'avais pas perçu alors mais que j'avais à présent, par l'effet de sa réaction, l'impression de me rappeler. « Il y a ceux qui, lorsqu'ils lisent un livre, se souviennent, comparent, évoquent des émotions éprouvées lors de lectures précédentes, observait l'écrivain argentin Ezequiel Martínez Estrada. C'est une des plus délicates des formes d'adultère[21]. » Borges ne croyait pas aux bibliographies systématiques et encourageait de telles lectures adultérines.

Outre Borges, quelques amis, plusieurs professeurs et une critique par-ci par-là m'ont plus d'une fois suggéré des livres, mais dans une large mesure mes rencontres avec les livres ont été une question de chance, telle la rencontre de ces âmes inconnues, dans le septième cercle de l'Enfer de Dante, dont « chacune nous regardait comme, entre eux, font, le soir, les gens par chemins en temps de neuve lune[22] », et qui découvrent soudain dans une apparence, un coup d'œil, un mot, une attirance irrésistible.

J'ai commencé par ranger mes livres selon un ordre alphabétique rigoureux, par auteurs. Ensuite je me suis mis à les répartir en fonction des genres : romans, essais, pièces de théâtre, poèmes. Plus tard, j'ai essayé de les grouper par langues et quand, au cours de mes voyages, j'étais obligé de n'en conserver que quelques-uns, j'ai séparé ceux que je lisais rarement, ceux que je lisais tout le temps et ceux que j'espérais lire. Parfois ma bibliothèque obéissait à des règles secrètes, nées d'associations personnelles. Jorge Semprún rangeait *Charlotte à Weimar*, de Thomas Mann, parmi ses livres sur Buchenwald, le camp de concentration où il avait été interné, parce que le roman commence par une scène à l'hôtel Éléphant de Weimar, où Semprún a été amené après sa libération[23]. J'ai imaginé à un moment donné qu'il serait amusant de construire à partir de tels rapprochements une histoire de la littérature, en explorant, par exemple, les relations existant entre Aristote, Auden, Jane Austen et Marcel Aymé (selon mon ordre alphabétique), ou entre Chesterton, Sylvia Townsend Warner, Borges, saint Jean de la Croix et Lewis Carroll (parmi mes préférés). Il me semblait que la littérature enseignée à l'école – où l'on expliquait les rapports entre Cervantès et Lope de Vega en se basant sur le fait qu'ils avaient vécu dans le même siècle, et où *Platero et moi*, de Juan Ramón Jiménez (l'histoire d'un poète épris d'un âne), était considéré comme un chef-d'œuvre – relevait d'une sélection aussi arbitraire et ni plus ni moins admissible que celle que je pouvais construire pour ma part sur la base de mes découvertes au long des voies tortueuses de mes lectures et des dimensions de mes étagères. L'histoire de la littérature, telle que la consacrent les manuels scolaires et les bibliothèques officielles, me semblait n'être rien de plus que l'histoire de certaines lectures – plus anciennes et mieux informées que les miennes, sans doute, mais non moins dépendantes du hasard et des circonstances.

Un an avant la fin de mes études secondaires, en 1966, quand le gouvernement militaire du général Onganía prit le pouvoir en Argentine, je découvris un nouveau système en vertu duquel un lecteur peut ranger ses livres. Soupçonnés d'être communistes ou obscènes, certains titres et certains auteurs furent répertoriés par la censure, et compte tenu de la fréquence accrue des contrôles de police dans les cafés, les bars, les gares ou tout simplement la rue, il devint aussi important de ne pas être vu un livre suspect à la main que d'avoir sur soi des papiers d'identité en règle. Les auteurs mis à l'index – Pablo Neruda, J.D. Salinger, Maxime Gorki, Harold Pinter – composaient de la littérature une histoire encore différente, où les liens n'étaient ni évidents ni éternels, et qui n'avait en commun que ce qu'y découvrait l'œil sourcilleux du censeur.

Mais les gouvernements totalitaires ne sont pas seuls à craindre la lecture. Les lecteurs sont brutalisés dans les cours d'écoles et dans les vestiaires comme dans les bureaux et prisons d'État. Presque partout, la communauté des lecteurs a une réputation ambiguë qui vient de son autorité acquise et d'un pouvoir entr'aperçu. On devine dans la relation entre un lecteur et un livre quelque chose de sage et de profitable, mais on la trouve aussi dédaigneusement élitiste et exclusive, peut-être parce que l'image d'un individu pelotonné dans un coin, oublieux en apparence des grondements du monde, suggère une intimité impénétrable, un œil égoïste et une occupation singulière et cachottière. (« Sors, va vivre ! » me disait ma mère quand elle me voyait en train de lire, comme si mon activité silencieuse contredisait sa conception de l'existence.) La commune inquiétude de ce que pourrait accomplir un lecteur entre les pages d'un livre ressemble à la crainte éternelle qu'éprouvent les hommes à l'idée de ce que pourraient accomplir les femmes aux lieux secrets de leurs corps, de ce que pourraient accomplir dans l'obscurité sorcières et alchimistes derrière leurs portes verrouillées. L'ivoire, d'après Virgile, est le matériau dont est faite la Porte des Rêves Mensongers ; d'après Sainte-Beuve, c'est aussi le matériau de la tour du lecteur.

Borges m'a raconté un jour que pendant l'une des manifestations populistes organisées par le gouvernement de Perón en 1950 contre l'opposition intellectuelle, les manifestants chantaient : « Des souliers, oui, des livres, non. » La réplique, « Des souliers, oui, des livres, oui », ne convainquit personne. La réalité – la dure et nécessaire réalité – était perçue comme en conflit irrémissible avec le monde de rêves et d'évasion représenté par les livres. Sous ce prétexte, et avec un effet croissant, la dichotomie artificielle entre la vie et la lecture est activement encouragée par ceux qui détiennent le pouvoir. Les régimes populaires exigent de nous l'oubli, et par conséquent ils traitent les livres de luxe superflu ; les régimes totalitaires exigent que nous ne pensions pas, et par conséquent ils bannissent, menacent et censurent ; les uns et les autres, d'une manière générale, ont besoin que nous devenions stupides et que nous acceptions avec docilité notre dégradation, et par conséquent ils encouragent la consommation de bouillie. Dans de telles circonstances, les lecteurs ne peuvent être que subversifs.

Et je passe donc, plein d'ambition, de ma propre histoire de lecteur à l'histoire de la lecture. Ou plutôt, à *une* histoire de la lecture, puisque toute histoire de ce genre

– faite d'intuitions personnelles et de circonstances particulières – ne peut être qu'une parmi beaucoup d'autres, si impersonnelle qu'elle s'efforce de rester. Au bout du compte, il se peut que l'histoire de la lecture soit l'histoire de chacun de ses lecteurs. Même son point de départ est nécessairement fortuit. Dans le compte rendu d'une histoire des mathématiques publiée vers le milieu des années trente, Borges écrivait qu'elle souffrait «d'un défaut grave : l'ordre chronologique de ses événements ne correspond pas à son ordre logique et naturel. La définition de ses éléments vient très souvent à la fin, la pratique précède la théorie, les travaux intuitifs de ses précurseurs sont moins compréhensibles pour le lecteur profane que ceux des mathématiciens modernes[24].» On peut en dire autant d'une histoire de la lecture. Sa chronologie ne peut être celle de l'histoire politique. Le scribe sumérien, pour qui la lecture était une très précieuse prérogative, avait un sens plus aigu de sa responsabilité que le lecteur d'aujourd'hui à New York ou à Santiago, puisqu'un article de loi ou l'équilibre d'un compte dépendaient de son interprétation exclusive. Les méthodes de lectures pratiquées à la fin du Moyen Âge, qui précisaient quand et comment lire et distinguaient, par exemple, le texte à lire à haute voix du texte à lire en silence, étaient beaucoup plus nettement établies que celles qu'on enseignait dans la Vienne *fin-de-siècle* ou dans la France de la Belle Époque. Une histoire de la lecture ne peut pas non plus suivre l'ordre cohérent de l'histoire de la critique littéraire ; le malaise exprimé au XIXe siècle par la mystique Anna Katharina Emmerich (malaise dû au sentiment que le texte imprimé n'égalait jamais son expérience[25]) l'avait été avec plus de force encore deux mille ans plus tôt par Socrate (qui considérait les livres comme une gêne pour qui cherche à s'instruire[26]) et à notre époque par le critique allemand Hans Magnus Enzensberger (qui vantait l'analphabétisme et proposait un retour à la créativité originelle de la littérature orale[27]). Cette position fut réfutée par l'essayiste américain Allan Bloom[28], parmi beaucoup d'autres ; avec un splendide anachronisme, Bloom a été amendé et amélioré par son précurseur, Charles Lamb qui, en 1833, avouait qu'il aimait se perdre « dans les cerveaux d'autres hommes. Quand je ne suis pas en train de marcher, disait-il, je lis ; je ne peux pas rester assis à réfléchir. Les livres réfléchissent pour moi[29]. » Et l'histoire de la lecture ne correspond pas davantage aux chronologies des histoires de la littérature, puisque l'histoire de la lecture d'un auteur en particulier commence moins souvent avec le premier livre de cet auteur qu'avec l'un de ses futurs lecteurs : le marquis de Sade fut délivré des rayons interdits de la littérature pornographique, où ses livres languissaient depuis plus de cent cinquante ans, par le bibliophile Maurice Heine et les surréalistes français ; William Blake, ignoré pendant plus de deux siècles, fit ses débuts dans notre temps grâce à l'enthousiasme de Sir Geoffrey Keynes et de Northrop Frye, qui en fit une lecture obligatoire au programme de tous les collèges.

Nous, lecteurs d'aujourd'hui, que l'on dit menacés d'extinction, nous avons encore à apprendre ce que c'est que de lire. Notre avenir – l'avenir de l'histoire de nos lectures – fut exploré par saint Augustin, qui tentait de distinguer le texte vu avec les yeux de l'esprit du texte lu à haute voix ; par Dante, qui s'interrogeait sur les limites de la capacité d'interprétation des lecteurs ; par dame Murasaki, qui défendait la spécificité de certaines lectures ; par Pline, qui analysait la performance du lecteur ainsi que les relations entre l'écrivain qui lit et le lecteur qui écrit ; par les scribes sumériens, qui attribuaient à l'acte de lire un pouvoir politique ; par les premiers fabricants de livres qui, trouvant trop limitatives et trop encombrantes les méthodes de lecture des rouleaux (semblables à celles que nous utilisons à présent pour lire sur nos ordinateurs), nous ont offert la possibilité de tourner des pages et de griffonner dans les marges. Le passé de cette histoire se trouve devant nous, à la dernière page de cette mise en garde que constitue la description de l'avenir par Ray Bradbury dans *Fahrenheit 451*, où le support des livres n'est plus le papier mais la mémoire.

À l'instar de l'action même de lire, une histoire de la lecture part en avant vers notre temps – vers moi, vers mon expérience de lecteur – et puis repart en arrière vers une page ancienne dans un pays étranger et lointain. Elle saute des chapitres, flâne, relit, refuse de suivre un ordre conventionnel. Paradoxalement, la peur qui oppose la lecture à la vie active, et qui poussait ma mère à m'arracher à mon siège et à mon livre pour m'envoyer au grand air, reconnaît une vérité solennelle : « On ne peut pas s'embarquer à nouveau dans la vie, cet aller simple en voiture, une fois que la course est terminée », écrit le romancier turc Orhan Pamuk dans *Le Château blanc*, « mais si on a un livre à la main, si complexe ou difficile à comprendre qu'il puisse être, quand on l'a fini on peut, si on veut, retourner au début, le relire, et comprendre ainsi ce qui est difficile et, en même temps, comprendre aussi la vie[30]. »

FAITS DE LECTURE

> *Lire, c'est aller à la rencontre*
> *d'une chose qui va exister.*
>
> Italo CALVINO,
> *Si par une nuit d'hiver un voyageur*, 1981.

Enseignement de l'optique et des lois de la perception dans une école islamique au XVIᵉ siècle.

LIRE DES OMBRES

En 1984, on a découvert à Tell Brak, en Syrie, deux petites tablettes d'argile à peu près rectangulaires, datant du quatrième millénaire avant notre ère. Je les ai vues, l'année avant la guerre du Golfe, dans une banale vitrine du Musée archéologique de Bagdad. Ce sont des objets simples et peu impressionnants, porteurs chacun de quelques marques discrètes : un petit trou en haut et, au centre, quelques traits esquissant une sorte d'animal. L'un de ces animaux pourrait être une chèvre, et si tel est le cas l'autre est sans doute un mouton. Le trou, disent les archéologues, représente le nombre dix.

Deux tablettes pictographiques trouvées à Tell Brak, en Syrie, semblables à celles que l'on peut voir au Musée archéologique de Bagdad.

Toute notre histoire commence avec ces deux modestes tablettes[1]. Elles constituent – si la guerre les a épargnées – l'un des plus anciens spécimens d'écriture que nous connaissions[2].

Elles ont quelque chose de profondément émouvant. Peut-être que, lorsque nous contemplons ces morceaux d'argile roulés par une rivière qui n'existe plus et observons les incisions délicates figurant des animaux devenus poussière voici des milliers et des milliers d'années, une voix est évoquée, une pensée, un message qui nous dit : « Il y avait ici dix chèvres », « Il y avait ici dix moutons », information formulée par un fermier prudent aux jours où le désert était verdoyant. Par le simple fait d'avoir regardé ces tablettes, nous avons prolongé une mémoire datant des origines de notre temps, préservé une pensée bien après que le penseur a cessé de penser, nous avons pris part à un acte de création qui demeure ouvert aussi longtemps que les images gravées sont vues, déchiffrées, lues[3].

Tels mes nébuleux ancêtres sumériens lisant ces deux petites tablettes par un après-midi incroyablement lointain, je lis, moi aussi, dans ma chambre, par-delà les siècles et les mers. Assis à mon bureau, les coudes sur la page, le menton dans les mains, coupé pour l'instant de la lumière changeante du dehors et des bruits qui montent de la rue, je vois, j'écoute, je poursuis (mais ces mots ne rendent pas justice à ce qui se passe en moi) une histoire, une description, un raisonnement. Rien ne bouge à part mes yeux et ma main qui, à l'occasion, tourne une page, et pourtant quelque chose que le mot « texte » ne définit pas exactement se déploie, progresse, croît et s'enracine tandis que je lis. Mais comment ce processus se déroule-t-il ?

La lecture commence par les yeux. « Le plus aiguisé de nos sens est celui de la vue », écrivait Cicéron, remarquant que lorsque nous voyons un texte nous nous en souvenons mieux que si nous ne faisons que l'entendre[4]. Saint Augustin louait (et puis condamnait) les yeux comme la porte d'entrée du monde[5], et saint Thomas d'Aquin disait de la vue qu'elle est le plus grand des sens grâce auxquels nous acquérons la connaissance[6]. Une chose au moins paraît évidente à tout lecteur : les lettres sont appréhendées au moyen de la vue. Mais par quelle alchimie ces lettres deviennent-elles des mots intelligibles ? Que se passe-t-il en nous lorsque nous nous trouvons devant un texte ? Comment les choses vues, les « substances » qui arrivent par les yeux dans notre laboratoire intérieur, les couleurs et les formes d'objets et de lettres, deviennent-elles lisibles ? Qu'est-ce, en vérité, que cet acte que nous appelons lire ?

Au Vᵉ siècle avant J.-C., Empédocle décrivait l'œil comme né de la déesse Aphrodite, qui « enveloppa un feu de membranes et d'étoffes délicates ; celles-ci le protégeaient des eaux profondes courant alentour, mais laissaient passer vers le dehors les flammes intérieures[7] ». Plus d'un siècle plus tard, Épicure imagina que ces flammes étaient faites d'atomes minuscules qui jaillissaient de la surface de tous les objets et pénétraient nos yeux et nos esprits, telle une pluie continue et ascendante, pour nous imprégner des qualités de chaque objet[8]. Euclide, contemporain d'Épicure, avançait la théorie contraire, selon laquelle des rayons issus de l'œil de l'observateur appréhendent les objets observés[9]. Des problèmes apparemment insurmontables entravaient l'une et l'autre théorie. Par exemple, dans la première, dite théorie de « l'intromission », comment les atomes émis par un objet de grande taille – un éléphant ou le mont Olympe – pourraient-ils entrer dans un espace aussi petit que l'œil humain ? Quant à la seconde, la théorie de « l'extromission », quel rayon issu des yeux pourrait, en une fraction de seconde, atteindre les lointaines étoiles que nous voyons chaque nuit ?

Quelques décennies plus tôt, Aristote avait énoncé une autre théorie. Corrigeant d'avance Épicure, il soutenait que c'étaient les qualités de l'objet observé – et non une émission d'atomes – qui parvenaient à travers l'espace jusqu'à l'œil de l'observateur, de sorte que celui-ci n'appréhendait pas les dimensions réelles, mais la forme et la taille relative d'une montagne. D'après Aristote, l'œil humain, tel un caméléon, absorbait la couleur et même la forme de l'objet observé et transmettait cette information, via les humeurs oculaires, sur les toutes-puissantes entrailles *(splanchna)*[10], un conglomérat d'organes comprenant le cœur, le foie, les poumons, la vessie et les vaisseaux sanguins, qui exerçait son empire sur le geste et les sens[11].

Six siècles plus tard, le médecin grec Galien proposait une quatrième solution qui contredisait Épicure et appuyait Euclide. Galien suggérait qu'un « esprit visuel » né dans le cerveau traversait l'œil en parcourant le nerf optique et s'en allait dans l'atmosphère. Celle-ci, dès lors capable de perception, appréhendait les qualités des objets perçus quelle que fût la distance à laquelle ils pouvaient se trouver. Ces qualités étaient retransmises par l'œil jusqu'au cerveau et, par le cordon médullaire, aux nerfs commandant les sens et le mouvement. Pour Aristote, l'observateur était une entité passive recevant à travers les airs l'objet observé, qui était alors communiqué au cœur, siège de toutes sensations – y compris la vue. Pour Galien, l'observateur, en rendant l'air sensible, jouait un rôle actif, et la capacité de voir se trouvait profondément enracinée dans le cerveau.

Les savants du Moyen Âge, pour qui Galien et Aristote étaient la source première de toute connaissance scientifique, pensaient en général qu'on pouvait découvrir une relation hiérarchique entre ces deux théories. La question n'était pas qu'une des théories prît le pas sur l'autre ; l'important était d'extraire de chacune une compréhension des relations entre les différentes parties du corps et le monde extérieur – et aussi de leurs relations entre elles. Au XIVe siècle, le médecin italien Gentile da Foligno décréta qu'une telle compréhension était « aussi essentielle à la médecine que l'apprentissage de l'alphabet l'est à la lecture[12] », et rappela que saint Augustin, entre autres Pères de l'Église, avait déjà considéré la question avec attention. Pour saint Augustin, le cerveau et le cœur exerçaient tous deux la fonction de bergers de ce que les sens emmagasinaient dans notre mémoire, et il employait le mot *colligere* (qui signifie à la fois « recueillir » et « résumer ») pour décrire la façon dont ces impressions étaient récoltées dans des compartiments distincts de la mémoire et « rassemblées hors de leurs anciens repaires, car il n'est d'autre lieu où elles puissent aller[13] ».

La mémoire n'était que l'une des fonctions qui bénéficiaient de cette intendance des sens. Les savants du Moyen Âge s'accordaient à penser (comme l'avait suggéré Galien) que la vue, l'ouïe, l'odorat, le goût et le tou-

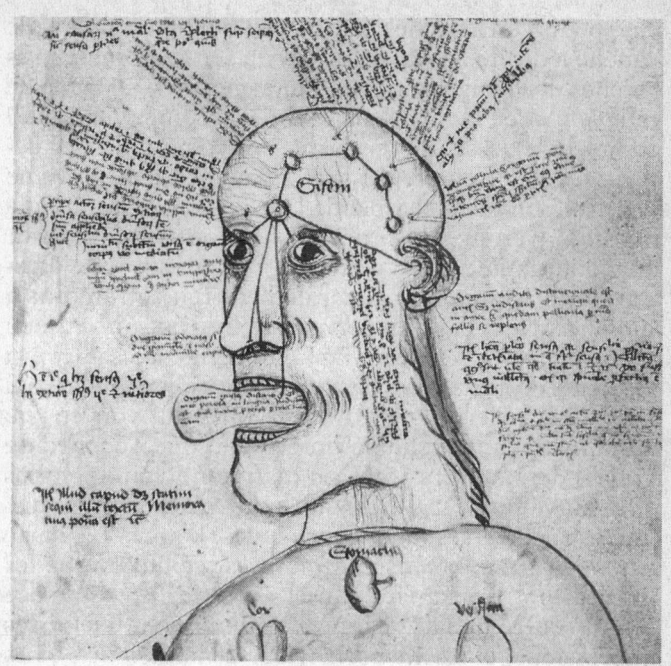

Représentation des fonctions du cerveau dans un manuscrit du XVe siècle du *De anima* d'Aristote.

cher alimentaient un fonds sensoriel général situé dans le cerveau, une zone parfois appelée « sens commun », d'où dérivaient non seulement la mémoire mais aussi la connaissance, les fantasmes et les rêves. Cette zone à son tour était reliée aux *splanchna* d'Aristote, désormais réduits par les commentateurs médiévaux au seul cœur, centre de toutes sensations. On attribuait donc aux sens une parenté directe avec le cerveau, tout en considérant le cœur comme le souverain absolu du corps[14]. Dans une traduction manuscrite en langue allemande, datant de la fin du XVe siècle, du traité d'Aristote sur la logique et la philosophie naturelle, on voit représentée la tête d'un homme, yeux et bouche ouverts, narines dilatées, une oreille soulignée avec soin. Dans le cerveau se trouvent cinq petits cercles reliés par un trait qui représentent, de gauche à droite, le site principal du sens commun, puis les sites de l'imagination, du fantasme, de la capacité de réflexion et de la mémoire. D'après le commentaire qui complète le dessin, le cercle du sens commun est également relié au cœur, représenté, lui aussi. Ce diagramme constitue un bon exemple de l'idée qu'on se faisait à la fin du Moyen Âge du processus de la perception, avec un ajout minime : bien qu'il ne figure pas sur cette illustration, on supposait généralement (en se référant à Galien) qu'à la base du cerveau se trouvait un « réseau merveilleux » – *rete mirabile* – de petits vaisseaux qui jouaient le rôle de voies de communication quand ce qui atteignait le cerveau était affiné. On peut voir ce *rete mirabile* dans un schéma du cerveau que Léonard de Vinci a dessiné vers 1508, en marquant clairement les différents ventricules et en attribuant à des sections distinctes les diverses facultés mentales. D'après Léonard, le *senso comune* (sens commun) est ce qui évalue les impressions transmises par les autres sens et sa place est au centre de la tête, entre les *impresiva* (siège des impressions) et les *memoria* (siège de la mémoire). Les objets environnants transmettent leurs images aux sens et les sens les font passer aux *impresiva*. Les *impresiva* les communiquent au *senso comune* et, à partir de là, ils sont imprimés dans la mémoire où ils se fixent plus ou moins durablement, en fonction de l'importance et de la force de l'objet en question[15]. Au temps de Léonard, le cerveau humain était considéré comme un petit laboratoire où les matériaux récoltés par les yeux, les oreilles et les autres organes de perception devenaient des « impressions » qui, en passant par le siège du sens commun, étaient transformées en une ou plusieurs facultés – telles que la mémoire – sous la supervision du cœur. La vision de lettres noires (pour employer une image alchimique) était ainsi transmuée en l'or de la connaissance.

Mais une question fondamentale demeurait irrésolue : était-ce nous, lecteurs, qui portions le regard sur les

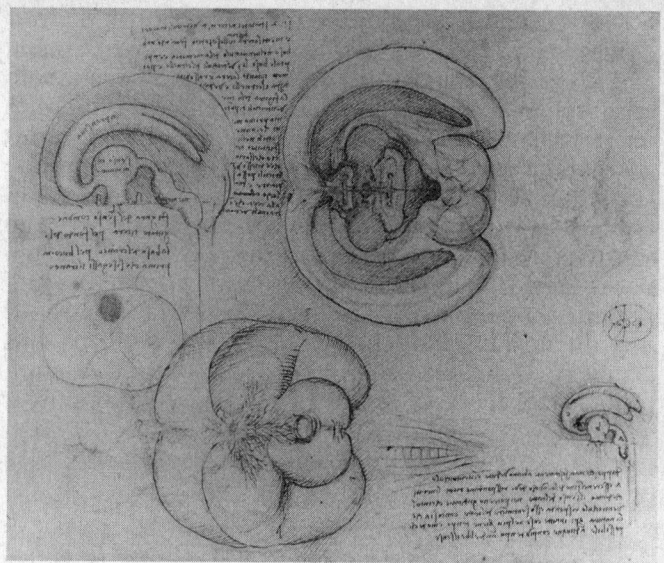
Dessin de Léonard de Vinci montrant le *rete mirabile*.

lettres à saisir sur la page, selon les théories d'Euclide et de Galien ? Ou étaient-ce les lettres qui atteignaient nos sens, ainsi que le soutenaient Épicure et Aristote ? Pour Léonard et ses contemporains, la réponse (ou l'amorce d'une réponse) pouvait être trouvée dans une traduction du XIIIe siècle d'un livre écrit deux cents ans plus tôt (telle est parfois la durée des hésitations du savoir), en Égypte, par le mathématicien, physicien et philosophe de Basra, Al-Hasan ibn al-Haytham, connu en Occident sous le nom d'Alhazen.

L'Égypte prospérait au XIe siècle sous l'autorité des Fatimides ; elle accumulait les richesses provenant de la vallée du Nil et du commerce avec ses voisins méditerranéens, et ses frontières étaient protégées par une armée recrutée à l'étranger – Berbères, Soudanais et Turcs. Cette combinaison hétérogène du commerce et du mercenariat procurait à l'Égypte fatimide tous les avantages et les objectifs d'un État réellement cosmopolite[16].

En 1004 le calife Al-Hakim (qui avait accédé au pouvoir à l'âge de onze ans et allait disparaître mystérieusement, vingt-cinq ans plus tard, au cours d'une promenade solitaire) fonda au Caire une grande académie – Dar al-Ilm ou Maison de la Science – sur le modèle des institutions préislamiques ; il fit don à son peuple de son importante collection personnelle de manuscrits et décréta que quiconque le souhaitait pouvait y venir lire, transcrire et s'instruire[17]. La réussite administrative d'Al-Hakim compensa dans l'imagination populaire son caractère notoirement sanguinaire et ses décisions excentriques – il interdit ainsi le jeu d'échecs et la vente de poissons sans écailles[18]. Il avait pour ambition de faire du Caire fatimide non seulement le centre symbolique du pouvoir

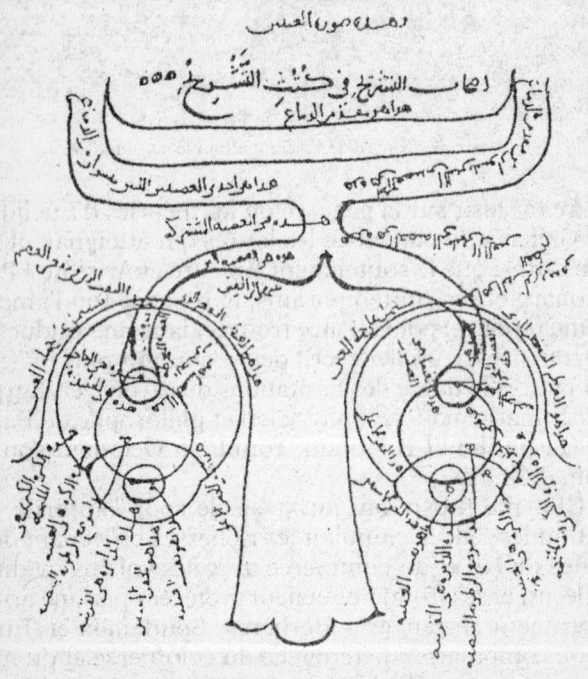

Le système visuel d'Al-Haytham décrit au XVIᵉ siècle dans le *Kitab al-manazir*, dessiné par le gendre de son auteur, Ahmad ibn Jafar.

politique, mais aussi la capitale de la création artistique et de la recherche scientifique, et dans cette intention il invita à sa cour de nombreux astronomes et mathématiciens renommés, parmi lesquels Al-Haytham. La mission officielle d'Al-Haytham consistait à étudier une méthode de régulation du cours du Nil. Il s'y appliqua, sans succès, mais passa aussi ses journées à préparer une réfutation des théories astronomiques de Ptolémée (dont ses ennemis disaient qu'il s'agissait « moins d'une réfutation que d'un nouvel ensemble de doutes ») et ses nuits à écrire la volumineuse étude sur l'optique qui devait le rendre célèbre.

Selon Al-Haytham, toute perception du monde extérieur comporte un certain degré d'inférence délibérée provenant de notre faculté de jugement. Il développait cette théorie à partir de l'argument fondamental de la théorie aristotélicienne de l'intromission – selon lequel les qualités de ce que nous voyons atteignent l'œil au moyen de l'air – et confortait son choix d'explications précises dans les domaines de la physique, des mathématiques et de la physiologie[19]. Mais, plus radicalement, Al-Haytham établissait une distinction entre « sensation pure » et « perception », la première étant inconsciente ou involontaire – vision de la lumière devant ma fenêtre et des formes changeantes de l'après-midi – la seconde demandant un acte volontaire de reconnaissance – lecture d'un texte sur une page[20]. L'importance de la thèse d'Al-Haytham réside dans le fait qu'il identifiait, pour la première fois, dans l'action de percevoir, une gradation de l'activité consciente allant de « voir » à « déchiffrer » ou « lire ».

Al-Haytham est mort au Caire en 1038. Deux siècles plus tard, le savant anglais Roger Bacon – dans une tentative de justifier aux yeux du pape Clément IV l'étude de l'optique à une époque où certaines factions au sein de l'Église catholique soutenaient avec violence que la recherche scientifique était contraire au dogme chrétien – rédigea un résumé commenté de la théorie d'Al-Haytham[21]. En se fondant sur Al-Haytham (tout en minimisant l'importance de la science islamique), Bacon expliquait à Sa Sainteté les mécanismes de la théorie de l'intromission. D'après Bacon, lorsque nous regardons un objet (un arbre ou les lettres E A U), une pyramide visuelle se forme, dont la base se trouve sur l'objet lui-même et le sommet au centre de la courbure de la cornée. Nous « voyons » quand la pyramide pénètre dans notre œil et que ses rayons, disposés sur la surface de notre globe oculaire, sont réfractés de telle manière qu'ils ne se croisent pas. Voir, pour Bacon, était le processus actif en vertu duquel l'image d'un objet pénétrait dans l'œil et était alors appréhendée grâce aux « capacités visuelles » de l'œil.

Mais comment cette perception devient-elle lecture ? Quel rapport y a-t-il entre l'acte d'appréhender des lettres et un processus qui implique non seulement la vue et la perception mais aussi l'inférence, le jugement, la mémoire, la capacité de reconnaître, le savoir, l'expérience, la pratique ? Al-Haytham savait (et Bacon en était sûrement d'accord) que tous ces éléments nécessaires pour accomplir l'acte de lire lui prêtaient une stupéfiante complexité, exigeant pour sa réussite la coordination de cent talents différents. Et ce ne sont pas seulement ces talents qui affectent la lecture, mais aussi le temps, le lieu, le support (tablette, rouleau, page ou écran) : pour le fermier sumérien anonyme, le village à proximité duquel il gardait ses moutons et ses chèvres, et le galet de glaise ; pour Al-Haytham, la salle ronde et blanche de la nouvelle académie du Caire, et le manuscrit de Ptolémée, lu d'un œil sarcastique ; pour Bacon, la cellule de la prison à laquelle il fut condamné à cause de son enseignement peu orthodoxe, et ses précieux volumes scientifiques ; pour Léonard, la cour de François Ier, où il vécut ses dernières années, et les cahiers qu'il remplissait d'une écriture secrète qu'on ne pouvait déchiffrer qu'en la regardant dans un miroir. Tous ces éléments d'une incroyable diversité se retrouvent dans une même action ; cela, Al-Haytham l'avait pressenti. Mais comment cela se passe, quelles connexions complexes et formidables ces éléments établissent entre eux, c'est une question qui, pour Al-Haytham et ses lecteurs, demeurait sans réponse.

L'étude moderne de la neurolinguistique – les relations entre le cerveau et le langage – commence près de huit siècles et demi après Al-Haytham, en 1865. Cette année-là, deux savants français, Michel Dax et Paul Broca[22], suggéraient dans des études simultanées qu'une vaste majorité de l'humanité, à la suite d'un processus génétique qui débute à la conception, naît avec un hémisphère cérébral gauche destiné à devenir la partie dominante du cerveau pour le codage et le décodage du langage ; chez un plus petit nombre, surtout des gauchers et des ambidextres, cette fonction se développe dans l'hémisphère droit. Dans de rares cas (chez des individus génétiquement prédisposés à la dominance de l'hémisphère gauche) où l'hémisphère gauche est endommagé dès l'origine, une « reprogrammation » cérébrale génère le développement de la fonction langagière dans l'hémisphère droit. Mais aucun des deux hémisphères ne jouera son rôle de codeur ou de décodeur avant que la personne ne soit effectivement exposée au langage.

Au temps où le premier scribe traçait et énonçait les premières lettres, le corps humain était déjà capable de pratiquer la lecture et l'écriture alors même que ces pratiques étaient encore à venir ; c'est-à-dire que le corps était capable d'emmagasiner, de se rappeler et de déchiffrer toutes sortes de sensations, y compris les signes arbitraires du langage écrit qu'on n'avait pas encore inventés[23]. Cette notion, l'idée que nous sommes capables de lire avant de savoir lire – en fait, avant d'avoir jamais vu une page ouverte devant nous – remonte à la conception platonicienne de la connaissance présente en nous avant la perception de l'objet. Le langage semble évoluer en fonction d'un schéma identique. Nous « découvrons » un mot parce que la chose ou l'idée qu'il représente pré-existe dans notre cerveau, « prête à être connectée au mot[24] ». Un cadeau nous est offert du monde extérieur (par nos aînés, par ceux qui les premiers nous parlent) mais c'est de nous que dépend la capacité de le saisir ce cadeau. En ce sens, les mots prononcés (et, plus tard, les mots lus) n'appartiennent ni à nous ni à nos parents, ni à nos auteurs; ils occupent un espace de signification partagée, un seuil commun existant dès le début de nos relations avec les arts de la conversation et de la lecture.

D'après le professeur André Roch Lecours, de l'hôpital de Côte-des-Neiges, à Montréal, la seule exposition au langage oral n'est peut-être pas suffisante pour que l'un ou l'autre hémisphère développe pleinement la fonction langagière. Il est possible que, pour que notre cerveau autorise un tel développement, nous devions apprendre à reconnaître un système partagé de signes visuels. En d'autres termes, nous devons apprendre l'art de la lecture[25].

Dans les années quatre-vingt, alors qu'il travaillait au Brésil, le professeur Lecours est arrivé à la conclusion que le programme génétique entraînant la dominance cérébrale gauche, la plus courante, était moins effectif dans les cerveaux des gens qui n'avaient pas appris à lire. Cette constatation lui suggéra qu'on pourrait explorer le processus de la lecture à travers des cas de personnes dont la faculté de lire avait été endommagée. (Galien soutenait, voici bien longtemps, qu'une maladie n'indique pas seulement l'incapacité du corps à jouer son rôle mais éclaire aussi ce rôle en soi.) Quelques années plus tard, à Montréal, en étudiant des patients souffrant de difficultés de parole ou de lecture, le professeur Lecours put effectuer une série d'observations concernant les mécanismes de la lecture. Dans des cas d'aphasie, par exemple – où le patient a, en tout ou partie, perdu la faculté ou la compréhension de la parole –, il s'aperçut que certaines lésions du cerveau provoquaient certains troubles du langage qui étaient curieusement spécialisés : des patients devenaient incapables de lire ou d'écrire des mots à l'orthographe irrégulière (tels que « rough » [r^f] ou « though » [∂ou] en anglais) ; d'autres ne pouvaient pas lire des mots inventés ; d'autres encore pouvaient distinguer mais pas prononcer des mots associés de façon bizarre, ou disposés en désordre sur la page. Parfois, ces patients pouvaient lire des mots entiers mais pas de syllabes ; parfois ils lisaient en remplaçant certains mots par d'autres. Lemuel Gulliver, lorsqu'il décrit les Struldbruggs de Laputa, observe qu'à l'âge de quatre-vingt-dix ans ces *Immortels* « doivent renoncer à toute lecture, la mémoire leur faisant défaut entre le début et la fin d'une phrase. Ils perdent ainsi la seule distraction à laquelle ils auraient encore droit[26]. » Plusieurs des patients du professeur Lecours souffraient d'un mal analogue. Comme pour compliquer les choses, lors d'études similaires en Chine ou au Japon, des chercheurs ont observé que des patients habitués à lire des idéogrammes plutôt que des alphabets phonétiques réagissaient de façons différentes aux investigations, comme si ces fonctions langagières spécifiques étaient prédominantes dans certaines zones du cerveau.

En accord avec Al-Haytham, le professeur Lecours concluait que le processus de la lecture comporte au moins deux étapes : « voir » le mot, et le « considérer » en fonction de l'information acquise. Tel le scribe sumérien il y a des milliers d'années, je me trouve face aux mots. Je regarde les mots, je vois les mots, et ce que je vois s'organise en fonction d'un code ou d'un système que j'ai appris et que je partage avec d'autres lecteurs de mon époque et de ma région – un code qui s'est établi dans des sections spécifiques de mon cerveau. « Tout se passe, dit le professeur Lecours, comme si l'information reçue de la page par l'œil voyageait à travers le cerveau en passant par une série de conglomérats de neurones spécialisés, chaque conglomérat occupant une certaine section du cerveau et remplissant une fonction spécifique. Nous ne savons pas encore exactement ce que sont chacune de ces fonctions mais, dans certains cas de lésions du cerveau, un ou plusieurs de ces conglomérats sont, pour ainsi dire, déconnectés de la chaîne et le patient devient incapable de lire certains mots, ou un certain type de langage, ou de lire à haute voix, ou bien il remplace un ensemble de mots par un autre. Les déconnexions possibles paraissent innombrables[27]. »

L'acte primaire consistant à parcourir la page des yeux n'est pas, lui non plus, un processus continu et systématique. On suppose généralement que, lorsque nous lisons, nos yeux se déplacent en douceur, sans interruptions, le long des lignes sur une page, et que lorsque nous lisons des caractères occidentaux, par exemple, nos yeux avancent de gauche à droite. Tel n'est pas le cas. Il y a un siècle, l'ophtalmologue français Émile Javal a découvert qu'en réalité nos yeux font des bonds sur la page ; ces bonds ou saccades se produisent trois ou quatre fois par seconde, à une vitesse d'environ deux cents degrés par seconde. La vitesse de déplacement de l'œil sur la page – et non ce déplacement en lui-même – interfère avec la perception, et ce n'est que pendant les brèves pauses entre les déplacements que nous « lisons » véritablement. Pourquoi la sensation que nous procure notre lecture est liée à la continuité du texte sur la page ou au déroulement du texte sur l'écran, et non aux mouvements saccadés de nos yeux, c'est une question à laquelle les scientifiques n'ont pas encore trouvé de réponse[28].

À partir de l'analyse de deux cas cliniques – un patient aphasique qui pouvait prononcer des discours éloquents dans un langage qui n'était que charabia et un autre qui était capable de se servir du langage ordinaire mais pas de lui donner un ton ou de l'émotion – le Dr Oliver Sacks affirme que « la parole – la parole naturelle – ne consiste pas seulement en mots... Elle consiste en expression – l'expression de l'ensemble de ce qu'on veut signifier par l'ensemble de ce qu'on est – choses dont la compréhension implique bien plus qu'une simple reconnaissance des mots[29]. » On peut en dire à peu près autant de la lecture : tout en suivant le texte, le lecteur en exprime le sens à l'aide d'une méthode complexe où s'enchevêtrent

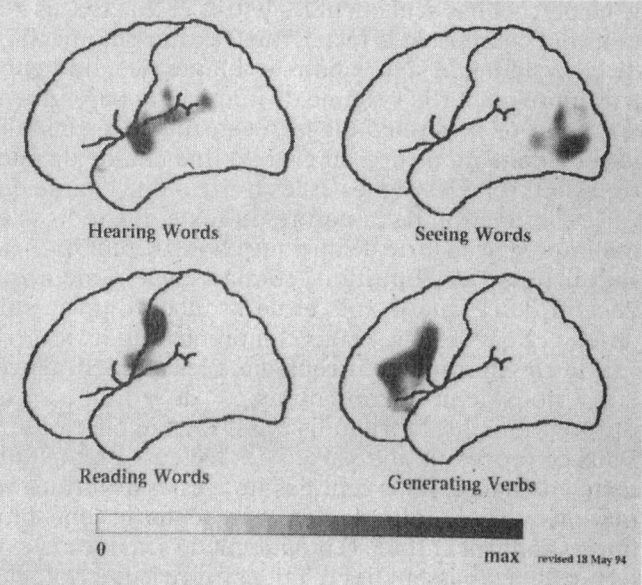

Le sens du langage divisé selon ses fonctions, photographies d'un cerveau humain prises à l'école de médecine de l'université de Washington. *De gauche à droite et de haut en bas :* entendre les mots ; voir les mots ; lire les mots ; créer des verbes.

significations apprises, conventions sociales, lectures antérieures, expérience individuelle et goût personnel. Lorsqu'il lisait dans l'académie du Caire, Al-Haytham n'était pas seul ; derrière lui, en train de lire par-dessus son épaule, planaient les ombres des érudits de Basra qui lui avaient appris la calligraphie sacrée du Coran, le vendredi, à la mosquée, celles d'Aristote et de ses commentateurs lucides, celles des relations occasionnelles avec qui il était arrivé à Al-Haytham de discuter d'Aristote, et celles des divers Al-Haytham qui, au long des années, étaient devenus le savant qu'Al-Hakim avait invité à sa cour.

Ce que tout cela semble impliquer, c'est que moi, assis devant mon livre, de même qu'Al-Haytham avant moi, je ne perçois pas seulement les lettres et les espaces des mots qui composent le texte. Afin d'extraire un message de ce système de signes noirs et blancs, je commence par appréhender le système de manière apparemment erratique, de mes yeux volages, et ensuite je reconstruis le code dans mon cerveau grâce à une chaîne de neurones qui relie les signes et les traite – une chaîne qui varie en fonction de la nature du texte que je lis –, et qui imprègne ce texte de quelque chose – émotion, sensation physique, intuition, connaissance, âme – qui dépend de ce que je suis et de la façon dont je suis devenu ce que je suis. « Pour comprendre un texte, écrivait le Dr Merlin C. Wittrock dans les années quatre-vingt, nous ne nous contentons pas de le lire, au sens propre, nous lui fabriquons aussi une signification. » Dans ce processus complexe, « les lecteurs prennent le texte en charge. Ils créent des images et des transformations verbales afin de s'en représenter le sens. Plus impressionnant encore, ils produisent du sens en cours de lecture en établissant des relations entre leur savoir, des souvenirs de leurs expériences, et les phrases, paragraphes et passages du texte écrit[30]. » Lire ne consiste donc pas en un processus automatique d'appréhension du texte comparable à la manière dont un papier photosensible est impressionné par la lumière, mais en un étonnant processus labyrinthique de reconstruction, commun à tous et néanmoins personnel. Que la lecture soit indépendante de l'écoute, par exemple, qu'elle consiste en un seul processus physiologique distinct ou en une grande variété de tels processus, les chercheurs ne le savent pas encore, mais beaucoup estiment que sa complexité peut être aussi grande que celle de la pensée[31]. La lecture, d'après le Dr Wittrock, « n'est pas un phénomène individuel et anarchique. Mais ce n'est pas non plus un processus monolithique et unitaire en vertu duquel une seule signification serait correcte. Il s'agit plutôt d'un processus génératif qui reflète la tentative disciplinée du lecteur d'élaborer un ou plusieurs sens dans le cadre des règles du langage[32]. »

« Une analyse complète de ce que nous faisons quand nous lisons, admettait le chercheur américain E.B. Huey à l'aube de notre siècle, représenterait à peu de chose près, pour un psychologue, le couronnement de son œuvre, car elle reviendrait à décrire un très grand nombre des mécanismes les plus délicats du cerveau humain[33]. » Nous sommes encore loin d'une réponse. Mystérieusement, nous continuons à lire sans définition satisfaisante de ce que nous faisons. Nous savons que la lecture n'est pas un processus explicable selon un modèle mécanique ; nous savons que ce processus se produit dans certaines zones définies du cerveau, mais nous savons aussi que ces zones ne sont pas seules à y participer ; nous savons que le processus de la lecture, comme celui de la pensée, dépend de notre capacité de déchiffrer le langage et de nous servir de ce matériau dont sont faits texte et pensée. La crainte que semblent exprimer les chercheurs est que leur conclusion mette en cause le langage même dans lequel ils la formulent : que le langage puisse être en soi une absurdité arbitraire, qu'il ne puisse rien communiquer sinon dans son essence bégayante, qu'il puisse, pour exister, dépendre presque entièrement non de ceux qui l'énoncent mais de ceux qui l'interprètent, et que le rôle des lecteurs consiste à rendre visible – selon la belle expression d'Al-Haytham – « ce que l'écriture suggère par des allusions et des ombres[34] ».

Saint Augustin à son pupitre de lecture, illustration du XIe siècle.

LIRE EN SILENCE

En l'an 383 de notre ère – près d'un demi-siècle après le baptême, sur son lit de mort, de Constantin le Grand, premier empereur du monde chrétien –, un professeur de rhétorique latine âgé de vingt-neuf ans, que les siècles à venir allaient connaître sous le nom de saint Augustin, arriva à Rome de l'une des marches de l'Empire en Afrique du Nord. Il loua une maison, ouvrit une école et attira nombre d'élèves qui avaient entendu parler de cet intellectuel provincial, mais il ne lui fallut pas longtemps pour s'apercevoir qu'il ne pourrait pas gagner sa vie comme professeur dans la capitale impériale. Chez lui, à Carthage, ses élèves étaient des voyous indisciplinés, mais au moins ils payaient pour leurs leçons ; à Rome, les étudiants l'écoutaient sagement disserter sur Aristote et Cicéron jusqu'au moment venu de lui régler ses honoraires, et alors ils passaient en masse chez un autre maître, laissant Augustin les mains vides. C'est pourquoi quand, un an plus tard, le préfet de Rome lui offrit la possibilité d'enseigner la littérature et l'élocution dans la cité de Milan, frais de voyage compris dans l'offre, Augustin accepta avec gratitude[1].

À Milan, peut-être parce qu'il était étranger dans la ville et manquait de compagnie intellectuelle, ou peut-être parce que sa mère le lui avait demandé, Augustin rendit visite à l'évêque, le célèbre Ambroise, ami et conseiller de la mère d'Augustin, Monique. Ambroise (qui, comme Augustin, devait plus tard être canonisé) était un homme proche de la cinquantaine, d'une stricte orthodoxie dans sa foi et qu'aucun pouvoir terrestre, si haut fût-il, ne pouvait intimider. Quelques années après l'arrivée d'Augustin à Milan, Ambroise obligea l'empereur Théodose à manifester publiquement son repentir d'avoir ordonné le massacre des émeutiers qui avaient tué le gouverneur romain de Salonique². Et quand l'impératrice Justine exigea que l'évêque lui cédât une église de sa ville pour qu'elle pût y célébrer le culte selon les rites de l'arianisme, Ambroise organisa un sit-in et occupa l'église jour et nuit jusqu'à ce qu'elle renonce.

D'après une mosaïque du Ve siècle, Ambroise était un petit homme à l'air intelligent, avec de grandes oreilles et une barbe noire soignée qui diminuait plutôt qu'elle n'amplifiait son visage anguleux ; c'était un orateur d'une grande popularité ; son symbole, dans l'iconographie chrétienne ultérieure, serait la ruche, emblème de l'éloquence³. Augustin, qui considérait qu'Ambroise avait de la chance d'être l'objet d'une telle considération de la part de tant de gens, se trouva dans l'impossibilité de poser au vieil homme les questions qui le troublaient au sujet d'articles de la foi car dès qu'Ambroise n'était pas en train de manger un repas fru-

Portrait de saint Ambroise dans l'église de Milan qui porte son nom.

gal ou de recevoir l'un de ses nombreux admirateurs, il se trouvait seul dans sa cellule, en train de lire.

Ambroise était un lecteur extraordinaire. « Quand il lisait, raconte Augustin, ses yeux parcouraient la page et son cœur examinait la signification, mais sa voix restait muette et sa langue immobile. N'importe qui pouvait l'approcher librement et les visiteurs n'étaient en général pas annoncés, si bien que souvent, lorsque nous venions lui rendre visite, nous le trouvions occupé à lire ainsi en silence, car il ne lisait jamais à haute voix[4]. »

Les yeux qui parcourent la page, la langue silencieuse ; c'est ainsi exactement que je décrirais un lecteur d'aujourd'hui, assis avec un livre dans un café en face de l'église Saint-Ambroise à Milan, en train de lire, peut-être, les *Confessions* de saint Augustin. Tel Ambroise, le lecteur est sourd et aveugle au monde, à la foule des passants, aux façades crayeuses et ocre des immeubles. Personne ne paraît remarquer un lecteur concentré : absorbé, replié sur lui-même, le lecteur est devenu banal.

À Augustin, cependant, une telle façon de lire semblait suffisamment étrange pour qu'il la relatât dans ses *Confessions*. On en déduira que cette méthode de lecture, cet examen silencieux de la page était en son temps un usage peu ordinaire, et que la lecture normale se faisait à haute voix. Même si des cas de lecture silencieuse peuvent être recensés à des dates antérieures, ce n'est pas avant le Xe siècle que cette façon de lire deviendra habituelle en Occident[5].

La description par Augustin de la lecture silencieuse d'Ambroise (y compris l'observation du fait qu'il ne lisait *jamais* à haute voix) est le premier cas précis constaté dans la littérature occidentale. Les exemples antérieurs sont bien moins certains. Au Ve siècle avant J.-C., deux pièces de théâtre mettent en scène des personnages en train de lire : dans l'*Hippolyte* d'Euripide, Thésée lit en silence une lettre que tient son épouse morte ; dans *Les Cavaliers* d'Aristophane, Démosthène regarde une tablette envoyée par un oracle et, sans en dire le contenu, paraît interloqué par ce qu'il a lu[6]. D'après Plutarque,

Alexandre le Grand lut en silence une lettre de sa mère, au IVe siècle avant J.-C., au grand étonnement de ses soldats[7]. Au IIe siècle de notre ère, Claude Ptolémée observait dans *Sur le Criterium* (un livre qu'Augustin pourrait avoir connu) qu'on lit parfois en silence lorsqu'on fait un effort de concentration, car prononcer les mots constitue une distraction pour la pensée[8]. Et Jules César, debout près de son adversaire Caton, au sénat, en 63 avant J.-C., lut en silence un petit billet doux que lui avait envoyé la propre sœur de Caton[9]. Près de quatre siècles plus tard, saint Cyrille de Jérusalem, lors d'un prêche sans doute prononcé à l'occasion du carême en l'année 349, encourageait les femmes présentes dans l'église à lire lorsqu'elles attendaient durant les cérémonies, « mais doucement, de sorte que, tandis que leurs lèvres parlent, aucune autre oreille ne puisse entendre ce qu'elles disent[10] » – une lecture chuchotée, sans doute, où les lèvres palpitaient sans bruit.

Si la lecture à haute voix était la norme dès les débuts de l'écrit, qu'était-ce que lire dans les grandes bibliothèques antiques ? Le savant assyrien qui consultait l'une des trente mille tablettes de la bibliothèque du roi Assurbanipal au VIIe siècle avant J.-C., les dérouleurs de parchemins dans les bibliothèques d'Alexandrie et de Pergame, Augustin lui-même à la recherche d'un certain texte dans les bibliothèques de Carthage et de Rome, doivent avoir travaillé au milieu d'une rumeur bourdonnante. Toutefois, aujourd'hui encore, toutes les bibliothèques ne préservent pas le silence proverbial. Dans les années soixante-dix, à la belle bibliothèque Ambrosienne de Milan, on était bien loin de l'impressionnant silence que j'avais remarqué à la British Library, à Londres, ou à la Bibliothèque nationale, à Paris. Les lecteurs de l'Ambrosiana s'interpellaient d'une table à l'autre ; de temps en temps, quelqu'un lançait une question ou un nom, un lourd volume était refermé bruyamment, un chariot de livres passait en brinquebalant. De nos jours, ni la British Library ni la Bibliothèque nationale ne sont plus complètement silencieuses; la lecture y est ponctuée par le cliquetis et les tapotements des ordinateurs portables, comme si des colonies de pics nichaient dans les salles tapissées de livres. Était-ce différent, alors, du temps d'Athènes ou de Pergame, quand il s'agissait de se concentrer parmi des dizaines de lecteurs en train de déployer des rouleaux, chacun marmonnant pour soi une infinité d'histoires différentes? Peut-être n'entendait-on pas le brouhaha; peut-être ignorait-on qu'il était possible de lire autrement. De toute façon, il n'est nulle part fait mention de lecteurs se plaignant du bruit dans les bibliothèques grecques ou romaines – tandis que Sénèque, au Ier siècle, se plaignait d'avoir à étudier chez lui, dans son logis bruyant[11].

Dans un passage clef des *Confessions*, Augustin décrit un instant où les deux lectures – sonore et silencieuse – sont pratiquées de façon quasi simultanée. Angoissé par l'indécision, mécontent de ses fautes passées, tourmenté par la crainte que l'heure du jugement ait enfin sonné pour lui, Augustin s'éloigne de son ami Alypius, avec qui il était occupé à lire (à haute voix) dans le jardin d'été, et se laisse tomber en pleurs sous un figuier. Soudain, venant d'une maison voisine, il entend la voix d'un enfant – garçon ou fille, il ne le sait – qui chante une chanson dont le refrain est *tolle, lege*, «prends et lis[12]». Certain que cette voix s'adresse à lui, Augustin revient en courant à l'endroit où Alypius est encore assis et ramasse le livre dont il a interrompu la lecture, un volume des Épîtres de Paul. «Je le pris et l'ouvris, raconte Augustin, et en silence je lus le premier passage sur lequel mes yeux se posèrent.» Le passage qu'il lit *en silence* se trouve dans l'Épître aux Romains, chapitre 13 – une exhortation à «ne pas se soucier de la chair» mais à «se revêtir [sous-entendu : ainsi que d'une armure] du Seigneur Jésus-Christ». Frappé comme par la foudre, il arrive à la fin de la phrase. La «lumière de la confiance» lui inonde le cœur et «les ténèbres du doute» sont dispersées.

Alypius, surpris, demande à Augustin ce qui l'a ainsi affecté. Augustin (qui, d'un geste si familier pour nous à travers les siècles, a marqué d'un doigt la page qu'il était en train de lire et a refermé le livre) montre le texte à son ami. « Je le lui désignai et il lut [à haute voix, vraisemblablement] au-delà du passage que j'avais lu. Je n'avais pas idée de la suite, qui était ceci : *À celui qui est faible dans la foi, soyez accueillants*. » Cette admonestation, raconte Augustin, suffit à donner à Alypius la force spirituelle tant désirée. Là, dans ce jardin de Milan, un jour du mois d'août 386, Augustin et son ami lisent les Épîtres de Paul d'une façon très semblable à celle dont nous lirions le livre aujourd'hui : l'un en silence, pour son édification personnelle ; l'autre à haute voix, afin de partager avec son compagnon la révélation du texte. Curieusement, alors que la longue absorption muette d'Ambroise dans les livres lui avait paru inexplicable, Augustin ne trouve pas surprenante sa propre lecture silencieuse, peut-être parce qu'il n'avait encore consulté que quelques mots essentiels.

Professeur de rhétorique, expert en poétique et en rythmique de la prose, érudit qui haïssait le grec mais aimait le latin, Augustin avait l'habitude – comme la plupart des lecteurs – de lire tous les écrits qu'il trouvait pour le simple délice des sons[13]. Selon l'enseignement d'Aristote, il savait que les lettres, « inventées afin que nous puissions converser même avec les absents », étaient « signes de sons » et que ceux-ci, à leur tour, étaient « signes de ce que nous pensons[14] ». Le texte écrit était une conversation, confiée au papier afin que le partenaire absent pût prononcer les mots conçus à son intention. Pour Augustin, le mot parlé faisait inextricablement partie du texte lui-même – avec à l'esprit l'avertissement de Martial, exprimé trois siècles plus tôt :

> *Le vers est mien ; mais, ami, quand tu le déclames,*
> *Il paraît tien, tant grièvement tu le mutiles*[15].

Les mots écrits, dès les temps des premières tablettes sumériennes, étaient destinés à être prononcés à voix haute, puisque chaque signe impliquait, comme son âme, un son particulier. Le dicton classique *scripta manent, verba volant* – dont le sens est devenu, de nos jours, « ce qui est écrit demeure, ce qui est parlé se volatilise » – signifiait jadis exactement le contraire ; il avait été forgé à la louange de la parole, qui a des ailes et peut voler, par comparaison avec le mot écrit, silencieux sur la page, inerte, mort. Confronté à un texte écrit, le lecteur a le devoir de prêter sa voix aux lettres silencieuses, les *scripta*, et de leur permettre de devenir, au sens de la délicate distinction biblique, *verba*, les mots parlés – l'esprit. Les langages primitifs de la Bible – l'araméen et l'hébreu – ne font pas la différence entre le fait de lire et celui d'écrire ; ils désignent ces deux activités par le même mot[16].

Dans les textes sacrés, où chaque lettre, le nombre de lettres et leur ordre étaient dictés par la divinité, la pleine compréhension ne mobilise pas seulement les yeux mais aussi le reste du corps : le lecteur se balance à la cadence des phrases et porte à ses lèvres les mots sacrés, afin que rien du divin ne soit perdu en cours de lecture. Ma grand-mère lisait l'Ancien Testament de cette façon, en articulant les mots et en balançant son corps d'avant en arrière au rythme de sa prière. Je la revois dans la pénombre de son appartement du Barrio del Once, le quartier juif de Buenos Aires, en train de psalmodier les antiques paroles de sa bible, le seul livre dans sa maison, dont la couverture noire avait fini par ressembler à la texture de sa pâle et douce peau de vieille femme. Chez les musulmans aussi le corps entier participe à la sainte lecture. Dans l'islam, la question de savoir si un texte sacré doit être entendu ou lu est d'une importance essentielle. Au XIXe siècle, l'érudit Ahmad ibn Muhammad ibn Hanbal l'exprima de cette manière : puisque le Coran original – la Mère du Livre, la Parole de Dieu révélée par Allah à Mahomet – n'a pas été créé mais est éternel, a-t-il manifesté son existence par sa seule récitation dans la prière, ou l'a-t-il multipliée sur la page lue afin que l'œil l'y découvre, copiée par des mains successives au cours des âges de l'humanité ? Nous ne savons pas s'il reçut une réponse, car en 833 sa question lui valut d'être condamné par la *mihnah*, ou inquisition islamique, instituée par les califes abbassides[17]. Trois siècles plus tard, le savant légiste et théologien Abû Hâmid Muhammad al-Ghazâlî énonça pour l'étude du Coran une série de règles dans lesquelles la lecture et l'écoute du texte lu participaient de la même action sacrée. La règle numéro cinq établissait que le lecteur devait suivre le texte lentement et distinctement, afin de réfléchir à ce qu'il lisait. La règle numéro six concernait les pleurs : « Si tu ne pleures pas naturellement, force-toi à pleurer », car le chagrin devrait être implicite dans l'appréhension de la parole sacrée. La règle numéro neuf exigeait que le Coran fût « lu à voix assez haute pour que le lecteur lui-même l'entende, parce que lire signifie distinguer entre les sons », éloignant ainsi les distractions venues du monde extérieur[18].

Le psychologue américain Julian Jaynes, dans une étude où il discutait des origines de la conscience, soutenait que le cerveau biparti – où l'un des hémisphères devient spécialisé dans la lecture silencieuse – correspond à un développement tardif de l'évolution de l'espèce humaine et que le processus par lequel cette fonction se développe est encore en train d'évoluer. Il suggérait qu'aux premiers temps de la lecture, la perception était sans doute plus auditive que visuelle. « Lire pendant le troisième millénaire avant notre ère revenait donc peut-être à *entendre* les cunéiformes, c'est-à-dire à imaginer le discours de façon hallucinatoire en regardant les signes qui le symbolisent, plutôt qu'à reconnaître visuellement les syllabes de la façon qui est la nôtre[19]. »

Cette « hallucination auditive » peut avoir également prévalu à l'époque d'Augustin, quand les mots sur la page n'attendaient pas, pour *devenir* des sons, l'instant où l'œil les percevait ; ils *étaient* des sons. L'enfant qui chantait le refrain révélateur dans le jardin voisin de celui d'Augustin avait certainement appris, comme Augustin avant lui, qu'idées, descriptions, histoires vraies ou inventées, tout ce que le cerveau pouvait traiter possédait une réalité physique sonore, et il n'était que logique que ces sonorités représentées sur la tablette, le rouleau ou le manuscrit fussent proférées par la langue après avoir été reconnues par l'œil. La lecture était une forme de pensée. Cicéron, en guise de consolation pour les sourds, écrivait dans un de ses essais moraux : « Et si peut-être la récitation leur fait plaisir, ils doivent songer d'abord que bien des sages ont vécu heureux avant qu'elle ne soit inventée et puis qu'on peut éprouver un plaisir plus grand à lire des œuvres qu'à les entendre lire[20]. » Mais ce n'est là qu'un prix de consolation offert par un philosophe qui peut, lui, savourer les sonorités des mots écrits. Pour Augustin, comme pour Cicéron, la lecture était un talent oral : talent oratoire dans le cas de Cicéron, talent de prêcheur dans celui d'Augustin.

Jusqu'à une période avancée du Moyen Âge, les auteurs supposaient que leurs lecteurs verraient moins le texte qu'ils ne l'entendraient, et eux-mêmes prononçaient leurs phrases à haute voix tout en les composant. Les gens qui savaient lire étant relativement rares, les lectures publiques étaient courantes et les textes médiévaux invitent souvent l'assistance à « prêter l'oreille » à un conte. Il se peut qu'un écho ancestral de ces pratiques de lecture persiste dans certaines de nos expressions, comme lorsque nous disons « Untel parle de cela » (au sens de « Untel a écrit à ce propos ») ou « Ce texte sonne mal » (au sens de « il n'est pas bien écrit »), ou encore lorsqu'on évoque la « voix » d'un auteur.

Parce que les livres étaient surtout lus à haute voix, les lettres qui les composaient n'avaient pas besoin d'être séparées en unités phonétiques, mais étaient assemblées en phrases continues. La direction dans laquelle les yeux étaient censés suivre ces bandes de lettres variait d'un endroit à l'autre et selon les époques ; notre façon de lire un texte aujourd'hui dans le monde occidental – de gauche à droite et de haut en bas – n'a rien d'universel. On lit certaines écritures de droite à gauche (l'hébraïque, l'arabe), d'autres en colonnes, de haut en bas (la chinoise et la japonaise); quelques-unes allaient par paires de colonnes verticales (celle des Mayas); certaines en lignes alternées de sens opposé, en va-et-vient – une méthode appelée *boustrophédon*, « tel un bœuf qui laboure », en grec ancien. D'autres encore serpentaient sur la page à la façon d'un jeu de l'oie, avec des traits ou des points indiquant le sens de lecture (celle des Aztèques)[21].

L'antique mode d'écriture sur les rouleaux – qui ne séparait pas les mots, ne faisait pas la distinction entre majuscules et minuscules et n'utilisait pas la ponctuation – convenait à un lecteur habitué à lire à haute voix, à laisser l'oreille débrouiller ce qui à l'œil apparaissait comme une suite continue de signes. L'importance de cette continuité était telle que les Athéniens élevèrent, dit-on, une statue à un certain Phillatius, inventeur d'une colle permettant d'assembler les feuilles de parchemin ou de papyrus[22]. Et pourtant, même le rouleau continu, s'il rendait plus aisée la tâche du lecteur, ne devait pas être d'un grand secours pour démêler les écheveaux de sens. La ponctuation, traditionnellement attribuée à Aristophane de Byzance (vers 200) et développée par d'autres habitués de la bibliothèque d'Alexandrie, était, au mieux, erratique. Augustin, tel Cicéron avant lui, avait besoin de répéter un texte avant de le lire à haute voix, le déchiffrage à vue étant à son époque un talent peu habituel et susceptible d'entraîner des erreurs d'interprétation.

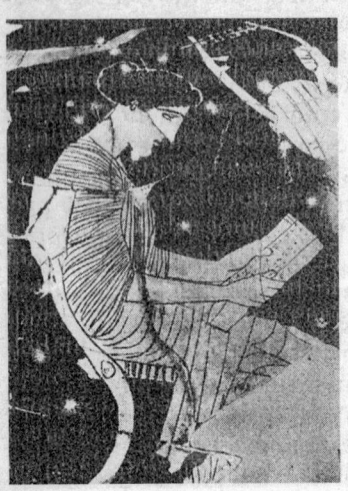

Au Ve siècle avant notre ère, on lisait à haute voix, en déroulant le texte d'une main tandis qu'on l'enroulait de l'autre, découvrant ainsi une section à la fois.

Au IVe siècle, le grammairien Servius reproche à son collègue Donat d'avoir lu, dans l'*Énéide* de Virgile, les mots *collectam ex Ilio pubem* («un peuple rassemblé [venant] de Troie») au lieu de *collectam exilio pubem* («un peuple rassemblé pour l'exil»)[23]. De telles erreurs étaient courantes à la lecture de textes continus.

Les Épîtres de Paul que lisait Augustin ne se présentaient pas sous forme de rouleau mais de codex : un papyrus relié, rédigé en texte continu dans la nouvelle écriture onciale ou semi-onciale apparue dans des documents romains au cours des dernières années du IIIe siècle. Le codex était une invention païenne ; d'après Suétone[24], Jules César fut le premier à plier un rouleau en pages afin de le dépêcher à ses troupes. Les chrétiens primitifs adoptèrent le codex car ils le trouvaient très pratique pour transporter, cachés sous leurs vêtements, des textes interdits par les autorités romaines. On pouvait numéroter les pages, ce qui facilitait au lecteur l'accès aux sections, et des textes distincts, comme les Épîtres de Paul, pouvaient sans peine être groupés en une liasse aisément manipulable[25].

La séparation des lettres en mots et en phrases se développa de façon très progressive. La plupart des écritures primitives – hiéroglyphes égyptiens, cunéiformes sumériens, sanscrit – n'avaient nul besoin de telles divisions. Les anciens scribes étaient si accoutumés aux conventions de leur art qu'ils pouvaient apparemment se passer de repères visuels, et les premiers moines chrétiens connaissaient en général par cœur les textes qu'ils transcrivaient[26]. Afin de venir en aide à ceux qui n'avaient guère de talents de lecture, les moines copistes utilisaient une méthode d'écriture dite *per cola et commata*, dans laquelle le texte était divisé en lignes d'après le sens – forme primitive de ponctuation, qui permettait à un lecteur peu sûr de lui de baisser ou d'élever la voix à la fin d'un segment de pensée. (Cette présentation permettait également à un érudit en quête d'un certain passage de le trouver plus facilement[27].) C'est saint Jérôme qui, à la fin du IVe siècle, ayant découvert cette méthode dans des copies de

Démosthène et de Cicéron, la décrivit le premier dans son introduction à sa traduction du Livre d'Ezéchiel, en expliquant que « ce qui est écrit *per cola et commata* communique au lecteur un sens plus évident[28] ».

La ponctuation demeurait peu fiable, mais il est certain que ces premières mesures ont contribué au progrès de la lecture silencieuse. Dès la fin du VIe siècle, saint Isaac de Syrie pouvait décrire les bénéfices de la méthode : « Je pratique le silence, afin que les mots de mes lectures et de mes prières me comblent de ravissement. Et quand le plaisir de comprendre impose le silence à ma langue, alors, comme dans un rêve, j'accède à un état où mes sens et mes pensées se concentrent. Ensuite, quand grâce à la prolongation de ce silence le tourbillon des souvenirs s'apaise dans mon cœur, d'incessantes vagues de joie envoyées par des pensées intérieures, au-delà de toute attente, surgissent soudain au grand délice de mon cœur[29]. » Et au milieu du VIIe siècle, le théologien Isidore de Séville était suffisamment coutumier de la lecture silencieuse pour pouvoir faire la louange de cette méthode « permettant de lire sans effort, en réfléchissant à ce qu'on vient de lire, qui échappe dès lors moins facilement à la mémoire[30] ». Comme Augustin avant lui, Isidore pensait que la lecture rend possible une conversation à travers le temps et l'espace, mais avec une distinction importante. « Les lettres ont le pouvoir de nous communiquer *silencieusement* les propos des absents[31] », écrivait-il dans ses *Étymologies*. Les lettres d'Isidore n'avaient pas besoin de son.

Les avatars de la ponctuation continuaient. Après le VIIe siècle, une combinaison de points et de traits indiquait un point final, un point placé en hauteur correspondait à notre virgule, et on utilisait le point-virgule comme nous le faisons aujourd'hui[32]. Dès le IXe siècle, la lecture silencieuse devait être assez usuelle dans les salles des monastères pour que les copistes commencent à décrocher chaque mot de ses voisins afin de simplifier le déchiffrage du texte – et peut-être aussi pour des raisons esthétiques. Vers la même époque, les copistes irlandais, célèbres dans tout le monde chrétien pour leur savoir-faire, entreprirent d'isoler non seulement les termes du discours mais aussi les constituants grammaticaux à l'intérieur de la phrase, et introduisirent plusieurs des signes de ponctuation que nous utilisons aujourd'hui[33]. Au Xe siècle, afin de faciliter encore la tâche du lecteur silencieux, les premières lignes des principales sections d'un texte (les livres de la Bible, par exemple) étaient généralement écrites à l'encre rouge, de même que les *rubriques* (du latin *rubeus*, rouge), indications indépendantes du texte proprement dit. L'ancienne pratique consistant à commencer un nouveau paragraphe par un trait de division (*paragraphos* en grec) fut conservée ; plus tard, on écrivit la première lettre du nouveau paragraphe dans un caractère un peu plus grand ou majuscule.

Les premières règles imposant le silence aux copistes dans les salles d'écriture des monastères datent du IXe siècle[34]. Auparavant, ils avaient travaillé soit sous dictée soit en se lisant eux-mêmes à voix haute le texte qu'ils copiaient. Parfois l'auteur en personne ou un « éditeur » dictait le livre. Au VIIIe siècle, un scribe anonyme concluait son ouvrage par ces mots : « Nul ne peut savoir quels efforts sont exigés. Trois doigts écrivent, deux yeux voient, une langue parle, le corps entier peine[35]. » *Une langue parle* tandis que le copiste travaille, elle énonce les mots qu'il transcrit.

Lorsque la lecture silencieuse fut devenue la règle dans les salles où travaillaient les copistes, la communication entre eux se fit par signes : si un copiste avait besoin d'un nouveau livre à transcrire, il faisait le geste de tourner des pages imaginaires ; s'il lui fallait un psautier, il posait les mains sur sa tête en forme de couronne (en référence au roi David) ; il indiquait un lectionnaire en faisant semblant de moucher des chandelles ; un missel, au moyen du signe de la croix ; un ouvrage païen, en se grattant le corps comme un chien[36].

Lire à haute voix en présence d'une autre personne impliquait une lecture partagée, délibérément ou non. Pour Ambroise, lire avait été un acte solitaire. « Peut-être craignait-il, s'il lisait à haute voix, songeait Augustin, qu'un passage difficile chez l'auteur qu'il lisait ne suscitât une question dans l'esprit d'un auditeur attentif, et qu'il ne dût alors en expliquer la signification ou même discuter de certains des points les plus abstrus[37]. » Mais grâce à la lecture silencieuse, le lecteur put enfin établir une relation illimitée avec le livre et les mots. Ceux-ci n'avaient plus besoin d'occuper le temps nécessaire pour les prononcer. Ils pouvaient exister dans un espace intérieur, lus avec emportement ou à peine commencés, déchiffrés complètement ou dits à moitié, tandis que les pensées du lecteur les inspectaient à loisir et découvraient en eux des notions nouvelles, ce qui permettait des comparaisons avec la mémoire ou d'autres livres laissés ouverts pour consultation simultanée. Le lecteur avait le temps de considérer et de reconsidérer les précieux mots dont les sonorités – il le savait désormais – pouvaient résonner au dedans aussi bien qu'au dehors. Et le texte lui-même, protégé des tiers par sa couverture, devenait la propriété privée du lecteur, sa connaissance intime, que ce fût dans la studieuse salle d'écriture, sur la place du marché ou chez lui.

Cette nouvelle tendance inspirait de la méfiance à quelques dogmatiques ; dans leur esprit, la lecture silencieuse autorisait la rêverie, la dangereuse paresse – ce péché mortel, « le fléau qui dévaste à midi[38] ». Mais avec la lecture silencieuse apparaissait un nouveau danger que les Pères de l'Église n'avaient pas prévu : un livre qu'on peut lire en privé, en y réfléchissant au fur et à mesure que les yeux découvrent le sens des mots, n'est plus sujet à clarification immédiate, aux directives, condamnations ou censures d'un auditeur. La lecture silencieuse autorise une communication sans témoin entre le livre et son lecteur et, comme l'a si joliment dit Augustin, le « rafraîchissement » personnel des idées[39].

Jusqu'à ce que la lecture silencieuse fût devenue la norme dans le monde chrétien, les hérésies étaient restées limitées à quelques individus ou à de rares congrégations dissidentes. Les premiers chrétiens se préoccupaient à la fois de condamner les incroyants (païens, juifs, manichéens et, à partir du VIIe siècle, musulmans) et d'établir un dogme commun. Les arguments qui s'écartaient de la foi orthodoxe étaient soit rejetés avec véhémence, soit incorporés prudemment par les autorités ecclésiastiques, mais comme ces hérésies n'avaient guère d'audience, on les traitait avec indulgence. On trouve au catalogue de ces voix dissidentes plusieurs théories remarquables : au IIe siècle, les montanistes professaient (déjà) le retour aux pratiques et aux croyances de l'Église primitive, et affirmaient avoir été témoins du second avènement du Christ sous la forme d'une femme ; dans la seconde moitié de ce siècle, le monarchianisme tirait de la définition de la Trinité la conclusion que c'était Dieu le Père qui avait souffert sur la Croix ; le pélagianisme, contemporain de saint Augustin et de saint Ambroise, rejetait la notion de péché originel ; les apollinariens déclaraient, dans les dernières années du IVe siècle, que le Verbe, et non une âme humaine, était uni au corps du Christ dans l'Incarnation ; au IVe siècle, les ariens contestèrent le mot *homoousios* (consubstantiel), qui décrit la matière dont est fait le Fils, et (pour citer un « jeu de mots » de l'époque) « mirent l'Église en émoi à cause d'une diphtongue » ; au Ve siècle, les nestoriens, en contradiction avec les anciens apollinariens, soutenaient que le Christ était un être double, dieu et homme ; Eutychès, contemporain de Nestorius, niait que le Christ eût souffert comme souffrent tous les humains[40].

Bien que l'Église eût institué la peine de mort pour hérésie dès 382, le premier cas d'exécution d'un hérétique sur le bûcher ne se produisit qu'en 1022, à Orléans. L'Église condamnait là un groupe de chanoines et de nobles laïques qui, pensant que la véritable instruction ne pouvait venir que directement du Saint-Esprit, rejetaient les Écritures comme « une fabrication écrite par les hommes sur des peaux de bêtes[41] ». Des lecteurs aussi indépendants étaient manifestement dangereux. L'interprétation de l'hérésie comme un délit civil punissable de mort ne reçut de fondement légal qu'en 1231, par un décret de l'empereur Frédéric II dans *Les Constitutions de Melfi*, mais dès le XIIe siècle l'Église condamnait déjà avec enthousiasme des mouvements hérétiques importants et agressifs qui prônaient non le renoncement ascétique au monde (qu'avaient proposé les premiers dissidents) mais la contestation d'une autorité corrompue et d'un clergé abusif, affirmant que l'individu n'a de comptes à rendre qu'à la divinité. Ce mouvement se répandit par des voies tortueuses et se cristallisa au XVIe siècle.

Portrait de Martin Luther par son contemporain Lucas Cranach l'Aîné.

Le 31 octobre 1517, un moine qu'une étude personnelle des Écritures avait porté à la conviction que la grâce divine supplante les mérites de la foi acquise, afficha sur la porte de l'église de Tous-les-Saints à Wittenberg quatre-vingt-quinze thèses opposées à la pratique des indulgences – vente de remises de peine temporelles pour des péchés reconnus – et autres abus ecclésiastiques. Ce geste fit de Martin Luther un hors-la-loi aux yeux du Saint Empire romain et un apostat à ceux du pape. En 1529, l'empereur Charles Quint annula les droits accordés aux disciples de Luther, et quatorze cités franches d'Allemagne, alliées à six princes luthériens, organisèrent la lecture d'une protestation contre la décision impériale. « Là où il est question de l'honneur de Dieu ainsi que du salut et de la vie éternelle de nos âmes, chacun doit rendre compte de soi devant Dieu », soutenaient les protestataires ou, comme on devait les appeler par la suite, les protestants. Dix ans auparavant, le théologien romain Silvester Prierias avait affirmé que le livre sur lequel était fondée l'Église devait demeurer un mystère, interprété sous la seule autorité du pape⁴². Les hérétiques, pour leur part, maintenaient que les gens ont le droit de lire pour eux-mêmes la parole de Dieu, sans témoin ni intermédiaire[43].

Bien des siècles plus tard, au-delà d'une mer qu'Augustin eût située aux limites de la Terre, l'écrivain américain Ralph Waldo Emerson, qui devait sa foi à ces anciens protestataires, mettait à profit l'art dont le saint s'était tant étonné. À l'église, pendant les longs sermons, souvent ennuyeux, auxquels le sentiment de sa responsabilité sociale lui imposait d'assister, il lisait en silence les *Pensées* de Pascal. Et le soir, à Concord, dans sa chambre glacée, « emmitouflé de couvertures jusqu'au menton », il se lisait les *Dialogues* de Platon. («Il associa à jamais Platon et l'odeur de la laine», notait un historien[44].) Tout en estimant qu'il y avait trop de livres à lire et que les lecteurs devraient mettre leurs trouvailles en commun en se rendant compte mutuellement de l'essentiel de leurs études, Emerson considérait la lecture d'un livre comme une activité privée et solitaire. « Tous ces livres », écrivit-il en dressant une liste de textes « sacrés » qui comprenaient les Upanishads et les *Pensées*, « sont l'expression majestueuse de la conscience universelle, et servent mieux nos buts quotidiens que l'almanach de cette année ou le journal de ce jour. Mais ils sont destinés au cabinet de travail, et on doit les lire à genoux. Leurs communications ne doivent pas être données ni reçues du bout des lèvres et de la langue, mais la joue empourprée, et le cœur battant[45]. » En silence.

Lorsqu'il observait saint Ambroise en train de lire, en cet après-midi de l'an 384, Augustin ne pouvait guère se douter de ce qu'il avait devant lui. Il pensait voir un lecteur désireux d'éviter les visiteurs indiscrets, d'économiser sa voix réservée à l'enseignement. En réalité, il voyait une multitude, une armée de lecteurs silencieux qui au cours des nombreux siècles à venir inclurait Luther, inclurait Calvin, inclurait Emerson, nous inclurait, nous, qui le lisons aujourd'hui.

Socrate en conversation : flanc d'un sarcophage du IIe siècle.

LE LIVRE DE LA MÉMOIRE

Me voici dans les ruines de Carthage, en Tunisie. Les pierres sont romaines, fragments de murs construits après la destruction de la cité par Scipion Emilien en 146 avant J.-C., lorsque l'empire carthaginois devint province romaine et reçut le nom d'Afrique. Ici, saint Augustin, dans sa jeunesse, enseigna la rhétorique avant de s'en aller à Milan. Peu avant la quarantaine, il retraversa la Méditerranée pour s'installer à Hippone, dans ce qui est aujourd'hui l'Algérie; c'est là qu'il mourut en 430 alors que les envahisseurs vandales faisaient le siège de la ville.

J'ai apporté avec moi mon édition scolaire des *Confessions*, un mince volume orange des Classiques Roma, collection que mon professeur de latin préférait à toute autre. Ici, debout, le livre à la main, j'éprouve un sentiment de camaraderie à l'égard du grand Pétrarque, qui avait toujours sur lui une édition de poche de saint Augustin. Lorsqu'il lisait les *Confessions*, il lui semblait que la voix d'Augustin lui parlait sur un tel ton d'intimité que, vers la fin de sa vie, il composa trois dialogues imaginaires avec le saint, qui furent publiés après sa mort sous le titre *Secretum meum*. Une note au crayon dans la marge de mon édition Roma commente le commentaire de Pétrarque, comme pour continuer ces dialogues fictifs.

Il est vrai que parfois le ton d'Augustin suggère une intimité confortable, propice à l'échange de secrets. Quand j'ouvre le livre, mes griffonnages marginaux me

Une école florentine au XIIe siècle.

rappellent la vaste classe du Colegio Nacional de Buenos Aires, aux murs peints de la couleur du sable carthaginois, et je me surprends à réentendre la voix de mon professeur récitant les paroles d'Augustin, ainsi que nos débats pompeux (quel âge avions-nous : quinze, seize ans?) sur la responsabilité politique et la réalité métaphysique. Le livre préserve le souvenir de cette lointaine adolescence, de mon professeur (aujourd'hui disparu), de la lecture d'Augustin par Pétrarque, dont notre professeur nous parlait avec approbation, mais aussi d'Augustin, de ses salles de classe, de la Carthage qui n'avait été bâtie sur la Carthage détruite que pour être détruite à son tour. La poussière de ces ruines est beaucoup, beaucoup plus ancienne que le livre, mais le livre la contient aussi. Augustin observait et puis écrivait ce dont il se souvenait. Dans ma main, le livre se souvient deux fois.

Peut-être est-ce sa sensualité même (qu'il s'efforçait tant de réprimer) qui faisait de saint Augustin un observateur aussi clairvoyant. Il semble avoir passé les dernières années de sa vie dans un état paradoxal mêlant découverte et distraction, s'émerveillant de ce que lui enseignaient ses sens tout en demandant à Dieu d'écarter de lui les tentations du plaisir physique. Augustin

avait observé les habitudes de lecture silencieuse d'Ambroise parce qu'il avait cédé à la curiosité de ses yeux, et entendu le refrain dans le jardin parce qu'il avait avait été sensible à l'odeur de l'herbe et au chant d'oiseaux invisibles.

Ce n'est pas seulement de la possibilité de lire en silence que s'étonnait Augustin. À propos d'un ancien camarade de classe, il met l'accent sur l'extraordinaire mémoire de cet homme, laquelle lui permettait de composer et de recomposer des textes lus une fois et appris par cœur. Il était capable, écrit Augustin, de citer l'avant-dernier vers de chacun des livres de Virgile, « rapidement, dans l'ordre et de mémoire... Si nous lui demandions alors de réciter les vers précédant chacun de ceux-là, il le faisait. Et nous pensions qu'il était capable de réciter Virgile à l'envers... Et si nous voulions des passages en prose de quelque discours de Cicéron qu'il avait mémorisé, il pouvait faire cela aussi[1]. » Qu'il lût en silence ou à haute voix, cet homme était capable d'imprimer le texte (selon l'expression de Cicéron, qu'Augustin citait volontiers) « sur les tablettes de cire de la mémoire[2] », prêtes à être rappelées et récitées à volonté dans l'ordre qu'il préférait, comme s'il feuilletait les pages d'un livre.

En se rappelant un texte, en ayant à l'esprit un livre tenu une fois entre les mains, pareil lecteur peut *devenir* le livre, un livre dans lequel lui-même et les autres peuvent lire.

En 1658, Jean Racine qui, à dix-huit ans, étudiait à l'abbaye de Port-Royal sous l'œil vigilant des moines cisterciens, découvrit par hasard un vieux roman grec, *Théagène et Chariclée*, une histoire d'amour tragique dont il s'est peut-être souvenu, bien des années après, en écrivant *Andromaque* et *Bérénice*. Il emporta le livre dans la forêt voisine de l'abbaye et il avait commencé à le lire avec voracité quand il fut surpris par le sacristain qui lui arracha le livre des mains et le jeta au feu. Peu après, Racine réussit à trouver un autre exemplaire, qui fut également découvert et condamné aux flammes, ce qui l'encouragea à acheter un troisième exemplaire et à apprendre le roman par cœur. Après quoi il apporta le livre au féroce sacristain en lui disant : « Vous pouvez brûler encore celui-ci comme les autres[3]. »

Pareille qualité de lecture, qui permet à un lecteur d'acquérir un texte non par une simple prise de connaissance des mots mais par une véritable assimilation de ceux-ci, n'a pas toujours été considérée comme une bénédiction. Voici vingt-trois siècles, au pied des murailles d'Athènes, à l'ombre d'un grand platane au bord d'une rivière, un jeune homme dont nous ne savons guère que le nom, Phèdre, lut à haute voix devant Socrate le discours d'un certain Lysias, que Phèdre admirait passionnément. Le jeune homme avait entendu plusieurs fois ce discours (en sa qualité d'amant), et avait fini par en obtenir une version écrite qu'il avait étudiée longuement, jusqu'à la connaître par cœur. Alors, impatient de faire partager sa découverte (attitude fréquente chez les lecteurs), il avait recherché en Socrate un auditeur. Socrate, devinant que Phèdre avait caché sous son manteau le texte du discours, lui demanda de lire l'original au lieu de le lui réciter. « Je ne te laisserai pas essayer sur moi ton éloquence, dit-il au jeune enthousiaste, alors que Lysias en personne est ici présent[4]. »

Il était surtout question, dans cet ancien dialogue, de la nature de l'amour, mais la conversation dérivait agréablement et, vers la fin, on aborda le sujet de l'art des lettres. Autrefois, raconta Socrate à Phèdre, le dieu égyptien Thot, inventeur des dés, des échecs, des chiffres, de la géométrie, de l'astronomie et de l'écriture, rendit visite au roi d'Égypte et lui offrit ces inventions afin qu'il les transmît à son peuple. Le roi discuta des mérites et des désavantages de chacun des cadeaux du dieu, jusqu'à ce que Thot en vînt à l'art d'écrire. « Voici, dit Thot, la connaissance, ô Roi, qui procurera aux Égyptiens plus de science et plus de souvenirs, car le défaut de mémoire et le manque de science ont trouvé leur remède ! » Mais le roi ne se laissa pas impressionner. « Cette invention, répondit-il, en dispensant les hommes d'exercer leur mémoire, produira l'oubli dans l'âme de ceux qui en auront acquis la connaissance : en tant que confiants dans l'écriture, ils chercheront au-dehors grâce à des caractères étrangers, non point au-dedans et grâce à eux-mêmes, le moyen de se ressouvenir, en conséquence ce n'est pas pour la mémoire mais pour la procédure du ressouvenir que tu as trouvé un remède. Quant à la science, c'en est l'illusion et non la réalité que tu procures à tes élèves : lorsqu'en effet, avec toi, ils auront réussi, sans enseignement, à se pourvoir d'une information abondante, ils se croiront compétents en une quantité de choses, alors qu'ils sont, dans la plupart, incompétents, insupportables en outre dans leur commerce, parce qu'au lieu d'être des savants, c'est savants d'illusions qu'ils seront devenus. » Il faut qu'un lecteur soit bien naïf, disait Socrate à Phèdre, pour croire que les mots écrits peuvent faire plus que nous rappeler ce que nous savons déjà.

Convaincu par le raisonnement de son aîné, Phèdre acquiesça. Et Socrate continua : « Ce qu'il y a même, en effet, sans doute de terrible dans l'écriture, c'est, Phèdre, sa ressemblance avec la peinture. Les rejetons de celle-ci ne se présentent-ils pas comme des êtres vivants mais ne se taisent-ils pas majestueusement quand on les interroge ? Il en est de même aussi pour les discours écrits :

on croirait que ce qu'ils disent, ils y pensent, mais si on les interroge sur tel point de ce qu'ils disent avec l'intention de s'instruire, c'est une chose unique qu'ils donnent à comprendre, une seule, toujours la même. » Pour Socrate, le texte lu n'était jamais que mots dans lesquels signes et sens se chevauchaient avec une précision stupéfiante. Interprétation, exégèse, glose, commentaire, association, réfutation, significations symboliques et allégoriques, tout venait non du texte mais du lecteur. Le texte, telle une image peinte, disait seulement « la lune d'Athènes » ; c'était le lecteur qui la meublait d'une face ronde éburnéenne, d'un ciel profond et sombre, d'un paysage de ruines anciennes devant lequel Socrate s'était un jour promené.

Vers l'an 1250, dans sa préface au *Bestiaire d'amour*, le recteur de la cathédrale d'Amiens, Richard de Fournival, exprima son désaccord avec Socrate et suggéra que, puisque l'humanité entière désire la connaissance et n'a que peu de temps à vivre, chacun doit compter sur le savoir accumulé par d'autres afin d'augmenter la richesse du sien. À cet effet, Dieu a fait don à l'âme humaine de la mémoire, à laquelle nous accédons grâce aux sens de la vue et de l'ouïe. Fournival discutait alors l'idée de Socrate. L'accès à la vue, disait-il, passe par des peintures ; l'accès à l'ouïe, par des paroles[5]. Leur mérite, aux unes comme aux autres, ne consiste pas seulement en la proposition d'une image ou d'un texte sans progrès ni variation, mais en la re-création, dans le temps et le lieu propres au lecteur, de ce qui a été conçu et exprimé en images ou en paroles à une autre époque et sous d'autres cieux. Quand on voit un tableau représentant une histoire, celle de Troie ou une autre, disait Fournival, on voit ces nobles actions réalisées dans le passé exactement comme si elles nous étaient contemporaines. Et il en est de même de l'écoute d'un texte, car lorsqu'on nous lit une histoire, nous voyons dans le présent les événements que nous entendons. Et quand vous me lirez, cette écriture avec sa *peinture* et sa *parole* me rendra présent dans votre mémoire même si je ne me trouve pas physiquement devant vous[6]. La lecture, selon Fournival, enrichit le présent et actualise le passé ; la mémoire prolonge ces qualités dans le futur. Pour Fournival, c'est le livre et non le lecteur qui préserve et transmet le souvenir.

Au temps de Socrate, le texte écrit n'était pas d'un usage courant. Alors que les livres existaient à Athènes en nombre considérable au Ve siècle avant J.-C. et que leur commerce avait commencé à se développer, la pratique de la lecture privée ne s'établit pleinement qu'au moins un siècle plus tard, à l'époque d'Aristote – l'un des premiers lecteurs à réunir une importante collection de manuscrits à son usage personnel[7]. C'était par la parole qu'on apprenait et transmettait la connaissance, et Socrate appartient à une lignée de maîtres de l'oral qui comprend Moïse, Bouddha et Jésus-Christ, lequel n'écrivit qu'une seule fois, nous dit-on, quelques mots sur le sable pour les effacer aussitôt[8]. Pour Socrate, les livres n'étaient qu'accessoires de la mémoire et du savoir, les vrais savants devaient s'en passer. Quelques années plus tard, ses disciples Platon et Xénophon relatèrent dans un livre son peu d'estime pour les livres, et leur souvenir de sa mémoire fut ainsi sauvegardé pour nous, ses futurs lecteurs.

À l'époque de Fournival, les étudiants utilisaient couramment les livres comme aide-mémoire, en les posant ouverts devant eux en classe, à raison généralement d'un exemplaire pour plusieurs étudiants[9]. C'est de la même façon que j'étudiais à l'école : tandis que le professeur faisait son cours, je tenais le livre ouvert devant moi et y marquais les principaux passages dont j'essaierais ensuite de me souvenir (mais quelques professeurs – des disciples de Socrate, je suppose – n'aimaient pas que nous ouvrions les livres en classe). Il y avait cependant une différence curieuse entre mes condisciples au lycée de Buenos Aires et les étudiants représentés dans les illustrations datant de l'époque de Fournival. Nous marquions des passages de nos livres au stylo (si nous étions audacieux) ou au crayon (si nous étions timides), et écrivions dans les marges afin de nous rappeler les commentaires du professeur. Les étudiants du XIIIe siècle, sur les anciennes illustrations, sont dépeints la plupart du temps sans le moindre instrument d'écriture[10] ; assis ou debout devant les volumes ouverts, ils mémorisent la position d'un paragraphe, la disposition des lettres, commettent à leur mémoire une suite de points essentiels au lieu de la confier à la page. À la différence de mes contemporains et de moi-même, qui étudiions en vue d'un examen bien particulier les passages soulignés et annotés (dont ensuite, après l'examen, nous oublierions une grande partie, sécurisés par la certitude de pouvoir toujours consulter le livre en cas de besoin), les élèves de Fournival comptaient sur les bibliothèques emmagasinées dans leurs cerveaux, dans lesquelles, grâce aux laborieux procédés mnémotechniques appris dès leur plus jeune âge, ils pourraient récupérer chapitres et versets aussi facilement que je peux retrouver un sujet donné dans une somme de références sur papier ou puces électroniques. Ils pensaient même que mémoriser un texte était physiquement bénéfique, et citaient comme une autorité le médecin romain Antyllus qui, au IIe siècle, avait écrit que ceux qui n'ont jamais appris des vers par cœur et sont donc réduits à les lire dans les livres éprouvent parfois de grandes difficultés à éliminer, par une transpiration abondante, les humeurs néfastes qu'éliminent par la seule respiration ceux qui possèdent une bonne mémoire des textes[11].

Pour ma part, je me repose avec confiance sur les possibilités que m'offre l'informatique de traquer dans des bibliothèques plus vastes que celle d'Alexandrie un renseignement inaccessible, et mon ordinateur personnel peut « accéder » à toutes sortes de livres. Des entreprises telles que le *Projet Gutenberg*, aux États-Unis, mettent tout sur disquettes, des *Œuvres complètes* de Shakespeare au *CIA World Factbook*, et les *Oxford Text Archives*, en Angleterre, proposent des versions électroniques des principaux auteurs grecs et latins, sans compter de nombreux classiques en diverses autres langues. Les savants médiévaux se fiaient à leur propre mémoire des livres qu'ils avaient lus, dont ils pouvaient évoquer les pages, tels de vivants fantômes.

Saint Thomas d'Aquin était contemporain de Fournival. À partir des conseils que donnait Cicéron aux rhétoriciens afin d'améliorer leurs capacités de mémoire, il élabora pour les lecteurs une série de règles : ranger dans un certain ordre les choses dont on souhaite se souvenir, leur porter « de l'affection », les transformer en « similitudes inhabituelles » qui les rendraient faciles à visualiser, les répéter souvent. Enfin, les érudits de la Renaissance, améliorant la méthode de Thomas d'Aquin, suggérèrent la construction mentale de modèles architecturaux – palais, théâtres, cités, les royaumes du ciel et de l'enfer – dans lesquels loger tout ce dont on souhaite se souvenir[12]. Ces modèles étaient des constructions très élaborées, érigées dans l'esprit au cours du temps, et qui ont pendant des siècles démontré leur immense efficacité.

Un seul disque pour les *Œuvres complètes* de Shakespeare dans leurs diverses éditions et adaptations, et son coffret en forme de codex.

Quant à moi, lecteur d'aujourd'hui, les notes que je prends en lisant sont conservées dans la mémoire déléguée de mon ordinateur. Tel l'érudit de la Renaissance qui pouvait parcourir à sa guise les salles de son palais-mémoire afin d'y retrouver une citation ou un nom, je pénètre aveuglément dans le labyrinthe électronique qui bourdonne derrière mon écran. Grâce à sa mémoire, je dispose de souvenirs plus précis (si la précision est importante) et plus abondants (si l'abondance paraît désirable) que mes illustres ancêtres, mais c'est encore à moi qu'il incombe d'ordonner les notes et d'en tirer des conclusions. De plus, je travaille dans la peur de perdre un texte « mémorisé » – une peur qui pour mes ancêtres ne venait qu'avec l'âge de la décrépitude, mais qui pour moi est toujours présente : peur d'une surtension électrique, d'une faute de frappe, d'un dérapage du système, d'un virus, d'un disque défectueux, toutes choses qui pourraient effacer à jamais le contenu entier de ma mémoire électronique.

Portrait de Pétrarque dans un manuscrit du XIVe siècle de son *De viris illustribus*.

Un siècle environ après que Richard de Fournival eut achevé son *Bestiaire*, Pétrarque, qui avait apparemment appliqué au long de ses volumineuses lectures les procédés mnémotechniques de Thomas d'Aquin, imagina dans *Mon secret* qu'il engageait avec son cher Augustin une conversation au sujet de la lecture et de la mémoire. Pétrarque avait, ainsi qu'Augustin, mené dans sa jeunesse une existence turbulente. Son père, ami de Dante, avait été comme le poète banni de sa Florence natale, et peu après la naissance de Pétrarque il avait installé sa famille à la cour du pape Clément V en Avignon. Pétrarque étudia dans les universités de Montpellier et de Bologne, et à l'âge de vingt-deux ans, après la mort de son père, il revint, jeune et riche, s'installer en Avignon. Mais ni la richesse ni la jeunesse ne durèrent. En quelques années de vie débauchée, il dilapida l'héritage de son père, et se trouva obligé d'entrer dans les ordres. La découverte de livres de Cicéron et de saint Augustin éveilla chez le prêtre fraîchement ordonné l'amour de la littérature et pendant le reste de sa vie il lut avec voracité. Il se mit à écrire sérieusement vers trente-cinq ans, et composa deux ouvrages, *De viris illustribus* (*Des hommes illustres*) et le poème *Africa*, dans lequel il reconnaissait sa dette envers les anciens auteurs grecs et latins, et pour lequel il fut couronné de laurier par le sénat et le peuple de Rome – couronne qu'il déposerait plus tard sur le grand autel de Saint-Pierre. Les portraits de lui à cette époque montrent un homme maigre à l'air irritable, doté d'un grand nez et d'yeux nerveux, et on imagine que l'âge ne doit guère avoir contribué à apaiser son inquiétude.

Dans *Mon secret*, Pétrarque (de son nom de baptême, Francesco) et Augustin conversent, assis dans un jardin, sous le regard inflexible de Dame Vérité. Francesco avoue qu'il se sent fatigué de la vaine agitation de la cité ; Augustin répond que la vie de Francesco est un livre pareil à ceux de la bibliothèque du poète, mais que Francesco ne sait pas encore comment le lire, et il lui rappelle plusieurs textes évoquant les foules insensées – dont un texte de lui, Augustin. « Ces écrits ne t'aident-ils pas ? » demande-t-il. Oui, répond Francesco, au moment de la lecture ils sont d'un grand secours, mais « dès que le livre me sort des mains, tous les sentiments qu'il m'inspirait disparaissent ».

> *Augustin : Une telle façon de lire est aujourd'hui très courante ; il existe une telle foule de lettrés... Mais si tu prenais quelques notes bien placées, tu pourrais sans peine jouir des fruits de tes lectures.*
>
> *Francesco : De quel genre de notes veux-tu parler ?*
>
> *Augustin : Chaque fois qu'en lisant un livre tu tombes sur de merveilleuses expressions qui émeuvent ou ravissent ton âme, ne te fie pas uniquement au pouvoir de ton intelligence, mais force-toi à les apprendre par cœur et familiarise-toi avec elles par la méditation, de telle sorte que si tu te trouves soudain dans une grave affliction, le remède sera prêt, comme s'il était écrit dans ton cerveau. Chaque fois que tu rencontreras des passages qui te paraissent utiles, marque-les fermement afin de les sceller dans ta mémoire, car sinon ils risquent de s'envoler*[13].

Ce qu'Augustin suggère (dans l'imagination de Pétrarque) est une nouvelle façon de lire : il ne s'agit ni d'utiliser le livre comme support de la pensée, ni de s'y fier comme on se fierait à l'autorité d'un sage, mais d'y prendre une idée, une expression, une image, de l'associer à une autre cueillie dans un texte ancien préservé dans la mémoire, de lier le tout de réflexions personnelles – en produisant, de fait, un nouveau texte qui a pour auteur le lecteur. Dans son introduction au *De viris illustribus*, Pétrarque signalait que ce livre devait représenter pour le lecteur « une sorte de mémoire artificielle[14] » de textes « dispersés » et « rares », et qu'il n'avait pas seulement rassemblé ces textes mais, plus important, qu'il leur avait donné un ordre et une méthode. Pour ses lecteurs du XIVe siècle, l'affirmation de Pétrarque paraissait surprenante car l'autorité d'un texte en soi était chose établie et la tâche du lecteur se bornait à celle d'un observateur extérieur ; quelques siècles plus tard, cette forme de lecture personnelle, récréative, interprétative et comparative que recommandait Pétrarque deviendrait la méthode couramment appliquée par les lettrés dans l'Europe entière. Pétrarque a découvert cette méthode à la lumière de ce qu'il appelle « la vérité divine » : un sens que le lecteur doit posséder, telle une grâce, afin de trouver, de choisir et d'interpréter sa voie entre les tentations offertes sur la page. Même les intentions de l'auteur, si on les devine, sont sans valeur particulière quand il s'agit de juger d'un texte. Cela, suggère Pétrarque, on doit le faire à l'aide de ses propres réminiscences d'autres lectures, au flot desquelles s'ajoutent les souvenirs que l'auteur a consignés sur le papier. Dans ce processus dynamique d'échanges, de divisions et d'assemblages, le lecteur ne doit pas outrepasser les limites éthiques de la vérité – quelles que soient celles-ci aux yeux de sa conscience (nous dirions son bon sens). « La lecture, écrit Pétrarque dans l'une de ses nombreuses lettres, est rarement sans danger, à moins que la lumière de la vérité divine n'éclaire le lecteur, lui indiquant que chercher et qu'éviter[15]. » Cette lumière (pour reprendre l'image de Pétrarque) brille de façon différente pour chacun d'entre nous, différente aussi aux âges successifs de la vie. Nous ne retournons jamais au même livre ni à la même page parce que, sous la lumière changeante, nous nous transformons et le livre se transforme, et nos souvenirs s'éclaircissent, deviennent obscurs et s'éclaircissent à nouveau, et nous ne savons jamais exactement ni ce que nous apprenons et oublions, ni ce que nous retenons. Ce qui est certain, c'est que la lecture, qui permet à tant de voix d'échapper au passé, les sauvegarde parfois pour un lointain avenir, où il se peut que nous en fassions un usage courageux et inattendu.

Quand j'avais dix ou onze ans, un de mes professeurs à Buenos Aires me donnait des leçons particulières, le soir, en allemand et en histoire de l'Europe. Pour améliorer ma prononciation de l'allemand, il m'encourageait à apprendre par cœur des poèmes de Heine, Goethe, Schiller, et la ballade de Gustav Schwab : *La Chevauchée sur le lac de Constance* dans laquelle un cavalier traverse au galop le lac pris par les glaces et, prenant conscience de ce qu'il vient d'accomplir, meurt de peur sur la rive opposée. J'aimais apprendre les poèmes, mais je ne comprenais pas à quoi ils pourraient bien me servir. « Ils te tiendront compagnie le jour où tu n'auras pas de livres à lire », me répondit mon professeur. Il me raconta alors que son père, assassiné à Sachsenhausen, avait été un grand lettré qui connaissait par cœur beaucoup de classiques et qui, pendant sa captivité en camp de concentration, s'était offert à ses codétenus comme une bibliothèque à consulter. J'imaginais le vieil homme dans ce lieu sordide, impitoyable, désespéré, répondant à une demande concernant Virgile ou Euripide en s'ouvrant à une page donnée pour réciter les mots anciens à ses lecteurs privés de livres. Des années plus tard, je me suis rendu compte qu'il avait été immortalisé comme l'un des sauveurs-de-livres errants dans *Fahrenheit 451*, de Bradbury. En Afrique, a dit l'écrivain malien Amadou

Hampâté Bâ, « quand un vieillard meurt, c'est une bibliothèque qui brûle[16] ».

Un texte lu et mémorisé devient, dans cette relecture rédemptrice, semblable au lac gelé dans le poème que j'ai appris il y a si longtemps – il est aussi solide que la terre et capable de supporter le passage du cavalier et pourtant, en même temps, il n'existe qu'en esprit, aussi précaire et évanescent que si ses lettres étaient écrites sur l'eau.

L'APPRENTISSAGE DE LA LECTURE

Lire à haute voix, lire en silence, garder en tête d'intimes bibliothèques de mots mémorisés, voici d'étonnantes capacités que nous acquérons par des méthodes incertaines. Et pourtant, avant de pouvoir les acquérir, un lecteur doit apprendre l'art fondamental de reconnaître les signes par lesquels une société a choisi de communiquer : en d'autres termes, un lecteur doit apprendre à lire. Claude Lévi-Strauss raconte comment, à l'occasion d'un de ses voyages au Brésil chez les Indiens Nambikwara, ses hôtes, en le voyant écrire, prirent son crayon et du papier, tracèrent des lignes sinueuses en imitation de ses lettres et lui demandèrent de « lire » ce qu'ils avaient écrit. Les Nambikwara s'attendaient à ce que leurs gribouillages soient aussi immédiatement signifiants aux yeux de Lévi-Strauss que ceux qu'il traçait lui-même[1]. Pour Lévi-Strauss, initié à la lecture dans une école européenne, l'idée qu'un système de communication pût être immédiatement compréhensible par n'importe qui paraissait absurde. Les méthodes grâce auxquelles nous apprenons à lire n'incarnent pas seulement les conventions de notre société particulière à l'égard du savoir-lire et écrire – circulation des informations, hiérarchies de la connaissance et du pouvoir – mais elles déterminent et limitent aussi les façons de mettre en œuvre notre capacité de lire.

J'ai passé un an à Sélestat, à une quarantaine de kilomètres au sud de Strasbourg, au cœur de la plaine

L'illustre lecteur Beatus Rhenanus, collectionneur de livres et éditeur.

alsacienne comprise entre Rhin et Vosges. Là, dans la petite bibliothèque municipale, se trouvent deux grands cahiers manuscrits. L'un compte trois cents pages, l'autre quatre cent quatre-vingts. Leur papier à tous deux a jauni au cours des siècles, mais l'écriture, tracée avec des encres de différentes couleurs, est restée étonnamment nette. Vers la fin de leur vie, leurs propriétaires les ont fait relier afin de mieux les conserver, mais à l'époque de leur utilisation, ce n'étaient guère que des liasses de pages pliées, sans doute achetées à l'éventaire d'un libraire sur l'un des marchés locaux. Offerts aux regards des visiteurs de la bibliothèque, ce sont – ainsi que l'explique une fiche dactylographiée – les cahiers de deux des étudiants qui ont fréquenté l'école latine de Sélestat dans les dernières années du XVe siècle, de 1477 à 1501 : Guillaume Gisenheim, dont on ne sait rien, sinon ce que nous apprend son cahier d'écolier, et Beatus Rhenanus, qui allait devenir une figure marquante du mouvement humaniste et l'éditeur d'une grande partie de l'œuvre d'Érasme.

À Buenos Aires, dans les premières classes primaires, nous avions, nous aussi, des cahiers « de lecture », laborieusement écrits à la main et illustrés avec soin aux crayons de couleur. Nos pupitres et nos bancs, fixés ensemble par des crochets de fonte, étaient alignés deux par deux en longues rangées dirigées (le symbole du pouvoir ne nous échappait pas) vers le bureau du maître, haut perché sur une estrade en bois et derrière lequel se dressait le tableau noir. Chaque pupitre était percé d'un trou destiné à l'encrier de porcelaine blanche dans lequel nous plongions nos plumes de métal ; nous n'étions pas autorisés à nous servir de stylos avant la troisième année. Si, dans quelques siècles, un bibliothécaire scrupuleux devait exposer ces cahiers comme de précieux objets dans des vitrines, que découvrirait le visiteur ? Des textes patriotiques copiés en paragraphes ordonnés, il pourrait conclure que dans notre éducation la rhétorique politique passait avant les beautés de la littérature; de nos illustrations, que nous apprenions à transformer ces textes en slogans (« Les Malouines appartiennent à l'Argentine », c'étaient deux mains jointes autour d'une paire d'îles déchiquetées; « Notre drapeau est l'emblème de notre Patrie », trois bandes de couleur volant dans le vent). La similitude des gloses pourrait apprendre au visiteur qu'on nous enseignait la lecture non pour le plaisir ou pour la connaissance, mais seulement pour l'instruction. Dans un pays où l'inflation allait atteindre un taux mensuel de deux cents pour cent, il n'y avait qu'une lecture possible de la fable de la cigale et la fourmi.

Sélestat comptait plusieurs écoles différentes. Une école latine avait existé depuis le XIVe siècle, logée dans un bien d'Église et maintenue à la fois par les magistrats municipaux et par la paroisse. L'école originale, celle que fréquentaient Gisenheim et Rhenanus, occupait une maison sur le Marché-Vert, en face de l'église du XIe siècle consacrée à sainte Foy. En 1530, l'école, devenue plus prestigieuse, avait déménagé dans un immeuble plus vaste en face de Saint-Georges, une église du XIIIe siècle; c'était une maison à étage dont la façade était ornée d'une fresque représentant les neuf muses en train de s'ébattre dans la fontaine d'Hippocrène, sur le mont Hélikon[2]. À la suite du transfert de l'école, on changea le nom de la rue de Lottengasse en Babilgasse, en référence au bavardage des étudiants (en alsacien, *bablen* signifie bavarder). J'habitais à quelques rues de là.

Dès le début du XIVe siècle, les archives font mention détaillée de l'existence de deux écoles allemandes à Sélestat; et puis, en 1686, on ouvrit la première école française, treize ans après la prise de possession de la ville par Louis XIV. Ces écoles enseignaient en langue vernaculaire la lecture, l'écriture, le chant et un peu d'arithmétique, et étaient ouvertes à tous. Un contrat d'admission dans l'une des écoles allemandes, vers l'an 1500, stipule que le maître instruira « les membres des guildes et les autres à partir de douze ans, de même que les enfants qui ne peuvent fréquenter l'école latine, garçons et filles[3] ». À la différence de ceux qui allaient à l'école allemande, les élèves étaient admis à l'école latine dès l'âge de six ans et y restaient jusqu'à ce qu'ils fussent prêts pour l'université, à treize ou quatorze ans. Quelques-uns devenaient assistants du professeur et restaient jusqu'à l'âge de vingt ans.

Bien que le latin demeurât la langue de la bureaucratie, des affaires ecclésiastiques et de la culture dans presque toute l'Europe jusqu'au XVIIe siècle, dès le début du XVIe, les langues vernaculaires gagnèrent du terrain. En 1521, Martin Luther commença la publication de sa Bible allemande ; en 1526, William Tyndale, contraint sous peine de mort à quitter l'Angleterre, publia à Cologne et à Worms sa traduction anglaise de la Bible ; en 1530, en Suède et au Danemark, un décret gouvernemental ordonna que la Bible fût lue à l'église dans la langue du peuple. À l'époque de Rhenanus, le prestige et l'usage officiel du latin perduraient cependant, non seulement dans l'Église catholique, qui imposait à ses prêtres de célébrer les offices en latin, mais aussi dans des universités telles que la Sorbonne, où Rhenanus souhaitait étudier. Les écoles latines étaient donc encore très prisées.

Latines et autres, les écoles mettaient un peu d'ordre dans l'existence chaotique des étudiants à la fin du Moyen Âge. Parce que l'éducation était considérée comme le siège d'un « troisième pouvoir » situé entre l'Église et l'État, un certain nombre de privilèges officiels furent accordés aux étudiants à partir du XIIe siècle. En 1158, Frédéric Barberousse, souverain du Saint Empire romain germanique, les affranchit de la juridiction des autorités séculaires, sauf en cas de crimes graves, et leur accorda des sauf-conduits lorsqu'ils voyageaient. Un privilège décrété par le roi de France Philippe Auguste en 1200 interdisait au prévôt de Paris de les emprisonner pour quelque raison que ce fût. Et à partir d'Henry III, chaque monarque anglais garantit aux étudiants d'Oxford l'immunité séculaire[4].

Pour être admis à l'école, les étudiants devaient payer un impôt, et ils étaient imposés en fonction de leur *bursa*, une unité calculée d'après leurs frais hebdomadaires de gîte et de couvert. S'ils étaient incapables de payer, ils devaient jurer qu'ils étaient « sans moyens » et on leur accordait parfois des bourses assurées par des subventions. Au XVe siècle, les étudiants pauvres représentaient dix-huit pour cent du corps des étudiants à Paris, vingt-cinq pour cent à Vienne et dix-neuf pour cent à Leipzig[5]. Privilégiés mais sans le sou, attentifs à conserver leurs droits mais incertains quant à la façon de gagner leur vie, des milliers d'étudiants errants vivaient d'aumônes et de larcins. Quelques-uns survivaient en se faisant passer pour des diseurs de bonne aventure ou des magiciens, en vendant des babioles miraculeuses, en annonçant éclipses ou catastrophes, en évoquant les esprits, en prédisant l'avenir, en enseignant des prières censées sauver les âmes du purgatoire, en donnant des recettes pour préserver les récoltes de la grêle ou le bétail de la maladie. Certains se prétendaient descendants des druides et se vantaient d'être entrés dans la Montagne de Vénus et d'y avoir été initiés aux arts secrets ; pour en témoigner, ils portaient sur les épaules des capes de filet jaune. Beaucoup allaient de ville en ville sur les talons d'un vieux clerc qu'ils servaient et auprès duquel ils cherchaient à s'instruire ; le maître était appelé *bacchante* (non d'après Bacchus, mais d'après le verbe *bacchari*, errer) et ses disciples *Schützen* (protecteurs) en allemand ou *béjaunes* (jeunes sots) en français. Seuls ceux qui étaient décidés à devenir clercs ou à faire carrière dans une quelconque administration s'efforçaient de quitter les chemins pour entrer dans un établissement[6] tel que l'école latine de Sélestat.

Les étudiants qui fréquentaient l'école latine de Sélestat venaient de différentes régions de l'Alsace et de la Lorraine et même de plus loin, de Suisse. Ceux qui appartenaient à de riches familles bourgeoises ou aristocratiques (ce qui était le cas de Beatus Rhenanus) avaient le choix : ils pouvaient vivre dans la pension tenue par le recteur et sa femme, ou habiter en hôtes payants chez leur professeur particulier, voire dans une des auberges locales[7]. Mais ceux qui avaient juré qu'ils étaient trop pauvres pour payer leurs droits d'inscription avaient de grandes difficultés à se loger et à se nourrir. Le Suisse Thomas Platter, qui arriva à l'école en 1495, âgé de dix-huit ans, « ne sachant rien, incapable même de lire Donat (la plus célèbre des introductions à la lecture, l'*Ars de octo partibus orationis*, d'Aelius Donat) » et qui se sentait, au milieu d'étudiants plus jeunes, « comme une poule parmi les poussins », raconte dans son autobiographie comment lui et un ami se mirent en quête d'instruction. « Arrivés à Strasbourg, nous y trouvâmes de nombreux étudiants pauvres, qui nous dirent que l'école n'était pas bonne mais qu'il y en avait une excellente à Sélestat. Nous partîmes pour Sélestat. En chemin, nous rencontrâmes un gentilhomme qui nous demanda où nous allions. En entendant que nous avions l'intention de gagner Sélestat, il nous mit en garde, en disant qu'il y avait beaucoup d'étudiants pauvres dans cette ville et que les habitants étaient loin d'être riches. À ces mots, mon compagnon fondit en larmes amères. Où pouvons-nous aller ? demandait-il. Je le réconfortai en disant : Sois assuré que si certains trouvent le moyen d'obtenir de quoi se nourrir à Sélestat, j'y arriverai sûrement pour nous deux. » Tous deux réussirent à subsister à Sélestat pendant quelques mois, mais après la Pentecôte « de nouveaux étudiants arrivèrent de toutes parts, je ne parvins plus à trouver à manger pour nous deux, et nous partîmes pour la ville de Soleure[8] ».

Dans toute société alphabétisée, l'apprentissage de la lecture représente en quelque sorte une initiation, la sortie ritualisée d'un état de dépendance et de communication rudimentaire. L'enfant qui apprend à lire est admis dans la mémoire commune par la voie des livres, et découvre ainsi un passé partagé qu'il ou elle renouvelle, à un degré plus ou moins grand, à chaque lecture. C'est ainsi que dans la société juive médiévale, le rituel de l'apprentissage de la lecture était célébré de façon explicite. Lors de la fête de Shavuot – qui célèbre le jour où Moïse reçut la Torah des mains de Dieu –, on drapait dans un châle de prière le garçon qui allait être initié avant que son père ne le conduise au maître. Celui-ci prenait le garçon sur ses genoux et lui montrait une ardoise où figuraient l'alphabet hébreu, un passage des Écritures et les mots « Puisse la Torah être ton occupation ». Le maître lisait chaque mot à haute voix, et l'enfant répétait. Ensuite on enduisait l'ardoise de miel et l'enfant la léchait, assimilant ainsi physiquement les mots sacrés. On inscrivait aussi des versets bibliques sur des œufs durs épluchés et des gâteaux au miel que l'enfant mangeait après les avoir lus au maître à haute voix[9].

Bien qu'il soit difficile de généraliser sur tant de siècles et de si nombreux pays, l'apprentissage de la lecture et de l'écriture était dans la société chrétienne de la fin du Moyen Âge et du début de la Renaissance – en dehors de l'Église – le privilège presque exclusif de l'aristocratie et (après le XIIIe siècle) de la grande bourgeoisie. Même s'il y avait des aristocrates et des grands bourgeois pour considérer la lecture et l'écriture comme des tâches subalternes convenant seulement à de pauvres clercs[10], la plupart des garçons et un certain nombres de filles issus de ces classes apprenaient leurs lettres très tôt. Si elle savait lire, la nourrice de l'enfant commençait l'enseignement, et c'est pourquoi on la choisissait avec le plus grand soin car elle ne devait pas seulement donner son lait mais aussi assurer une diction et une prononciation convenables[11]. Le grand humaniste italien Leon Battista Alberti, qui écrivit entre 1435 et 1444, observait que « le soin des très jeunes enfants est affaire de femmes, les nourrices ou la mère[12] », et qu'on doit leur enseigner l'alphabet aussi tôt que possible. Les enfants apprenaient à lire phonétiquement en répétant les

Deux mères du XVe siècle en train d'enseigner la lecture à leurs enfants :
à *gauche*, la Vierge et l'Enfant ; à *droite*, sainte Anne avec Marie.

lettres désignées par leur nourrice ou leur mère sur un abécédaire. (J'ai moi-même appris à lire de cette façon, en écoutant ma nurse m'épeler les mots en caractère gras d'un vieux livre d'images anglais ; elle m'en faisait inlassablement répéter les sons.) L'image d'une figure-mère en train d'enseigner était aussi courante dans l'iconographie chrétienne qu'était rare celle d'une étudiante dans les représentations de salles de cours. Il existe de nombreuses effigies de Marie tenant un livre ouvert devant l'Enfant Jésus, et surtout d'Anne en train d'apprendre à lire à Marie, mais ni le Christ ni sa mère ne sont montrés en train d'apprendre à écrire ou simplement d'écrire ; c'était l'idée du Christ *lisant* l'Ancien Testament qui était considérée comme essentielle pour rendre explicite la continuité des Écritures.

Quintilien, un juriste romain du Ier siècle originaire du nord de l'Espagne, qui devint le précepteur des petits-neveux de l'empereur Domitien, rédigea un manuel pédagogique en douze volumes, *De l'institution oratoire*, qui exerça une grande influence pendant toute la Renaissance. Il y donnait ce conseil : « Certains soutiennent que les garçons ne devraient pas apprendre à lire avant l'âge de sept ans, le plus jeune âge où ils peuvent tirer profit de l'instruction et supporter l'effort d'apprendre. Ceux qui pensent, cependant, qu'on ne devrait pas laisser un seul instant en friche l'esprit d'un enfant sont plus sages. Chrysippe, par exemple, qui n'accorde aux nourrices qu'un règne de trois ans, considère néanmoins que la formation de l'intelligence de l'enfant selon les meilleurs principes fait partie de leurs obligations. Pourquoi, en effet, si les enfants sont capables d'apprentissage moral, ne le seraient-ils pas d'éducation littéraire[13] ? »

Une fois les lettres apprises, on engageait des maîtres comme précepteurs privés pour les garçons (si la famille en avait les moyens), tandis que la mère s'occupait de l'éducations des filles. Même si, au XVe siècle, la plupart des maisons riches offraient assez d'espace, de calme et d'équipements pour que l'enseignement pût être assuré à la maison, de nombreux érudits recommandaient que les garçons fussent éduqués en dehors de la famille, en compagnie d'autres garçons ; cependant, les moralistes médiévaux débattaient avec fureur des bienfaits de l'éducation – publique ou privée – pour les filles. L'aristocrate Philippe de Novare trouvait peu convenable que l'on enseigne aux filles la lecture et l'écriture (sauf si elles voulaient devenir nonnes) car c'était leur offrir la possibilité, lorsqu'elles seraient grandes, d'écrire ou de recevoir des missives amoureuses[14]. Plusieurs de ses contemporains étaient d'un avis différent. Selon le chevalier de La Tour Landry, les filles devaient apprendre à lire afin d'étudier la vraie foi et de se protéger des périls qui menaçaient leurs âmes[15]. Les filles nées dans des familles riches étaient souvent envoyées à l'école pour y apprendre à lire et à écrire, en général afin de se préparer au couvent. Dans les maisonnées aristocratiques d'Europe, on pouvait rencontrer des femmes très instruites.

Avant le milieu du XVe siècle, à l'école latine de Sélestat, l'enseignement était resté rudimentaire et assez ordinaire, conforme aux préceptes conventionnels de la tradition scolastique. Développée surtout aux XIIe et XIIIe siècles par des philosophes pour qui la réflexion était un art aux règles méticuleusement fixées[16], la scolastique avait fait ses preuves en tant que méthode de conciliation des préceptes de la foi religieuse et des arguments de la raison humaine, avec pour résultat une *concordia discordantium* ou « harmonie entre les contraires » sur laquelle on pouvait dès lors s'appuyer lors d'une discussion plus poussée. Mais la scolastique devint bientôt une méthode permettant de préserver les idées plutôt que de les approfondir. Dans l'Islam, elle servait à établir le dogme officiel ; comme il n'existait ni conciles ni synodes islamiques institués dans ce but, la *concordia discordantium*, l'opinion qui survivait à toutes les objections, devint l'orthodoxie[17]. Dans le monde

Deux scènes d'école du début du XVe siècle, montrant la relation hiérarchique entre maîtres et élèves : *à gauche*, Aristote et ses élèves ; *à droite*, une classe anonyme.

chrétien, et avec des variations considérables d'une université à l'autre, la scolastique obéissait rigoureusement aux préceptes d'Aristote transmis par les premiers philosophes chrétiens, tels que Boèce, au ve siècle, dont *La Consolation de la philosophie* (que Jean de Meung traduisit en français) fut très apprécié pendant tout le Moyen Âge. Pour l'essentiel, la méthode scolastique consistait surtout à entraîner les étudiants à considérer un texte en fonction d'un certain nombre de critères préétablis et officiellement approuvés dont on leur bourrait le crâne à grand-peine. En ce qui concerne l'apprentissage de la lecture, le succès de la méthode dépendait davantage de la persévérance des étudiants que de leur intelligence. Vers le milieu du XIIIe siècle, le savant roi d'Espagne Alphonse le Sage écrivait à ce sujet : « En vérité les maîtres doivent faire preuve de leur savoir aux étudiants en leur lisant des livres et en les aidant à comprendre au mieux de leurs capacités ; et lorsqu'ils commencent à lire, ils doivent continuer l'enseignement jusqu'à ce qu'ils aient atteint la fin des livres qu'ils ont commencés ; et s'ils sont en bonne santé, ils ne doivent pas envoyer quelqu'un d'autre pour lire à leur place, sauf s'ils demandent à quelqu'un de lire dans le

Scène d'école en France au XVIe siècle.

but de lui faire honneur et non pour éviter la tâche de lire[18]. »

Pendant une bonne partie du XVIe siècle, on continua d'appliquer la méthode scolastique dans les universités et les écoles des paroisses, des monastères et des cathédrales partout en Europe. Ces écoles, ancêtres de l'école latine de Sélestat, étaient apparues aux IVe et Ve siècles, après le déclin du système romain d'enseignement, et s'étaient développées au IXe siècle, quand Charlemagne avait ordonné que toutes les cathédrales et églises créent des écoles destinées à la formation des clercs dans les arts de la lecture, de l'écriture, du chant et du calcul. Au Xe siècle, quand le renouveau des villes rendit indispensable l'existence de centres d'enseignement élémentaire, des écoles s'établirent autour d'un maître particulièrement doué, de la personnalité duquel dépendait dès lors la renommée de l'école.

L'aspect physique des écoles n'a guère changé depuis l'époque de Charlemagne. Les cours avaient lieu dans de vastes classes. Le maître était en général assis devant un pupitre élevé, ou parfois une table, sur un simple banc (l'usage des chaises ne se répandit pas en Europe chrétienne avant le XVe siècle). Une sculpture en marbre sur une tombe bolonaise datant du XIVe siècle représente un maître assis sur un banc, un livre ouvert sur le bureau devant lui, le regard tourné vers ses élèves. Il tient quelques pages de la main gauche tandis que, de la droite, il paraît souligner un argument, sans doute l'expli-

Immortalisé sur un tombeau bolonais du XIVe siècle, un maître continue d'enseigner à travers les âges.

Enseigne d'une école, peinte en 1516 par Ambrosius Holbein.

cation du passage qu'il vient de lire. La plupart des illustrations montrent les étudiants assis sur des bancs, munis de feuilles lignées ou de tablettes de cire pour prendre des notes, ou debout autour du maître avec des livres ouverts. L'enseigne d'une école, en 1516, dépeint deux adolescents en train de travailler sur un banc, courbés sur leurs textes, tandis qu'à droite une femme assise devant un pupitre guide un enfant beaucoup plus jeune en lui montrant une page du doigt. À gauche, un élève sans doute âgé d'un peu plus de dix ans lit dans un livre ouvert sur un pupitre cependant que le maître, debout près de lui, tient derrière ses fesses une poignée de verges. Les verges, autant que le livre, allaient être pendant de nombreux siècles l'emblème de l'enseignant.

À l'école latine de Sélestat, les élèves apprenaient d'abord à lire et à écrire, avant d'aborder les sujets du *trivium* : la grammaire avant tout, la rhétorique et la dialectique. Comme tous les élèves ne connaissaient pas leurs lettres en arrivant, on commençait par la lecture d'un abécédaire et d'un recueil de prières simples telles que le Notre Père, le Je vous salue, Marie et le Symbole des apôtres. Après cet apprentissage rudimentaire, on faisait étudier par les élèves plusieurs manuels de lecture communs à la plupart des écoles médiévales : l'*Ars de octo partibus orationis*, de Donat, le *Doctrinale puerorum*, du moine franciscain Alexandre de Villedieu, et le *Manuel de logique*, de Pierre de Julien (le futur pape Jean XXI). Rares étaient les élèves qui avaient les moyens d'acheter des livres[19], et souvent le maître seul possédait les précieux volumes. Il copiait au tableau noir les règles compliquées de la grammaire – en général sans les expliquer puisque, selon la pédagogie scolastique, la compréhension n'était pas indispensable à la connaissance. Les élèves étaient alors obligés d'apprendre ces règles par cœur. Comme on peut s'y attendre, les résultats étaient souvent décevants[20]. L'un des étudiants qui fréquentaient l'école de Sélestat au début des années 1450, Jakob Wimpfeling (qui allait devenir, comme Rhenanus, l'un des plus remarquables humanistes de son époque), notait bien des années plus tard que ceux qui avaient étudié sous l'ancien système ne pouvaient ni parler latin ni composer une lettre ou un poème, ni même expliquer une des prières en usage à la messe[21]. Plusieurs facteurs rendaient la lecture difficile pour un novice. Ainsi que nous l'avons vu, la ponctuation était encore erratique au XVe siècle, et les majuscules étaient utilisées sans logique apparente. De nombreux mots étaient abrégés, parfois par l'étudiant dans sa hâte à prendre note, mais souvent parce que telle était la manière habituelle d'écrire un mot – peut-être pour économiser le papier –, de sorte que le lecteur devait être capable non

Miniature figurant un maître prêt à châtier son élève, dans le manuscrit enluminé à la fin du XVe siècle d'une traduction française de la *Politique* d'Aristote.

seulement de lire phonétiquement, mais encore de reconnaître ce que signifiait l'abréviation. Enfin, l'orthographe n'était pas uniforme ; un même mot pouvait se présenter sous plusieurs apparences différentes[22].

Suivant la méthode scolastique, les étudiants apprenaient la lecture en déchiffrant des commentaires orthodoxes qui étaient l'équivalent de nos manuels scolaires. Les textes originaux – ceux des Pères de l'Église ou, dans une moindre mesure, ceux des anciens auteurs païens – ne devaient pas être abordés directement par l'élève mais à la suite d'une série d'étapes réglées d'avance. En premier lieu venait la *lectio*, une analyse grammaticale grâce à laquelle on identifiait les éléments syntaxiques de la phrase ; ensuite on passait à la *littera*, ou sens littéral du texte ; à travers la *littera*, l'élève parvenait au *sensus*, la signification du texte en fonction des différentes interprétations établies. Le processus s'achevait par une exégèse – la *sententia* – dans laquelle on discutait les opinions des commentateurs approuvés[23]. L'intérêt d'un tel mode de lecture ne consistait pas à découvrir dans le texte une signification personnelle mais à être capable de réciter et de comparer les interprétations d'autorités reconnues et de devenir ainsi un « homme meilleur ». C'est avec ces notions en tête qu'au XVe siècle le professeur de rhétorique Lorenzo Guidetti résumait les buts de l'enseignement d'une lecture convenable : « Lorsqu'un bon maître entreprend d'expliquer un passage quelconque, c'est dans l'intention d'entraîner ses élèves à parler avec éloquence et à vivre dans la vertu. Si une expression obscure se présente, qui ne sert aucun de ces desseins mais est aisément explicable, je suis alors d'avis qu'il l'explique. Si le sens n'en est pas immédiatement évident, je ne le considère pas comme négligent s'il ne réussit pas à l'éclaircir. Mais s'il s'obstine à s'arrêter à des vétilles dont l'explication demande beaucoup de temps et d'efforts, je ne le qualifierai que de pédant[24]. »

En 1441, Jean de Westhus, curé de la paroisse de Sélestat et magistrat local, décida de nommer au poste de directeur de l'école un diplômé de l'université de Heidelberg, Louis Dringenberg. Inspiré par les lettrés humanistes contemporains qui critiquaient l'enseignement traditionnel en Italie et aux Pays-Bas, et dont l'extraordinaire influence atteignait peu à peu la France et l'Allemagne, Dringenberg introduisit des changements fondamentaux. Il conserva les vieux manuels de lecture de Donat et d'Alexandre de Villedieu, mais en n'utilisant que certaines sections de leurs livres, qu'il ouvrit à la discussion en classe ; il expliqua les règles de la grammaire, au lieu de se contenter d'obliger les élèves à les apprendre par cœur ; il élimina les commentaires et gloses traditionnels qui, à son avis, n'aidaient pas les élèves à acquérir un langage élégant[25], préférant travailler sur les textes classiques des Pères de l'Église eux-mêmes. En ignorant la plupart des étapes conventionnelles des commentateurs scolastiques et en autorisant la discussion en classe des textes enseignés (tout en se réservant d'une main ferme la direction des débats), Dringenberg accorda à ses étudiants une liberté de lecture telle qu'ils n'en avaient jamais connu. Il ne négligeait pas ce que Guidetti rejetait comme « vétilles ». Lorsqu'il mourut, en 1477, les bases d'un nouvel enseignement de la lecture aux enfants étaient fermement établies à Sélestat[26].

À Dringenberg succéda Crato Hofman, également diplômé de Heidelberg, un lettré de vingt-sept ans que ses étudiants se rappelaient comme « joyeusement sévère et sévèrement joyeux[27] », et tout à fait prêt à utiliser la canne sur quiconque ne se montrait pas dûment appliqué à l'étude des lettres. Si Dringenberg avait concentré ses efforts sur la familiarisation de ses élèves avec les textes des Pères de l'Église, Hofman préférait les classiques grecs et romains[28]. L'un de ses étudiants a noté que, comme Dringenberg, « Hofman abhorrait les commentaires et les gloses d'autrefois[29] » ; plutôt que de traîner la classe à travers un bourbier de règles grammaticales, il passait très rapidement à la lecture des textes eux-mêmes, en y ajoutant des trésors d'anecdotes archéologiques, géographiques et historiques. Un autre étudiant se rappelait qu'après avoir découvert sous la houlette de Hofman les œuvres d'Ovide, Cicéron, Suétone,

Valerius Maximus, Antonius Sabellicus et d'autres, ses élèves arrivaient à l'université avec « une maîtrise parfaite du latin et une profonde connaissance de la grammaire[30] ». Bien que la calligraphie, « l'art du bel écrire », ne fût jamais négligée, la capacité de lire couramment, sans faute, avec intelligence et habileté à « extraire du texte la moindre goutte de sens » représentait pour Hofman la priorité absolue.

Pourtant, même dans la classe de Hofman, les ouvrages n'étaient jamais entièrement livrés aux hasards de l'interprétation des élèves. Au contraire, ils étaient systématiquement et rigoureusement disséqués ; des mots copiés était extraite une morale : politesse, civilité, foi et mises en garde contre les vices – en vérité, toutes sortes de préceptes sociaux, allant des bonnes manières à table aux traquenards des sept péchés capitaux. « Un maître, écrivait un contemporain de Hofman, ne doit pas seulement enseigner la lecture et l'écriture ; il doit s'efforcer de semer la vertu dans l'âme de l'enfant ; cela est important car, ainsi que le dit Aristote, un homme se comporte durant le reste de sa vie en fonction de l'éducation qu'il a reçue ; toutes les habitudes, les bonnes en particulier, enracinées dans un homme en sa jeunesse, sont par la suite indéracinables[31]. »

Les cahiers de Rhenanus et de Gisenheim à Sélestat commencent par les prières du dimanche et des extraits des Psaumes que les élèves copiaient au tableau noir le premier jour de classe. Sans doute les connaissaient-ils déjà par cœur ; en les recopiant mécaniquement – puisqu'ils ne savaient pas encore lire – ils devaient associer les séries de mots au son des versets mémorisés, comme dans la méthode « globale » d'enseignement de la lecture expliquée deux siècles plus tard par Nicolas Adam dans sa *Vraie Manière d'apprendre une langue quelconque* : « Lorsque vous voulez faire connaître un objet à un enfant, par exemple un habit, vous êtes-vous jamais avisé de lui montrer séparément les parements, puis les manches, ensuite le devant, les poches, les boutons, etc. ? Non, sans doute ; mais vous lui faites voir l'ensemble et vous lui dites : voici un habit. C'est ainsi que les enfants apprennent à parler auprès de leur nourrice ; pourquoi ne pas faire la même chose pour leur apprendre à lire ? Eloignez d'eux tous les alphabets et tous les livres de français et de latin, amusez-les avec des mots entiers à leur portée, qu'ils retiendront bien plus aisément et avec plus de plaisir que toutes les lettres et toutes les syllabes imprimées[32]. »

À notre époque, les aveugles apprennent à lire de façon similaire, en « sentant » le mot entier – qu'ils connaissent déjà – plutôt qu'en le déchiffrant lettre à lettre. En évoquant son éducation, Helen Keller racontait que dès qu'elle avait appris à épeler, son professeur lui avait donné des fiches sur lesquelles des mots entiers étaient imprimés en lettres en relief. « J'ai vite appris que chaque mot imprimé représentait un objet, une action ou une qualité. Je disposais d'un cadre dans lequel je pouvais arranger les mots en petites phrases ; mais avant de faire des phrases dans le cadre, j'en faisais avec des objets. Je trouvais les bouts de papier qui signifiaient, par exemple, *poupée*, *est*, *sur*, *lit*, et je posais chaque nom sur son objet ; alors je mettais ma poupée sur le lit avec les mots *est*, *sur*, *lit* rangés auprès d'elle, et je formais ainsi une phrase avec les mots tout en exprimant, en même temps, l'idée de la phrase à l'aide des objets eux-mêmes[33]. » Pour l'enfant aveugle, puisque les mots étaient des objets concrets qu'on pouvait bel et bien toucher, ils pouvaient être supplantés, en tant que signes du langage,

Assise devant une fenêtre,
Helen Keller lit un texte en braille
en le caressant des doigts.

par les objets qu'on leur faisait représenter. Tel n'était pas, bien entendu, le cas pour les étudiants de Sélestat, pour qui les mots sur la page demeuraient signes abstraits.

On se servait du même cahier pendant plusieurs années, peut-être par économie, en raison du coût du papier, mais plus vraisemblablement parce que Hofman souhaitait que ses élèves conservent une trace continue de leur apprentissage. On ne remarque presque aucune modification de l'écriture de Rhenanus dans les textes qu'il a copiés au cours des années. Centrée au milieu de la page, avec des marges importantes et de grands espaces entre les lignes pour les gloses et commentaires à venir, elle imite l'écriture gothique des manuscrits allemands du XVe siècle, ce graphisme élégant que Gutenberg a repris lorsqu'il a gravé les caractères de sa bible. Tracée avec force et netteté, à l'encre violette, cette écriture permettait à Rhenanus de suivre le texte avec une aisance croissante. Des initiales ornementées apparaissent sur plusieurs pages (elles me rappellent les lettrines élaborées avec lesquelles j'enluminais mes devoirs dans l'espoir d'être mieux noté). Après les dévotions et de brèves citations des Pères de l'Église – toutes accompagnées de notes grammaticales ou étymologiques écrites à l'encre noire dans les marges et entre les lignes, et parfois de commentaires critiques ajoutés sans doute plus tard dans la carrière de l'étudiant – le cahier passe à l'étude de certains auteurs classiques.

Hofman insistait sur la perfection grammaticale de ces textes, mais de temps à autre il se laissait aller à rappeler à ses élèves que leur lecture ne devait pas seulement être studieuse et analytique, mais aussi venir du cœur. Parce que lui-même avait trouvé beauté et sagesse dans ces œuvres anciennes, il encourageait ses élèves à chercher, sous les mots tracés par des âmes disparues depuis longtemps, quelque chose qui leur parlât personnellement, dans le temps et le lieu où ils vivaient. En 1498, par exemple, alors qu'ils étudiaient les livres IV, V et VI des *Fastes* d'Ovide et, l'année suivante, lorsqu'ils

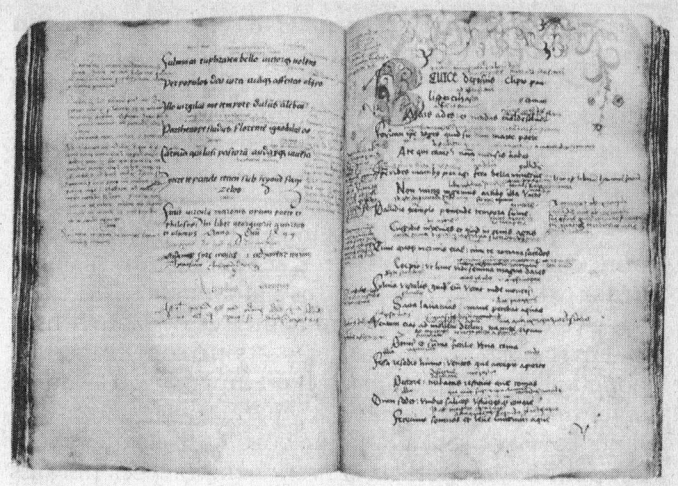

Le cahier d'écolier de Beatus Rhenanus adolescent, conservé à la Bibliothèque humaniste de Sélestat.

copiaient les premiers vers des *Bucoliques* de Virgile, et puis les *Géorgiques* dans leur intégralité, un mot de louange jeté çà ou là, quelque glose enthousiaste notée dans la marge nous permettent d'imaginer qu'à cet endroit précis Hofman a arrêté ses étudiants pour leur faire partager son admiration et son plaisir.

En lisant les notes de Gisenheim, ajoutées au texte dans les deux langues, latine et allemande, on peut se faire une idée de la lecture analytique pratiquée dans la classe de Hofman. Beaucoup des mots que Gisenheim inscrivait dans les marges de sa copie latine étaient des synonymes ou des traductions ; parfois, la note est une explication spécifique. Au-dessus du mot *prognatos*, par exemple, l'étudiant a écrit le synonyme, *progenitos*, et puis expliqué en allemand : « ceux qui sont nés de vous-même ». D'autres notes concernent l'étymologie d'un mot et sa relation à son équivalent allemand. L'un des auteurs les plus prisés à Sélestat était Isidore de Séville, le théologien du VIIe siècle dont les *Étymologies*, un gros ouvrage en vingt volumes, examinaient et expliquaient la signification et l'usage des mots. Il semble que Hofman ait été particulièrement soucieux d'inculquer à ses élèves le bon usage des mots et le respect de leurs sens et de leurs connotations, afin qu'ils puissent interpréter ou traduire en toute autorité. À la fin des cahiers, il faisait constituer par ses élèves un *Index rerum et verborum* (Index des objets et des mots) énumérant et définissant les sujets étudiés, démarche qui leur donnait sans aucun doute conscience des progrès accomplis, ainsi qu'un outil à utiliser lors de lectures personnelles. Certains passages comportent les commentaires de Hofman sur les œuvres. En aucun cas les mots ne sont transcrits phonétiquement, ce qui permet de supposer qu'avant de copier un texte, Gisenheim, Rhenanus et les autres étudiants l'avaient répété à haute voix suffisamment souvent pour en mémoriser la prononciation. Les phrases dans les cahiers ne sont pas non plus accentuées, si bien que nous ne savons pas si Hofman exigeait à la lecture une certaine cadence ou si celle-ci était laissée au hasard. Dans les passages poétiques, assurément, une cadence standard devait être enseignée, et nous pouvons imaginer Hofman lisant d'une voix retentissante les vers anciens et sonores.

Ce qui ressort avec évidence de ces cahiers, c'est qu'au milieu du XVe siècle, la lecture, en tout cas dans les écoles humanistes, passait peu à peu sous la responsabilité de chaque lecteur individuel. Des autorités antérieures – traducteurs, commentateurs, rédacteurs de notes, de gloses, de catalogues ou d'anthologies, censeurs, codificateurs – avaient établi des hiérarchies officielles et attribué des intentions aux différentes œuvres. Désormais, on attendait des lecteurs qu'ils lisent pour eux-mêmes et, parfois, qu'ils déterminent par eux-mêmes, à la lumière de ces autorités, une valeur et un sens. Bien entendu, le changement ne fut pas soudain, et on ne peut le rattacher à un lieu ni à un temps précis. Dès le XIIIe siècle, un copiste anonyme avait écrit dans les marges d'une chronique monastique : « On doit prendre l'habitude, lorsqu'on lit des livres, de porter plus d'attention au sens qu'aux mots, de se concentrer sur les fruits plutôt que sur le feuillage[34]. » L'enseignement de Hofman faisait écho à ce sentiment. À Oxford, à Bologne, à Bagdad et même à Paris, on remettait en question les méthodes scolastiques d'enseignement et on les transformait progressivement. Cette évolution était due en partie à la soudaine disponibilité des livres dès l'invention de la presse à imprimer, mais aussi au fait que la structure sociale relativement simple des siècles précédents en Europe – l'Europe de Charlemagne et de la fin du monde médiéval – avait été fracturée aux plans économique, politique et intellectuel. Pour le nouvel érudit – Beatus Rhenanus, par exemple –, le monde semblait avoir perdu sa stabilité et être devenu d'une complexité croissante et déroutante. Comme si cela ne suffisait pas, en 1543 paraissait l'audacieux traité de Copernic, *De revolutionibus orbium caelestium (Des révolutions des corps célestes)*, qui situait le Soleil au centre de l'Univers – en contradiction avec l'*Almageste* de Ptolémée, lequel avait affirmé au monde que la Terre et l'humanité se trouvaient au centre de l'Univers[35].

Le passage de la méthode scolastique à des systèmes de pensée plus libéraux entraîna une autre conséquence. Jusqu'alors, la tâche de l'étudiant – comme celle du maître – avait été la recherche de la connaissance, dans le cadre d'un certain nombre de règles, de canons et de systèmes d'éducation éprouvés ; la responsabilité du maître était considérée comme une responsabilité publique, consistant à mettre les textes et leurs différents niveaux de signification à la disposition d'un public aussi étendu que possible, en professant une commune histoire sociale de la politique, de la philosophie et de la foi. Après Dringenberg, Hofman et les autres, les produits de ces écoles, les nouveaux humanistes, abandonnèrent tant la salle de classe que le forum pour, tel Rhenanus, se retirer dans l'espace clos du cabinet ou de la bibliothèque afin de lire et de réfléchir en privé. Les professeurs de l'école latine de Sélestat transmettaient des préceptes orthodoxes impliquant l'existence d'une lecture commune « correcte », mais ils offraient aussi aux étudiants une perspective humaniste plus vaste et plus personnelle; à la longue, les étudiants réagirent en inscrivant la lecture dans le cadre de leur univers intime et de leur expérience personnelle et en affirmant devant chaque texte leur autorité de lecteurs individuels.

LA PREMIÈRE PAGE MANQUANTE

Au cours de ma dernière année d'études secondaires, au Colegio Nacional de Buenos Aires, un professeur dont je ne tiens pas à me rappeler le nom se planta devant la classe et nous lut ce qui suit :

> *Tout ce que les allégories prétendent signifier, c'est simplement que l'incompréhensible est incompréhensible, et cela nous le savons déjà. Mais les problèmes auxquels nous sommes confrontés chaque jour, c'est une autre affaire. À ce propos, un homme demanda un jour : « Pourquoi tant d'obstination ? Si vous vous conformiez aux allégories, vous deviendriez vous-même allégories, et de cette façon vous résoudriez tous vos problèmes quotidiens.*
> *Un autre dit : Je parie que ça aussi, c'est une allégorie.*
> *Le premier dit : Vous avez gagné.*
> *Le second dit : Mais hélas, allégoriquement.*
> *Le premier dit : Non, dans la vie réelle. Allégoriquement, vous avez perdu*[1].

Ce texte bref, que notre professeur ne tenta jamais d'expliquer, nous troublait et provoqua de nombreuses discussions dans le café enfumé La Puerto Rico, à deux pas de l'école. Franz Kafka l'écrivit à Prague en 1922, deux ans avant sa mort. Quarante-cinq ans après, nous en retirions, nous autres adolescents curieux, l'impression troublante que toute interprétation, toute conclusion, toute illusion d'avoir « compris » l'auteur et ses allégories étaient fausses. Ce que suggéraient ces quelques lignes, ce n'était pas seulement que n'importe quel texte

Franz Kafka lycéen, vers 1898.

peut être lu comme une allégorie (et ici la distinction entre « allégorie » et « symbole » se brouille[2]) révélant des éléments extérieurs au texte proprement dit, mais que toute lecture est en elle-même allégorique, objet d'autres lectures. Sans avoir entendu parler du critique Paul de Man, pour qui « les récits allégoriques racontent l'histoire de l'*échec* de la lecture[3] », nous pensions comme lui qu'aucune lecture ne peut jamais être définitive. Avec une différence importante : là où de Man voyait un échec anarchique, nous voyions une preuve de notre liberté de lecteurs. Si, dans le domaine de la lecture, le « dernier mot » n'existe pas, alors aucune autorité ne pouvait nous imposer une lecture « correcte ». Avec le temps, nous nous sommes rendu compte que certaines lectures étaient meilleures que d'autres – mieux informées, plus lucides, plus stimulantes, plus agréables, plus troublantes. Mais cette impression de liberté fraîchement découverte ne nous a jamais quittés et, aujourd'hui encore, lorsque je lis avec plaisir un livre condamné par tel critique ou que j'en rejette un autre qui a fait l'objet d'un éloge enflammé, je crois pouvoir me rappeler très nettement ce sentiment rebelle.

Socrate affirmait que la lecture ne peut qu'éclairer ce que le lecteur sait déjà, et qu'on ne peut acquérir la connaissance par le truchement de lettres mortes. Les érudits du haut Moyen Âge cherchaient dans la lecture une multiplicité de voix convergeant en une voix unique, le *logos* de Dieu. Pour les maîtres humanistes de la fin du Moyen Âge, le texte (y compris la lecture faite par Platon des propos de Socrate) et les commentaires successifs des diverses générations de lecteurs impliquaient de façon tacite la possibilité non point d'une seule, mais d'une infinité de lectures nourries les unes des autres. Notre lecture scolaire des discours de Lysias était influencée par des siècles dont leur auteur n'avait eu aucune idée – pas plus qu'il n'en avait de l'enthousiasme de Phèdre ni des commentaires rusés de Socrate. Les livres rangés sur mes étagères ne me connaissent pas avant que je les ouvre, et pourtant je suis certain qu'ils s'adressent à moi en m'appelant par mon nom ; ils attendent mes commentaires et mes opinions. Je suis pressenti dans Platon comme je le suis dans tous les livres, même dans ceux que je ne lirai jamais.

Aux alentours de l'an 1316, dans une lettre fameuse au vicaire impérial Can Grande della Scala, Dante soutenait qu'il existe au moins deux lectures pour un texte, car nous y trouvons un sens dans la lettre, et un autre dans ce que la lettre signifie ; et le premier est appelé littéral, mais l'autre allégorique ou mystique. Dante suggère ensuite que le sens allégorique comprend trois autres lectures. Prenant pour exemple le verset biblique « Quand Israël sortit d'Égypte et la Maison de Jacob du sein d'un peuple étranger, Juda fut son sanctuaire et Israël son domaine », Dante explique que, si nous considérons la lettre seule, ce qui nous est montré, c'est la sortie d'Égypte des enfants d'Israël au temps de Moïse ;

Dante présentant sa *Divine Comédie*, fresque de Domenico di Michelino.

si nous considérons l'allégorie, c'est notre rédemption grâce au Christ ; au sens analogique, nous voyons la délivrance de l'âme sainte passant de la servitude de la corruption à la liberté de la gloire éternelle. Et bien que ces sens mystiques portent des noms divers, on peut les appeler en général allégoriques, car ils diffèrent du sens littéral et du sens historique[4]. Toutes ces lectures sont possibles. Certains lecteurs peuvent estimer qu'une ou plusieurs d'entre elles sont fausses : ils peuvent se méfier d'une lecture «historique» s'ils ignorent le contexte du passage; ils peuvent, à la lecture «allégorique», objecter que la référence au Christ est anachronique; ils peuvent trouver les lectures «analogique» (fondée sur l'analogie) et «anagogique» (fondée sur l'interprétation biblique) trop fantaisistes, voire tirées par les cheveux. Même une lecture «littérale» peut paraître suspecte. Que signifie «sortit», au juste? ou «Maison»? ou «domaine»? Il semblerait qu'avant de pouvoir lire ne fût-ce qu'à fleur de peau, le lecteur ait besoin d'informations concernant la création du texte, son contexte historique, ses particularités de vocabulaire et jusqu'à cette chose mystérieuse entre toutes que saint Thomas d'Aquin appelait *quem auctor intendit*, l'intention de l'auteur. Et pourtant, du moment que le lecteur et le texte ont un langage en commun, n'importe quel lecteur peut trouver un *certain* sens à n'importe quel texte : textes dada, horoscopes, poésie concrète, manuels d'informatique – et même au verbiage politique.

En 1782, un peu plus de quatre siècles et demi après la mort de Dante, l'empereur Joseph II promulgua un édit appelé *Toleranzpatent* qui, en principe, abolissait la plupart des barrières entre juifs et non-juifs dans le Saint Empire romain, avec l'intention d'assimiler les juifs à la population chrétienne. La nouvelle loi imposait aux juifs l'obligation d'adopter des prénoms et noms de famille allemands, d'utiliser l'allemand dans tous les documents officiels, d'accomplir le service militaire (dont ils avaient jusqu'alors été exemptés) et de fréquenter les écoles allemandes laïques. Un siècle plus tard, le 15 septembre 1889, dans la ville de Prague, place du Marché-aux-

Viandes, la cuisinière de la famille Kafka emmenait un petit Franz de six ans à la Deutsche Volks-und Bürgerschule[5] – un établissement de langue allemande, avec des maîtres juifs pour la plupart, au beau milieu de cet environnement tchèque nationaliste – afin qu'on y entreprenne son éducation conformément aux désirs de cet empereur Habsbourg depuis longtemps défunt.

Kafka détesta l'école primaire de même que, plus tard, l'Altstäder Gymnasium, ou école secondaire. Malgré ses succès (il fit toutes ses classes avec aisance), il avait l'impression de s'être contenté de tromper ses aînés pour passer « en fraude » de la première à la deuxième année du Gymnasium, puis à la troisième, et ainsi de suite. Mais, ajoutait-il, ayant enfin attiré leur attention, il devait bien entendu être aussitôt renvoyé, à l'immense satisfaction de tous les gens vertueux délivrés d'un cauchemar.

Des dix mois que comptait l'année d'études secondaires, un tiers était consacré aux langues classiques et le reste à l'allemand, à la géographie et à l'histoire. On considérait l'arithmétique comme un sujet de peu d'importance, et le tchèque, le français et l'éducation physique étaient facultatifs. On attendait des élèves qu'ils apprennent leurs leçons par cœur et les régurgitent sur demande. Le philologue Fritz Mautner, contemporain de Kafka, notait : « des quarantes élèves de ma classe, trois ou quatre environ finirent par atteindre le point où ils réussissaient à peu près et non sans peine à traduire syllabe par syllabe quelque texte ancien... Ils n'en retiraient assurément pas la plus vague notion de ce qu'était l'esprit de l'antique, son incomparable et inimitable étrangeté... Quant aux autres, les quatre-vingt-dix pour cent restants de la classe, ils parvenaient à passer les examens de fin d'études sans avoir jamais pris le moindre plaisir à leurs bribes de grec et de latin, promptement oubliées d'ailleurs dès l'obtention des diplômes[6]. » Les professeurs, pour leur part, reprochaient apparemment aux élèves leur manque d'enthousiasme et, dans l'ensemble, les traitaient avec mépris. Dans une lettre à sa fiancée, bien des années plus tard, Kafka évoquait le souvenir d'un professeur qui, lorsqu'il lisait l'*Iliade* à ses élèves, avait l'habitude de répéter : « Quel dommage d'être obligé de lire ça avec vous. Il vous est impossible de le comprendre, et même quand vous croyez comprendre, vous ne comprenez rien du tout. Il faut avoir beaucoup vécu pour en saisir ne fût-ce qu'une miette minuscule. » Durant toute sa vie, Kafka a lu avec l'impression de manquer de l'expérience et des connaissances nécessaires pour arriver à un début de compréhension.

D'après le biographe et ami de Kafka, Max Brod, l'instruction religieuse était minime au « Gymnasium ». Parce qu'ils étaient plus nombreux que les protestants et les catholiques, c'étaient les élèves juifs qui restaient en classe pour y suivre en allemand un concentré d'histoire juive et apprendre à réciter des prières en hébreu, une langue dont la plupart ignoraient tout. C'est bien plus tard seulement que Kafka découvrit dans ses propres conceptions de la lecture un terrain d'entente avec les anciens talmudistes, pour qui la Bible contenait une multiplicité de sens codés dont la quête ininterrompue était le but de notre voyage sur terre. « On lit pour poser des questions », dit un jour Kafka à un ami[7].

Selon le Midrash – un recueil de savantes études des significations possibles des textes sacrés – la Torah donnée par Dieu à Moïse sur le mont Sinaï était à la fois un texte écrit et une glose orale. Pendant les quarante jours qu'il passa dans le désert avant de rejoindre son peuple, Moïse lisait les textes écrits pendant le jour et étudiait la nuit les commentaires oraux. Cette notion de texte double – le mot écrit et la glose du lecteur – impliquait que la Bible permet une révélation continue, fondée sur mais non limitée par les Écritures proprement dites. Le Talmud – qui comprend la Mishna, un recueil écrit de lois dites orales complétant les cinq livres centraux de l'Ancien Testament ou Pentateuque, et la Guemara, qui la commente – fut élaboré dans le but de préserver les différents niveaux de lecture à travers des centaines d'années, depuis les Vᵉ et VIᵉ siècles (en Palestine et à Babylone, respectivement) jusqu'aux temps modernes, quand l'édition savante officielle du Talmud fut publiée à Vilna vers la fin du XIXᵉ siècle.

Deux façons différentes de lire la Bible se sont développées chez les lettrés juifs au XVIᵉ siècle. L'une, centrée autour des écoles séfarades d'Espagne et d'Afrique du Nord, préférait résumer le contenu d'un passage sans grande discussion des détails qui le composaient, en se concentrant sur le sens littéral et grammatical. L'autre, dans les écoles ashkénases fondées principalement en France, en Pologne et dans les pays germaniques, analysait chaque verset et chaque mot, à la recherche de tous les sens possibles. C'est à cette seconde tradition qu'appartenait Kafka.

Le but de l'étudiant ashkénase du Talmud étant d'explorer et d'élucider le texte à tous les niveaux de signification possibles, et de commenter les commentaires en remontant jusqu'au texte original, la littérature talmudique s'est développée sous forme de textes qui se régénéraient eux-mêmes, se déployant au cours des lectures successives en incluant toutes les précédentes plutôt qu'en les supplantant. En lisant, le talmudiste faisait ordinairement usage de quatre niveaux simultanés de sens, différents de ceux que proposait Dante. Les quatre niveaux étaient codifiés dans l'acronyme *PaRDeS* : *Pshat* ou sens littéral, *Remez* ou signification limitée, *Drash* ou élaboration rationnelle et *Sod* ou signification mystique, occulte, secrète. La lecture était par conséquent une activité qui ne pouvait avoir de fin. On demanda au rabbin Levi Yitzhak de Berditchev, un des grands maîtres hassidiques du XVIIIᵉ siècle, pourquoi la première page de chacun des traités du Talmud babylonien manquait, de sorte que le lecteur était obligé de commencer en page deux. « Parce que quel que soit le nombre des pages qu'il a lues, répondit le rabbin, l'homme studieux ne doit jamais oublier qu'il n'a pas encore atteint la toute première page[8]. »

Pour le talmudiste, on peut lire un texte en fonction de plusieurs méthodes. Considérons un petit exemple.

Selon un système appelé *gematria*, dans lequel les lettres du texte sacré sont traduites en équivalents numériques, l'un des plus célèbres commentateurs talmudiques, le rabbin Shlomo Yitzhak, connu sous le nom de Rashi, expliqua au XIe siècle la lecture du chapitre XVII de la Genèse, où Dieu annonce à Abraham que sa vieille épouse Sarah va lui donner un fils nommé Isaac. En hébreu, « Isaac » s'écrit *Y. tz.h.q.* Rashi aligna chaque lettre avec un nombre :

> *Y : 10, les dix tentatives infructueuses d'Abraham et Sarah pour concevoir.*
> *TZ : 90, l'âge de Sarah à la naissance d'Isaac.*
> *H : 8, le huitième jour, celui où l'enfant doit être circoncis.*
> *Q : 100, l'âge d'Abraham à la naissance d'Isaac.*

Décodé, l'un des niveaux de lecture du texte révèle la réponse d'Abraham à Dieu :

> *Aurons-nous un enfant après dix ans d'attente ?*
> *Quoi ! Elle a quatre-vingt-dix ans !*
> *Un enfant qui doit être circoncis après huit jours ?*
> *Moi, qui ai déjà cent ans*[9] *?*

Plusieurs siècles après Rashi, au confluent des cultures allemande, tchèque et juive où le hassidisme s'était autrefois épanoui, à la veille de l'holocauste qui allait tenter d'effacer toute sagesse juive de la surface de la Terre, Kafka mit au point une façon de lire qui lui permettait, tout en déchiffrant les mots, de s'interroger en même temps sur sa capacité de les déchiffrer, en s'obstinant à comprendre le livre sans toutefois confondre les particularités du livre avec sa propre situation – comme s'il réagissait à la fois au mépris du professeur de littérature classique qui affirmait que son manque d'expérience l'empêchait de comprendre les textes, et à ses ancêtres rabbiniques aux yeux desquels un texte doit captiver le lecteur par la tentation continue d'une révélation.

Quels étaient les livres de Kafka ? Enfant, nous dit-on[10], il lisait des contes de fées, des aventures de Sherlock Holmes, des récits de voyages en pays étrangers ; jeune homme, les œuvres de Goethe, de Thomas Mann, de Hermann Hesse, de Dickens, Flaubert, Kierkegaard, Dostoïevski. Dans sa chambre, où l'agitation familiale faisait de fréquentes intrusions, ou dans son bureau à l'étage de la compagnie d'assurances où il était employé, il tentait souvent de voler le temps de méditer sur le livre qu'il avait ce jour-là avec lui : de chercher des significations, dont aucune n'était ni plus ni moins valable que la suivante ; de construire une bibliothèque entière de textes, comme des rouleaux déroulés sur la page ouverte devant lui ; de progresser, tel un talmudiste, de commentaire en commentaire ; de se laisser dériver loin du texte original et en même temps de l'approfondir.

Un jour où il marchait dans Prague avec le fils d'un collègue, il s'arrêta devant une librairie pour regarder la vitrine. Voyant son jeune compagnon pencher la tête à droite et à gauche pour tenter de lire les titres des livres alignés, il rit. « Alors toi aussi, tu es un fou de livres, avec une tête qui ballotte à force de trop lire ? » L'ami acquiesça : « Je crois que je ne pourrais pas vivre sans livres. Pour moi, ils sont le monde entier. » Kafka reprit son sérieux. « Ça, c'est une erreur, dit-il. Un livre ne peut pas remplacer le monde. C'est impossible. Dans la vie, tout a son sens et ses buts propres, pour lesquels il ne peut exister de substitut permanent. On ne peut pas, par exemple, maîtriser sa propre expérience par le truchement d'une autre personnalité. Tel est le rapport du monde aux livres. On tente d'emprisonner la vie dans un livre, comme un oiseau chanteur dans une cage, mais en vain[11]. »

L'intuition de Kafka : que si le monde possède une cohérence, c'en est une que nous ne pouvons jamais comprendre tout à fait – que s'il offre un espoir, celui-ci (selon une réponse qu'il fit un jour à Max Brod) « n'est pas pour nous » – l'amenait à voir, dans cette impossibilité même, l'essence de la richesse de l'univers[12]. Walter Benjamin observait dans un essai célèbre que pour comprendre la vision du monde de Kafka « il faut avoir à l'esprit sa façon de lire[13] », façon que Benjamin comparait à celle du Grand Inquisiteur de Dostoïevski dans le conte allégorique des *Frères Karamazov* : « Alors c'est un mystère, incompréhensible pour nous », dit l'Inquisiteur, s'adressant au Christ revenu sur terre, « et nous aurions le droit de le prêcher aux hommes, d'enseigner que ce n'est pas la libre décision des cœurs ni l'amour qui importent mais le mystère auquel ils doivent se soumettre aveuglément, même contre le gré de leur conscience[14] ». Un ami qui voyait Kafka lire à son bureau dit qu'il lui rappelait le tableau intitulé *Un lecteur de Dostoïevski*, du peintre expressionniste tchèque Emil Filla, représentant un personnage angoissé qui semble être entré en transe pendant la lecture du livre qu'il tient encore dans sa main grise[15].

Kafka, on le sait, demanda à son ami Max Brod de brûler ses écrits après sa mort ; on sait que Brod désobéit. La demande de Kafka a été interprétée comme un geste de dépréciation personnelle, le « je ne suis pas digne » obligé d'un auteur qui s'attend à ce que la Renommée lui réponde : « Mais si, mais si. » Il y a peut-être une autre explication. Il est possible que Kafka, conscient que, pour un lecteur, tout texte doit demeurer inachevé (ou abandonné, comme le suggérait Paul Valéry), qu'en vérité un texte ne peut être lu que *parce qu*'il est inachevé, laissant ainsi la place à l'œuvre du lecteur, sou-

Emil Filla : *Un lecteur de Dostoïevski*.

haitait pour ses propres écrits l'immortalité que des générations de lecteurs ont attribuée aux volumes brûlés dans la bibliothèque d'Alexandrie, aux quatre-vingt-trois pièces disparues d'Eschyle, aux livres perdus de Tite-Live, au premier jet de *La Révolution française* de Carlyle, que la bonne d'un ami fit accidentellement tomber dans la cheminée, au second volume des *Ames mortes*, de Gogol, qu'un prêtre fanatique a condamné aux flammes. C'est peut-être pour la même raison que Kafka laissa inachevés un grand nombre de ses écrits : il n'y a pas de dernière page au *Château* parce que K., le héros, ne doit jamais y arriver, afin que le lecteur puisse poursuivre éternellement sa lecture du texte aux niveaux multiples. Un roman de Judith Krantz ou de Guy des Cars s'enferme en une seule lecture exclusive et étanche, et le lecteur ne peut s'en échapper sans franchir sciemment les limites du bon sens (rares sont ceux qui lisent *Princess Daisy* comme une allégorie du voyage de l'âme, ou *L'Impure* comme une *Madame Bovary* du XXe siècle). C'est cela que nous avions compris alors à Buenos Aires, en même temps que nous éprouvions ce premier sentiment de liberté : que l'autorité du lecteur n'est jamais illimitée. Les limites de l'interprétation, a dit Umberto Eco dans un épigramme opportun, coïncident avec les droits du texte[16].

Ernst Pavel, à la fin de l'intelligente biographie de Kafka qu'il écrivit en 1984, rappelait que l'on évalue généralement la littérature concernant Kafka et son œuvre à une quinzaine de milliers de titres dans la plupart des grandes langues du monde[17]. On a fait de Kafka des lectures littérales, allégoriques, politiques et psychologiques. Souligner que le nombre des lectures dépasse toujours celui des textes qui les ont engendrées est une banalité, et pourtant il y a quelque chose d'assez révélateur quant à la nature créatrice de la lecture dans le fait que, devant une même page, un lecteur peut être saisi de désespoir et un autre éclater de rire. Ma fille Rachel a lu *La Métamorphose* à treize ans et l'a trouvée désopilante ; Gustav Janouch, ami de Kafka, l'a lue comme une parabole éthique et religieuse[18]; Bertolt Brecht comme l'œuvre du « seul véritable écrivain bolchevique[19] »; le critique hongrois György Lukács comme le produit caractéristique d'une bourgeoisie décadente[20]; Borges comme une nouvelle version des paradoxes de Zénon[21]; la critique française Marthe Robert comme un modèle de la langue allemande dans sa plus grande clarté[22]; Vladimir Nabokov comme (en partie) une allégorie de l'*Angst* adolescente[23]. Le fait est que les récits de Kafka, nourris par les expériences de Kafka lecteur, offrent et écartent, en même temps, l'illusion de comprendre; ils minent, en quelque sorte, l'art de Kafka l'écrivain afin de satisfaire Kafka le lecteur.

« Il me semble d'ailleurs, écrivait Kafka en 1904 à son ami Oskar Pollak, qu'on ne devrait lire que les livres qui vous mordent et vous piquent. Si le livre que nous lisons ne nous réveille pas d'un bon coup de poing sur le crâne, à quoi bon le lire ? Pour qu'il nous rende heureux, comme tu l'écris ? Mon Dieu, nous serions tout aussi heureux si nous n'avions pas de livres, et des livres qui nous rendent heureux, nous pourrions, à la rigueur, les écrire nous-mêmes. En revanche, nous avons besoin de livres qui agissent sur nous comme un malheur dont nous souffririons beaucoup, comme la mort de quelqu'un que nous aimerions plus que nous-mêmes, comme si nous étions proscrits, condamnés à vivre dans des forêts loin de tous les hommes, comme un suicide – un livre doit être la hache qui brise la mer gelée en nous. Voilà ce que je crois[24]. »

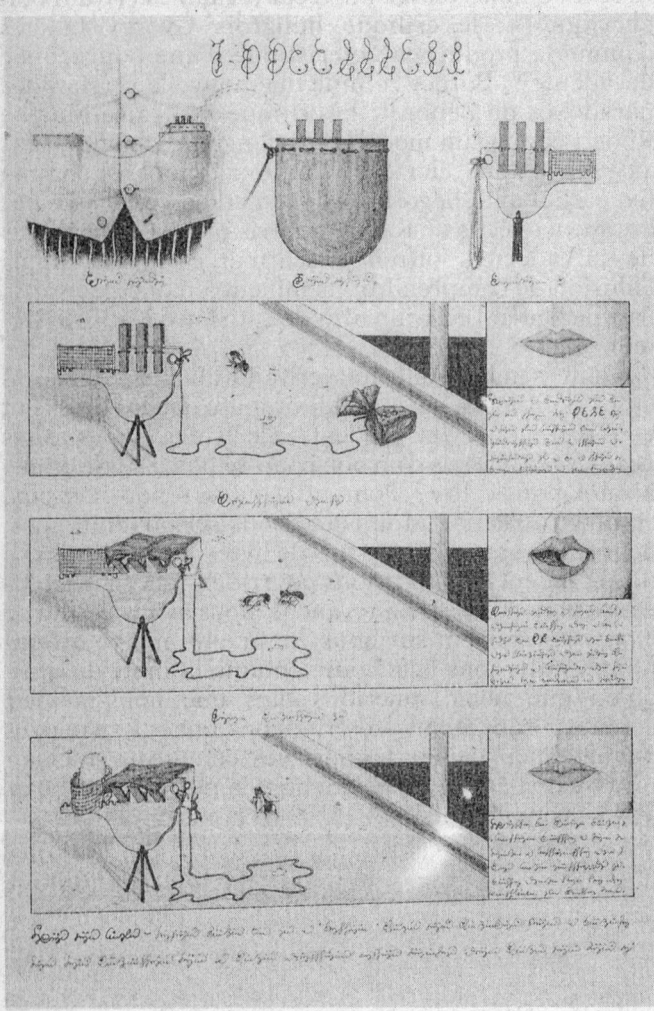

Une planche explicative du *Codex Seraphinianus*.

LIRE DES IMAGES

Par un après-midi d'été, en 1978, un paquet volumineux est arrivé dans les bureaux de l'éditeur Franco Maria Ricci à Milan, chez qui je travaillais comme réviseur étranger. L'ayant ouvert, nous nous sommes aperçus qu'il contenait, au lieu d'un manuscrit, une importante collection de feuillets illustrés représentant quantité d'objets étranges et d'opérations détaillées mais bizarres, le tout agrémenté de légendes écrites dans un caractère qu'aucun de nous ne reconnaissait. La lettre d'accompagnement expliquait que l'auteur, Luigi Serafini, avait créé l'encyclopédie d'un monde imaginaire dans le style des sommes scientifiques médiévales : chaque page illustrait avec précision un article spécifique, et les annotations, rédigées dans un alphabet fantaisiste que Serafini avait également inventé durant deux longues années dans un petit appartement de Rome, étaient censées expliquer les complexités des figures. Ricci, c'est tout à son honneur, a publié l'ouvrage en deux volumes luxueux avec une introduction délicieuse d'Italo Calvino ; c'est l'un des plus curieux spécimens de livre illustré que je connaisse. Entièrement composé de mots et d'images inventés, le *Codex Seraphinianus*[1] doit être lu sans le concours d'un langage ordinaire, à travers des signes qui n'ont d'autres significations que celles que leur prête un lecteur imaginatif et de bonne volonté.

Il s'agit là, bien sûr, d'une exception audacieuse. La plupart du temps, une séquence de signes suit un code établi, et seule mon ignorance du code me rend incapable de la lire. Ainsi, je parcours au musée Rietberg de Zurich une exposition de miniatures indiennes représentant des scènes mythologiques extraites de légendes qui ne me sont pas familères, et je tente d'en recréer les aventures ; assis devant les fresques préhistoriques du Tassili, dans le Sahara algérien, je m'efforce d'imaginer quelle menace provoque la fuite de ces créatures qui ressemblent à des girafes ; je feuillette une bande dessinée japonaise à l'aéroport de Narita et j'invente une histoire aux personnages dont les paroles sont figurées par des caractères que je n'ai jamais appris. La tentative de lire un livre dans une langue que je ne connais pas – grec, russe, breton, sanscrit – ne me révèle rien, bien entendu ; mais si le livre est illustré, même si je ne peux pas lire les légendes je peux en général deviner un sens – qui n'est pas nécessairement celui qu'explique le texte. Serafini comptait sur les capacités créatrices de ses lecteurs.

Serafini a eu un précurseur. Dans les toutes dernières années du IVe siècle, saint Nil d'Ancyre (aujourd'hui Ankara, capitale de la Turquie) fonda un monastère près de sa ville natale. De Nil, on ne sait presque rien : sa fête est le 12 novembre, l'année de sa mort est environ 430, il est l'auteur de plusieurs traités sentencieux et ascétiques destinés à ses moines et de plus d'un millier de lettres à ses supérieurs, ses amis et sa congrégation ; au temps de sa jeunesse, il a été l'élève de saint Jean Chrysostome à Constantinople[2]. Pendant des siècles, jusqu'à ce que de savants érudits réduisent la vie du saint à ces quelques points essentiels, saint Nil a été le héros d'une histoire prodigieuse et exceptionnelle[3]. Si l'on en croit les *Septem narrationes de caede monarchorum et de Theodulo filio*, une compilation datant du VIe siècle, considérée jadis comme une chronique hagiographique, et rangée désormais sur les rayons des inventions romanesques et aventures fictives, Nil naquit à Constantinople dans une famille noble et fut nommé officier et préfet à la cour de l'empereur Théodose le Grand. Il se maria et eut deux enfants mais, emporté par ses aspirations spirituelles, il abandonna sa femme et sa fille et, en 390 ou 404 (les versions successives de son histoire varient dans leur précision imaginaire[4]), devint membre de la communauté ascétique du mont Sinaï où lui-même et son fils Théodule vécurent des existences pieuses et recluses. D'après les *Narrationes*, la vertu de saint Nil et celle de son fils étaient telles qu'elles provoquèrent « la haine des démons et l'envie des anges ». En conséquence de ce déplaisir angélique et démoniaque, une horde de bandits sarrasins attaqua l'ermitage en 410, massacra un certain nombre de moines et emmena les autres en esclavage, y compris le jeune Théodule. Par grâce divine, Nil échappa à l'épée comme aux chaînes et partit à la recherche de son fils. Il le retrouva dans une ville située quelque part entre la Palestine et l'Arabie Pétrée, où l'évêque local, ému par la dévotion du saint, ordonna prêtres le père et le fils. Saint Nil retourna au mont Sinaï où il mourut à un âge agréablement avancé, bercé par des anges penauds et des démons repentants[5].

Nous ne savons pas exactement à quoi ressemblait le monastère de saint Nil, ni même exactement où il était situé, mais il décrit dans l'une de ses nombreuses lettres[6] certains éléments idéaux de décoration ecclésiastique utilisés par lui, on peut le supposer, dans sa propre chapelle. L'évêque Olympidore l'avait consulté à propos de l'érection d'une église qu'il souhaitait orner de figures de saints, de scènes de chasse, d'oiseaux et d'animaux. Saint Nil, s'il approuvait les images de saints, condamnait celles de scènes de chasse et de la faune, comme « vanités indignes d'une âme chrétienne » et suggérait qu'on leur préférât des scènes du Nouveau et de l'Ancien Testament, « peintes de la main d'un artiste de talent ». De telles scènes, soutenait-il, placées de part et d'autre de la sainte Croix, « feraient office de livres pour les illettrés, leur enseigneraient l'histoire sainte et les impressionneraient par les représentations de la miséricorde divine[7] ».

Saint Nil imaginait que, dans son église fonctionnelle, les fidèles analphabètes confrontés à ces scènes les liraient comme les mots d'un livre. Il les imaginait regardant des décorations qui ne seraient plus de « vains ornements »; il les imaginait en train d'identifier les précieuses images, de rapprocher les unes d'autres qu'ils auraient en tête, de leur inventer des histoires ou de reconnaître dans les figures familières des associations avec des sermons entendus ou, si par hasard ils n'étaient pas totalement « illettrés », avec des exégèses des Écritures. Deux siècles plus tard, le pape Grégoire le Grand ferait écho aux conceptions de saint Nil en soulignant qu'adorer une image est une chose, et qu'apprendre grâce aux images, en profondeur, une histoire vénérable en est une autre. Car l'écrit est au lecteur ce que les images sont aux illettrés, confinés à la seule perception de leurs sens. Dans les images les ignorants voient l'histoire qu'ils devraient lire, et ceux qui ne connaissent pas leurs lettres font l'expérience d'un certain savoir-lire. C'est pourquoi, selon Grégoire le Grand, les images sont, pour les gens ordinaires, l'équivalent de la lecture[8]. En 1025, le synode d'Arras déclara que ce que les gens simples ne pouvaient pas saisir grâce à la lecture des Écritures pouvait être appris par la contemplation d'images[9].

Bien que le deuxième commandement donné par Dieu à Moïse interdît formellement la confection « d'images taillées, ni aucune figure de qui est en haut dans le ciel, ou de ce qui est en bas sur la terre, ou de ce qui est dans les eaux au-dessous de la terre[10] », les artistes juifs ont décoré les lieux et objets religieux dès l'époque du Temple de Salomon à Jérusalem[11]. En d'autres temps, respectant l'interdit, les artistes juifs ont eu recours à des compromis inventifs, consistant notamment à donner des têtes d'oiseaux aux figures humaines prohibées afin de ne pas représenter le visage humain. La controverse fut ressuscitée aux VIIIe et IXe siècle dans la Byzance chrétienne, quand l'empereur Léon III et, plus tard, les empereurs iconoclastes Constantin V et Théophile interdirent dans l'empire entier la création d'images.

Pour les anciens Romains, le symbole d'un dieu (l'aigle de Jupiter, par exemple) était un substitut du dieu en personne. Dans les rares occasions où Jupiter est représenté en compagnie de son aigle, l'aigle n'est pas une répétition de la présence du dieu mais devient son attribut, au même titre que sa foudre. Pour les premiers chrétiens, le symbole avait cette double qualité de figurer non seulement les sujets (l'agneau pour le Christ, la colombe pour le Saint-Esprit) mais aussi des aspects spécifiques des sujets (l'agneau en tant que Christ victime du sacrifice, la colombe en tant que promesse de délivrance grâce au Saint-Esprit[12]). On n'était pas censé voir en eux des synonymes des concepts ni de simples duplicatas de la divinité. Au contraire, ils développaient certaines qualités de l'image centrale, les commentaient, les soulignaient, les transformaient en sujets de plein droit.

Dans une *Haggadah* allemande du XIVe siècle, un récitant debout devant le lutrin dans la synagogue. Par obéissance envers l'Ancien Testament, qui interdit la représentation de la figure humaine, on a remplacé son visage par une tête d'oiseau.

Avec le temps, les symboles fondamentaux de la chrétienté primitive semblent avoir perdu leur fonction symbolique et s'être réduits à de simples idéogrammes : la couronne d'épines représentant la Passion du Christ, la colombe, le Saint-Esprit. Ces figures élémentaires furent peu à peu complétées par des images plus vastes et plus complexes, de sorte que des épisodes entiers de la Bible sont devenus les symboles des différents aspects du Christ, du Saint-Esprit ou de la vie de la Vierge, tout en illustrant certaines lectures d'autres épisodes sacrés. Peut-être cette richesse de sens était-elle ce que saint Nil avait à l'esprit quand il suggérait de présenter en contrepoint l'Ancien et le Nouveau Testament de part et d'autre de la Croix.

Le fait que les images de l'Ancien et du Nouveau Testament pouvaient se compléter réciproquement et continuer le récit les unes des autres, en enseignant aux illettrés le Verbe de Dieu, les évangélistes eux-mêmes l'avaient déjà suggéré. Matthieu, pour sa part, lie explicitement l'Ancien et le Nouveau Testament au moins huit fois : « Or tout cela arriva afin que fût accompli ce qu'avait dit le Seigneur par le Prophète[13]. » Et le Christ lui-même dit qu'il fallait « que s'accomplisse tout ce qui est écrit de moi dans la loi de Moïse, les Prophètes et les Psaumes[14] ». Il y a deux cent soixante-quinze citations littérales de l'Ancien Testament dans le Nouveau, plus deux cent trente-cinq références spécifiques[15]. Cette notion d'une continuité spirituelle n'était déjà pas nouvelle. Un contemporain du Christ, le philosophe juif Philon d'Alexandrie, avait développé l'idée que se manifeste à travers les âges un esprit à l'influence omniprésente. Cet esprit unique et omniscient est présent dans les paroles du Christ, qui le décrivait comme un vent « qui souffle où il veut », et il relie le passé au présent et à l'avenir. Origène, Tertullien, saint Grégoire de

Le Christ sous l'apparence de l'agneau qui efface les péchés du monde, dans le fameux retable de Hubert et Jan Van Eyck, à Gand.

Nysse et saint Ambroise ont tous écrit de façon très inspirée à propos d'images communes aux deux testaments, et élaboré des explications complexes et poétiques dans lesquelles aucun élément de la Bible ne passait inaperçu ou n'était négligé. « Le Nouveau Testament, écrivit saint Augustin dans un couplet souvent cité, est latent dans l'Ancien, et l'Ancien est révélé dans le Nouveau[16]. » Quant à Eusèbe de Césarée, qui est mort en 340, il affirmait que « chaque prophète, chaque auteur ancien, chaque révolution de l'État, chaque cérémonie de l'antique Alliance l'annonce, Lui et Lui seul, ne représente que Lui… Il existait en notre père Adam, aïeul des saints ; il existait, innocent et virginal comme un martyr en Abel, rénovateur du monde en Noé, béni en Abraham, grand prêtre en Melchisédech, hostie consentante en Isaac, chef des Elus en Jacob, vendu par ses frères en Joseph, puissant dans ses œuvres en Égypte, législateur en Moïse, souffrant et abandonné en Job, haï et persécuté en la plupart des prophètes[17]. »

À l'époque des recommandations de saint Nil, l'iconographie de l'Église chrétienne comportait déjà des représentations conventionnelles de l'ubiquité de l'Esprit. On peut en voir un des exemples les plus anciens sur les deux panneaux de porte gravés à Rome au IVe siècle et installés dans l'église Sainte-Sabine. Les panneaux dépeignent des scènes correspondantes de l'Ancien et du Nouveau Testament, qui peuvent être lues simultanément. Le travail est assez grossier et les détails ont été estompés par les attouchements de générations de pèlerins, mais les scènes sont faciles à identifier. D'un côté se trouvent trois des miracles attribués à Moïse : l'eau de Mara rendue potable, l'épisode de la manne durant la fuite d'Égypte (représenté en deux tableaux) et la source jaillie du rocher. De l'autre côté, on voit trois des miracles du Christ : la guérison de l'aveugle, la multiplication des pains et l'eau changée en vin aux noces de Cana.

Qu'aurait lu un chrétien, au milieu du Ve siècle, en regardant les portes de Sainte-Sabine ? Dans le bois au

Deux panneaux de la porte de l'église Sainte-Sabine,
à Rome, où sont représentés, *à gauche*,
trois miracles du Christ et, *à droite*,
trois miracles de Moïse.

moyen duquel Moïse adoucit l'eau amère de Mara, il aurait reconnu la Croix, symbole du Christ en personne. La source, comme le Christ, était une fontaine d'eau vivante donnant la vie au troupeau chrétien. Dans le rocher que Moïse a frappé dans le désert, il aurait également vu une image du Christ, le Sauveur au flanc duquel jaillissent le sang et l'eau[18]. La manne annonçait le repas de Cana et la dernière Cène[19]. Un non-croyant, pour sa part, ignorant de la foi chrétienne, aurait lu ces images un peu comme Serafini entendait que ses lecteurs comprennent son encyclopédie fantasque : en inventant chacun pour soi, à partir des éléments représentés, une histoire et un vocabulaire.

Ce n'est pas cela, bien sûr, que saint Nil avait à l'esprit. En 787, le septième concile de l'Église à Nicée indiqua clairement que non seulement les fidèles n'étaient pas libres d'interpréter les images montrées dans les églises, mais que le peintre ne l'était pas non plus d'attribuer à son œuvre une signification ou une intention personnelles. L'exécution des images ne pouvait être une invention du peintre, déclarait le concile, mais une proclamation admise des lois et traditions de l'Église universelle. « Nos pères les firent autrefois exécuter sur les murs des églises : ce sont leurs pensées et leurs traditions que nous voyons, non celles des peintres. Au peintre appartient l'art, mais son ordonnance est du ressort des Pères de l'Église[20]. »

Quand l'art gothique commença à se développer au XIIIe siècle, et qu'on abandonna les fresques sur les murs des églises pour leur préférer les vitraux imagés et les colonnes sculptées, l'iconographie biblique fut transférée du plâtre au verre teinté, au bois et à la pierre. Les leçons des Écritures, désormais resplendissantes de lumière ou ressortant en ronde-bosse, racontaient aux fidèles des histoires dans lesquelles l'Ancien Testament et le Nouveau se faisaient subtilement écho.

Et puis, au début du XIVe siècle, les images que saint Nil avait voulu que les fidèles lisent sur les murs furent réduites et rassemblées en livres. Dans les régions du Bas-Rhin, plusieurs enlumineurs et graveurs sur bois entreprirent de représenter les images symétriques sur parchemin et sur papier. Les livres qu'ils fabriquèrent étaient presque entièrement composés de scènes juxtaposées, comportant à peine quelques mots, parfois en guise de légendes sur le côté de la page et parfois sortant de la bouche des personnages dans des cartouches en forme de drapeaux, telles les bulles dans les bandes dessinées d'aujourd'hui.

Vers la fin du XIVe siècle, ces livres d'images avaient acquis une immense popularité, qu'ils devaient conserver pendant tout le Moyen Âge, sous des présentations diverses : recueils d'illustrations en pleine page, miniatures méticuleuses, gravures sur bois coloriées à la main et enfin, au XVe siècle, ouvrages imprimés. Le premier de ces volumes que nous possédions date de 1462[21]. Avec le temps ces livres extraordinaires devaient prendre le nom de *Bibliae Pauperum*, ou Bibles des Pauvres.

Pour l'essentiel, ces « Bibles » étaient de grands livres d'images dans lesquels chaque page était divisée en deux

Une page de la *Biblia Pauperum* de Heidelberg.

scènes ou plus. C'est ainsi que, dans celle qu'on appelle la *Biblia Pauperum* de Heidelberg[22], datant du XVe siècle, les pages sont divisées en deux parties, en haut et en bas. La moitié inférieure d'une des premières pages représente l'Annonciation, et devait être montrée aux fidèles à cette date liturgique. De part et d'autre de la scène figurent les quatre prophètes de l'Ancien Testament qui ont annoncé la venue du Christ : David, Jérémie, Isaïe et Ezéchiel. Au-dessus d'eux, dans la moitié supérieure, sont représentées deux scènes de l'Ancien Testament : Dieu maudissant le Serpent dans le jardin d'Eden, devant Adam et Ève qui se tiennent modestement à l'écart (Genèse, 3) ; et l'ange invitant Gédéon à l'action, tandis que Gédéon étend sur le sol la peau d'un chevreau afin de découvrir si Dieu sauvera Israël (Juges, 6).

Attachée à un lutrin par une chaîne, ouverte à la page appropriée, la *Biblia Pauperum* exposait aux fidèles la succession de ses doubles images jour après jour, mois après mois. Nombreux étaient ceux qui ne pouvaient pas lire les mots en caractères gothiques autour des personnages représentés ; rares, ceux qui saisissaient les multiples sens de chaque image dans leur signification historique, morale et allégorique. Mais la majorité reconnaissait la plupart des personnages et des scènes, et était capable de « lire » dans ces images une relation entre les récits de l'Ancien Testament et ceux du Nouveau, du simple fait de leur juxtaposition sur la page. Nul doute que prêcheurs et prêtres commentaient ces figures et racontaient les événements représentés en les rapprochant de manière édifiante, en enjolivant la narration sacrée. Et les textes proprement dits étaient lus, jour après jour, toute l'année, de sorte qu'au cours de leur existence les gens devaient entendre plusieurs fois une grande partie de la Bible. On a suggéré que le but principal de la *Biblia Pauperum* n'était pas de donner à lire aux fidèles analphabètes, mais plutôt d'offrir au prêtre une sorte d'aide-mémoire ou de guide thématique, un point de départ pour les sermons et les allocutions, afin de l'aider à démontrer l'unité de la Bible[23]. S'il en était ainsi (il n'existe aucun document qui le confirme), alors, comme la plupart des livres, la *Biblia Pauperum* avait une quantité d'utilisateurs et d'emplois.

Il est presque certain que « Biblia Pauperum » n'est pas le nom sous lequel ces livres étaient connus de leurs premiers lecteurs. Le caractère erroné de cette appellation fut découvert à la fin du XVIIIe siècle par l'écrivain allemand Gotthold Ephraim Lessing, lui-même un lecteur assidu qui pensait que les livres expliquent la vie. En 1770, pauvre et malade, Lessing accepta l'emploi mal payé de bibliothécaire du pesant duc de Braunschweig, à Wolfenbüttel. Il passa là huit années misérables, y écrivit sa pièce de théâtre la plus fameuse, *Emilia Galotti*, et discuta dans une série d'essais critiques les rapports existant entre diverses formes de représentation artistique[24]. L'un des livres de la bibliothèque ducale était une *Biblia Pauperum*. Lessing découvrit, griffonnée dans l'une des marges par une main plus récente, l'inscription *Hic incipitur bibelia* (sic) *pauperum*. Il en déduisit qu'on avait dû, pour pouvoir le cataloguer, donner au livre un nom quelconque, et qu'un ancien bibliothécaire, inférant des nombreuses illustrations et du peu de texte qu'il s'adressait aux illettrés, donc aux pauvres, lui avait donné un titre que les générations suivantes allaient tenir pour officiel[25]. Ainsi que l'observa Lessing, un grand nombre de ces bibles semblaient néanmoins beaucoup trop ornementées et coûteuses pour avoir été destinées aux pauvres. Peut-être l'important était-il moins la propriété – ce qui appartenait à l'Église pouvait être considéré comme appartenant à tous – que l'accès ; ouverte aux pages du jour offertes à tous les regards, la *Biblia Pauperum* fortuitement nommée échappa à l'enfermement dans les cercles savants et devint populaire auprès des fidèles, qui avaient faim d'histoires.

Lessing attira également l'attention sur les similitudes entre l'iconographie parallèle du livre et celle des vitraux aux fenêtres du cloître de Hirsher. Il suggéra que les illustrations du livre étaient des copies de celles des fenêtres ;

il data les vitraux de l'époque de l'abbé Johan von Calv (1503 à 1524), presque un demi-siècle avant l'exécution de l'exemplaire de la *Biblia Pauperum* de Wolfenbüttel. Des recherches modernes indiquent qu'il ne s'agit pas de copies[26], mais il est impossible de dire si l'iconographie commune au livre et aux vitraux suivait simplement une mode établie peu à peu au cours des siècles. Lessing n'en avait pas moins raison d'observer que la « lecture » des images dans

Gotthold Ephraim Lessing.

la *Biblia Pauperum* et sur les vitraux était pour l'essentiel une même action, et différait dans les deux cas de la lecture d'une description écrite avec des mots sur une page.

Pour le chrétien lettré du XIVe siècle, une page d'une bible ordinaire était riche d'une multiplicité de significations à travers lesquelles le lecteur pouvait progresser selon les indications données par la glose de l'auteur ou en fonction de ses propres connaissances. Il pouvait lire à la cadence qui lui convenait, en une heure ou en une année, avec des interruptions ou des pauses, en sautant des passages ou un dévorant la page entière en une fois. Mais la lecture d'une page illustrée dans la *Biblia Pauperum* était quasi instantanée, puisque le « texte » était présenté comme un tout iconographique, sans gradations sémantiques, et que le temps du récit en images coïncidait nécessairement avec celui de la lecture personnelle du lecteur. « Il convient de considérer, écrivait Marshall McLuhan, que les gravures et les bois anciens, comme les bandes dessinées modernes, apportent très peu de données quant à un moment donné dans le temps, ou un aspect dans l'espace, ou un objet. Le lecteur est obligé de participer en complétant et en interprétant les rares allusions proposées par les textes. Avec son degré très bas d'informations données sur son objet, et le très haut degré de participation qui en résulte de la part du spectateur afin de compléter ce qui n'est que suggéré par la mosaïque de points, l'image télé n'est pas très différente en caractère de la gravure sur bois ou de la bande dessinée[27]. »

Pour moi, à des siècles de distance, les deux sortes de lecture convergent quand je parcours le journal du matin : d'une part, la lente découverte des nouvelles, parfois poursuivie sur une page éloignée, mise en rapport avec d'autres articles cachés dans différentes sections, rédigés dans des styles qui varient de l'apparemment dépourvu d'émotion à l'ouvertement ironique ; d'autre part, l'aperçu presque involontaire des publicités lues d'un simple coup d'œil, chacune racontant son histoire dans un cadre précis et limité, au moyen de personnages et de symboles familiers – non plus sainte Catherine martyrisée, ni le repas à Emmaüs, mais les avatars de la dernière Peugeot ou l'épiphanie de l'Absolut Vodka.

Qui donc étaient mes ancêtres, ces lointains déchiffreurs d'images ? La grande majorité, à l'instar des auteurs des images qu'ils lisaient, étaient des silencieux, des anonymes, nul ne les a chantés, mais dans ces foules mouvantes on peut repêcher quelques individus.

En octobre 1461, après avoir été libéré de prison grâce au passage inopiné du roi Louis XI par la ville de Meung-sur-Loire, le poète François Villon a composé un long pot-

Publicité de 1994
pour « Absolut Vodka ».

pourri poétique qu'il a appelé son *Testament*[28]. L'un des poèmes, une prière à la Vierge Marie écrite (nous dit-il) à la demande de sa mère, met dans la bouche de celle-ci les mots suivants :

> *Femme je suis povrette et ancienne*
> *Ne rien ne scay ; oncques lettre ne leuz.*
> *Au monstier voy, dont suis parroissienne*
> *Paradis painct, où sont harpes et luz*
> *Et ung enfer où damnez sont boulluz :*
> *L'ung me faict paour, l'autre joye et liesse*[29].

La mère de Villon devait avoir vu des représentations d'un paradis serein et musical, et d'un enfer embrasé et bouillonnant, et savoir qu'après sa mort son âme était destinée à l'un ou à l'autre. Il est évident qu'en voyant ces images – si habilement qu'elles fussent peintes – elle n'y aurait pas reconnu les arguments théologiques ardus élaborés depuis quinze siècles par les Pères de l'Église. Elle connaissait probablement la version française de la maxime latine populaire *Salvandorum paucitas, damnandorum multitudo* («Peu seront sauvés, beaucoup seront damnés»); elle ignorait sans doute que saint Thomas d'Aquin avait estimé la proportion de ceux qui seraient sauvés à l'équivalent de Noé et sa famille par rapport au reste de l'humanité. À l'église, les sermons devaient commenter certaines de ces représentations, et son imagination faisait le reste.

Comme la mère de Villon, des milliers de gens ont levé les yeux vers les images qui ornaient les murs des églises et, plus tard, les fenêtres, les colonnes, la chaire, jusqu'au dos de la chasuble du prêtre en train de célébrer la messe, ou encore les panneaux derrière l'autel où on s'asseyait pendant la confession, et ont vu dans ces images des myriades d'histoires ou une seule histoire sans fin. On n'a aucune raison de croire qu'il en était autrement avec la *Biblia Pauperum*, mais les avis de plusieurs érudits modernes diffèrent. D'après le critique allemand Maurus Berve, par exemple, la *Biblia Pauperum* était «absolument inintelligible pour les illettrés». Berve

Chacun des accessoires du culte racontait une histoire. Les fidèles pouvaient découvrir les terreurs du Jugement dernier lorsqu'ils passaient derrière l'autel, au dos de ce retable peint vers 1525 par Jorg Kandel de Biberach ou quand le prêtre leur tournait le dos pour prier (comme sur cette chasuble italienne du XVe siècle [p. 151]).

suggère au contraire que ces ouvrages étaient probablement destinés aux érudits ou aux clercs qui n'avaient pas les moyens d'acheter une bible complète ou qui, étant « pauvres en esprit » *(arme in Geiste)* faute d'un niveau d'éducation plus exigeant, se contentaient de ces extraits[30]. Par conséquent l'appellation « Biblia Pauperum » n'aurait pas signifié Bible des Pauvres mais bien Biblia Pauperum Praedicatorum, c'est-à-dire Bible des Prédicateurs pauvres[31].

Que ces images fussent destinées aux pauvres ou à leurs prêtres, il est certain qu'elles étaient exposées sur le lutrin, devant l'assistance, jour après jour pendant toute l'année liturgique. Pour les illettrés, exclus du domaine du mot écrit, la vue des textes sacrés représentés dans un livre par des images qu'ils pouvaient reconnaître ou « lire » devait provoquer un sentiment d'appartenance, l'impression de partager avec les sages et les puissants la présence matérielle de la parole de Dieu. Voir ces scènes dans un livre – cet objet quasi magique, propriété exclusive des clercs instruits et des érudits de l'époque – était tout autre chose que de les voir dans les décorations populaires de l'église, comme on l'avait toujours fait dans le passé. C'était comme si soudain les mots sacrés qui avaient jusqu'alors semblé appartenir à quelques-uns, libres de les partager ou non avec les fidèles, s'étaient trouvés traduits dans une langue que n'importe qui pouvait comprendre, même une femme ignorante, « povrette et ancienne » comme la mère de Villon.

La lecture publique jouait un rôle social en France au XVIIIe siècle, ainsi qu'en témoigne cette gravure d'époque de Marillier.

ÉCOUTER LIRE

Les images de l'Europe médiévale constituaient une syntaxe non verbale, à laquelle le lecteur ajoutait un récit. À notre époque, lorsque nous déchiffrons les images de la publicité, des vidéos ou de certaines bandes dessinées, nous prêtons nous aussi à l'histoire non seulement une voix mais encore un vocabulaire. C'est de cette façon que je dois avoir lu dès mes débuts de lecteur, avant ma rencontre avec les lettres et leurs sons. Sur les aquarelles de Peter Rabbit, les effronteries de Struwwelpeters, les aventures de Babar, les grandes créatures aux couleurs vives de *La Hormiguita Viajera*, je dois avoir construit des histoires qui expliquaient et justifiaient les différentes scènes et les reliaient par un récit possible, prenant en considération jusqu'au moindre des détails représentés. Je l'ignorais alors, mais j'exerçais là ma liberté de lecteur presque à la limite de ses possibilités : non seulement il m'appartenait de raconter l'histoire, mais rien ne m'obligeait à répéter toujours le même conte à partir des mêmes illustrations. Dans une version, le héros anonyme était un bon, dans un autre c'était un mauvais, dans une troisième il portait mon nom.

En d'autres occasions, j'abandonnais ces droits. Je déléguais les mots et la voix, je renonçais à la possession – et parfois même au choix – du livre et, à l'exception d'une demande d'explication par-ci, par-là, je n'étais plus qu'ouïe. Je m'installais (la nuit, mais aussi souvent pendant la journée car de fréquentes crises d'asthme me confinaient au lit pendant des semaines), bien calé contre une pile d'oreillers, pour écouter ma nurse me lire les terrifiants contes de fées de Grimm. Parfois, sa voix m'endormait ; parfois, au contraire, elle me rendait fiévreux d'excitation et je la sommais de se dépêcher afin d'en savoir plus, de savoir ce qui se passait dans l'histoire plus vite que l'auteur ne l'avait voulu. Mais la plupart du temps je me contentais de savourer la sensation voluptueuse de me laisser emporter par les mots, et j'avais l'impression, en un sens très physique, d'être réellement en train de voyager vers un lieu merveilleusement lointain, un lieu auquel j'osais à peine jeter un coup d'œil à la secrète et dernière page du livre. Plus tard, j'avais neuf ou dix ans, le directeur de mon école m'assura que se faire lire des histoires ne convenait qu'à de petits enfants. Je le crus, et abandonnai cette pratique – en partie parce que j'en éprouvais un plaisir énorme, et qu'à l'époque j'étais tout à fait prêt à croire que tout ce qui donne du plaisir est en quelque sorte malsain. Ce n'est que beaucoup plus tard encore, quand nous décidâmes un été, mon ami et moi, de nous faire mutuellement la lecture de la *Légende dorée*, que j'ai retrouvé ce plaisir presque oublié. J'ignorais alors que l'art de lire à haute voix avait une histoire longue et itinérante, ni que plus d'un siècle auparavant, quand Cuba était espagnole, cet art s'était établi comme une institution dans le cadre sévère et pragmatique de l'économie cubaine.

La fabrication des cigares était l'une des principales industries de Cuba depuis le XVIIe siècle, mais dans les années 1850 le climat économique changea. La saturation du marché américain, le chômage croissant et, en 1855, l'épidémie de choléra convainquirent de nombreux ouvriers que la création d'un syndicat était indispensable à l'amélioration de leurs conditions de travail. En 1857, une Société d'entraide des honnêtes travailleurs et journaliers fut fondée au seul bénéfice des cigariers blancs ; une Société d'entraide analogue fut fondée pour les ouvriers noirs libres en 1858. C'étaient les premiers syndicats cubains, précurseurs du mouvement ouvrier cubain à l'orée de notre siècle[1].

En 1865, Saturnino Martínez, cigarier et poète, conçut l'idée de publier pour les travailleurs de l'industrie cigarière un journal non seulement à visée économique mais qui comporterait aussi des articles concernant la science et la littérature, des poèmes et des nouvelles. Avec le soutien de plusieurs intellectuels cubains, Martínez sortit le premier numéro de *La Aurora* le 22 octobre de la même année. Son propos, annonçait-il dans l'éditorial, « sera d'éclairer de toutes les façons possibles la classe sociale à laquelle il est destiné. Si nous ne réussissons pas, la faute en sera à notre insuffisance, pas à notre mauvaise volonté. » Au cours des ans, *La Aurora* publia des œuvres des principaux auteurs cubains de l'époque, de même que des traductions d'écrivains européens tels que Schiller et Chateaubriand, des critiques de livres et de pièces de théâtre, et des dénonciations de la tyrannie des propriétaires de manufactures et de la souffrance des travailleurs. « Savez-vous, demandait-il à ses lecteurs le 27 juin 1866, qu'à la limite de La Zanja, à en croire la rumeur, il y a un patron qui met les fers aux enfants qu'il emploie comme apprentis[2] ? »

Mais, Martínez s'en rendit bientôt compte, l'analphabétisme opposait un obstacle évident à la réelle popularité de *La Aurora* ; au milieu du XIXe siècle, quinze pour cent à peine de la population ouvrière de Cuba savait lire. Afin de rendre le journal accessible à tous les travailleurs, il eut l'idée de faire appel à un lecteur public. Il s'adressa au directeur de l'école secondaire de Guanabacoa et lui suggéra que l'école apporte son concours à des lectures dans les ateliers. Plein d'enthousiasme, le directeur rencontra les ouvriers de la manufacture El Fígaro et, après avoir obtenu la permission du propriétaire, les convainquit de l'utilité de l'entreprise. L'un des travailleurs fut choisi comme lecteur, le *lector* officiel, et les autres payèrent son effort de leur poche. Le 7 janvier 1866, *La Aurora* relatait que : « la lecture dans les ateliers a commencé pour la première fois chez nous, et l'initiative en revient aux honorables travailleurs d'El Fígaro. Ceci représente un pas de géant dans la marche du progrès et l'avancement général des travailleurs, puisqu'ils se familiariseront ainsi peu à peu avec les livres, source d'amitié éternelle et de grand plaisir[3]. » Parmi les livres lus se trouvaient un abrégé d'histoire : *Les Batailles du siècle*, des romans didactiques tels que *Le Roi du monde* de Fernández y González, auteur depuis longtemps oublié, et un manuel d'économie politique de Flórez y Estrada[4].

Progressivement, d'autres manufactures suivirent l'exemple d'El Fígaro. Ces lectures publiques rencontraient un tel succès qu'en très peu de temps elles acquirent la réputation d'être « subversives ». Le 14 mai 1866, le gouverneur politique de Cuba proclama l'édit suivant :

> *1. Il est interdit de distraire les ouvriers dans les ateliers des fabriques de tabac ou tous autres par la lecture de livres et de journaux, ou par des discussions étrangères au travail auquel ils sont occupés.*
> *2. La police surveillera avec une vigilance constante l'application de ce décret et remettra à disposition de mon autorité les propriétaires d'ateliers, représentants ou gérants qui désobéiraient à cette ordonnance, afin qu'ils puissent être jugés devant la loi en fonction de la gravité du cas[5].*

En dépit de l'interdiction, on continua pendant quelque temps à pratiquer des lectures clandestines sous une forme ou une autre ; vers 1870, cependant, elles avaient virtuellement disparu. En même temps que le début de la guerre de Dix Ans, octobre 1868 vit la fin de *La Aurora*. Et pourtant, on n'oubliait pas les lectures. Dès 1869 elles furent ressuscitées, sur le sol américain, par les ouvriers eux-mêmes.

La guerre de Dix Ans, ou guerre d'indépendance, débuta le 10 octobre 1868 quand un propriétaire terrien cubain, Carlos Manuel de Céspedes, et deux cents hommes armés de bric et de broc prirent possession de la ville de Santiago et proclamèrent l'indépendance du pays vis-à-vis de l'Espagne. À la fin du même mois, après que Céspedes avait proposé de libérer tous les esclaves qui se joindraient à la révolution, son armée avait recruté douze mille volontaires ; en avril de l'année suivante,

Première image connue d'un *lector*, dans le *Practical Magazine*, New York, 1873.

Céspedes fut élu président du nouveau gouvernement révolutionnaire. Mais l'Espagne tenait bon. Quatre ans plus tard, un tribunal cubain déposa Céspedes par contumace, et en mars 1874 il fut pris au piège et abattu par des soldats espagnols[6]. Entre-temps, le gouvernement américain, vivement désireux de contrarier les mesures commerciales restrictives imposées par l'Espagne, avait apporté aux révolutionnaires un soutien notoire et New York, La Nouvelle-Orléans et Key West avaient ouvert leurs ports à des milliers de Cubains en fuite. Il en résulta la transformation de Key West, petit village de pêcheurs, en importante communauté cigarière, nouvelle capitale mondiale des havanes[7].

Les ouvriers qui immigraient aux États-Unis emportèrent avec eux, entre autres, l'institution du lector : une illustration de la revue américaine *Practical Magazine* de 1873 montre l'un d'eux, portant lunettes et chapeau à

El Lector, par Mario Sánchez.

larges bords, assis jambes croisées, un livre entre les mains, tandis qu'une rangée d'ouvriers (tous mâles) en gilet et en bras de chemise s'appliquent à rouler des cigares avec, selon toute apparence, une attention captivée.

Les textes qui faisaient l'objet de ces lectures, choisis en fonction de l'accord préalable des ouvriers (lesquels, comme du temps d'El Fígaro, payaient le *lector* de leur poche), comprenaient des tracts et récits politiques aussi bien que des romans et des recueils de poésie moderne et classique[8]. Il y avait des favoris : *Le Comte de Monte-Cristo*, d'Alexandre Dumas, par exemple, devint si populaire qu'un groupe d'ouvriers écrivit à l'auteur peu avant sa mort en 1870 pour lui demander l'autorisation de donner le nom de son héros à l'un de leurs cigares. Dumas y consentit.

D'après Mario Sánchez, un peintre de Key West qui, en 1991, se rappelait encore les *lectores* en train de lire pour les cigariers vers la fin des années vingt, ces lectures avaient lieu dans un silence concentré, et commentaires et questions n'étaient autorisés qu'à la fin de la séance. « Mon père, se souvenait Sánchez, a été lecteur à la manufacture de cigares Eduardo Hidalgo Gato du début du siècle jusque dans les années vingt. Le matin, il lisait les nouvelles qu'il traduisait des journaux locaux. Il lisait en direct les informations internationales dans les journaux cubains, apportés quotidiennement de La Havane par bateau. De midi à trois heures de l'après-midi, il lisait un roman. On attendait de lui qu'il interprétât les personnages en imitant leurs voix, comme un acteur. » Les ouvriers qui avaient passé plusieurs années dans les ateliers étaient capables de citer de mémoire de longs passages de poèmes et même de prose. Sánchez parle d'un homme qui connaissait par cœur la totalité des *Méditations* de Marc Aurèle[9].

Ces lectures, les cigariers s'en rendaient compte, leur permettaient de parer d'aventures à suivre, d'idées à considérer et de réflexions à s'approprier l'activité mécanique et abrutissante consistant à rouler les feuilles sombres et odorantes du tabac. Nous ne savons pas si, durant ces longues heures d'atelier, ils regrettaient que le reste de leurs corps fût exclu du rituel de la lecture ; nous ne savons pas si les doigts de ceux qui savaient lire regrettaient de n'avoir pas une page à tourner, une ligne à suivre ; nous ne savons pas si ceux qui n'avaient jamais appris à lire se sentaient incités à le faire.

Une nuit, peu de mois avant sa mort en 547 environ – quelque treize siècles avant les *lectores* cubains –, saint Benoît de Nursie eut une vision. Alors qu'il priait devant sa fenêtre ouverte, le regard perdu dans les ténèbres, « le monde entier lui apparut, rassemblé en un seul rayon de soleil et ainsi offert à sa vue[10] ». Dans cette vision, le vieillard doit avoir reconnu, les larmes aux yeux, « cet objet secret et hypothétique dont les hommes ont saisi le

Saint Benoît offrant sa règle à un abbé, enluminure d'un manuscrit du XIe siècle.

nom mais que nul n'a jamais contemplé : l'inconcevable univers[11]. »

Dès l'âge de quatorze ans, Benoît avait renoncé au monde ainsi qu'à la fortune et aux titres de sa riche famille romaine. Vers 529, il avait fondé un monastère au mont Cassin – une colline déchiquetée qui domine de ses cinq cents mètres un antique sanctuaire païen à mi-chemin entre Rome et Naples – et il avait composé pour ses frères une série de règles[12] dans lesquelles l'autorité de lois codifiées remplaçait le pouvoir absolu du supérieur d'un monastère. Peut-être parce qu'il cherchait dans les Écritures la vision universelle qui devait lui être accordée bien des années plus tard, ou peut-être parce qu'il croyait, à l'instar de Sir Thomas Browne, que Dieu nous offre le monde sous deux aspects, la nature et le livre[13], Benoît décréta que la lecture serait une part essentielle de la vie quotidienne du monastère. L'article 38 de sa règle en établissait la pratique :

> Pendant le repas des frères, il faut toujours une lecture ; que nul ne s'avise d'ouvrir un livre au hasard et d'en commencer là la lecture ; mais celui qui va lire pendant une semaine entrera dans ses fonctions le dimanche. Et, d'abord, après la messe et la communion, il demandera à tous de prier pour lui, afin que Dieu puisse lui épargner l'esprit d'exaltation. Et ce verset sera répété trois fois durant l'oraison, mais entamé par lui : « Seigneur, ouvre mes lèvres, et ma bouche prononcera Ta louange. » Et ainsi, après avoir reçu la bénédiction, il prendra ses fonctions de lecteur. Et il y aura le plus grand silence à table, de sorte qu'on n'entende aucun chuchotement ni aucune autre voix que celle du lecteur. Et ce dont ils ont besoin comme nourriture, que les frères se le passent chacun à son tour, de sorte que personne n'ait à demander quoi que ce soit[14]. »

De même que dans les manufactures cubaines, le livre n'était pas choisi au hasard ; mais à la différence des manufactures, où le choix des titres résultait d'un consensus, au monastère il dépendait des autorités de la communauté. Pour les ouvriers cubains, les œuvres pouvaient devenir (et devenaient souvent) la propriété intime de chaque auditeur; pour les disciples de saint Benoît, l'exaltation, le plaisir personnel et l'orgueil devaient être évités, puisque la joie des textes devait être communautaire et non individuelle. La prière adressée à Dieu pour lui demander d'ouvrir les lèvres du lecteur plaçait la lecture entre les mains du Tout-Puissant. Pour saint Benoît, le texte – le Verbe divin – se situait au-delà du goût personnel, voire de la compréhension. Le texte était immuable et l'auteur (ou Auteur), l'autorité suprême. Finalement, le silence à table, l'absence de réaction de l'auditoire, étaient nécessaires non seulement pour assurer la concentration mais aussi pour exclure le moindre semblant de commentaire personnel sur les livres sacrés[15].

Par la suite, dans les monastères cisterciens fondés dans l'Europe entière à partir du début du XIIe siècle, on appliqua la règle de saint Benoît afin d'assurer à la vie monastique un cours uniforme dans lequel les souffrances et aspirations personnelles étaient subordonnées aux besoins communautaires. Les violations de la règle étaient punies de flagellation et les coupables étaient séparés de la congrégation, isolés à l'écart de leurs frères. Solitude et intimité étaient considérées comme des châtiments; les secrets étaient partagés; toute entreprise individuelle, intellectuelle ou autre, était fortement découragée; la discipline était la récompense de ceux qui vivaient en harmonie avec la communauté. Dans des circonstances normales, les moines cisterciens ne se trouvaient jamais seuls. Au repas, leurs esprits étaient distraits des plaisirs de la chair et communiaient dans les paroles sacrées des lectures prescrites par saint Benoît[16].

Se réunir pour écouter lire devint aussi une pratique nécessaire et répandue dans le monde laïque du Moyen Âge. Jusqu'à l'invention de l'imprimerie, peu de gens savaient lire et les livres demeuraient la propriété des riches, le privilège d'une poignée de lecteurs. S'il arrivait à certains de ces heureux seigneurs de prêter leurs livres, c'était à un petit nombre de personnes de leur classe ou de leur famille[17]. Les gens qui désiraient découvrir un livre ou un auteur donné avaient plus de chances d'entendre le texte récité ou lu à haute voix que de jamais tenir entre leurs mains le précieux volume.

Il existait plusieurs possibilités d'entendre un texte. Dès le XIe siècle, dans tous les royaumes d'Europe, des jongleurs itinérants récitaient ou chantaient leurs propres poèmes ou ceux de leurs maîtres, les troubadours, qu'ils emmagasinaient dans leurs prodigieuses mémoires. Ces jongleurs étaient des amuseurs publics qui se produisaient dans les foires et sur les marchés aussi bien que dans les cours. Ils étaient pour la plupart de basse extraction et la protection des lois ainsi que les sacrements de l'Église leur étaient généralement refusés[18]. Les troubadours, tels que Guillaume d'Aquitaine, grand-père d'Aliénor, et Bertran de Born, seigneur de Hautefort, étaient de naissance noble et écrivaient des chants solennels à la louange de leur inaccessible amour. Parmi les cent et quelques troubadours connus par leur nom du début du XIIe au début du XIIIe siècle, quand cette mode s'épanouit, on comptait une vingtaine de femmes. Il semble qu'en général les jongleurs aient joui d'une plus grande popularité que les troubadours, de sorte qu'un artiste intellectuel comme Pierre Pictor se plaignait que « certains ecclésiastiques de haut rang écoutent plus volontiers les vers imbéciles d'un jongleur que les stances composées avec art par un poète latin sérieux[19] » – à savoir lui-même.

Écouter la lecture d'un livre était une expérience assez différente. Le récital d'un jongleur avait toutes les caractéristiques évidentes d'un spectacle, et son succès ou absence de succès dépendaient dans une large mesure du talent avec lequel l'artiste variait ses expressions, puisque les sujets étaient éminemment prévisibles. Si une lecture publique dépendait également des dons « d'interprète » du lecteur, on y mettait l'accent sur le texte plutôt que sur le lecteur. Le public d'un récital assistait à l'exécution par le jongleur des chansons d'un troubadour en particulier, le célèbre Sordello, par exemple ; l'auditoire d'une lecture publique pouvait écouter une œuvre anonyme comme *Le Roman de Renart*, lue par n'importe quel lettré de la maisonnée.

Dans les cours, et parfois aussi dans de plus humbles demeures, on lisait des livres à haute voix à la famille et aux amis dans le but de se distraire aussi bien que de s'instruire. Si on lisait pendant le repas, ce n'était pas pour détourner l'attention des joies du palais ; au contraire, c'était pour agrémenter celles-ci d'un divertissement de l'imagination, pratique qui remontait à l'Empire romain. Dans une de ses lettres, Pline le Jeune a écrit que lorsqu'il mangeait en compagnie de sa femme ou de quelques amis, il aimait qu'on lui lût quelque livre amusant[20]. Au début du XIVe siècle, la comtesse Mahaut d'Artois voyageait avec sa bibliothèque emballée dans de grands sacs de cuir, et le soir elle se faisait lire par une de ses dames de compagnie des ouvrages philosophiques ou des descriptions de pays étrangers, comme les *Voyages* de Marco Polo[21].

Les parents lettrés faisaient la lecture à leurs enfants. En 1399, le notaire toscan Ser Lapo Mazzei écrivait à un ami, le marchand Francesco di Marco Datini, pour lui demander de lui prêter les *Petites Fleurs de saint François* qu'il voulait lire à ses fils. « Les garçons y prendraient plaisir les soirs d'hiver, expliquait-il, car c'est, comme vous le savez, une lecture très facile[22]. » À Montaillou, au début du XIVe siècle, Pierre Clergue, le curé du village, lisait à haute voix en diverses occasions un livre intitulé *Le Livre de la Foi des Hérétiques* aux gens assis autour du feu dans leurs maisons ; à peu près à la même époque, au village d'Aix-les-Thermes, le paysan Guillaume Andorran, surpris en train de lire à sa mère un évangile hérétique, fut soumis à l'Inquisition[23].

Les Évangiles des quenouilles, qui date du XVe siècle, montre bien le caractère informel que pouvaient revêtir ces lectures officieuses. Le narrateur, un vieil érudit, rend visite « un soir après souper, es longues nuits entre le Noël et la Chandeleur » à une dame âgée chez laquelle

Un des premiers groupes de lecture, décrit au XVIᵉ siècle dans *Les Évangiles des quenouilles*.

se réunissent souvent plusieurs voisines, « pour filer et deviser de plusieurs menus et joyeux propos ». Observant que les hommes de leur temps « ne cessent de escrire et faire libelles diffamatoires et livres contagieux poingnans l'honneur de notre sexe », les femmes prient le narrateur d'assister à leurs réunions – une sorte de groupe de lecture avant la lettre – et de faire office de scribe tandis qu'elles lisent à haute voix certains passages relatifs aux sexes, aux amours, aux rapports conjugaux, aux superstitions et aux coutumes locales, et commentent le tout de leur point de vue de femmes. « L'une d'entre nous commencera sa lecture et ses chapitres récitera en la présence de toutes celles qui illec seront assembleez, explique l'une des fileuses avec enthousiasme, pour les retenir et mettre en perpétuele mémoire[24]. » Six jours de suite, les femmes lisent, s'interrompent, font des commentaires, émettent objections et explications, et semblent s'amuser énormément, au point que le narrateur trouve fatigante leur prolixité et, tout en rendant fidèlement compte de leurs propos, estime qu'ils n'ont « ni rime ni raison ». Nul doute que ledit narrateur est habitué à des discussions entre hommes, d'une plus grande formalité scolastique.

Les lectures publiques officieuses lors de réunions quelconques étaient des événements très ordinaires au XVIIe siècle. Parti à la recherche de Don Quichotte, le curé qui a pris si grand soin de brûler tous les livres de la bibliothèque du chevalier explique à la compagnie, dans l'auberge où il s'est arrêté, comment les récits de chevalerie ont dérangé le cerveau de Don Quichotte. L'aubergiste exprime son désaccord et déclare qu'il écoute avec grand plaisir ces histoires dans lesquelles le héros s'attaque avec vaillance à des géants, étrangle des serpents monstrueux et défait à lui seul des armées immenses. « Dans le temps de la moisson, dit-il, quantité de travailleurs viennent se réunir ici les jours de fête, et parmi eux il s'en trouve toujours quelqu'un qui sait lire, et celui-là prend un de ces livres à la main et nous nous mettons plus de trente autour de lui, et nous restons à l'écouter avec tant de plaisir qu'il nous ôte plus de mille cheveux blancs. » Sa fille aussi fait partie de l'auditoire, mais les scènes de violence lui déplaisent ; elle préfère entendre « les lamentations que font les chevaliers quand ils sont loin de leurs dames, et vraiment j'en pleure quelquefois de la pitié qu'ils me donnent. » Un autre voyageur, qui a dans ses bagages une série de récits de chevalerie (que le curé souhaite brûler aussitôt), y transporte également le manuscrit d'un roman. Un peu contre son gré, le curé accepte d'en faire la lecture à toute l'assistance. Le titre du roman est, bien à propos, *Le Curieux malavisé*[25], et durant cette lecture, qui occupe les trois chapitres suivants, tout le monde se sent libre d'interrompre et de faire des commentaires à volonté[26].

De telles réunions étaient si décontractées, si dépourvues des contraintes propres aux lectures institutionnalisées, que les auditeurs (comme le lecteur) se sentaient libres de transférer le texte dans l'époque et les lieux où ils vivaient. Deux siècles après Cervantès, l'éditeur écossais William Chambers, en rédigeant la biographie de son frère Robert, avec qui il avait fondé en 1832 la célèbre maison d'Édimbourg qui porte leur nom, rappelait des lectures de ce genre dans la ville de Peebles, où s'était déroulée leur enfance. « Mon frère et moi, écrivait-il, nous écoutions avec un plaisir extrême, et aussi pour notre instruction, les ballades et légendes d'autrefois que nous chantait et nous racontait une aimable vieille parente, épouse d'un commerçant ruiné, qui habitait un antique manoir. Devant son humble foyer, sous le manteau d'une cheminée immense où son vieux mari à moitié aveugle passait ses journées à somnoler, assis dans un fauteuil, la bataille de La Corogne et autres nouvelles importantes se trouvaient étrangement mêlées à des dissertations sur les guerres juives. La source de cette intéressante conversation était un exemplaire fatigué de la traduction par *L'Estrange* de Flavius Josèphe, un petit volume daté de 1720, dont le possesseur envié était un certain Tam Fleck, généralement considéré comme un « gamin futé » et qui, manquant quelque peu d'assiduité à son emploi légitime, s'était trouvé une sorte de profession consistant à rendre visite aux uns et aux autres, le soir, avec son Josèphe, qu'il lisait comme les nouvelles du jour ; la seule lumière dont il disposât pour ce faire provenait d'ordinaire de la flamme tremblotante d'un morceau de tourbe. Il avait pour habitude de ne pas lire plus de deux ou trois pages à la fois, en les parsemant de remarques sagaces de son cru en guise de notes en bas de page, et entretenait ainsi un extraordinaire intérêt pour son récit. Colportant ses lectures d'un foyer à l'autre avec une grande équité, Tam veillait à maintenir tout le monde au même degré d'information, animé d'une même angoisse quant à l'issue de l'un ou l'autre événement passionnant des annales juives. Bien que de cette façon il parcourût chaque année son Josèphe entier, la nouveauté n'en semblait jamais usée[27].

> *« Eh bien, Tam, quelles nouvelles ce soir ? »* demandait le vieux Geordie Murray, comme Tam entrait avec son Josèphe sous le bras et s'asseyait devant le foyer familial. *« Mauvaises nouvelles, mauvaises nouvelles, répondait Tam. Titus a commencé à assiéger Jérusalem – va se passer des choses terribles*[28]. »

Pendant qu'on lit (ou qu'on interprète, ou qu'on récite), la possession d'un livre prend parfois valeur de talisman. Dans le nord de la France, aujourd'hui encore, les conteurs villageois se servent de livres comme d'accessoires ; ils connaissent le texte par cœur, mais font preuve d'autorité en affectant de lire dans le livre, même s'ils tiennent celui-ci la tête en bas[29]. Il y a quelque chose, dans la possession d'un livre – un objet pouvant contenir en nombre infini fables, paroles de sagesse, chroniques des temps passés, anecdotes comiques et révélations divines –, qui prête au lecteur le pouvoir de créer une histoire et donne à l'auditeur le sentiment d'être présent au moment de la création. L'important, dans de telles récitations, c'est que la lecture fasse appel à l'ensemble de ses composantes – c'est-à-dire un lecteur, un auditoire et un livre –, sans lesquelles la séance ne serait pas complète.

À l'époque de saint Benoît, écouter lire était considéré comme un exercice spirituel ; au cours des siècles suivants, cette noble fonction pouvait en dissimuler de moins élevées. Ainsi, au début du XIXe siècle, quand l'image d'une femme instruite était encore mal considérée en Grande-Bretagne, l'écoute d'une lecture faite à haute voix était devenue l'une des manières socialement acceptables d'étudier. Dans son *Mémoire autobiographique*, publié après sa mort en 1876, la romancière anglaise Harriet Martineau déplore que lorsqu'elle était jeune « on ne trouvait pas convenable qu'une jeune fille étudiât de façon trop manifeste ; elle devait rester assise au salon à faire de la couture pendant qu'on lui lisait un livre, et se tenir prête à recevoir des visites. Quand quelqu'un arrivait, la conversation portait souvent, tout naturellement, sur le livre qu'on venait d'abandonner, lequel devait donc avoir été choisi avec le plus grand soin afin que la visiteuse, choquée, ne fasse rapport, au lieu de sa prochaine visite, sur l'affligeant laxisme dont témoignait la famille qu'elle venait de quitter[30]. »

Mais on pouvait aussi lire à haute voix avec l'intention précise de provoquer ce laxisme si regrettable. En 1781, Diderot décrivait avec humour le « traitement » auquel il soumettait son épouse Nanette, une bigote qui refusait de toucher à un livre s'il ne contenait quelque chose de spirituellement édifiant, en lui imposant plusieurs semaines d'un régime de littérature canaille. « En conséquence, je suis devenu son lecteur. Je lui administre trois prises de *Gil Blas* tous les jours ; une le matin ; une l'après-dîner ; une le soir. Quand nous aurons vu la fin de *Gil Blas*, nous prendrons *Le Diable boiteux*, *Le Bachelier de Salamanque*, et les autres ouvrages gais de cette nature. Quelques centaines et quelques années de ces lectures finiront la guérison. Si j'étais bien sûr du succès, la corvée ne me semblerait point dure. Ce qu'il y a de plaisant, c'est qu'elle régale tous ceux qui la visitent de ce qu'elle a retenu et que la conversation redouble l'efficacité du remède. J'avais toujours traité les romans comme des productions assez frivoles ; j'ai enfin découvert qu'ils étaient bons pour les vapeurs ; j'en indiquerai la recette à Tronchin la première fois que je le verrai. *Recipe* huit à dix pages du *Roman comique* ; quatre chapitres de *Don Quichotte* ; un paragraphe bien choisi de Rabelais ; faites infuser le tout dans une quantité raisonnable de *Jacques le Fataliste* ou de *Manon Lescaut*, et variez ces drogues comme on varie les plantes, en leur en substituant d'autres qui ont à peu près la même vertu[31]. »

La lecture à haute voix offre à l'auditeur un public confidentiel pour des réactions qui doivent d'ordinaire avoir lieu sans témoin, expérience cathartique que décrit le romancier espagnol Benito Pérez Galdós dans l'un de ses *Épisodes nationaux*. Doña Manuela, une lectrice bourgeoise du XIXᵉ siècle, va se mettre au lit en donnant pour excuse la crainte d'attraper la fièvre en lisant tout habillée à la lumière de la lampe du salon par une chaude nuit d'été à Madrid. Son galant admirateur, le général Leopoldo O'Donnel, propose de lui faire la lecture jusqu'à ce qu'elle s'endorme, et choisit l'un des romans de quatre sous qui font les délices de la dame, « une de ces intrigues filandreuses et confuses, mal traduites du français ». Se guidant les yeux du bout d'un index, O'Donnel lit la description d'un duel au cours duquel un jeune homme blond blesse un certain monsieur Massenot :

> *C'est merveilleux, s'écria doña Manuela, ravie. Ce jeune homme blond, rappelez-vous, c'est l'artilleur qui est arrivé de Bretagne déguisé en colporteur. À juger selon son allure, ce doit être le fils naturel de la duchesse... Continuez... Mais d'après ce que vous venez de lire, observa doña Manuela, voulez-vous dire qu'il a coupé le nez de Massenot ?*
> *— On dirait bien... C'est assez clair : Le visage de Massenot était couvert de sang qui dégoulinait en ruisseaux sur sa moustache grise.*

> — *Je suis enchantée... C'est bien fait pour lui, et qu'il ne vienne pas en redemander. Maintenant voyons ce que l'auteur a d'autre à nous raconter*[32].

Parce que la lecture à haute voix n'est pas une activité privée, le choix des textes à lire doit être acceptable socialement à la fois pour le lecteur et pour l'auditoire. À la cure de Steventon, dans le Hampshire, on se faisait la lecture en famille chez les Austen à toute heure du jour, et on commentait la pertinence de chacun des choix. « Mon père nous lit Cowper le matin, et je l'écoute quand je peux, écrit Jane Austen en 1808. Nous nous sommes procuré le second volume des *Lettres d'Espriella* [de Southey] et j'en fais la lecture à la lumière des bougies. » « Devrais-je me sentir enchantée par *Marmion* [de Sir Walter Scott] ? Ce n'est pas encore le cas. James [le frère aîné] nous le lit à haute voix tous les soirs – des soirées brèves, qui commencent vers dix heures et sont interrompues par le souper. » Lorsqu'elle écoute *Alphonsine*, de Mme de Genlis, Austen est indignée : « Nous avons été dégoûtés en vingt pages car, indépendamment de la mauvaise traduction, il y a des indélicatesses qui déshonorent une plume jusqu'ici si pure ; et nous l'avons remplacée par the *Female Quixote* [de Lennox], qui fait désormais l'amusement de nos soirées, très grand en ce qui me concerne, car je trouve cette œuvre tout à fait égale au souvenir que j'en gardais[33]. » (Plus tard, dans les écrits d'Austen, on trouvera des échos de ces livres dont elle a écouté la lecture, dans des références directes exprimées par des personnages définis par leurs goûts et dégoûts livresques : dans *Sanditon*, Sir Edward Denham écarte Scott, qu'il juge « trop sage », et dans *L'Abbaye de Northanger*, John Thorpe déclare : « Je ne lis jamais de romans » – ce qui ne l'empêche pas d'admettre aussitôt que *Tom Jones*, de Fielding, et *Le Moine*, de Lewis, lui paraissent « tolérables ».)

Écouter lire dans le but de se purifier le corps, écouter lire pour le plaisir, écouter lire afin de s'instruire ou d'accorder aux sons la primauté sur le sens, tout cela enrichit et réduit à la fois la lecture. Permettre à autrui de prononcer pour nous les mots lus sur une page constitue une expérience beaucoup moins personnelle que tenir le livre et découvrir le texte de nos propres yeux. Le fait de nous en remettre à la voix du lecteur – sauf lorsque la personnalité de l'auditeur est prépondérante – nous prive de la capacité d'attribuer au livre une certaine allure, un ton, une intonation unique pour chacun. L'oreille s'en trouve condamnée à la langue d'un autre, et une hiérarchie est ainsi établie (parfois manifestée par la position privilégiée du lecteur, sur un siège à part ou placé sur un podium), qui met l'auditeur à la merci du lecteur. Même physiquement, l'auditeur se pliera souvent à l'influence du lecteur. En 1759, Diderot décrit en ces termes une lecture entre amis : « Sans qu'ils y pensent l'un l'autre, le lecteur se disposera de la manière la plus commode pour lui ; et l'auditeur en fera autant. […] Ajoutez un troisième personnage à la scène, il subira la loi des deux premiers : c'est un système combiné de trois intérêts[34]. »

En même temps, le fait de lire à haute voix devant un auditeur attentif oblige le lecteur à se montrer plus scrupuleux, à lire sans sauter de passages ni retourner en arrière, en fixant le texte par le biais d'un certain formalisme rituel. Dans les monastères bénédictins, dans les auberges ou les cuisines de la Renaissance comme dans les salons et les manufactures de cigares du XIXe siècle – et aujourd'hui encore, lorsqu'en parcourant les autoroutes on écoute sur cassette un acteur lire un livre – la cérémonie de la lecture à haute voix prive assurément l'auditeur d'une partie de la liberté inhérente à la lecture (le choix du ton, l'importance accordée à tel détail, la possibilité de revenir à un passage favori) mais elle confère également au texte versatile une identité respectable, un caractère d'unité dans le temps et d'existence dans l'espace qu'il possède rarement entre les mains capricieuses d'un lecteur solitaire.

Le maître imprimeur Aldo Manuzio, dit Manuce.

LA FORME DU LIVRE

Mes mains, lorsque je choisis un livre à emmener au lit ou à poser sur un pupitre, à offrir ou à lire dans le train, tiennent compte de la forme autant que du contenu. En fonction de l'occasion, en fonction de l'endroit où j'ai décidé de lire, je préférerai quelque chose de petit et intime, ou d'ample et substantiel. Les livres s'affirment grâce à leurs titres, leurs auteurs, leurs places dans un catalogue ou une bibliothèque, leurs illustrations de couvertures. Par leur taille aussi. En fonction des époques et des lieux, j'ai appris à attendre des livres des apparences diverses et, comme dans toutes les modes, ces traits changeants attachent un caractère précis à la définition d'un livre. Je juge un livre à sa couverture ; je juge un livre à sa forme.

Dès les origines, les lecteurs ont demandé des livres aux formats adaptés à l'usage qu'ils voulaient en faire. Les tablettes mésopotamiennes primitives étaient des plaques de glaise, carrées en général mais parfois oblongues, larges de sept à huit centimètres environ et qui tenaient bien dans la main. Un livre consistait en plusieurs de ces tablettes, sans doute rangées dans une poche ou un coffret de cuir, de manière à ce qu'un lecteur puisse les prendre l'une après l'autre dans un ordre déterminé. Il est possible que les Mésopotamiens aient aussi possédé des volumes reliés de façon assez semblable aux nôtres ; des monuments funéraires en pierre néo-hittites représentent des objets qui ressemblent à des codices – peut-être des séries de tablettes liées ensemble sous une couverture – mais aucun livre de ce genre ne nous est parvenu.

Les livres mésopotamiens n'étaient pas tous destinés à être tenus en main. Il existe des textes écrits sur des surfaces beaucoup plus grandes, tel le Code du Moyen-Empire assyrien, découvert à Assur et datant du XIIe siècle avant J.-C., qui mesure un peu plus de six mètres carrés et sur lequel le texte est gravé en colonnes sur les deux faces[1]. Manifestement, ce livre n'était pas conçu pour être manipulé, mais érigé et consulté en tant qu'ouvrage de référence. Dans un tel cas, les dimensions devaient comporter aussi une signification hiérarchique ; une tablette de petite taille suggère une transaction privée ; un code de lois d'un format aussi important devait assurément contribuer, aux yeux du lecteur mésopotamien, à l'autorité des lois elles-mêmes.

Bien entendu, quels que fussent les désirs des lecteurs, le format des livres était limité. La glaise convenait à la fabrication des tablettes et on pouvait, avec le papyrus (les tiges séchées et fendues d'une plante ressemblant à un roseau), obtenir des rouleaux assez commodes ; les uns et les autres étaient relativement portables. Mais ni les uns ni les autres ne faisaient l'affaire pour le type de livre qui a supplanté tablettes et rouleaux : le codex, ou liasse de pages cousues ensemble. Un codex de glaise eût été lourd et encombrant, et même s'il existait des codices composés de feuilles de papyrus, le papyrus était trop cassant pour qu'on pût le plier en cahiers. Le parchemin, par contre, ou le vélin (tous deux provenant de peaux d'animaux, par des procédés différents) pouvaient être coupés ou pliés à toutes sortes de dimensions. D'après Pline l'Ancien, le roi d'Égypte Ptolémée, désireux de conserver comme un secret national le mode de fabrication du papyrus afin de favoriser sa bibliothèque d'Alexandrie, en avait interdit l'exportation, obligeant ainsi son rival Eumène, souverain de Pergame, à trouver un nouveau support pour les livres de sa bibliothèque[2]. Si l'on en croit Pline, l'édit du roi Ptolémée eut pour résultat l'invention du parchemin à Pergame au

IIe siècle avant notre ère, bien que les premiers cahiers de parchemin que nous connaissions datent d'un siècle plus tôt[3]. Ces matériaux n'étaient pas utilisés exclusivement pour un type de livres : il y avait des rouleaux de parchemin et, nous l'avons dit, des codices en papyrus ; mais ceux-ci étaient rares et peu pratiques. Dès le IVe siècle, et jusqu'à l'apparition du papier en Italie huit siècles plus tard, le parchemin demeura dans toute l'Europe le matériau préféré pour la fabrication des livres. Non seulement plus solide et plus lisse que le papyrus, il était aussi moins coûteux, car un lecteur qui aurait exigé des livres écrits sur papyrus (en dépit de l'arrêté du roi Ptolémée) aurait dû importer à grands frais le matériau d'Égypte.

Le codex en parchemin devint rapidement le type de livre le plus répandu chez les dignitaires et les prêtres, les voyageurs et les étudiants – c'est-à-dire chez tous ceux qui avaient besoin de transporter aisément leurs livres d'un endroit à un autre et de consulter sans peine n'importe quelle section des textes. Qui plus est, on pouvait écrire sur les deux faces d'une feuille et les quatre marges d'une page de codex facilitaient les annotations de gloses et de commentaires, permettant au lecteur de prêter la main à l'histoire – une participation beaucoup plus difficile lorsqu'on lisait un rouleau. On modifia l'organisation des textes proprement dits, divisés auparavant en fonction de la capacité d'un rouleau (dans le cas de l'*Iliade*, d'Homère, par exemple, la division du poème en vingt-quatre chants résultait sans doute du fait qu'il occupait vingt-quatre rouleaux). On pouvait désormais organiser un texte en fonction de son contenu, en livres ou en chapitres, ou le réduire à un simple composant lorsqu'on réunissait plusieurs œuvres courtes sous une seule couverture maniable. Le peu commode rouleau n'offrait qu'une surface limitée – désavantage auquel nous sommes très sensibles aujourd'hui que nous sommes retournés à cette antique forme livresque sur les écrans de nos ordinateurs, qui ne révèlent qu'une partie du texte à la fois tandis que nous le « déroulons » vers le haut ou vers le bas. Le codex, lui, permettait au lecteur de passer quasi instantanément d'une page à une autre et de se former ainsi une impression d'ensemble – impression renforcée par le fait que le lecteur tenait en général le texte entier entre ses mains pendant toute la durée de sa lecture. Le codex avait d'autres mérites extraordinaires : conçu à l'origine afin d'être facile à transporter, et donc petit par nécessité, il se développa à la fois en taille et en nombre de pages et devint, sinon illimité, du moins beaucoup plus grand que tous les livres antérieurs. Au Ier siècle, le poète Martial s'émerveillait des pouvoirs magiques d'un objet assez petit pour être tenu en main et contenant pourtant une infinité de merveilles :

> *Homère sur des pages de parchemin!*
> *L'Iliade et toutes les aventures*
> *D'Ulysse, ennemi du royaume de Priam!*
> *Tout cela enfermé dans un morceau de peau*
> *Plié en plusieurs petits feuillets*[4] *!*

Les avantages du codex s'imposèrent : vers l'an 400 de notre ère, le rouleau classique était pratiquement abandonné et la plupart des livres étaient constitués de feuillets rassemblés, au format rectangulaire. Plié une fois, le parchemin devenait un folio ; plié deux fois, un quarto ; plié une fois encore, un octavo. Au XVIe siècle, les formats des feuilles pliées devinrent officiels : en France, en 1527, un décret de François Ier fixa les dimensions standard du papier dans tout le royaume ; quiconque enfreignait cette règle était jeté en prison[5].

De toutes les formes qu'ont revêtues les livres au cours des âges, les plus populaires furent celles qui permettaient au lecteur de tenir commodément le livre en main. Même en Grèce et à Rome, où on se servait en général des rouleaux pour toutes sortes de textes, on écrivait d'habitude les missives privées sur de petites tablettes de cire réutilisable, aux dimensions de la main, protégées par des bords surélevés et des couvercles déco-

Gravure copiée d'un bas-relief, montrant une méthode de rangement des rouleaux dans la Rome antique.
On remarque les étiquettes fixées au bout des rouleaux.

rés. Avec le temps, les tablettes furent remplacées par quelques feuilles de fin parchemin, parfois de couleurs variées, rassemblées dans le but de prendre des notes rapides ou de faire des calculs. À Rome, vers le IIIe siècle de notre ère, ces carnets perdirent leur valeur pratique et devinrent appréciés surtout pour l'aspect de leurs couvertures. Entourés de plaques d'ivoire finement ornées, on les offrait aux grands dignitaires pour célébrer leurs nominations; finalement, on en fit aussi des cadeaux privés et des citoyens fortunés se mirent à s'offrir mutuellement des petits livres dans lesquels ils écrivaient un poème ou une dédicace. Bientôt, des libraires entreprenants commencèrent à fabriquer sur ce modèle des petits recueils de poèmes – petits objets-cadeaux dont la valeur résidait moins dans le contenu que dans le raffinement des décorations[6].

Les dimensions d'un livre, qu'il s'agît d'un rouleau ou d'un codex, déterminaient la forme de l'endroit où on le rangeait. Les rouleaux étaient conservés dans des boîtes à rouleaux en bois (qui ressemblaient un peu à des boîtes à chapeaux), avec des étiquettes faites de glaise en Égypte et de parchemin à Rome, ou dans des rayonnages avec leurs marques apparentes (*index* ou *titulus*), de façon à faciliter leur identification. Les codices étaient rangés à plat sur des étagères fabriquées à cet usage. À propos de son séjour dans une maison de campagne en Gaule vers 470 de notre ère, Sidoine Apollinaire, évêque d'Auvergne, décrit une série d'étagères à livres qui variaient selon les tailles des volumes qu'elles devaient contenir : « Ici aussi, il y avait quantité de livres ; on pouvait s'imaginer contemplant les rayons à hauteur d'homme *(plantei)* des grammairiens, ou les étagères en forme de coin *(cunei)* de l'Atheneum, ou les armoires *(armaria)* bien remplies des libraires[7]. » D'après Sidoine Apollinaire, les livres qui se trouvaient là étaient de deux sortes : des classiques latins pour les hommes et des ouvrages de dévotion pour les femmes.

Compte tenu que les Européens du Moyen Âge consacraient aux offices religieux une grande partie de leur existence, il n'est guère surprenant que l'un des livres les plus populaires à l'époque fût le livre de prières personnel, ou livre d'heures. Manuscrit ou imprimé, généralement de petit format, souvent enluminé avec une richesse raffinée par de grands artistes, il contenait un série de services courts, connus sous le nom de petit office de la Bienheureuse Vierge Marie, que l'on récitait à divers moments du jour et de la nuit[8]. Conçu sur le modèle de l'Office divin – services plus complets célébrés chaque jour par le clergé – le petit office comprenait des Psaumes et

Enluminure personnalisée, représentant le jeune Francesco Maria Sforza, en compagnie de son ange gardien, dans un livre d'heures fabriqué pour lui.

d'autres passages des Écritures, ainsi que des hymnes, l'Office des Morts, des prières spéciales à différents saints et un calendrier. Ces petits volumes étaient des instruments de dévotion éminemment portables, dont les fidèles pouvaient se servir tant lors des services publics dans les églises que pour des prières privées. Leurs dimensions convenaient aux enfants ; vers 1493, le duc Gian Galeazzo Sforza de Milan commanda un livre d'heures pour son fils de trois ans, Francesco Maria Sforza, « il Duchetto », qu'une des illustrations représente, guidé par un ange gardien à travers un paysage nocturne et sauvage. L'ornementation des livres d'heures était riche mais variée, selon l'identité des destinataires et le prix qu'ils pouvaient payer. Y figuraient souvent les armes de la famille ou un portrait du lecteur. Les livres d'heures devinrent des cadeaux de mariage traditionnels dans la noblesse, et par la suite dans la bourgeoisie riche. Vers la fin du XVe siècle, les enlumineurs flamands dominaient le marché européen et leurs délégations commerciales parcouraient l'Europe entière pour établir l'équivalent de nos listes de mariage[9]. Le splendide livre d'heures commandé pour les noces d'Anne de Bretagne en 1490 fut fabriqué aux dimensions de sa main[10]. Il était conçu pour une seule lectrice, absorbée tant dans les paroles des prières répétées mois après mois et année après année, que dans les illustrations toujours surprenantes, dont jamais on ne pourrait déchiffrer tous les détails, et dont le caractère profane – les scènes de l'Ancien et du Nouveau Testament avaient pour cadres des paysages modernes – permettait aux versets sacrés de s'insérer dans un contexte contemporain à la lectrice.

De même que ces petits volumes servaient à des fins spécifiques, des volumes plus grands répondaient aux exigences d'autres lecteurs. Aux environs du Ve siècle, l'Église catholique commença à fabriquer des livres géants – missels, psautiers, antiphonaires – qui, ouverts sur un lutrin au milieu du chœur, permettaient aux lecteurs de suivre les paroles ou les notes de musique aussi facilement que s'ils lisaient une inscription monumentale. On trouve dans la bibliothèque de l'abbaye de Saint-Gall un très bel antiphonaire contenant un choix de textes liturgiques en caractères assez gros pour être lus à distance, en suivant la cadence des psalmodies mélodiques, par des chœurs comptant jusqu'à vingt chanteurs[11]; à

Illustration du XVe siècle représentant un groupe de jeunes choristes en train de déchiffrer les notes géantes d'un antiphonaire.

Saint Grégoire et son pupitre de lecture mécanique, tel que l'a imaginé un sculpteur du XIVe siècle.

plus d'un mètre d'écart, je peux en distinguer les notes avec une netteté absolue, et j'aimerais pouvoir consulter d'aussi loin et avec autant d'aisance mes propres ouvrages de référence. Certains de ces ouvrages liturgiques étaient si énormes qu'il fallait les installer sur des supports roulants pour pouvoir les déplacer – ce qu'on faisait rarement. Ornés de laiton ou d'ivoire, protégés par des coins de métal, fermés par des boucles géantes, ces livres étaient faits pour être lus en communauté et à distance, et n'autorisaient ni contact intime ni sentiment de possession personnelle.

Afin de pouvoir lire confortablement, des lecteurs ont inventé d'ingénieux perfectionnements du lutrin et de l'écritoire. Une statue de saint Grégoire le Grand, sculptée dans une pierre pigmentée, à Vérone, au cours du XIVe siècle, et conservée au Victoria and Albert Museum de Londres, représente le saint assis devant une sorte de support articulé qui lui aurait permis d'incliner le lutrin à des angles variés ou de le soulever afin de quitter son siège.

Siège à combats de coqs en acajou garni de cuir, vers 1720.

Une gravure du XIVe siècle montre un savant, dans une bibliothèque aux murs tapissés de livres, debout devant un haut écritoire-lutrin octogonal sur lequel il peut travailler d'un côté et puis, en faisant pivoter l'ensemble, consulter les livres préparés pour lui sur les sept autres côtés. En 1588, Agostino Ramelli, ingénieur italien au service du roi de France, publia un livre présentant une série de machines utiles. L'une d'elles est un « pupitre de lecture tournant » que Ramelli décrit comme « une machine belle et ingénieuse, très utile et commode pour toute personne qui prend plaisir à l'étude, en particulier pour ceux qui souffrent d'une indisposition ou sont sujets à la goutte : car avec une machine de ce genre, on peut voir et lire un grand nombre de livres sans se déplacer ; elle offre de plus l'avantage d'occuper très peu d'espace à l'endroit où elle est installée, ainsi que toute personne intelligente peut le constater au vu du dessin[12] ». (Un modèle grandeur nature de cette merveilleuse roue de lecture figurait dans le film de Richard Lester, *Les Trois Mousquetaires*, réalisé en 1974.) Le siège et le pupitre pouvaient se trouver combinés en un seul meuble : l'ingénieux siège à combats de coqs (ainsi appelé parce qu'il a été représenté dans des illustrations de combats

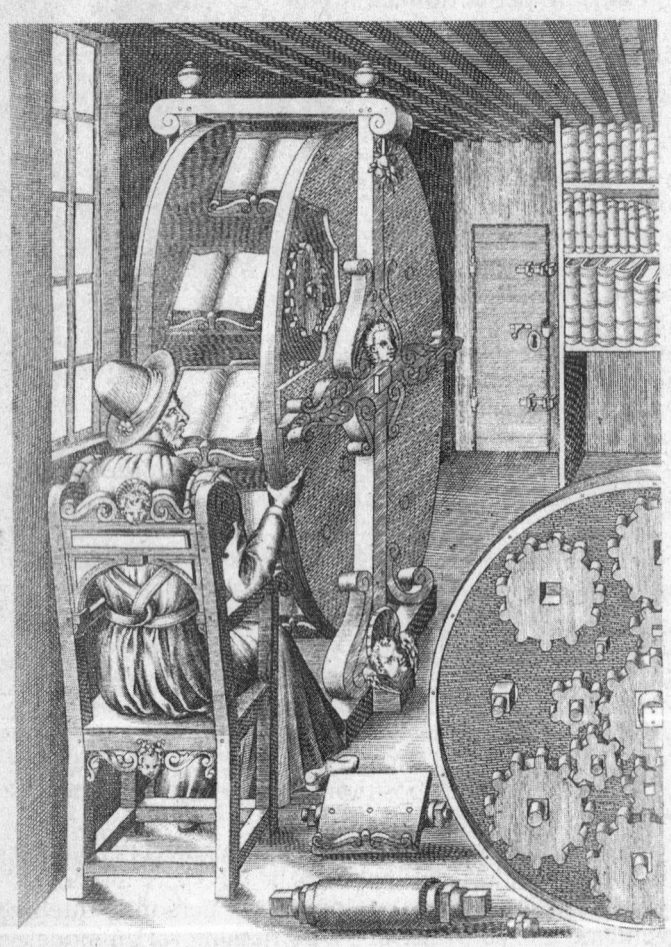

Une astucieuse machine de lecture, dans l'édition 1588 de
Diverse et Artificiose Machine.

de coqs) fut fabriqué en Angleterre au début du XVIIIᵉ siècle, spécialement pour les bibliothèques privées. Le lecteur s'y asseyait à califourchon, face au dossier formant pupitre, et les bras confortablement appuyés sur les larges accoudoirs.

Certains dispositifs de lecture furent inventés en raison de nécessités d'un autre ordre. Benjamin Franklin raconte que, pendant le règne de la reine Marie, ses ancêtres protestants cachaient leur bible anglaise « sous la tablette d'un tabouret, maintenue ouverte par des sangles ». Quand l'aïeul de Franklin en faisait la lecture à sa famille, « il posait sur ses genoux le tabouret retourné et tournait les pages sous les sangles. L'un des enfants se tenait à la porte pour avertir s'il voyait venir l'appariteur, qui était un officier du tribunal spirituel. Dans ce cas, on remettait le tabouret sur ses pieds, et la bible demeurait cachée dessous comme auparavant[13]. »

Qu'il s'agît des volumes gigantesques enchaînés à leurs lutrins ou des jolis petits ouvrages destinés à des mains d'enfant, la fabrication des livres était une longue et laborieuse affaire. Un changement qui se produisit au milieu du XVᵉ siècle entraîna non seulement la diminution du nombre d'heures de travail nécessaires à la fabrication d'un livre, mais aussi l'augmentation spectaculaire de la production, modifiant à jamais la relation du lecteur à ce qui avait cessé d'être un objet exclusif et unique sorti des mains d'un scribe. Ce changement, bien sûr, c'est l'invention de l'imprimerie.

Dans les années 1440, un jeune graveur et joaillier de l'archevêché de Mayence, dont le nom entier était Johannes Gensfleisch zur Laden zum Gutenberg (que les usages du monde commercial réduisirent à Johannes Gutenberg), se rendit compte qu'on pouvait gagner beaucoup de temps et d'efficacité si les lettres de l'alphabet étaient découpées sous forme de caractères réutilisables plutôt que comme les blocs de bois qu'on utilisait alors à l'occasion pour imprimer les illustrations. Pendant plusieurs années, Gutenberg se livra à des expériences, en empruntant de grosses sommes d'argent afin de financer son entreprise. Il réussit à mettre au point les éléments essentiels de l'imprimerie telle qu'on l'a pratiquée jusqu'au XXe siècle : des prismes de métal pour mouler la face des lettres, une presse qui combinait les caractéristiques des pressoirs à vin avec celles des presses utilisées par les relieurs, et une encre à base d'huile – toutes choses qui n'existaient pas auparavant[14]. Finalement, entre 1450 et 1455, Gutenberg fabriqua une bible avec des pages de quarante-deux lignes chacune – le premier livre imprimé à l'aide de caractères mobiles[15] – et emporta les feuillets imprimés à la foire commerciale de Francfort. Par un coup de chance extraordinaire, nous possédons une lettre adressée par un certain Enea Silvio Piccolomini (le futur pape Pie II) au cardinal de Carvajal, datée de Wiener Neustadt, 12 mars 1455, et dans laquelle il raconte à Son Eminence qu'il a vu la bible de Gutenberg à la foire :

> *Je n'ai pas vu de Bible complète, mais un certain nombre de cahiers de cinq feuilles des différents livres [de la Bible], d'une écriture très nette et très correcte, nulle part fautive, que Ta Dignité aurait lue sans peine et sans lunettes. Par plusieurs témoins, j'ai appris que cent cinquante-huit volumes étaient finis, quoique d'autres assurent qu'il s'agit de cent quatre-vingts. Du nombre, je ne suis pas complètement sûr ; sur l'achèvement des volumes, si on peut se fier aux gens, je n'ai aucun doute. Si j'avais su ton désir, j'aurais sans doute acheté un volume. On a même porté un certain nombre de ces cahiers à l'Empereur. Je m'efforcerai, si c'est possible, de faire venir une de ces Bibles à vendre et je l'achèterai pour toi. Ce que je crains, c'est que ça ne soit pas possible, à cause de la distance du chemin et parce que, dit-on, avant que les volumes fussent finis, il y avait des acheteurs tout prêts[16].*

Les effets de l'invention de Gutenberg furent immédiats et quasi universels, parce que de nombreux lecteurs en comprirent presque en même temps les grands avantages : rapidité, uniformité des textes et coût relativement réduit[17]. Quelques années à peine après l'impression de la première bible, des presses apparurent dans toute l'Europe : en 1465 en Italie, 1470 en France, 1472 en Espagne, 1475 en Hollande et en Angleterre, 1489 au Danemark. (Il fallut plus longtemps à l'imprimerie pour atteindre le Nouveau Monde : les premières presses y apparurent en 1533 à Mexico et en 1638 à Cambridge, dans le Massachusetts.) On a calculé que plus de trente mille *incunabula* (un mot latin du XVIIe siècle signifiant « du berceau », utilisé pour désigner les livres imprimés avant 1500) ont été fabriqués sur ces presses[18]. Si l'on considère qu'au XVe siècle les tirages comptaient en général moins de deux cent cinquante exemplaires et n'atteignaient que rarement le millier, l'exploit de Gutenberg devait paraître prodigieux[19]. Soudain, pour la première fois depuis l'invention de l'écriture, il était possible de produire des livres rapidement et en grandes quantités.

Portrait imaginaire de Johannes Gutenberg.

Il n'est sans doute pas inutile de se rappeler qu'en dépit des prédictions alarmistes, l'imprimerie ne porta pas ombrage au goût de l'écriture manuelle. Au contraire, Gutenberg et ses émules tentaient d'égaler l'art des copistes, et beaucoup d'incunables ont l'apparence de manuscrits. À la fin du XVe siècle, bien que l'imprimerie fût alors chose établie, le souci d'écrire d'une main élégante n'avait pas disparu, et quelques-uns des plus beaux spécimens de calligraphie étaient encore à venir. À mesure que les livres devenaient plus facilement disponibles et que plus de gens apprenaient à lire, ils étaient aussi plus nombreux à apprendre à écrire, souvent avec élégance et une grande distinction, et le XVIe siècle allait être non seulement l'âge du texte imprimé mais aussi le siècle des grands manuels de calligraphie[20]. Il est intéressant d'observer que bien souvent une découverte technologique – comme celle de Gutenberg – fait progresser et non disparaître ce qu'elle est censée remplacer, en nous donnant conscience des vertus anciennes que nous aurions pu, sinon, négliger ou écarter comme de peu d'importance. À notre époque, l'informatique et la prolifération des livres sur CD-ROM n'ont pas affecté – les statistiques en témoignent – la production et la vente de livres sous leur forme traditionnelle. Ceux qui considèrent le développement de l'informatique comme le diable incarné (à l'instar de Sven Birkerts dans son livre dramatiquement intitulé *Gutenberg Elegies*[21]) laissent la nostalgie prendre le pas sur l'expérience. À titre d'exemple, trois cent cinquante-neuf mille quatre cent trente-sept livres nouveaux (sans compter les brochures, magazines et périodiques) ont été ajoutés en 1995 aux collections déjà considérables de la bibliothèque du Congrès, à Washington.

L'augmentation soudaine de la production des livres après Gutenberg accentua le lien existant entre le contenu d'un livre et son aspect matériel. Ainsi, afin d'imiter les coûteux ouvrages faits à la main de l'époque, la bible de Gutenberg était vendue en cahiers et ses acheteurs la faisaient relier en volumes imposants – en général des in-quarto mesurant à peu près trente sur quarante centimètres[22] –, destinés à être présentés sur des lutrins. Une bible de cette taille en vélin aurait utilisé les peaux de plus de deux cents moutons («un remède garanti contre l'insomnie», commente le libraire-antiquaire Alan G. Thomas[23]). Mais le moindre coût et la rapidité de production créa un marché plus important de gens qui pouvaient s'offrir des exemplaires à lire en privé, et qui n'avaient donc plus besoin de livres en grands caractères et formats, de sorte que les successeurs de Gutenberg commencèrent peu à peu à fabriquer des volumes plus petits, qu'on pouvait mettre dans sa poche.

En 1453, Constantinople fut conquise par les Turcs Ottomans, et de nombreux érudits grecs qui avaient établi des écoles sur les rivages du Bosphore partirent pour l'Italie. Venise devint le nouveau centre de la culture classique. Quelque quarante années plus tard, l'humaniste italien Aldo Manuzio, dit Manuce, qui avait ensei-

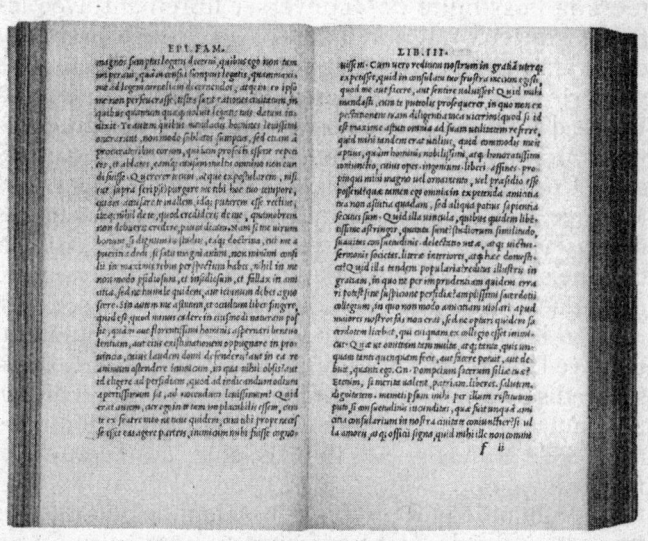

Un bel exemple du savoir-faire de Manuce :
la sobre beauté des *Epistolae* de Cicéron.

gné le grec et le latin à des élèves aussi brillants que Pic de la Mirandole, trouvant difficile de professer sans éditions savantes des classiques à des formats pratiques, décida d'adopter le métier de Gutenberg et fonda sa propre imprimerie, où il pourrait fabriquer exactement le genre de livres dont il avait besoin pour ses cours. Manuce choisit d'installer sa presse à Venise afin de profiter de la présence des savants orientaux émigrés, et employa sans doute comme correcteurs et compositeurs d'autres exilés, des réfugiés crétois qui avaient exercé auparavant le métier de scribe[24]. En 1494, Manuce lança un ambitieux programme de publications, qui devait produire quelques-uns des plus beaux volumes de l'histoire de l'imprimerie : d'abord en grec – Sophocle, Aristote, Platon, Thucydide – et puis en latin – Virgile, Horace, Ovide. Manuce était d'avis que ces auteurs illustres devaient être abordés « sans intermédiaires » – dans la langue originale, et pratiquement sans annotations ni gloses – et afin de donner aux lecteurs la possibilité de « converser librement avec les morts glorieux », il publia, outre les textes classiques, des grammaires et des dictionnaires[25]. Non content de requérir les services d'experts locaux, il invitait aussi à Venise d'éminents humanistes venus de toute l'Europe – y compris des sommités telles qu'Érasme, de Rotterdam. Une fois par jour, ces savants se réunissaient chez Manuce afin de discuter des titres à imprimer et des manuscrits que l'on pouvait en confiance utiliser comme sources, en passant au crible les collections de classiques constituées au cours des siècles précédents. « Là où les humanistes du Moyen Âge accumulaient, observe l'historien Anthony Grafton, ceux de la Renaissance discriminaient[26]. » Manuce discriminait d'un œil très sûr. À la liste des auteurs classiques, il ajouta les œuvres de grands poètes italiens, entre autres Dante et Pétrarque.

Les bibliothèques privées devenaient de plus en plus importantes, et les lecteurs commencèrent à trouver les gros volumes non seulement difficiles à manipuler et pénibles à transporter, mais aussi incommodes à ranger. En 1501, confiant dans le succès de ses premières éditions, Manuce réagit à la demande des lecteurs en publiant une série de livres au format de poche in-octavo – la moitié de l'in-quarto – imprimés avec élégance et édités avec un soin méticuleux. Pour réduire les frais de fabrication, il décida d'en imprimer mille exemplaires à la fois et, afin d'utiliser la page de façon plus économique, il employa un caractère de création récente, « l'italique », dessiné par le tailleur de

Sur le livre ouvert et sur le cœur que tient sainte Catherine, la première apparition de l'italique de Griffo, dans une édition réalisée par Manuce des lettres de la sainte.

poinçons bolonais Francesco Griffo, qui grava aussi le premier caractère romain où les capitales étaient plus courtes que les lettres hautes du bas de casse, ce qui donne à la ligne un meilleur équilibre. Le résultat fut un livre beaucoup plus simple d'aspect que les éditions manuscrites ornementées en vogue pendant tout le Moyen Âge, un volume d'une élégante sobriété. Ce qui comptait avant tout, pour le propriétaire d'une édition de Manuce, c'était le texte, imprimé avec clarté et érudition – et non un objet à la décoration précieuse. On peut trouver un témoignage de cette popularité dans le *Tarif des putains de Venise*, un catalogue des meilleures et des pires professionnelles de la ville, dans lequel le voyageur est mis en garde contre une certaine Lucrezia Squarcia, « qui prétend aimer la poésie » et « a toujours sur elle une édition de poche de Pétrarque, de Virgile, et parfois même d'Homère ». L'italique de Griffo (utilisé pour la première fois sur un bois gravé illustrant un recueil de lettres de sainte Catherine de Sienne, imprimé en 1500) attirait avec grâce l'attention du lecteur sur la délicate relation existant entre les lettres ; selon le critique anglais moderne Sir Francis Meynell, les italiques ralentissaient l'œil du lecteur, « augmentant sa capacité d'absorber la beauté du texte[27] ».

Parce qu'ils coûtaient moins cher que les ouvrages manuscrits, surtout ceux qui étaient enluminés, et qu'on pouvait remplacer à l'identique un exemplaire perdu ou endommagé, ces livres devinrent, aux yeux des nouveaux lecteurs, des symboles d'aristocratie intellectuelle plutôt que de richesse, et d'indispensables outils d'étude. Au temps de la Rome antique comme au début du Moyen Âge, les libraires et papetiers avaient fabriqué des livres en tant que marchandise négociable, mais le coût et la lenteur de leur production faisait peser sur les lecteurs la conscience d'être privilégiés, possesseurs d'une chose unique. Après Gutenberg, pour la première fois dans l'histoire, des centaines de lecteurs possédèrent des exemplaires identiques d'un même livre et (jusqu'à ce qu'un lecteur pare un livre de marques personnelles et lui donne une histoire propre), le livre qu'on lisait à Madrid était le même que celui qu'on lisait à Montpellier. La réussite de Manuce fut telle que ses éditions furent bientôt imitées dans toute l'Europe : en France par Sébastien Gryphe, à Lyon, ainsi que par Colines et Robert Estienne à Paris, et aux Pays-Bas par Plantin à Anvers et Elzévir à Leyde, La Haye, Utrecht et Amsterdam. Quand Manuce mourut en 1515, les humanistes qui assistaient à ses funérailles dressèrent autour de son cercueil, telles d'érudites sentinelles, les livres qu'il avait avec tant d'amour choisi d'imprimer.

L'exemple de Manuce et de ses émules servit de règle pendant au moins cent années d'imprimerie. Mais au cours des deux siècles suivants, l'attente des lecteurs changea de nouveau. Les nombreuses publications de livres de toutes sortes offraient un choix trop vaste ; la concurrence entre les éditeurs, qui jusqu'alors avait simplement favorisé la qualité des éditions et l'intérêt du public, commença à produire des livres d'une qualité bien moindre. Au milieu du XVIe siècle, un lecteur avait le choix entre plus de huit millions de livres imprimés, « peut-être plus que n'en avaient produit tous les copistes d'Europe depuis la fondation de sa cité par Constantin en 330[28] ». Ces changements ne se produisirent évidemment pas de façon soudaine ni universelle, mais dans l'ensemble, à partir de la fin du XVIe siècle, « les libraires-éditeurs, eux, sont soucieux, non plus de rendre service au monde de l'esprit, mais de publier des livres qu'ils pourront sûrement écouler. Les plus riches d'entre eux se préoccupent avant tout de rééditer des livres anciens d'un débit assuré – les livres religieux surtout, et, en particulier, les œuvres des Pères de l'Église[29]. » D'autres accaparaient le marché scolaire avec des gloses de

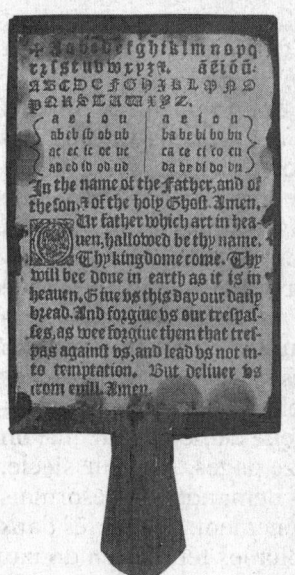
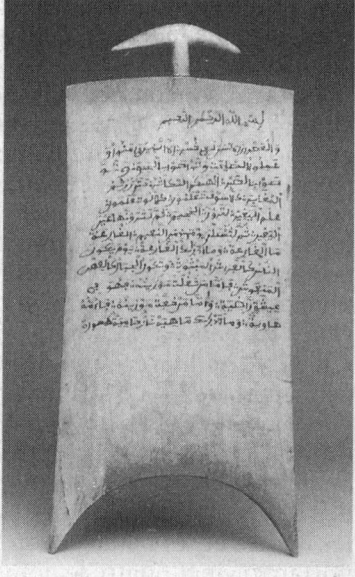

À gauche : Cet abécédaire élisabéthain a miraculeusement survécu à quatre siècles de manipulations enfantines.
À droite : Son alter ego nigérian.

lectures érudites, des manuels de grammaire et des abécédaires.

En usage du XVIe au XIXe siècle, l'abécédaire était en général le premier ouvrage mis entre les mains d'un écolier. Très peu ont survécu jusqu'à notre époque. L'abécédaire (en anglais *hornbook*, littéralement : livre de corne) consistait en une mince planchette de bois, ordinairement du chêne, haute d'environ vingt-trois centimètres et large d'une quinzaine de centimètres, recouverte d'une feuille sur laquelle était imprimé l'alphabet ainsi que, parfois, les neuf chiffres et le Notre Père. Il y avait une poignée, et l'avers en était protégé des salissures par une pellicule de corne transparente ; planchette et feuille de corne étaient maintenues ensemble par un fin cadre de laiton. Des livres semblables, appelés « planches à prières », étaient utilisés au Nigeria aux XVIIIe et XIXe siècles pour enseigner le Coran. Ils étaient faits de bois poli, avec une poignée en haut ; les versets étaient écrits sur une feuille de papier collée directement sur la planchette[30].

Des livres qu'on pouvait mettre en poche ; des livres au format convivial ; des livres que le lecteur avait l'impression de pouvoir lire n'importe où ; des livres qui ne paraîtraient pas déplacés en dehors d'une bibliothèque ou d'un lieu de prière : de tels livres apparurent sous des formes très diverses. Durant tout le XVIIe siècle, des colporteurs vendirent de petites brochures et ballades (que Shakespeare décrit dans *Un conte d'hiver* comme pouvant convenir « à un homme ou à une femme, de toutes tailles[31] »), qui furent aux siècles suivants appelés « livres de colportage[32] ». Le format préféré pour les livres populaires avait été l'in-octavo, puisque d'une seule feuille on pouvait faire un cahier de seize pages. Au XVIIIe siècle, peut-être parce que les lecteurs demandaient désormais des récits plus détaillés des événements rapportés dans les contes et les ballades, on plia les feuilles en douze, portant à vingt-quatre le nombre de pages des cahiers[33]. Les séries classiques fabriquées à ce format par Elzévir, en Hollande, eurent tant de succès auprès des lecteurs peu fortunés que le très snob comte de Chesterfield conseillait à son fils, s'il lui arrivait d'avoir en poche un classique Elzévir, de ne pas le montrer et de n'en rien dire[34].

Le livre de poche tel que nous le connaissons aujourd'hui n'apparut que beaucoup plus tard. L'époque victorienne, qui vit apparaître en Angleterre la Publisher's Association (association des éditeurs), la Bookseller's Association (association des libraires), le système des droits d'auteur et le roman en un volume à six shillings, fut aussi témoin de la naissance des collections de livres de poche[35]. Les livres de grandes dimensions continuaient néanmoins d'encombrer les rayonnages. Au XIXe siècle, tant de livres étaient publiés à des formats énormes qu'une caricature de Gustave Doré représente un malheureux employé de la Bibliothèque nationale en train de peiner à déplacer l'un de ces immenses volumes. Le tissu remplaça le cuir coûteux des reliures (l'éditeur anglais Pickering fut le premier à l'utiliser, dans ses *Diamond Classics* de 1822) et, comme il supportait l'impression, il servit bientôt de support à de la publicité. L'objet que le lecteur avait désormais en main – roman populaire ou manuel scientifique au confortable format in-octavo, habillé de toile bleue, parfois protégé par une jaquette en papier sur laquelle on pouvait également imprimer des informations – était très différent des volumes reliés en maroquin des siècles précédents. Le livre était devenu un objet moins aristocratique, moins impressionnant. Il avait en commun avec le lecteur une

Le colporteur, libraire ambulant du XVIe siècle.

Caricature de Gustave Doré, se moquant du goût des grands livres alors en vogue en Europe.

certaine élégance bourgeoise, à la fois économique et plaisante – un style dont le créateur anglais William Morris ferait une industrie populaire mais qui finit – dans le cas de Morris – par devenir un luxe nouveau : un style fondé sur la beauté conventionnelle des objets quotidiens. (En réalité, Morris avait pris pour modèle de son livre idéal un des volumes de Manuce.) Dans les nouveaux livres que recherchait le lecteur au milieu du XIXe siècle, la mesure de l'excellence n'était pas la rareté mais l'alliance du plaisir avec un caractère sobre et pratique. On trouvait désormais des bibliothèques privées dans les appartements de la classe moyenne et leurs livres s'accordaient au standing social du reste de l'ameublement.

Dans l'Europe des XVIIe et XVIIIe siècles, on avait tenu pour acquis que les livres étaient faits pour être lus à l'intérieur, entre les murs protecteurs d'une bibliothèque privée ou publique. À présent, les éditeurs publiaient des livres faits pour être emportés au-dehors, des livres conçus spécialement pour le voyage. Dans l'Angleterre du XIXe siècle, les nouveaux loisirs de la bourgeoisie et le développement des chemins de fer se combinèrent pour créer un appétit soudain de longs voyages, et les voyageurs amateurs de lecture s'aperçurent qu'ils avaient besoin d'ouvrages aux contenus et formats spécifiques. (Un siècle plus tard, mon père faisait encore la distinction entre les volumes reliés de cuir vert de sa bibliothèque, que nul n'était autorisé à emmener hors de ce sanctuaire, et les livres « ordinaires », à couverture de papier, qu'il laissait jaunir et se flétrir sur la table de rotin du patio et qu'il m'arrivait de récupérer et de ramener dans ma chambre comme autant de chats perdus.)

En 1792, Henry Walton Smith et son épouse Anna ouvrirent un petit comptoir de presse dans Little Grosvenor Street, à Londres. Cinquante-six ans plus tard, W. H. Smith & Son ouvraient la première librairie de gare à Euston Station, à Londres. Ils eurent bientôt en stock des collections telles que la « Railway Library » (Bibliothèque du chemin de fer) de Routledge, la « Traveller's Library » (Bibliothèque du voyageur), la « Run & Read Library » (Bibliothèque « Circulez en lisant ») et la série des Illustrated Novels and Celebrated Works (romans et œuvres célèbres illustrés). Les formats de ces volumes variaient légèrement, mais dans l'ensemble c'étaient des in-octavo, à quelques exceptions près en demi-octavo (*Chant de Noël*, de Dickens, par exemple), et leurs couvertures étaient en carton. Ces comptoirs (si l'on en juge d'après une photographie de l'échoppe de W.H. Smith à Blackpool North) vendaient non seulement ces livres, mais aussi des revues et des journaux, afin de proposer aux voyageurs un large choix de lecture.

En 1841, Christian Bernhard Tauchnitz, de Leipzig, lança une des plus ambitieuses de toutes les collections de livres de poche ; à la cadence moyenne d'un livre par semaine, plus de cinq mille titres y furent publiés au cours des cent premières années, mettant en circulation

Le comptoir du libraire W.H. Smith dans la gare de Blackpool North, à Londres, en 1896.

quelque cinquante à soixante millions de volumes. Si le choix des ouvrages était excellent, leur fabrication n'était pas à la hauteur du contenu. Les livres étaient presque carrés, composés en caractères minuscules, et leurs couvertures typographiques toutes pareilles n'attiraient ni l'œil ni la main[36].

Dix-sept ans plus tard, les éditions Reclam, à Leipzig, publièrent une édition en douze volumes d'une traduction de Shakespeare. Ce fut un succès immédiat, auquel Reclam donna suite en subdivisant l'édition en vingt-cinq petits volumes présentant les pièces sous une couverture de papier rose au prix sensationnel d'un pfennig l'exemplaire. L'œuvre entière des auteurs allemands morts depuis trente ans entra dans le domaine public en 1867, ce qui permit à Reclam de poursuivre la collection sous le titre « Universal-Bibliothek ». Il y eut d'abord le *Faust* de Goethe et Kant, et ensuite des auteurs étrangers tels que Gogol, Pouchkine, Bjørnson, Ibsen et Platon. En Angleterre, des collections analogues de réédition des classiques – la New Century

Library de Nelson, les World's Classics de Grant Richard, les Classiques de poche de Collins, Everyman's Library (la Bibliothèque de tout le monde) de Dent – rivalisèrent, sans lui porter ombrage, avec le succès de l'Universal-Bibliothek[37], qui demeura pendant de nombreuses années le modèle des collections de poche.

Jusqu'en 1935. Un an auparavant, après avoir passé le week-end dans le Devon chez Agatha Christie et son deuxième mari, l'éditeur anglais Allen Lane, en attendant son train pour Londres, se chercha quelque chose à lire dans les comptoirs de librairie de la gare. Il ne trouva rien qui le tentât parmi les magazines en vogue, les coûteux livres reliés en dur et les romans populaires, et l'idée lui vint que ce qui manquait, c'était un choix de livres de poche bon marché mais de qualité. Rentré à la maison d'édition, The Bodley Head, où il travaillait avec ses deux frères, Lane leur présenta son projet. Ils allaient publier une collection de rééditions des meilleurs auteurs sous couvertures papier aux couleurs vives. Ces livres ne plairaient pas seulement au lecteur ordinaire ; ils tenteraient toute personne capable de lire, intellectuelle ou non. On les vendrait non seulement en librairie et dans les comptoirs de gare, mais aussi dans les salons de thé, les papeteries et les tabacs.

Le projet fut accueilli avec mépris par les collègues plus âgés de Lane à The Bodley Head et par ses confrères éditeurs, qui n'avaient pas intérêt à lui vendre les droits de réédition de leurs succès en édition courante. Les libraires non plus n'étaient pas enthousiastes, car leurs bénéfices seraient moindres et les livres «empochés» au sens répréhensible du terme. Mais Lane persévéra et finit par obtenir la permission d'imprimer plusieurs titres : deux qui avaient déjà été publiés par The Bodley Head – *Ariel*, d'André Maurois, et *La Mystérieuse Affaire de Styles*, d'Agatha Christie – et des œuvres d'écrivains à succès tels qu'Ernest Hemingway et Dorothy L. Sayers, sans compter quelques-uns dont les auteurs sont moins connus aujourd'hui, tels Suzan Ertz et E.H. Young.

Ce qu'il fallait à Lane, à présent, c'était un nom pour sa collection, qui ne fût « ni impressionnant comme World Classics, ni un peu paternaliste, comme Everyman[38] ». Les premiers choix furent zoologiques : un dauphin, et puis un marsouin (déjà utilisé par Faber & Faber) et enfin un pingouin. Et ce fut Penguin.

Les dix premiers Penguin.

Le 30 juillet 1935, les dix premiers Penguin furent lancés à six pence le volume. Lane avait calculé qu'il rentrerait dans ses frais lorsqu'il aurait vendu dix-sept mille exemplaires de chaque titre, mais les premières ventes ne se montèrent qu'à sept mille environ. Il alla voir l'acheteur des grands magasins Woolworth, un certain Mr Clifford Prescott, qui se montra réticent ; l'idée de vendre des livres comme n'importe quelle autre marchandise, parmi les paires de chaussettes et les boîtes de thé, lui paraissait grotesque. Heureusement, à ce moment même, Mrs Prescott entra dans le bureau de son mari. Interrogée sur ce qu'elle en pensait, elle réagit avec enthousiasme. Pourquoi pas ? demanda-t-elle. Pourquoi ne pourrait-on pas traiter les livres comme des objets quotidiens, aussi néces-

Recueil de madrigaux en forme de cœur datant du XVe siècle.

saires et aussi disponibles que des chaussettes ou du thé ? Grâce à Mrs Prescott, l'accord fut conclu.

George Orwell résuma sa double réaction de lecteur et d'auteur devant ces nouveaux venus. « En ma qualité de lecteur, écrivit-il, j'applaudis aux livres Penguin ; en ma qualité d'écrivain, je leur jette l'anathème... Il risque d'en résulter un flot de réimpressions à bon marché qui desservira les bibliothèques de prêt (mères nourricières des romanciers) et réduira le tirage des nouveaux romans. Ce serait une bonne chose pour la littérature, mais très mauvaise pour le métier[39]. » Il se trompait. Au-delà de ses qualités spécifiques (sa distribution étendue, son prix peu élevé, l'excellence et la diversité de ses titres), la plus grande réussite de Penguin fut symbolique. Savoir qu'un choix littéraire aussi vaste était offert à pratiquement n'importe qui pratiquement n'importe où, de Tunis à Tucumán, des îles Cook à Reykjavík (si universels sont les fruits de l'expansionnisme anglais, que j'ai acheté et lu un Penguin en chacun de ces lieux), cela donnait aux lecteurs le sentiment de leur propre ubiquité.

L'invention de formes nouvelles pour les livres n'a sans doute pas de limites, et pourtant très peu de formes inhabituelles survivent. Le livre en forme de cœur fabriqué vers 1475 par un noble clerc, Jean de Montchenu, contenant des chansons d'amour enluminées ; le volume minuscule que tient dans sa main droite une jeune Hollandaise de la moitié du XVIIe siècle dont Bartholomeus Van der Helst a peint le portrait ; le plus petit livre du monde, le *Bloemhofje* ou *Clos fleuri*, écrit en Hollande en 1673 et mesurant un centimètre sur un centimètre et demi, plus petit qu'un timbre-poste ordinaire ; l'in-folio géant des *Oiseaux d'Amérique*, de James Audubon, publié entre 1827 et 1838 et dont l'auteur est mort dans la misère, la solitude et la folie ; les volumes assortis, aux dimensions brobdingnagiennes et lilliputiennes, des *Voyages de Gulliver*, créés par Bruce Rogers pour le Club des Éditions limitées, à New York, en 1950 – aucun de ces formats n'a subsisté, sinon en tant que curiosité. Mais les formats essentiels – ceux qui permettent au lec-

Sur ce portrait peint par Bartholomeus Van der Helst, cette Hollandaise du XVIIe siècle tient dans la main droite un livre minuscule.

teur d'éprouver le poids physique de la connaissance, la splendeur de grandes illustrations ou le plaisir d'emporter un livre en promenade ou au lit – ceux-là demeurent.

Au milieu des années quatre-vingt, un groupe international d'archéologues nord-américains qui faisait des fouilles dans l'immense oasis de Dakhleh, au Sahara, découvrit, dans un coin d'une annexe à une maison

Des livres en forme de plaisanterie visuelle :
une édition des *Voyages de Gulliver* en 1950.

du IVe siècle, deux livres complets. L'un était un manuscrit primitif de trois essais politiques du philosophe athénien Isocrate ; l'autre, le registre de quatre années de transactions financières d'un intendant local. Ce livre de comptes est le premier spécimen entier que nous possédions d'un codex, ou volume relié, et il ressemble beaucoup à nos livres de poche, sauf qu'il n'est pas fait de papier mais de bois. Chaque feuillet de bois, mesurant treize centimètres sur trente-trois et un millimètre et

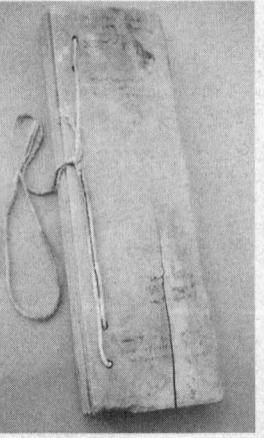

En haut : Une page géante des *Oiseaux d'Amérique* d'Audubon.
En bas, à gauche : Le plus petit livre au monde, *Le Clos fleuri*, datant du XVIIe siècle.
En bas, à droite : Le « Penguin saharien », découvert dans l'oasis de Dakhleh.

demi d'épaisseur, est percé de quatre trous du côté gauche afin d'être relié à l'aide d'une corde en cahiers de huit pages. Étant donné que ce livre de comptes a été utilisé pendant une période de quatre ans, il devait être « robuste, portable, commode et durable[40] ». Cette exigence du lecteur anonyme perdure, avec de légères variations circonstancielles, et rejoint la mienne, seize vertigineux siècles plus tard.

Colette, à dix-huit ans, en train de lire dans le jardin à Châtillon-Coligny.

LECTURE PRIVÉE

C'est l'été. Au creux d'un lit moelleux, entourée d'oreillers de plume, sourde au grondement discontinu des voitures qui passent devant sa fenêtre sur les pavés de la rue de l'Hospice, dans le village gris de Saint-Sauveur-en-Puisaye, une fillette de huit ans lit en silence *Les Misérables*, de Victor Hugo. Elle ne lit pas de nombreux livres ; elle lit et relit les mêmes inlassablement. Elle porte aux *Misérables* un amour qu'elle qualifiera plus tard de « passion raisonneuse » ; elle a l'impression de pouvoir se blottir entre les pages des livres « comme un chien dans sa niche[1] ». Chaque soir, elle attend avec impatience d'accompagner Jean Valjean dans ses douloureuses pérégrinations, de rencontrer à nouveau Cosette, de retrouver Marius, et même le redoutable Javert. (À vrai dire, le seul personnage qu'elle ne supporte pas est le petit Gavroche à l'atroce héroïsme.)

Dehors, dans le jardin, parmi les arbres et fleurs en pots, elle se trouve, pour ce qui est des livres, en concurrence avec son père, un militaire qui a perdu la jambe gauche pendant les campagnes d'Italie[2]. Lorsqu'il se retire dans la bibliothèque (son domaine privé), il ramasse son journal – *Le Temps* – et son magazine – *La Nature* – et, « son petit œil cosaque, étincelant sous un sourcil de chanvre gris, rafle sur les tables toute provende imprimée, qui prendra le chemin de la bibliothèque et ne reverra plus la lumière[3] ». L'expérience a appris à la jeune fille à conserver ses pro-pres livres hors de sa portée.

Sa mère ne croit pas à la fiction : « C'est beaucoup d'embarras, tant d'amour, dans ces livres, disait-elle. Les gens ont d'autres chats à fouetter, dans la vie. [...] Je te fais juge : est-ce que vous m'avez jamais, toi et tes frères, entendue rabâcher autour de l'amour comme ces gens font dans les livres ? Et pourtant je pourrais réclamer voix au chapitre, je pense : j'ai eu deux maris et quatre enfants[4] ! » Si elle surprend sa fille en train de lire le catéchisme en vue de sa communion prochaine, elle s'emporte aussitôt : « Ah ! que je n'aime pas cette manière de poser des questions ! Qu'est-ce que Dieu ? Qu'est-ce que ceci ? Qu'est-ce que cela ? Ces points d'interrogation, cette manie de l'enquête et de l'inquisition, je trouve ça incroyablement indiscret ! Et ces commandements, je vous demande un peu ! Qui a traduit les commandements en un pareil charabia ? Ah ! je n'aime pas voir ce livre dans les mains d'un enfant[5] ! »

En compétition avec son père, surveillée avec amour par sa mère, la fillette ne trouve refuge que dans sa chambre, au creux de son lit, la nuit venue. Durant toute sa vie adulte, Colette recherchera cet espace de lecture solitaire. Qu'elle vive en ménage ou seule, dans de petits logements sur cour ou de grandes villas à la campagne, dans des chambres meublées ou de vastes appartements parisiens, elle se réservera (pas toujours avec succès) une zone dans laquelle les seules intrusions seront celles dont elle aura elle-même pris l'initiative. À présent, étendue dans le lit douillet, le livre bien-aimé posé sur le ventre et tenu à deux mains, elle a établi non seulement son

Lectrice pour l'éternité : le tombeau d'Aliénor d'Aquitaine.

propre espace mais aussi sa propre mesure du temps. (Elle l'ignore, mais à moins de trois heures de là, dans l'abbaye de Fontevrault, la reine Aliénor d'Aquitaine, morte en 1204, gît, sculptée dans la pierre sur le couvercle de son tombeau, tenant un livre exactement de la même manière.)

Moi aussi, je lis au lit. Dans la longue succession des lits où j'ai passé les nuits de mon enfance, dans des chambres d'hôtel inconnues où les phares des voitures balayaient en passant le plafond de lumières étranges, dans des maisons dont les odeurs et les bruits ne m'étaient pas familiers, dans des villas de vacances poisseuses d'écume marine ou dans des chalets où l'air des montagnes était si sec qu'on plaçait à côté de mon lit un bassin fumant de vapeur d'eucalyptus afin de m'aider à respirer, la combinaison du lit et du livre me procurait une sorte de foyer où je savais pouvoir revenir, soir après soir, sous n'importe quels cieux. Personne ne m'appellerait pour me prier de faire ceci ou cela ; immobile sous les draps, mon corps ne demandait rien. Ce qui se passait se passait dans le livre, et c'était moi qui racontais l'histoire. La vie se déroulait parce que je tournais les pages. Je ne crois pas pouvoir me rappeler joie plus grande, plus *complète*, que celle d'arriver aux quelques dernières pages et de poser le livre, afin que la fin ne se produise pas avant le lendemain, et de me renfoncer sur l'oreiller avec le sentiment d'avoir bel et bien arrêté le temps.

Je savais que tous les livres ne sont pas bons à lire au lit. Les romans policiers et les contes fantastiques étaient pour moi les plus favorables à un sommeil paisible. Pour Colette, le livre parfait dans le silence de la chambre à coucher était *Les Misérables*, avec ses rues et ses forêts, ses courses dans de sombres égouts et sur des barricades au milieu des combats. W.H. Auden était du même avis. Il suggérait qu'un certain contraste est nécessaire entre le livre qu'on lit et l'endroit où on le lit. « Je ne peux pas lire Jefferies dans les collines du Wiltshire, disait-il, ni feuilleter des limericks dans un fumoir[6]. » C'est sans doute vrai ; on peut éprouver une impression de redondance à explorer sur la page un monde semblable à celui dont on est entouré au moment même où on lit. Je pense à André Gide plongé dans Boileau sur le bateau descendant le fleuve Congo[7], et le contrepoint entre la luxuriance désordonnée de la végétation et le formalisme ciselé des vers du XVIIe siècle me paraît tout à fait pertinent.

Mais, comme le découvrit Colette, ce n'est pas seulement que certains livres exigent un contraste entre leur contenu et leur environnement ; certains nécessitent aussi des positions particulières, positions du corps du lecteur lesquelles, à leur tour, exigent des lieux de lecture appropriés. (Ainsi, elle fut incapable de lire l'*Histoire de France* de Michelet jusqu'au jour où elle se retrouva pelotonnée dans le fauteuil de son père en compagnie de Fanchette, « cette chatte intelligente entre toutes[8] ».) Bien souvent, le plaisir pris à lire dépend dans une large mesure du confort physique du lecteur.

« J'ai cherché partout le bonheur, avouait Thomas a Kempis au début du XVe siècle, mais je ne l'ai trouvé nulle part, sinon dans un petit coin, avec un petit livre[9]. » Quel petit coin ? Et quel petit livre ? Que nous choisissions d'abord le livre et puis le coin qui lui convient, ou trouvions d'abord le coin et décidions ensuite du livre qui s'accordera à son atmosphère, il ne fait aucun doute que le fait de lire dans le temps implique le fait de lire dans l'espace, et que la relation entre les deux est inextricable. Il est des livres que je lis dans un fauteuil, et des livres que je lis à une table : il en est que je lis dans le métro, en tram, en autobus. Je m'aperçois que les livres lus en train ont quelque chose de commun avec ceux que je lis dans un fauteuil, sans doute parce que dans les deux cas je peux m'abstraire de mon environnement. « Le meilleur moment pour lire une bonne histoire qui a du syle, disait le romancier anglais Alan Sillitoe, c'est quand on voyage seul en train. Lorsqu'on est entouré d'étrangers, avec un paysage inconnu qui défile devant la fenêtre (à laquelle on lance de temps à autre un regard), la vie attachante et compliquée qui jaillit des pages exerce un effet particulier et marquant[10]. » Les livres lus dans une bibliothèque publique n'ont jamais la même saveur que des livres lus au grenier ou dans la cuisine. En 1374, le roi Édouard III paya soixante-six livres, treize shillings et quatre pence un recueil de récits romanesques « à conserver dans sa chambre à coucher[11] », où il pensait de toute évidence qu'un tel livre doit être lu. Dans la *Vie de saint Grégoire*, au XIIe siècle, le cabinet de toilette est décrit comme « une retraite où l'on peut lire des tablettes sans interruption[12] ». Henry Miller pensait la même chose : « Toutes mes bonnes lectures ont lieu aux toilettes, reconnut-il un jour. Il y a des passages d'*Ulysse* qu'on ne peut lire qu'aux toilettes – si on veut en extraire toute la saveur du contenu[13]. » En vérité, la petite pièce « destinée à un usage plus spécial et plus vulgaire » était pour Marcel Proust le lieu de « toutes celles de mes occupations qui demandaient une inviolable solitude : la lecture, la rêverie, les larmes et la volupté[14] ».

L'épicurien Omar Khayyam recommandait de lire la poésie à l'extérieur, sous une branche ; des siècles plus tard, Sainte-Beuve le pointilleux conseillait de lire les Mémoires de Mme de Staël sous les arbres, en novembre[15]. « J'ai l'habitude, écrivait Shelley, de me dévêtir et de m'asseoir sur les rochers en lisant Hérodote jusqu'à ce que ma transpiration se soit évaporée[16]. » Mais tout le monde n'est pas capable de lire à ciel ouvert. Marguerite Duras a dit qu'elle lisait rarement sur les plages ou dans les jardins, expliquant qu'on ne peut pas lire sous deux lumières en même temps, celle du jour et celle du livre, mais plutôt à la lumière électrique, avec la pièce dans l'ombre et la page seule éclairée[17].

On peut transformer un lieu en y lisant. Pendant les vacances d'été, Proust revenait se glisser dans la salle à manger après que toute la famille était partie en promenade matinale, assuré que ses seuls compagnons, « très respectueux de la lecture », seraient « les assiettes peintes accrochées au mur, le calendrier dont la feuille de la veille avait été franchement arrachée, la pendule et le feu qui parlent sans demander qu'on leur réponde et dont les doux propos vides de sens ne viennent pas, comme les paroles des hommes, en substituer un différent à celui des mots que vous lisez». Deux heures entières de béatitude avant que l'irruption de la cuisinière, venue «longtemps d'avance mettre le couvert; et si encore elle l'avait mis sans parler! Mais elle croyait devoir dire : « Vous n'êtes pas bien comme cela, si je vous approchais une table?» Et rien que pour répondre : « Non, merci bien », il fallait s'arrêter net et ramener de loin sa voix qui, en dedans des lèvres, répétait sans bruit, en courant, tous les mots que les yeux avaient lus; il fallait l'arrêter, la faire sortir et, pour dire convenablement « Non, merci bien », lui donner une apparence de vie ordinaire, une intonation de réponse, qu'elle avait perdues[18]. » Ce n'était que beaucoup plus tard – le soir, longtemps après le dîner – et quand il ne lui restait que quelques pages du livre à lire, qu'il rallumait sa bougie, au risque d'être puni si on le surprenait et de souffrir d'insomnie, car une fois le livre terminé, la passion avec laquelle il en avait suivi l'action et les héros lui rendrait le sommeil impossible, et il marcherait de long en large dans sa chambre ou resterait couché, le souffle court, souhaitant que l'histoire continue, ou souhaitant savoir au moins quelque chose de plus sur les personnages qu'il avait tant aimés.

Vers la fin de sa vie, emprisonné dans une chambre tapissée de liège où son asthme lui laissait quelque répit, installé dans un lit garni de coussins où il travaillait à la faible lumière d'une lampe, Proust écrivit : « Les vrais livres doivent être les enfants non du grand jour et de la causerie mais de l'obscurité et du silence[19]. » Au lit, pendant la nuit, devant la page qu'éclaire une vague lueur jaune, moi, lecteur de Proust, je revis ce mystérieux instant de création.

Geoffrey Chaucer – ou plutôt sa dame insomniaque dans *Le Livre de la duchesse* – considérait que lire au lit est une distraction plus agréable qu'un jeu de société :

> *Alors quand je vis que je ne pourrais dormir*
> *Que très tard, cette nuit encore,*
> *Sur mon lit je me redressai*
> *Et j'envoyai quelqu'un me chercher un livre,*
> *Un roman, et il me l'apporta*
> *Pour lire et faire passer la nuit ;*
> *Car je pensais que c'était mieux*
> *Que de jouer aux échecs ou aux tables* [20].

Mais la lecture au lit n'est pas qu'une distraction ; on y trouve une intimité d'une espèce particulière. Lire au lit est une activité égocentrique, immobile, libre des conventions sociales habituelles, cachée au monde et qui, parce qu'elle a lieu entre les draps, dans le domaine de la luxure et de l'oisiveté coupable, a un peu de l'attrait des choses interdites. Sans doute est-ce le souvenir de ces lectures nocturnes qui prête aux romans policiers de John Dickson Carr, de Michael Innes ou d'Anthony Gilbert – tous lus pendant les vacances d'été de mon adolescence – une certaine coloration érotique. L'expression désinvolte « se mettre au lit avec un livre » m'a toujours paru chargée d'une sorte d'anticipation sensuelle.

Le romancier Josef Skvorecký a décrit ses lectures d'enfant en Tchécoslovaquie communiste, « dans une société gouvernée par des règles strictes et sévères, où la désobéissance était punie à la bonne vieille façon d'avant le Dr Spock. L'une de ces règles : la lumière dans votre chambre doit être éteinte à neuf heures précises. Les garçons doivent se lever à sept heures et ont besoin de dix heures de sommeil par nuit. » Lire au lit devenait dès lors chose interdite. Après l'extinction des lumières, raconte Skvorecký, « pelotonné dans mon lit, je me blottissais, tête comprise, sous la couverture, je pêchais sous le matelas une torche électrique et je me livrais alors au plaisir de lire, lire, lire. Finalement, souvent après minuit, je tombais endormi de très agréable épuisement[21]. »

L'écrivain Annie Dillard se rappelle comment les livres de son enfance américaine l'emportaient loin de sa ville du Middle West, « afin que je puisse me fabriquer une vie ailleurs parmi les livres... Et ainsi nous courons à nos chambres et lisons dans la fièvre, et nous aimons les grands arbres feuillus devant nos fenêtres, et les terribles étés du Middle West, et les terribles hivers du Middle West[22]. » Lire au lit ferme et ouvre à la fois le monde autour de nous.

Cette notion de lecture au lit n'est pas ancienne. Le lit grec, le *kline*, consistait en un cadre de bois posé sur des pieds tournés, rectangulaires ou en forme d'animaux, et décoré d'ornements précieux ; il ne se prêtait guère à la lecture. En société, seuls les hommes et les courtisanes étaient autorisés à s'y étendre. Doté d'un appuie-tête peu élevé et dépourvu de pieds, il était garni d'un matelas et d'oreillers, et on l'utilisait tant pour dormir que pour se reposer. Allongé dessus, on pouvait lire un rouleau en le tenant par un bout, de la main gauche, et en déroulant l'autre de la main droite, le coude droit supportant le corps. Mais cette position, peu commode dans le meilleur des cas, devenait franchement inconfortable au bout d'un peu de temps, et finalement insupportable.

Les Romains avaient un lit (*lectus*) différent pour chaque usage, y compris la lecture et l'écriture. La forme de ces lits ne variait guère ; ils avaient des pieds tournés et étaient pour la plupart décorés d'incrustations et de garnitures de bronze[23]. Dans la pénombre de la chambre à coucher (le *cubiculum*, généralement dans le coin le plus reculé de la maison), le lit-pour-dormir romain servait parfois aussi tant bien que mal de lit-pour-lire ; à la lumière d'une chandelle faite de tissu imprégné de cire, le *lucubrum*, les romains lisaient et « élucubraient[24] » dans un calme relatif. Trimalcion, le parvenu du *Satiricon* de Pétrone, se fait porter dans la salle du banquet, soutenu par des piles de petits coussins, sur un lit qui sert à plusieurs fonctions. Se flattant de ne pas mépriser l'instruction – il a deux bibliothèques, une grecque et une latine – il propose de composer impromptu quelques vers qu'il lira ensuite aux invités assemblés[25] : Trimalcion se livre à ces deux activités, écriture et lecture, étendu sur le même *lectus* ostentatoire.

Le patricien romain dont le portrait figure sur la paroi interne de ce sarcophage aurait lu ses rouleaux dans cette position allongée.

Au cours des premiers temps de l'Europe chrétienne et jusque bien avant dans le XIIᵉ siècle, les lits ordinaires étaient de simples objets éphémères, qu'on abandonnait souvent lors des retraites forcées devant les guerres et les famines. Comme seuls les riches possédaient des lits fabriqués avec soin, et qu'ils étaient à peu près seuls à posséder des livres, les lits ornementés et les livres devinrent des symboles de la richesse des familles. Eustache Boilas, un aristocrate byzantin du XIᵉ siècle, légua par testament une bible, plusieurs livres d'hagiographie et d'histoire, une *Clef des songes*, un exemplaire de la populaire *Romance d'Alexandre* et un lit doré[26].

Les moines avaient dans leurs cellules des couchettes rudimentaires, où ils pouvaient lire dans un peu plus de confort que n'en offraient leurs bancs et pupitres de bois. Sur un manuscrit enluminé du XIIIᵉ siècle, on voit un jeune moine barbu assis sur son lit, vêtu de son habit, un oreiller blanc derrière le dos et les jambes entourées d'une couverture. Le rideau qui sépare son lit du reste de la chambre est relevé. Sur une table à tréteaux, trois livres sont ouverts, et trois autres se trouvent sur ses jambes, prêts à être consultés, tandis qu'il tient dans les

Un moine lit, assis sur son lit, pendant une froide soirée d'hiver : enluminure d'un manuscrit français du XIIIe siècle.

mains une double tablette de cire et un stylet. Apparemment, il a cherché dans son lit refuge contre le froid ; ses bottes sont posée sur un banc peint, et il semble travailler à ses lectures dans une quiétude heureuse.

Au XIVe siècle, les livres passèrent des mains exclusives de la noblesse et du clergé dans celles de la bourgeoisie. L'aristocratie devint le modèle des nouveaux riches : si les nobles lisaient, ils liraient, eux aussi (un savoir-faire que les bourgeois avaient acquis en tant que commerçants) ; si les nobles dormaient sur du bois sculpté entouré de draperies ornementées, ils en feraient autant. La possession de livres et de lits somptueux devint un signe de position sociale. La chambre à coucher cessa d'être seulement la pièce où les bourgeois dormaient et faisaient l'amour ; elle devint le dépôt des biens rassemblés – livres compris – que l'on pouvait, la nuit, garder de l'intérieur de cette place forte qu'était le lit[27]. En dehors des livres, peu d'objets étaient exposés ; ils se trouvaient pour la plupart enfermés dans des coffres et des caisses, à l'abri des méfaits des mites et des moisissures.

Du XVe au XVIIe siècle, on considérait le lit des maîtres comme la pièce de choix d'un bien confisqué[28]. Livres et lits étaient des objets de valeur (il est connu que Shakespeare légua son « deuxième » lit à son épouse, Anne Hathaway) qui, à la différence de la plupart des biens, pouvaient appartenir en propre à certains membres de la famille. À une époque où les femmes n'étaient que rarement autorisées à posséder quelque chose à titre personnel, elles possédaient des livres, qu'elles transmettaient plus souvent à leurs filles qu'à leurs fils. Dès 1432, une certaine Joanna Hilton, du Yorkshire, légua par testament à sa fille une *Romance, avec les Dix Commandements*, une *Romance des Sept Sages* et un *Roman de la Rose*[29]. On faisait exception pour les riches livres de prières et bibles enluminées, compris en général dans le patrimoine familial, donc dans l'héritage du fils aîné[30].

Dans le *Livre d'heures* de la collection Playfair, un ouvrage français enluminé datant de la fin du XVe siècle, l'une des illustrations représente la naissance de la Vierge. La sage-femme montre le nouveau-né à sainte Anne, sa mère. Celle-ci a l'apparence d'une dame de la

Détail d'un *Livre d'heures* du XVe siècle appartenant à la collection Playfair, qui raconte la vie de la Vierge.

noblesse, guère différente sans doute de la duchesse de Chaucer (au Moyen Âge, on prêtait à la famille de sainte Anne une réputation de richesse). Sainte Anne est assise dans un lit à baldaquin garni de draperies rouges à motif doré. Elle est tout habillée ; elle porte une robe bleue à broderies d'or et, comme l'exige la bienséance, un voile blanc lui couvre la tête et le cou. (Ce n'est que du XIe au XVe siècle qu'on a trouvé normal de dormir nu ; un contrat de mariage du XIIIe siècle stipule « qu'une femme ne peut dormir en chemise sans le consentement de son mari[31] ».) Une tenture vert pâle – le vert est la couleur de la naissance, le triomphe du printemps sur l'hiver – pend de part et d'autre du lit. Un drap blanc est replié sur le couvre-lit rouge ; sur ce drap, dans le giron de sainte Anne, se trouve un livre ouvert. Et pourtant, malgré l'intimité que suggère ce petit livre (sans doute un livre de prières), malgré les rideaux protecteurs, la chambre n'a pas l'air d'un lieu très privé. La sage-femme semble y être entrée tout naturellement ; on pense aux nombreuses représentations de la naissance et de la mort de Marie, dans lesquelles le lit est invariablement entouré de sympathisants dans la joie ou le deuil, hommes, femmes et enfants, avec parfois même, dans un coin, un chien qui lape d'un air distrait l'eau d'un bassin. Cette chambre de naissance et de mort prochaine n'est pas un espace que sainte Anne s'est réservé.

Dans l'Europe des XVIe et XVIIe siècles, les chambres à coucher – comme presque toutes les autres pièces de la maison – étaient aussi des lieux de passage, et la paix et le silence nécessaires à une activité telle que la lecture n'y étaient donc pas garantis. Entourer son lit de rideaux et y accumuler des objets personnels ne suffisait pas ; un lit avait besoin d'une chambre à lui. (Les Chinois fortunés, aux XIVe et XVe siècles, avaient deux types de lit, et chacun créait son espace particulier : le *k'ang*, que l'on pouvait déplacer et qui remplissait le triple office de plate-forme réservée au sommeil, de table et de chaise, et qui était parfois chauffé grâce à des conduites placées en dessous ; et une construction isolée divisée en compartiments, une sorte de chambre dans la chambre[32].)

Au XVIIIe siècle, même si les chambres à coucher n'étaient pas encore des espaces protégés, il était devenu assez courant de rester lire au lit – à Paris, du moins –, pour que saint Jean-Baptiste de La Salle, l'éducateur philanthrope français canonisé en 1900, lance un avertissement quant au danger coupable de ce passe-temps paresseux. Dans les *Règles de la bienséance de la civilité chrétienne*, publiées en 1703, il qualifie d'indécente et de discourtoise l'habitude de bavarder ou de s'amuser au lit, et recommande de ne pas imiter ceux qui s'y occupent à lire ou à d'autres choses ; dans l'intérêt de la vertu, il déconseille de rester au lit si ce n'est pour dormir[33]. Et Jonathan Swift, à peu près à la même époque, de suggérer avec ironie qu'on devrait aérer les livres lus au lit : « En même temps que vous laissez les fenêtres ouvertes pour aérer, conseille-t-il à la femme de chambre chargée de nettoyer la chambre de sa maîtresse, laissez les livres et autres objets sur le rebord de la fenêtre, afin qu'eux aussi puissent prendre l'air[34]. » En Nouvelle-Angleterre, au milieu du XVIIIe siècle, la lampe Argand, améliorée par Jefferson, est réputée avoir encouragé l'habitude de lire au lit. « On observa aussitôt que les dîners, autrefois éclairés aux chandelles, n'étaient plus aussi brillants qu'avant », parce que ceux qui avaient excellé dans la conversation se retiraient à présent pour lire dans leurs chambres[35].

Le caractère privé de la chambre à coucher, ainsi que celui du lit, ne furent pas complètement acquis de sitôt. Même lorsque la famille était assez riche pour posséder des lits et des chambres individuels, les conventions sociales exigeaient que certaines cérémonies y eussent lieu. Par exemple, c'était la coutume, pour les dames, de « recevoir » dans leurs chambres, entièrement vêtues mais couchées sur leur lit, soutenues par une multitude d'oreillers ; les visiteurs s'asseyaient dans la « ruelle », entre le lit et la balustrade. Antoine de Courtin, dans son *Nouveau Traité de la civilité qui se pratique en France parmi les honnestes gens*[36], recommande avec fermeté qu'on garde tirés les rideaux du lit, afin d'obéir aux lois de la décence, et observe qu'il est « très mal séant et d'une familiarité de gens de peu, lorsque l'on est en compagnie de personnes sur qui l'on a point de supériorité, ou avec qui l'on n'est pas tout à fait familier, de se vautrer sur un lit et de faire ainsi conversation ». À Versailles, le rituel « lever du roi » devint un cérémonial très complexe dans lequel six hiérarchies différentes de la noblesse officiaient tour à tour dans la chambre à coucher royale et accomplissaient des tâches honorifiques telles que d'enfiler – ou d'ôter – la royale manche droite ou gauche, ou de faire la lecture aux royales oreilles.

Même le XIXe siècle ne reconnaissait qu'avec réticence le caractère privé de la chambre à coucher. Exigeant l'attention envers cette « chambre à dormir où l'on passe près de la moitié de sa vie », Mrs Haweis, dans un chapitre de son influent ouvrage, *The Art of Housekeeping (L'Art de tenir un ménage)* intitulé « Maisons pour gens heureux », se plaignait que « certains célibataires déguisent et garnissent leur chambre à coucher, où l'espace est précieux, avec des canapés-lits, des meubles-lavabos Chippendale ou de style français, des palmiers en pots et des guéridons, afin qu'on puisse la traverser sans soupçonner que quelqu'un d'autre qu'un canari y dort parfois[37] ».

Pour Edith Wharton, l'aristocratique romancière américaine, la chambre à coucher représentait le seul refuge où, échappant au cérémonial du XIXe siècle, elle pouvait lire et écrire à l'aise. « Imaginez son lit, suggérait Cynthia Ozick dans un essai sur l'art de Wharton. Elle écrivait sur un plateau. Le petit déjeuner lui était servi par Gross, la gouvernante, seule personne ou presque à avoir accès à cette extrême intimité de la chambre à coucher. (Une secrétaire ramassait pour les taper à la machine les feuillets tombés sur le sol.) Hors du lit, elle aurait dû, en fonction de son code, être habillée convenablement, c'est-à-dire corsetée. Au lit, son corps était libre et libérait sa plume[38]. » Elle se sentait libre également dans ses lectures ; au sein de cet espace privé, elle n'avait pas à expliquer à des visiteurs pourquoi elle avait choisi tel livre ni ce qu'elle en pensait. Ce lieu de travail horizontal avait pour elle tant d'importance qu'un jour, à l'hôtel Esplanade, à Berlin, Wharton piqua « une légère crise d'hystérie parce que dans sa chambre d'hôtel le lit n'était pas bien situé ; elle ne s'apaisa et ne commença à trouver Berlin « incomparable » qu'après qu'on eut installé son lit face à la fenêtre[39] ».

Les contraintes sociales imposées à Colette étaient différentes de celles que connut Edith Wharton, mais chez elle aussi, la société faisait d'incessantes intrusions dans sa vie privée. En son temps, on avait considéré que Wharton écrivait – au moins en partie – avec l'autorité que lui conférait sa position sociale ; Colette était jugée beaucoup plus scandaleuse, voire perverse[40], au point

Colette fêtant son quatre-vingtième anniversaire en 1953.

qu'à sa mort, en 1954, l'Église catholique lui refusa des obsèques religieuses. Dans les dernières années de sa vie, Colette avait pris le lit, poussée par la maladie mais aussi par le désir de disposer d'un espace entièrement conçu par elle. Ici, chez elle, au Palais-Royal, sur son « radeau-lit », comme elle l'appelait, elle dormait et mangeait, recevait ses amis et connaissances, téléphonait, écrivait et lisait. La princesse de Polignac lui avait offert une table qui s'adaptait exactement au lit et lui servait de bureau. Appuyée à ses oreillers comme lorsqu'elle était enfant à Saint-Sauveur-en-Puisaye, avec les jardins symétriques du Palais-Royal déployés à sa vue par la fenêtre, à sa gauche, et tous ses trésors assemblés – ses objets en verre, sa bibliothèque, ses chats – étalés à sa droite[41], Colette lisait et relisait, dans ce qu'elle appelait sa « solitude en hauteur[42] », ses vieux livres favoris.

Il existe une photographie de Colette, prise un an avant sa mort, le jour de ses quatre-vingts ans. L'écrivain est au lit, et les mains de la bonne viennent de déposer sur sa table – encombrée de revues, de cartes et de fleurs – un gâteau d'anniversaire embrasé ; les flammes s'élèvent, trop haut pour qu'il s'agisse de simples bougies, comme si l'écrivain était une vieille campeuse devant son feu familier, comme si le gâteau était un livre enflammé crevant cette obscurité que recherchait Proust pour la création littéraire. Le lit est enfin devenu si privé, si intime, qu'il est à présent un monde en soi, où tout est possible.

Walt Whitman dans sa maison de Camden, dans le New Jersey.

MÉTAPHORES DE LA LECTURE

Le 26 mars 1892, Walt Whitman mourait dans la maison qu'il avait achetée moins de dix ans auparavant, à Camden, dans le New Jersey; il ressemblait à un roi de l'Ancien Testament ou, ainsi que l'a décrit Edmund Gosse, à « un superbe vieux matou angora ». Sur une photographie prise quelques années avant sa mort par un artiste de Philadelphie, Thomas Eakins, on le voit avec sa crinière blanche ébouriffée, assis près de sa fenêtre, observant pensivement le monde extérieur qui était, avait-il dit à ses lecteurs, une glose sur son œuvre :

> *Si vous voulez me comprendre, allez sur les hauteurs ou les rivages,*
> *Le premier moucheron venu est une explication, et une goutte d'eau ou un mouvement des vagues, une clef,*
> *La masse, l'aviron, la scie secondent mes paroles* [1].

Sous le regard du lecteur, Whitman est présent en personne. Deux Whitman, en vérité : celui de *Feuilles d'herbe*, « Walt Whitman, un cosmos, de Manhattan le fils » mais né aussi partout ailleurs (« Je suis d'Adélaïde... je suis de Madrid... je suis chez moi à Moscou [2] »); et le Whitman né à Long Island, qui aimait lire des romans d'aventures, et dont les amants étaient des jeunes gens de la ville, soldats, chauffeurs de bus. Tous deux devinrent le Whitman qui, dans ses vieux jours, laissait sa porte ouverte pour les visiteurs à la recherche du « sage de Camden », et tous deux avaient été offerts au lecteur, quelque trente ans plus tôt, dans l'édition de 1860 de *Feuilles d'herbe* :

> *Camerado, ceci n'est pas un livre,*
> *Qui touche ceci touche un homme*
> *(Est-ce la nuit ? Sommes-nous seuls ici ?)*
> *C'est moi que tu tiens, et qui te tiens,*
> *Je saute des pages dans tes bras – le décès m'appelle*[3].

Bien des années plus tard, dans l'édition ultime de ces *Feuilles d'herbe* si souvent revues et augmentées, le monde ne « seconde » plus ses paroles, mais devient la voix primordiale ; ni Whitman ni ses vers n'importent ; le monde seul suffit, puisqu'il n'est ni plus ni moins qu'un livre ouvert à tous. En 1774, Goethe (que Whitman lisait et admirait) avait écrit :

> *Voyez comme la Nature est un livre vivant,*
> *Incompris, mais pas incompréhensible*[4].

À présent, en 1892, quelques jours avant sa mort, Whitman renchérissait :

> *Dans tout objet, montagne, arbre, étoile – dans toute naissance et vie,*
> *Comme une partie de chaque – issue de chaque – signification, derrière l'ostensible,*
> *Un chiffre mystique attend, non révélé*[5].

J'ai lu ces vers pour la première fois en 1963, dans une version espagnole approximative. Un jour, au lycée, l'un de mes amis, qui voulait être poète (nous venions alors d'avoir quinze ans), arriva vers moi en courant avec un livre qu'il avait découvert, une édition Austral à couverture bleue des poèmes de Whitman imprimés sur un papier grossier et jauni, traduits par quelqu'un dont j'ai oublié le nom. Mon ami était un admirateur d'Ezra Pound, à qui il faisait le compliment de l'imiter, et, les lecteurs n'ayant aucun respect pour les chronologies péniblement établies par des universitaires bien payés, il pensait que Whitman était une pauvre imitation de Pound. Pound lui-même avait essayé de rétablir la vérité, en proposant un « pacte » à Whitman :

> *C'est toi qui as brisé le bois nouveau,*
> *Voici maintenant le moment de sculpter.*
> *Nous avons une sève et une racine –*
> *Qu'il y ait un commerce entre nous* [6].

Mais mon ami ne voulait rien entendre. J'acceptai son verdict au nom de l'amitié, et ce n'est que quelques années plus tard que je tombai sur un exemplaire de *Feuilles d'herbe*, en anglais, et que j'appris que Whitman avait écrit ce livre à mon intention :

> *Toi, lecteur, tu palpites comme moi de vie et d'orgueil*
> *et d'amour,*
> *Donc pour toi les chants que voici* [7].

J'avais lu la biographie de Whitman, d'abord dans une collection pour la jeunesse, une version expurgée de toute référence à sa sexualité et qui le banalisait jusqu'à le rendre quasi non existant, et puis dans le *Walt Whitman* de Geoffrey Dutton, instructif mais un peu trop sobre. Plusieurs années plus tard, sa biographie par Philip Callow me donna une image plus nette de l'homme et m'amena à reconsidérer certaines questions que je m'étais posées plus tôt : si Whitman s'était reconnu en son lecteur, qui était ce lecteur que Whitman avait à l'esprit ? Et comment Whitman à son tour était-il devenu un lecteur ?

Whitman a appris à lire dans une école de quakers à Brooklyn, par la méthode dite « Lancaster » (du nom du quaker anglais Joseph Lancaster). Un seul professeur, secondé par de jeunes moniteurs, était responsable d'une centaine d'élèves, dix par pupitre. On faisait la classe aux plus jeunes dans la cave, aux grandes filles au rez-de-chaussée et aux grands garçons à l'étage. L'un des maîtres de Whitman nota qu'il le trouvait « bon garçon, gauche et négligé d'apparence, guère remarquable au demeurant ». Les rares livres de classe furent complétés par les livres que possédait son père, un démocrate fervent qui avait donné à ses trois fils les noms de fondateurs des États-Unis. Beaucoup de ces livres étaient des ouvrages politiques de Tom Paine, de la socialiste Frances Wright et du philosophe français du XVIIIe siècle Constantin François, comte de Volney, mais il y avait aussi des recueils de poésie et quelques romans. La mère de Whitman était illettrée mais, selon lui, c'était « une excellente narratrice » et elle avait « une grande capacité d'imitation[8] ». Whitman commença d'apprendre ses lettres dans la bibliothèque de son père ; c'est en écoutant les histoires que racontait sa mère qu'il apprit leurs sonorités.

Whitman quitta l'école à onze ans et fut engagé dans les bureaux de l'avocat James B. Clark. Le fils de Clark, Edward, se prit d'affection pour ce garçon intelligent et lui offrit un abonnement à une bibliothèque itinérante. Ce fut, devait déclarer Whitman, « le premier événement significatif de mon existence ». À la bibliothèque, il emprunta et lut *Les Mille et Une Nuits* – du premier au dernier volume – et les romans de Sir Walter Scott et de James Fenimore Cooper. Quelques années plus tard, à seize ans, il fit l'acquisition « d'un gros volume in-octavo de mille pages bien remplies... contenant l'ensemble de la poésie de Walter Scott », qu'il dévora avec avidité. « Plus tard je pris l'habitude de partir de temps à autre, en été et en automne, parfois pendant toute une semaine, à la campagne ou sur les rivages de Long Island – et là, en présence des influences du dehors, je parcourus entièrement l'Ancien et le Nouveau Testament et j'absorbai (sans doute à plus grand profit qu'à l'intérieur de n'importe quelle bibliothèque ou autre pièce – *l'endroit* où on lit a tant d'importance !) Shakespeare, Ossian, les meilleures traductions que je pus trouver d'Homère, d'Eschyle, de Sophocle, des vieux Nibelungen allemands, d'antiques poèmes hindous et d'un ou deux autres chefs-d'œuvre, dont celui de Dante. Il se trouve que j'ai surtout lu ce dernier dans un bois centenaire. »

Et Whitman de s'interroger : « Je me suis demandé depuis pourquoi je ne me sentais pas écrasé par ces maîtres immenses. Sans doute parce que je les lisais, comme je l'ai écrit, en pleine présence de la Nature, sous le soleil, devant des paysages étalés à perte de vue, ou la mer houleuse[9]. » L'endroit où on lit est important, comme le dit Whitman, non seulement parce qu'il procure au texte lu un environnement matériel, mais aussi parce qu'il suggère, en se juxtaposant à celui-ci, qu'ils ont l'un et l'autre en commun le même caractère herméneutique, qu'ils mettent tous deux le lecteur au défi de les élucider.

Whitman ne resta pas longtemps dans les bureaux de l'avocat ; avant la fin de l'année, devenu apprenti imprimeur au *Long Island Patriot*, il apprenait à se servir d'une presse à main dans une cave encombrée, sous la supervision du rédacteur du journal – également auteur de tous les articles qui le composaient. Whitman découvrit là « le plaisant mystère des différentes lettres et de leurs subdivisions – le grand casier des *e* – le casier des espacements... le casier des *a*, celui des *I*, et tout le reste », les instruments de son métier.

De 1836 à 1838, il fut instituteur à Norwich, dans l'État de New York. Son traitement était maigre et irrégulier et, sans doute parce que les inspecteurs scolaires désapprouvaient ses classes tapageuses, il fut obligé de changer huit fois d'établissement au cours de ces deux années. Ses supérieurs ne devaient guère être ravis lorsqu'il enseignait à ses élèves :

> *Vous ne prendrez plus les choses de deuxième ou de troisième main, vous ne regarderez plus par les yeux des morts, ne vous nourrirez plus des spectres dans les livres[10].*

Ou ceci :

> *Il rend le plus grand hommage à mon style, celui qui apprend grâce à lui à détruire le maître[11].*

Après avoir appris à imprimer et à enseigner la lecture, Whitman s'aperçut qu'il pouvait combiner ces deux savoirs en devenant rédacteur d'un journal : d'abord le *Long Islander*, à Huntington, dans l'État de New York, et ensuite le *Daily Eagle*, à Brooklyn. C'est là qu'il commença à élaborer sa conception de la démocratie comme une société de « lecteurs libres », non corrompus par le fanatisme ou les écoles politiques, au service desquels le « faiseur de textes » – poète, imprimeur, enseignant, rédacteur de journal – doit se mettre absolument. « Nous éprouvons un réel désir de parler de nombreux sujets, expliquait-il dans un éditorial, le 1er juin 1846, à tous les gens de Brooklyn ; et ce ne sont pas tellement leurs neuf pence que nous désirons. Une sympathie d'un genre curieux (n'y avez-vous jamais pensé ?) naît dans l'esprit du directeur d'un journal envers le public qu'il sert... Une communion quotidienne crée une sorte de fraternité entre hommes et femmes des deux parties[12]. »

Une lectrice passionnée :
Margaret Fuller.

Vers cette époque, Whitman découvrit les écrits de Margaret Fuller. Fuller était une personnalité extraordinaire : la première critique littéraire à plein temps des États-Unis, la première femme correspondante étrangère, féministe lucide, auteur d'un essai passionné intitulé : *Femme au XIXe siècle*. Emerson estimait que « tout ce qu'il y a d'art, de pensée et de noblesse en Nouvelle-Angleterre... semble lié à elle, et réciproquement[13] ».

Hawthorne, cependant, la traitait de « grande fumiste[14] » et Oscar Wilde prétendait que Vénus lui avait donné « tout, sauf la beauté » et Pallas « tout, sauf la sagesse[15] ». Tout en considérant que les livres ne peuvent pas remplacer l'expérience vécue, Fuller voyait en eux « un moyen d'observer l'humanité entière, un cœur autour duquel peuvent se rassembler toute connaissance, toute expérience, toute science, tous les idéaux, ainsi que les caractères pratiques de notre nature ». Whitman réagit avec enthousiasme à ces idées. Il écrivit :

> *Étions-nous fiers, ô mon âme, de pénétrer les thèmes de grands livres,*
> *D'absorber profondément et pleinement pensées, jeux, spéculations ?*
> *Mais à présent, de toi à moi, oiseau en cage, sentir ton gazouillis joyeux*
> *Qui emplit l'air, la chambre solitaire, la longue matinée,*
> *N'est-ce pas tout aussi grand, ô mon âme*[16] *?*

Pour Whitman, le texte, l'auteur, le lecteur et le monde se renvoient l'image les uns des autres dans l'action de lire, action dont il amplifiait la signification jusqu'à lui faire expliquer toute activité humaine, de même que l'univers dans lequel tout cela se produit. Dans cette conjoncture, le lecteur reflète l'auteur (lui et moi, nous ne sommes qu'un), le monde fait écho à un livre (le livre de Dieu, le livre de la nature), le livre est de chair et de sang (la chair et le sang de l'auteur, qui par transsubstantiation deviennent les miens), le monde est un livre à déchiffrer (les poèmes de l'auteur deviennent ma lecture du monde). Toute sa vie, Whitman semble avoir cherché à comprendre et à définir l'action de lire, qui est à la fois elle-même et la métaphore correspondant à chacune de ses parties.

« Les métaphores, écrit, à notre époque, le critique allemand Hans Blumenberg, ne sont plus considérées avant tout comme des représentations de la sphère qui guide nos conceptions théoriques hésitantes, comme le vestibule donnant accès à la formation des concepts, comme un expédient dans le cadre de langages spécialisés non encore consolidés, mais plutôt comme un moyen authentique de compréhension des contextes[17]. » Dire qu'un auteur est un lecteur, ou un lecteur un auteur, considérer un livre comme un être humain ou un être humain comme un livre, décrire le monde comme un texte ou un texte comme le monde, sont autant de façons de nommer l'art du lecteur.

De telles métaphores sont très anciennes, enracinées dans la société judéo-chrétienne primitive. Le critique allemand E.R. Curtius, dans un chapitre consacré au symbolisme du livre de son ouvrage monumental, *Littérature européenne et le Moyen Âge latin*, suggère que les premières métaphores livresques datent de la Grèce classique ; il y en a peu d'exemples, puisque la société grecque, de même qu'ensuite la société romaine, ne considérait pas le livre comme un objet quotidien. Les sociétés juive, chrétienne et islamique établirent une relation symbolique profonde avec les livres sacrés, qui n'étaient pas des symboles du Verbe divin mais le Verbe divin lui-même. Selon Curtius, « l'idée que le monde et la nature sont des livres dérive de la rhétorique de l'Église catholique, reprise par les philosophes mystiques du haut Moyen Âge et finalement devenue lieu commun ».

Pour le mystique espagnol du XVIᵉ siècle fray Luis de Granada, si le monde est un livre, alors les choses de ce monde sont les lettres de l'alphabet dans lequel ce livre est écrit. Dans *Introducción al símbolo de la fé (Introduction au symbole de la foi)*, il interroge : « Que doivent-elles être, toutes les créatures de ce monde, si belles et si bien faites, sinon des lettres distinctes et enluminées qui déclarent si justement la délicatesse et la sagesse de leur auteur ?... Et nous aussi... placés par vous devant ce merveilleux livre de l'univers entier, afin qu'à travers ses créatures, comme au moyen de lettres vivantes, nous lisions l'excellence de notre Créateur[18] ? »

« Le doigt de Dieu, écrivait sir Thomas Browne dans *Religio Medici*, remaniant la formule de Fray Luis, a laissé sur toutes Ses œuvres une inscription, ni graphique ni composée de lettres, mais faite de leurs multiples formes, constitutions, parties et opérations qui, convenablement agencées, composent en effet un mot exprimant leur nature[19]. » À quoi, bien des siècles plus tard, George Santayana, philosophe américain d'origine espagnole, devait ajouter : « Il y a des livres dans lesquels les notes en bas de page, ou les commentaires griffonnés dans la marge par quelque lecteur, sont plus intéressants que le texte. Le monde est de ceux-là[20]. »

Notre tâche, ainsi que Whitman l'a observé, consiste à lire le monde, puisque ce livre colossal est pour les mortels l'unique source de connaissance. (Les anges, si l'on en croit saint Augustin, n'ont pas besoin de lire le livre de l'univers car ils en voient l'Auteur en Personne et reçoivent de Lui le monde dans toute sa gloire. Dans une réflexion qu'il adresse à Dieu, saint Augustin avance « qu'il n'y a pas de nécessité pour les anges de regarder les cieux ou de les lire pour y lire Ta parole. Car toujours ils voient Ton visage et là, sans les syllabes du temps, ils lisent Ta volonté éternelle. Ils la lisent, ils la choisissent, ils l'aiment. Ils sont toujours en train de lire et ce qu'ils lisent n'a pas de fin... Le livre qu'ils lisent ne sera pas refermé, le rouleau ne sera pas enroulé. Car Tu es leur livre et Tu es éternel[21]. »)

Créés à l'image de Dieu, les êtres humains sont, eux aussi, livres à lire. Ici, l'action de lire sert de métaphore pour nous aider à comprendre notre relation hésitante avec notre corps, la rencontre, le toucher et le déchiffrage des signes chez une autre personne. Nous lisons des expressions sur un visage, nous suivons comme à livre ouvert les gestes d'un être aimé. « Ton visage, mon seigneur, dit Lady Macbeth à son époux, est tel un livre où les hommes peuvent lire d'étranges choses[22] », et, au XVIIe siècle, le poète Henry King écrivait de sa jeune femme morte :

> *Chère disparue ! depuis ton sort prématuré*
> *Ma tâche a été de méditer*
> *Sur Toi, sur Toi : Tu es le Livre,*
> *La Bibliothèque où je cherche*
> *Bien que presqu'aveugle* [23].

Quant à Benjamin Franklin, grand amateur de livres, il se composa une épitaphe (qui malheureusement n'a pas été utilisée sur sa tombe) dans laquelle l'image du lecteur en livre trouve sa description complète :

> *Le corps de*
> *B. Franklin, imprimeur,*
> *Telle la couverture d'un vieux Livre*
> *Au contenu arraché*
> *Et dépouillé de ses Lettres et de ses Dorures*
> *Gît ici, Nourriture pour les Vers.*
> *Mais l'Œuvre ne sera pas perdue ;*
> *Car, ainsi qu'il le croyait,*
> *Elle paraîtra une fois encore*
> *Dans une Edition nouvelle et plus élégante*
> *Corrigée et approuvée*
> *par l'Auteur*[24].

Dire que nous lisons – le monde, un livre, un corps – ne suffit pas. La métaphore de la lecture sollicite à son tour une autre métaphore, exige d'être expliquée en images situées en dehors de la bibliothèque du lecteur et néanmoins au-dedans de son corps, associant la fonction de lecture aux autres fonctions essentielles de notre être. La lecture – nous l'avons vu – sert de véhicule métaphorique, mais afin d'être comprise elle doit être reconnue, elle aussi, à travers des métaphores. Exactement comme des écrivains parlent de concocter une histoire, de remâcher un texte, de laisser mijoter une idée, d'épicer une scène ou de garnir la carcasse d'un argument, d'assaisonner une tranche de vie d'allusions offrant aux lecteurs quelque chose à se mettre sous la dent, nous parlons, nous, les lecteurs, de savourer un livre, de le trouver nourrissant, de le dévorer d'une traite, d'en ruminer un passage, de se rouler sur la langue les vers d'un poète, de faire festin de poésie ou de suivre un régime de romans policiers. Dans un essai sur l'art d'étudier, l'érudit anglais du XVIe siècle Francis Bacon a catalogué le processus : « Il faut goûter certains livres, en avaler d'autres, en mâcher et en digérer quelques-uns[25]. »

Par une chance extraordinaire, nous savons à quelle date cette curieuse métaphore a été enregistrée pour la première fois[26]. Le 31 juillet de l'an 593 avant notre ère, au bord du fleuve Kebar dans le pays des Chaldéens, le prêtre Ezéchiel eut une vision de feu dans laquelle il aperçut « quelque chose ayant l'aspect de la gloire du Seigneur », lui enjoignant de parler aux enfants rebelles d'Israël. « Ouvre la bouche et mange ce que je vais te donner », lui ordonna la vision.

> *Je regardai : une main était tendue vers moi, tenant un volume roulé.*
> *Il le déploya devant moi : il était écrit au recto et au verso ; il y était écrit : « lamentations, gémissements et plaintes[27] ».*

Lorsqu'il écrivait à Patmos sa vision apocalyptique, saint Jean reçut la même révélation qu'Ezéchiel. Sous ses yeux terrifiés, un ange descendit du ciel avec un livre ouvert, et une voix de tonnerre lui ordonna de ne pas écrire ce qu'il avait appris, mais de prendre le livre dans la main de l'Ange.

> *Je m'en fus alors prier l'Ange de me remettre le petit livre ; et lui me dit : « Tiens, mange-le ; il te remplira les entrailles d'amertume, mais en ta bouche il aura la douceur du miel. »*
> *Je pris le petit livre de la main de l'Ange et l'avalai ; dans ma bouche, il avait la douceur du miel, mais quand je l'eus mangé il remplit mes entrailles d'amertume.*
> *Alors on me dit : « Il te faut de nouveau prophétiser contre une foule de peuples, de nations, de langues et de rois[28]. »*

Avec le temps, à mesure que la lecture se développait et se répandait, la métaphore gastronomique devint une rhétorique commune. À l'époque de Shakespeare, elle était attendue dans les propos littéraires, et la reine Elisabeth Ire en personne l'utilisait pour décrire ses lectures pieuses : « Je me promène souvent dans les aimables champs des Saintes Écritures, où je cueille

Saint Jean s'apprêtant à manger le livre de l'Ange ;
in-plano russe du XVIIe siècle.

les belles herbes vertes des phrases, les mange en les lisant, les mâchonne en les méditant, pour les ranger enfin au siège de la mémoire... afin de moins percevoir l'amertume de cette misérable existence[29]. » En 1695, la métaphore s'était si bien intégrée au langage que William Congreve put la parodier dans la scène d'ouverture de *Love for Love*, où le pédant Valentin déclare à son valet : « Lis, lis, maraud ! et affine tes appétits ; apprends à vivre d'instruction ; nourris ton âme et mortifie ta chair ; lis, et alimente-toi par les yeux ; ferme la bouche, et rumine ta pitance de compréhension. » « Vous engraisserez diablement à ce régime de papier », commente le valet[30].

Moins d'un siècle plus tard, le Dr Johnson affichait en lisant un livre les mêmes manières qu'à table. Il lisait, raconte Boswell, « gloutonnement, comme s'il dévorait, ce qui était, selon toute apparence, sa façon d'étudier ». À en croire Boswell, le Dr Johnson gardait sur ses genoux pendant le repas un livre enroulé dans la nappe, « tant il était avide d'avoir un plaisir prêt pour l'instant où il en aurait terminé d'un autre ; il ressemblait (si je puis user d'une comparaison aussi grossière) à un chien qui tient en réserve un os entre ses pattes pendant qu'il mange quelque autre chose qu'on lui a jetée[31] ».

Un lecteur glouton, le Dr Johnson, par Sir Joshua Reynolds.

Quelle que soit la façon dont les lecteurs s'approprient les livres, livre et lecteur à la fin ne font qu'un. Le monde qui est un livre est dévoré par un lecteur qui est une lettre dans le texte du monde ; ainsi naît une métaphore circulaire de l'infini de la lecture. Nous sommes ce que nous lisons. Le processus suivant lequel le cercle est bouclé, soutenait Whitman, n'est pas seulement un processus intellectuel ; nous lisons intellectuellement à un niveau superficiel, en saisissant certaines significations, et prenant conscience de certains faits, mais en même temps, de manière invisible, inconsciente, le texte et le lecteur s'entremêlent, créant d'autres niveaux de sens, de sorte que chaque fois que nous obtenons du texte qu'il nous cède quelque chose que nous ingérons, une autre chose naît simultanément en dessous, que nous n'avons pas encore saisie. C'est pourquoi – comme le pensait Whitman, qui recomposait et corrigeait sans cesse ses poèmes – aucune lecture ne peut jamais être définitive. En 1867 il écrivait, en guise d'explication :

> *Ne me fermez pas vos portes, fières bibliothèques,*
> *Car ce qui manquait sur vos rayons bien garnis, et dont*
> *pourtant vous aviez grand besoin, je l'apporte*
> *Émergeant de la guerre, un livre que j'ai fait,*
> *Les mots de mon livre ne sont rien, son élan est tout,*
> *Un livre distinct, non relié au reste ni perçu par*
> *l'intellect,*
> *Mais ses latences non dites vous passionneront à*
> *chaque page* [32].

POUVOIRS DU LECTEUR

> *Il faut être inventeur pour bien lire.*
>
> Ralph Waldo EMERSON,
> *The American Scholar*, 1837.

Un lecteur vieux de cinq mille ans : le scribe sumérien Doudou.

COMMENCEMENTS

Au cours de l'été 1989, deux ans avant la guerre du Golfe, je suis allé en Iraq pour voir les ruines de Babylone et de la tour de Babel. Il y avait longtemps que j'avais envie de faire ce voyage. Reconstruite entre 1899 et 1917 par l'archéologue allemand Robert Koldewey[1], Babylone se trouve à soixante kilomètres environ au sud de Bagdad – immense labyrinthe de murs couleur de miel pâle qui fut jadis la cité la plus puissante de la terre, à proximité d'un tertre de glaise qui est, lit-on dans les guides, tout ce qui reste de la tour à laquelle Dieu a infligé la malédiction du multiculturalisme. Le chauffeur de taxi qui m'y emmena ne connaissait le site que parce qu'il est voisin de la ville de Hillah, où il était allé une ou deux fois rendre visite à une tante. J'avais emporté une anthologie Penguin de nouvelles, et après avoir fait le tour de ce qui était pour moi, lecteur occidental, le lieu d'origine de tout livre, je m'assis pour lire à l'ombre d'un laurier-rose.

Murs, lauriers-roses, pavements bitumineux, portails béants, entassements d'adobes, tours écroulées : une partie du secret de Babylone consiste en ceci : que le visiteur ne voit pas une mais plusieurs villes, successives dans le temps et cependant simultanées dans l'espace. Il y a la Babylone de l'époque akkadienne, un petit village datant de deux mille trois cent cinquante ans environ avant notre ère. Il y a la Babylone où fut récitée pour la première fois, un jour du second millénaire avant J.-C., l'épopée de Gilgamesh – qui comprend l'un des premiers récits du Déluge de Noé. Il y a la Babylone du roi Hammourabi, au XVIIIe siècle avant J.-C., dont le système de lois fut une des premières tentatives au monde de codifier la vie de toute une société. Il y a la Babylone détruite par les Assyriens vers 689. Il y a la Babylone reconstruite de Nabuchodonosor qui, vers 586, assiégea Jérusalem, mit à sac le Temple de Salomon et emmena les Juifs en captivité. Il y a la Babylone du fils ou petit-fils (les généalogistes ne sont pas certains) de Nabuchodonosor, le roi Balthazar, qui découvrit sur son mur la terrible calligraphie du doigt de Dieu. Il y a la Babylone dont Alexandre le Grand voulait faire la capitale d'un empire s'étendant du nord de l'Inde à l'Égypte et à la Grèce – la Babylone où le conquérant du monde mourut à l'âge de trente-trois ans, vers 323, un exemplaire de l'*Iliade* entre les mains, en ces temps lointains où les généraux savaient lire. Il y a Babylone la Grande, évoquée par saint Jean – la Mère des Putains et des Abominations de la Terre, la Babylone qui fit boire à toutes les nations le vin de colère de ses fornications. Et puis il y a la Babylone de mon chauffeur de taxi, un endroit proche de la ville de Hillah, où habitait sa tante.

Ici (ou du moins quelque part, pas trop loin d'ici), à ce qu'affirment les archéologues, a commencé la préhistoire du livre. Vers la moitié du quatrième millénaire avant J.-C., quand le climat du Proche-Orient se rafraîchit et que l'atmosphère s'y asséchat, les communautés agricoles de la Mésopotamie méridionale abandonnèrent leurs villages épars pour se regrouper dans et autour de grands centres urbains qui devinrent bientôt des villes-Etats[2]. Afin de préserver les rares terres fertiles, les Mésopotamiens inventèrent de nouvelles techniques d'irrigation et d'extraordinaires procédés architecturaux, et, pour organiser une société de plus en plus complexe, avec ses lois, ses édits et ses règles commerciales, ces nouveaux citadins créèrent, vers la fin du quatrième millénaire, un art qui allait modifier à jamais la nature de la communication entre les humains : l'art d'écrire.

Selon toute probabilité, on a inventé l'écriture pour des raisons commerciales, afin de se rappeler que tel troupeau appartenait à telle famille ou était transporté à tel endroit. Un signe écrit servait d'aide-mémoire : l'image d'un bœuf signifiait un bœuf, pour rappeler au lecteur que la transaction concernait des bœufs, combien de bœufs, et peut-être les noms d'un acheteur et d'un vendeur. La mémoire, sous cette forme, est aussi un document, l'enregistrement d'une transaction.

L'inventeur des premières tablettes gravées peut s'être rendu compte de l'avantage que représentaient ces morceaux de glaise par rapport à la mémoire engrangée dans le cerveau : d'abord, la quantité de renseignements que l'on pouvait emmagasiner sur les tablettes était illimitée – on pouvait continuer *ad infinitum* à fabriquer des tablettes, alors que la capacité de mémoire du cerveau est limitée ; ensuite, les tablettes rendaient inutile, pour retrouver un renseignement, la présence du détenteur du souvenir. Soudain, un objet immatériel – un chiffre, une information, une pensée, un ordre – devenait accessible sans la présence physique du messager ; comme par magie, on pouvait s'en faire une idée, en prendre note et le transmettre à travers l'espace et au-delà du temps. Depuis les premiers vestiges de civilisation préhistorique, la société humaine avait tenté de surmonter les obstacles de la géographie, du caractère inéluctable de la mort, de l'érosion par l'oubli. En un simple geste – la gravure d'une silhouette sur une tablette de glaise – ce premier scripteur anonyme a accompli d'un coup tous ces hauts faits apparemment impossibles.

Mais l'écriture n'est pas la seule invention venue au monde à l'instant de cette première gravure : une autre création a eu lieu en même temps. Parce que le but de l'acte d'écrire était que le texte pût être récupéré – c'est-à-dire lu –, la gravure créa simultanément un lecteur, rôle qui commença d'exister avant même que le premier véritable lecteur n'eût acquis une présence physique. Alors que le premier scripteur imaginait un art nouveau en traçant des marques sur une plaque de glaise, apparaissait, implicite, un autre art sans lequel ces marques seraient restées dépourvues de sens. Le scripteur était un créateur de messages, un inventeur de signes, mais ces signes et ces messages avaient besoin d'un mage qui pût les déchiffrer, reconnaître leur signification, leur donner une voix. L'écriture avait besoin d'un lecteur.

La relation primordiale entre écrivain et lecteur présente un paradoxe merveilleux : en créant le rôle du lecteur, l'écrivain décrète aussi la mort de l'écrivain, car pour qu'un texte soit achevé l'écrivain doit se retirer, cesser d'exister. Aussi longtemps que l'écrivain demeure présent, le texte demeure incomplet. Il ne commence à exister que lorsque l'écrivain abandonne le texte. L'existence du texte est alors existence silencieuse, silencieuse jusqu'à ce qu'un lecteur le lise. Ce n'est que lorsqu'un œil avisé entre en contact avec les marques tracées sur la tablette que commence la vie active du texte. Tout écrit dépend de la générosité du lecteur. Ce lecteur, ajoute Hubert Nyssen dans un essai sur les avatars du livre aujourd'hui, « qui entend combler son attente ou espère récompenser sa curiosité par la découverte du texte, se porte au-devant des propositions de l'auteur ou, à tout le moins, s'ouvre à l'aventure promise par les signaux que le livre et son entour émettent. En ce lieu où l'auteur apporte un travail, il vient, lui, avec son temps, avec sa disponibilité[3]. »

Cette relation malaisée entre l'écrivain et le lecteur a eu un début ; elle fut établie à jamais par un mystérieux après-midi en Mésopotamie. C'est une relation fertile mais anachronique entre un créateur primaire qui met au monde à l'instant de mourir, et un créateur *post mortem*, ou plutôt des générations de créateurs *post mortem* qui donnent la parole à la création et sans lesquels tout écrit reste mort. Depuis le début, la lecture est l'apothéose de l'écriture.

L'écriture fut rapidement identifiée comme un savoir-faire précieux et des rangs de la société mésopotamienne surgit alors le scribe. Bien évidemment, savoir lire aussi lui était essentiel, mais ni le nom donné à sa profession ni la perception sociale de ses activités ne reconnaissaient l'art de lire, mettant au contraire l'accent presque exclusivement sur sa capacité d'enregistrer. En public, il était plus sûr pour le scribe d'être perçu, non comme celui qui rapporte l'information (et peut donc la charger de sens), mais comme celui qui se contente de l'enregistrer au bénéfice de tous. S'il pouvait bien être les yeux et la langue d'un général, mieux valait ne pas faire étalage d'un tel pouvoir politique. Pour cette raison, l'attribut de Nisaba, déesse mésopotamienne des scribes, était le stylet et non la tablette tenue devant les yeux.

On pourrait difficilement exagérer l'importance du rôle des scribes dans la société mésopotamienne. Il fallait des scribes pour envoyer des messages, pour communiquer des informations, pour prendre note des ordres du roi, pour enregistrer les lois, pour consigner les données astronomiques nécessaires à la tenue du calendrier, pour calculer les quantités requises de soldats, d'ouvriers, de fournitures ou de têtes de bétail, pour garder la trace de transactions financières et économiques, pour noter les diagnostics et ordonnances des médecins, pour accompagner les expéditions militaires et rédiger des dépêches et les chroniques de guerre, pour évaluer les impôts, pour dresser des contrats, pour sauvegarder les textes sacrés et pour distraire le peuple en lui lisant des extraits de l'épopée de Gilgamesh. Rien de tout cela n'était possible sans le scribe. Il était la main, l'œil et la voix au moyen desquels les communications étaient établies et les messages déchiffrés. C'est pourquoi les auteurs mésopotamiens s'adressaient à lui directement, sachant que le scribe était celui qui relaierait le message : « À mon Seigneur, dis ceci : ainsi parle Untel, ton serviteur[4]. » « Dis » s'adresse à une deuxième personne, le « toi », ancêtre primitif du « Cher lecteur » des romans ultérieurs. Chacun d'entre nous, en lisant cette phrase, devient, à travers les âges, ce « toi ».

Dans la première moitié du deuxième millénaire avant notre ère, les prêtres du temple de Shamash, à

Sippar, en Mésopotamie méridionale, érigèrent un monument couvert sur ses douze faces d'inscriptions relatives aux rénovations du temple et à une augmentation du revenu royal. Mais au lieu de le dater de leur époque, ces politiciens des premiers temps firent remonter leur monument au règne du roi akkadien Manishtusu (vers 2276-2261), établissant ainsi l'antiquité des revendications financières du temple. L'inscription se termine par cette promesse au lecteur : « Ceci n'est pas un mensonge, c'est bien la vérité[5]. » Comme le scribe-lecteur eut tôt fait de s'en apercevoir, son art lui donnait la capacité de modifier le passé historique.

Avec un tel pouvoir entre les mains, les scribes mésopotamiens constituaient une élite aristocratique. (De nombreuses années plus tard, aux VIIe et VIIIe siècles de l'ère chrétienne, les scribes d'Irlande bénéficiaient encore de ce statut privilégié : le châtiment pour le meurtre d'un scribe irlandais était équivalent à la peine encourue pour celui d'un évêque[6].) À Babylone, seuls certains citoyens qui avaient reçu une formation spéciale pouvaient devenir scribes, et leur fonction leur donnait la préséance sur d'autres membres de la société. On a découvert des livres de classe (sous forme de tablettes) dans presque toutes les maisons fortunées d'Ur, et l'on peut en déduire que les arts d'écrire et de lire étaient considérés comme des activités aristocratiques. Ceux qui étaient choisis pour devenir scribes suivaient, depuis leur plus jeune âge, un enseignement dispensé dans une école privée, une *e-dubba* ou « maison des tablettes ». Une salle entourée de bancs de terre dans le palais du roi Zimri-Lim, à Mari[7], bien qu'elle n'ait pas livré la moindre tablette aux investigations des archéologues, est considérée comme le modèle de ces écoles de scribes.

Le propriétaire de l'école, le principal ou *ummia*, avait pour assistants un *adda e-dubba*, ou « père de la maison des tablettes », et un *ugala*, ou employé. Les études comportaient plusieurs sujets ; par exemple, dans une de ces écoles, un principal nommé Igmil-Sin[8] enseignait l'écriture, la religion, l'histoire et les mathématiques. La discipline était l'affaire d'un des élèves les plus âgés, qui remplissait plus ou moins les fonctions de préfet. Il était important pour un scribe de bien réussir à l'école, et il existe des preuves que des pères soudoyaient les maîtres afin d'obtenir de bonnes notes pour leurs fils.

Après l'apprentissage pratique de la fabrication des tablettes de glaise et de l'utilisation du stylet, l'élève devait être initié au dessin et aprendre à reconnaître les signes fondamentaux. Au deuxième millénaire avant J.-C., l'écriture mésopotamienne était passée des pictogrammes – figurations plus ou moins précises des objets que désignaient les mots – à ce que nous appelons les caractères cunéiformes (du latin *cuneus*, clou), caractères qui représentaient des sons et non plus des objets. Les pictogrammes primitifs (dont il existait plus de deux milliers, puisqu'il y avait un signe par objet représenté) avaient évolué en marques abstraites qui pouvaient représenter non seulement des objets mais aussi les idées qui y étaient associées ; des mots et des syllabes différents prononcés de la même façon étaient représentés par un même signe. Des signes auxiliaires – phonétiques ou grammaticaux – permettaient une meilleure compréhension du texte et une précision nuancée des significations. En peu de temps, ce système donna au scribe la possibilité d'enregistrer une littérature complexe et d'un extrême raffinement : épopées, livres de sagesse, histoires humoristiques, poèmes d'amour[9]. L'écriture cunéiforme a effectivement survécu à travers les empires successifs de Sumer, d'Akkad et d'Assyrie, elle a consigné la littérature de quinze langues différentes et son usage s'est étendu sur une région occupée aujourd'hui par l'Iraq, l'Iran occidental et la Syrie. Nous ne pouvons plus aujourd'hui lire les tablettes pictographiques comme un langage parce que nous ne connaissons pas la valeur phonétique des différents signes, nous ne pouvons que *reconnaître* une chèvre, un mouton. Mais les linguistes se sont efforcés de reconstituer la prononciation des derniers textes cunéiformes sumériens et akkadiens et nous pouvons, de façon très rudimentaire, prononcer des sons gravés il y a des milliers d'années.

On se perfectionnait dans l'art d'écrire et de lire en s'entraînant à lier les signes, en général pour former un nom. Il existe de nombreuses tablettes montrant ces premiers pas maladroits, ces marques tracées d'une main peu sûre. L'élève devait apprendre à écrire selon les conventions qui lui permettraient également de lire. Par exemple, la préposition akkadienne «à», *ana*, devait être écrite *a-na* et non *ana* ou *an-a*, afin que l'élève accentue correctement les syllabes[10].

Lorsqu'il avait maîtrisé ce premier degré, on donnait à l'élève des tablettes d'une autre espèce, des tablettes rondes sur lesquelles le maître avait inscrit une phrase brève, un proverbe ou une liste de noms. L'élève étudiait l'inscription et puis retournait la tablette et reproduisait le texte. Pour ce faire, il devait garder les mots en tête le temps d'aller d'une face à l'autre de la tablette et devenait, pour la première fois, un passeur de messages – du lecteur de l'écriture du maître au scripteur de ce qu'il avait lu. Dans ce simple geste, une fonction ultérieure du scribe-lecteur était née : celle qui consiste à copier un texte, à l'annoter, à le commenter, à le traduire, à le transformer.

Je parle «du» scribe mésopotamien car c'était presque toujours un homme. Dans cette société patriarcale, la lecture et l'écriture étaient réservées aux détenteurs du pouvoir. Il y a néanmoins des exceptions. Le premier auteur dont l'Histoire a retenu le nom est une femme, la princesse Enheduanna, née vers 2300, fille du roi Sargon Ier d'Akkad, grande prêtresse du dieu de la lune, Nanna, et auteur d'une série de chants en l'honneur d'Inanna, déesse de l'amour et de la guerre[11]. Enheduanna signait de son nom le bas de ses tablettes. Telle était la coutume en Mésopotamie, et une grande partie de ce que nous savons des scribes provient de ces signatures, ou colophons, qui comprenaient le nom du scribe ainsi que la date et le nom de la ville où le texte avait été écrit. Cette identification permettait au lecteur de lire avec une voix donnée – dans le cas des hymnes à Inanna, celle d'Enheduanna –, identifiant le « je » du texte à une personne en particulier et créant ainsi un personnage pseudo-imaginaire, « l'auteur », avec lequel le lecteur pouvait converser. Ce procédé, inventé aux origines de la littérature, est encore en usage plus de quatre mille ans après.

Deux tablettes d'écoliers sumériens : le maître écrivait sur une face, l'élève copiait sur l'autre ce qu'il avait écrit.

Les scribes devaient avoir conscience du pouvoir extraordinaire que leur conférait la qualité de lecteur d'un texte, et ils gardaient jalousement cette prérogative. Avec arrogance, la plupart des scribes mésopotamiens terminaient leurs écrits par ce colophon : « Que le sage instruise le sage, car l'ignorant ne peut pas voir[12]. » Dans l'Égypte de la dix-neuvième dynastie, vers 1300, un scribe a composé cet éloge de son art :

> *Sois un scribe ! Grave ceci dans ton cœur*
> *Afin que ton nom vive à jamais comme les leurs !*
> *Le rouleau vaut mieux que la pierre entaillée.*
> *Un homme est mort : son corps n'est plus que poussière*
> *Et les siens ont disparu de cette terre.*
> *C'est un livre qui fera revivre sa mémoire*
> *Dans la bouche de celui qui le lit*[13].

Un écrivain peut construire un texte de bien des façons, en choisissant dans le stock commun les mots qui lui paraissent le mieux exprimer son message. Mais le lecteur qui reçoit ce texte n'est pas confiné à une seule interprétation. Si, comme nous l'avons dit, les lectures d'un texte ne sont pas innombrables – elles sont limitées par les conventions grammaticales et les bornes imposées par le bon sens – elles ne sont pas strictement dictées par le texte même. Pour Jacques Derrida, tout écrit est lisible même si l'instant de sa création est perdu à jamais et même si l'on ignore ce que son auteur voulait dire au moment où il l'écrivait, qui est aussi celui où il l'abandonnait à sa dérive essentielle. C'est la raison pour laquelle l'auteur (l'écrivain, le scribe) qui souhaite sauvegarder et imposer un sens doit être aussi le lecteur. Tel est le privilège secret que se réservait le scribe mésopotamien et que j'ai usurpé, moi, qui lisais dans les ruines de ce qui était peut-être sa bibliothèque.

Dans un texte célèbre, Roland Barthes suggérait qu'on distingue *l'écrivain* de *l'écrivant* : le premier accomplit une fonction, le second une activité ; pour *l'écrivain*, écrire est un verbe intransitif ; pour *l'écrivant*, le verbe mène toujours à un objectif – endoctrinement, témoignage, explication, enseignement[14]. Sans doute pourrait-on faire la même distinction entre les deux rôles du lecteur : celui du lecteur pour qui le texte justifie son existence du seul fait d'être lu, sans motivation ultérieure (pas même le plaisir, puisque la notion de plaisir est implicite dans l'acte de lire), et celui du lecteur animé par une motivation ultérieure (l'étude, la critique) et pour qui le texte est un véhicule permettant d'accéder à une autre fonction. La première activité occupe une durée dictée par la nature du texte ; la seconde une durée dont a décidé le lecteur à l'intention de cette lecture. Il s'agit peut-être de ce que saint Augustin considérait comme une distinction établie par Dieu en Personne. « Ce que mes Écritures disent, je le dis, entend-il Dieu lui révéler. Mais les Écritures parlent dans le temps, tandis que le temps n'affecte pas mon Verbe, qui est éternel, mon égal dans les siècles des siècles. Les choses que tu vois grâce à mon

Esprit, je les vois, de même que je prononce les paroles que tu prononces grâce à mon Esprit. Mais tandis que tu vois toutes ces choses dans le temps, ce n'est pas dans le temps que je les vois. Et tandis que tu prononces ces paroles dans le temps, ce n'est pas dans le temps que je les prononce[15]. »

Ainsi que le savait le scribe, ainsi que la société le découvrit, l'extraordinaire invention du mot écrit avec tous ses messages, ses lois, ses listes et ses littératures dépendait de la capacité qu'avait le scribe de faire revivre le texte, de le lire. Cette capacité disparue, les textes redeviennent des marques silencieuses. Les anciens Mésopotamiens pensaient que les oiseaux étaient sacrés parce que les traces de leurs pattes sur la boue ressemblaient à des caractères cunéiformes, et ils imaginaient que s'ils parvenaient à déchiffrer la confusion de ces signes, ils sauraient ce que pensaient les dieux. Des générations de savants ont tenté de devenir les lecteurs d'écritures dont nous avons perdu les codes : la sumérienne, l'akkadienne, la minoenne, l'aztèque, la maya…

Parfois avec succès. Parfois non, comme dans le cas de l'écriture étrusque, dont nous n'avons pas encore décodé les subtilités. Le poète Richard Wilbur a ainsi résumé la tragédie qui accable une civilisation dont les lecteurs ont disparu :

AUX POÈTES ÉTRUSQUES

Rêvez sans frein, frères immobiles, qui dans l'enfance
Avez reçu avec le lait de vos mères la langue maternelle,

Matrice pure dans laquelle, unissant le monde et l'esprit,
Vous vous êtes efforcés de laisser derrière vous quelque vers

Telle une trace fraîche sur un champ de neige
Sans prévoir que tout pouvait fondre et disparaître[16].

Carte imaginaire d'Alexandrie, dans un manuscrit du XVIᵉ siècle.

ORDONNATEURS DE L'UNIVERS

Alexandre le Grand a fondé Alexandrie vers 331. L'historien romain Quinte-Curce, qui vécut sous le règne de Claude et écrivait donc plus de quatre siècles après l'événement, rapporte dans son *Histoire d'Alexandre* que la fondation eut lieu juste après la visite que rendit Alexandre au sanctuaire du dieu égyptien Ammon, « Celui qui est caché », où le prêtre s'adressa au roi en l'appelant « Fils de Jupiter ». Ainsi placé en état de grâce, Alexandre choisit pour sa nouvelle cité le terrain qui s'étendait entre le lac Maréotis et la mer, et ordonna au peuple d'émigrer des villes avoisinantes vers la nouvelle métropole. « On raconte, écrit Quinte-Curce, qu'après que le roi eut, selon la coutume macédonienne, marqué avec de la farine d'orge le tracé circulaire de la future enceinte de la ville, des bandes d'oiseaux s'abattirent sur l'orge pour le picorer. Beaucoup considérèrent cela comme un mauvais présage, mais le verdict des augures fut que la ville aurait une importante population immigrante et procurerait des moyens d'existence à de nombreux pays[1]. »

Des ressortissants de nombreux pays s'assemblèrent en effet dans la nouvelle capitale, mais c'est une immigration d'un autre genre qui fit en définitive la renommée d'Alexandrie. À la mort d'Alexandre, vers 323, la ville était devenue ce que nous appellerions aujourd'hui « une société multiculturelle », composée de *politeumata*, ou corporations fondées sur la nationalité, placées sous le sceptre de la dynastie des Ptolémée. La plus importante de ces nationalités, en dehors des Égyptiens indigènes, était représentée par les Grecs, pour qui l'écrit était devenu un symbole de sagesse et de puissance. « Ceux qui savent lire voient deux fois mieux », écrivait le poète attique Ménandre au IVe siècle avant J.-C.[2].

Même si, par tradition, les Égyptiens avaient de tout temps enregistré par écrit une grande partie de leur activité administrative, il est probable que c'est l'influence des Grecs, convaincus que la société avait besoin de comptes rendus précis et systématiques de ses transactions, qui transforma Alexandrie en un État intensément bureaucratique. Vers le milieu du IIIe siècle avant J.-C., la masse des documents devenait encombrante. On établissait par écrit reçus, estimations, déclarations et permis. On trouve des spécimens de documents pour toutes sortes de travaux, si insignifiants fussent-ils : l'élevage de porcs, la vente de bière, le commerce de lentilles frites, la gérance d'un établissement de bains, une entreprise de peinture[3]. Un document datant de ~258-257 révèle que les bureaux comptables du ministre des finances Apollonius reçurent quatre cent trente-quatre rouleaux de papyrus en trente-trois jours[4]. L'amour du papier ne signifie pas l'amour des livres, mais il ne fait guère de doute que la familiarité avec l'écrit donna aux citoyens d'Alexandrie l'habitude de lire.

Si les goûts de son fondateur avaient quelque rôle à jouer, Alexandrie était destinée à devenir une ville d'amateurs de livres[5]. Le père d'Alexandre, Philippe de Macédoine, avait engagé Aristote comme précepteur pour son fils, et sous la tutelle d'Aristote, Alexandre était devenu féru de l'étude et des livres[6]. Lecteur si enthousiaste, à vrai dire, qu'il était rarement sans lecture. Au cours d'un voyage en haute Asie, « se trouvant à court de livres », il ordonna à l'un de ses commandants de lui en envoyer ; il reçut dûment l'*Histoire* de Philistus, plusieurs pièces d'Euripide, de Sophocle et d'Eschyle ainsi que des poèmes de Téleste et de Philoxène[7].

Ce fut peut-être Démétrios – un savant athénien, compilateur des fables d'Esope, critique d'Homère et élève du célèbre Théophraste (lui-même élève et ami d'Aristote) – qui suggéra au successeur d'Alexandre, Ptolémée Ier, la création de la bibliothèque qui devait faire la renommée d'Alexandrie ; une renommée si grande que cent cinquante ans après sa destruction, Athénée de Naucratis estimait superflu de la décrire à ses lecteurs. « Et en ce qui concerne l'abondance des livres, l'organisation des bibliothèques et les collections rassemblées dans la salle des Muses, quel besoin aurais-je d'en parler, puisque tout le monde en a gardé le souvenir[8] ? » C'est regrettable, parce que l'emplacement exact de la bibliothèque, le nombre des livres qu'elle renfermait, la façon dont elle était gérée et qui fut responsable de sa destruction sont autant de questions auxquelles nous ne possédons aucune réponse satisfaisante.

Vers la fin du Ier siècle avant J.-C., le géographe grec Strabon a donné d'Alexandrie et de son musée une description assez détaillée, sans jamais mentionner la bibliothèque. D'après l'historien italien Luciano Canfora[9], Strabon ne parle pas de la bibliothèque simplement parce qu'il ne s'agissait pas d'un lieu ou d'un bâtiment indépendants, mais plutôt d'un espace rattaché aux colonnades et à la salle commune du musée. Canfora suppose que les *bibliothekai* ou étagères à livres étaient installées dans des renfoncements le long d'un large passage couvert. « Chaque niche ou renfoncement, observe Canfora, doit avoir été consacré à une certaine catégorie d'auteurs, marqués chacun d'un titre approprié. » Cet espace s'agrandit jusqu'à ce que la bibliothèque finisse par abriter, disait-on, près d'un demi-million de rouleaux, sans compter quarante mille autres, rangés dans un deuxième bâtiment rattaché au temple de Sérapis, dans le vieux quartier égyptien de Rhakotis. Si nous considérons qu'avant l'invention de l'imprimerie, la librairie papale en Avignon était la seule de l'Occident chrétien à posséder plus de deux mille volumes[10], nous commençons à nous faire une idée de l'importance des collections d'Alexandrie.

Les volumes devaient être rassemblés en grand nombre, puisque le dessein grandiose des fondateurs de la bibliothèque était d'y engranger la totalité du savoir humain. Pour Aristote, faire collection de livres constituait une partie indispensable, « en tant qu'aide-mémoire », des travaux d'un érudit. La bibliothèque de la ville fondée par son disciple devait être simplement une version plus vaste d'une telle collection : la mémoire du monde. Selon Strabon, Théophraste hérita des livres d'Aristote, et après Théophraste, son parent et élève Nélée de Scepsis, et après Nélée (dont la générosité a toutefois été mise en doute[11]), les livres devinrent enfin la propriété de Ptolémée II, qui en fit l'acquisition à l'intention d'Alexandrie. Sous Ptolémée III, personne n'aurait pu avoir lu tous les livres de la bibliothèque. Par décret royal, chaque bateau qui s'arrêtait à Alexandrie devait remettre tous les livres qu'il transportait ; on copiait ces livres et on rendait les originaux (parfois les copies) à leurs propriétaires tandis que les copies (parfois les originaux) trouvaient place dans la bibliothèque. Les textes définitifs des grands dramaturges grecs, conservés à Athènes où les acteurs pouvaient les transcrire et les étudier, furent empruntés par les Ptolémée grâce aux bons offices de leurs ambassadeurs et copiés avec le plus grand soin. Les ouvrages qui entraient dans la bibliothèque n'étaient pas tous authentiques ; des faussaires, observant avec quel intérêt passionné les Ptolémée collectionnaient les classiques, leur vendirent des traités aristotéliciens apocryphes dont des siècles de recherches érudites devaient démontrer la fausseté. Parfois les érudits eux-mêmes fabriquèrent des faux. Sous le nom d'un contemporain de Thucydide, le savant Cratippus écrivit un livre intitulé : *Tout ce que Thucydide n'a pas dit*, dans lequel il faisait ample usage d'emphase et d'anachronisme – allant jusqu'à citer un auteur qui avait vécu quatre cents ans après la mort de Thucydide.

L'accumulation des connaissances n'est pas la connaissance. Le poète gaulois Ausone, plusieurs siècles plus tard, se moquait dans l'un de ses *Opuscules* de la confusion des deux :

> *Tu as acheté des livres et rempli des rayons, ô amoureux des Muses.*
> *Cela signifie-t-il que tu es désormais savant ?*
> *Si tu achètes aujourd'hui des instruments à cordes, plectre et lyre :*
> *Crois-tu que demain le royaume de la musique t'appartiendra*[12] *?*

De toute évidence, il fallait une méthode pour aider les gens à se servir de ce trésor livresque – une méthode permettant à n'importe quel lecteur de localiser un livre particulier qui l'intéressait. Aristote disposait sans doute d'un système personnel pour retrouver dans sa bibliothèque les livres dont il avait besoin (un système dont, hélas, nous ne savons rien). Mais étant donné le nombre des volumes contenus dans la bibliothèque d'Alexandrie, il aurait été impossible pour un lecteur individuel de mettre la main sur un titre précis sans un improbable coup de chance. La solution apparut – assortie d'une nouvelle série de problèmes – sous les traits d'un nouveau bibliothécaire, le poète et érudit Callimaque de Cyrène.

Né en Afrique du Nord au début du IIIe siècle avant J.-C., Callimaque vécut presque toute sa vie durant à Alexandrie, où il enseigna d'abord dans une école des faubourgs avant de travailler dans la bibliothèque. C'était un auteur, un critique, un poète et un encyclopédiste d'une merveilleuse prolixité. Il lança (ou reprit) un débat qui n'est pas encore clos à notre époque : estimant que la littérature doit être concise et sobre, il dénonçait ceux qui continuaient à écrire des épopées à l'ancienne, les qualifiant de bavards surannés. Ses ennemis l'accusaient d'être incapable d'écrire des œuvres longues et d'avoir, dans ses poèmes courts, un style aussi sec que poussière. (Plusieurs siècles plus tard, sa position fut aussi celle des modernes contre les anciens, des romantiques contre les classiques, des émules de Faulkner contre les minimalistes américains.) Son pire ennemi était son supérieur à la bibliothèque, Apollonios de Rhodes, dont l'épopée en six mille vers, *Les Argonautiques*, était l'illustration de tout ce que Callimaque avait en horreur. («Gros livre, gros ennui», fut son commentaire laconique.) Ni Callimaque ni Apollonios n'ont aujourd'hui la faveur des lecteurs : on se souvient encore (parfois) des *Argonautiques*; quelques échantillons de l'art de Callimaque ont survécu peu ou prou dans une traduction par Catulle («La chevelure de Bérénice», dont Alexander Pope s'est inspiré pour *La Boucle dérobée*).

Sous l'œil assurément sévère d'Apollonios, Callimaque (dont on ignore s'il devint jamais bibliothécaire en chef) entreprit la tâche ardue de dresser le catalogue de la précieuse collection. Il exerçait là une profession séculaire ; on trouve des traces de ces « ordonnateurs de l'univers » (ainsi que les appelaient les Sumériens) dans les plus anciens vestiges de bibliothèques. C'est ainsi que, lors des fouilles d'Edfu, le catalogue d'une « Maison des livres » égyptienne, datant à peu près de deux mille ans avant J.-C., commence par énumérer plusieurs autres catalogues : *Le Livre de ce qu'on peut voir dans le temple*, *Le Livre des domaines*, *Le Livre de tous les écrits gravés sur bois*, *Le Livre des stations du Soleil et de la Lune*, *Le Livre des lieux et de ce qui s'y trouve*, et ainsi de suite[13].

Portrait imaginaire de Callimaque, gravure du XVIe siècle.

À ce qu'il semble, le système choisi par Callimaque pour Alexandrie avait moins pour base une liste ordonnée des possessions de la bibliothèque qu'une formulation préconçue de l'univers. Toute classification est arbitraire, en fin de compte. Celle que proposait Callimaque paraît l'être un peu moins parce qu'elle applique le mode de pensée accepté par les intellectuels et les savants de son époque, héritier de la vision du monde des Grecs. Callimaque divisa la bibliothèque en rayons ou tables (*pinakoi*), organisés en huit classes ou sujets : drame, art oratoire, poésie lyrique, législation, médecine, histoire, philosophie et divers. Il partagea les œuvres longues en les faisant copier en plusieurs sections plus courtes appelées « livres », de manière à obtenir des rouleaux plus petits et plus commodes à manipuler.

Callimaque ne devait pas arriver au bout de sa gigantesque entreprise, qui fut achevée par des bibliothécaires ultérieurs. L'ensemble des *pinakoi* – dont le titre officiel était : *Tables de Ceux qui furent remarquables dans tous les Domaines de la Culture, ainsi que de leurs œuvres* – occupait apparemment cent vingt rouleaux[14]. On doit également à Callimaque un procédé de catalogage qui devait devenir courant : l'habitude de ranger les volumes par ordre alphabétique. Avant cette époque, seules quelques inscriptions grecques énumérant une série de noms (et dont certaines remontent au IIe siècle avant J.-C.) utilisent l'ordre alphabétique[15]. Selon le critique français Christian Jacob, la bibliothèque de Callimaque est le premier exemple d'un « espace utopique de critique, où des textes peuvent être comparés, mis à plat les uns à côté des autres[16] ». Grâce à Callimaque, la bibliothèque devint un lieu de lecture organisé.

Toutes les bibliothèques que j'ai connues sont le reflet de cette antique bibliothèque. La sombre Biblioteca del Maestro à Buenos Aires, d'où je pouvais apercevoir par les fenêtres les jacarandas couvrant la rue de leurs fleurs bleues ; la délicieuse Huntington Library à Pasadena, en Californie, entourée, telle une villa italienne, de jardins bien ordonnés ; la vénérable British Library, où je me suis assis (à ce qu'on m'a dit) sur la chaise qu'avait choisie Karl Marx quand il écrivait *Le Capital* ;

les trois étagères de la bibliothèque de Djanet, au Sahara algérien, où j'ai vu parmi les livres arabes un mystérieux exemplaire en français du *Candide* de Voltaire ; la Bibliothèque nationale, à Paris, où la section réservée à la littérature érotique est appelée l'Enfer ; la superbe Metro Toronto Reference Library où l'on peut, tout en lisant, regarder tomber la neige sur les verrières inclinées – toutes copient, avec des variantes, la vision systématique de Callimaque.

La bibliothèque d'Alexandrie et ses catalogues servirent de modèles, d'abord aux bibliothèques de la Rome antique, ensuite à celles de l'Orient byzantin et plus tard à celles de l'Europe chrétienne. Dans *De la doctrine chrétienne*, ouvrage écrit peu après sa conversion en 387, saint Augustin, encore sous l'influence de la pensée néoplatonicienne, soutenait qu'un certain nombre d'œuvres classiques grecques et romaines étaient compatibles avec la doctrine chrétienne puisque des auteurs tels qu'Aristote ou que Virgile avaient « indûment possédé la vérité » (ce que Plotin appelait « l'esprit » et le Christ « le Verbe » ou *logos* [17]). Avec un éclectisme comparable, la première bibliothèque connue de l'Église catholique romaine, fondée dans les années 380 par le pape Damase Ier dans l'église S. Lorenzo, contenait non seulement des livres chrétiens – la Bible, des ouvrages de commentaires et un choix des apologistes grecs –, mais aussi plusieurs classiques grecs et romains. (L'acceptation des anciens n'allait pas encore sans discrimination ; au milieu du Ve siècle, Sidoine Apollinaire, commentant la bibliothèque d'un ami, déplore que les auteurs païens soient séparés des chrétiens – les païens près des sièges réservés aux messieurs, les chrétiens près de ceux des dames[18].)

Comment, dès lors, cataloguer des écrits aussi divers ? Les possesseurs des premières bibliothèques chrétiennes recensaient leurs livres en fonction des rayonnages. Les bibles venaient d'abord, et puis les gloses, les œuvres des Pères de l'Église (saint Augustin en tête), la philosophie, le droit et la grammaire. Les livres médicaux figuraient parfois en fin de liste. Comme, pour la plupart, les livres n'avaient pas d'intitulé officiel, on leur attribuait un titre descriptif ou on désignait un ouvrage à l'aide des premiers mots du texte. L'alphabet servait parfois de clef pour retrouver un volume. Au Xe siècle, par exemple, le grand vizir de Perse, Abdul Kassem Isma'il, afin de ne pas se séparer durant ses voyages de sa collection de cent dix-sept mille volumes, faisait transporter ceux-ci par une caravane de quatre cents chameaux entraînés à marcher en ordre alphabétique[19].

Une des rares représentations de Richard de Fournival, en conversation avec sa maîtresse, dans un manuscrit enluminé du XIIIe siècle.

En Europe médiévale, le plus ancien spécimen d'inventaire par sujets est celui de la bibliothèque de la cathédrale du Puy, au XIe siècle, mais de longtemps ce type de catalogue ne représenta pas la norme. Dans de nombreux cas, les catégories des livres n'étaient établies que pour des raisons pratiques. À Cantorbéry, dans les années 1200, la position sur les listes des livres de la bibliothèque de l'archevêque était fonction des facultés qui en faisaient le plus grand usage. En 1120, Hugh de Saint Victor proposa un système de catalogage dans lequel le contenu de chaque livre se trouvait brièvement résumé (comme dans un abrégé moderne) et placé dans l'une des trois catégories correspondant à la division tripartite des arts libéraux : théorique, pratique ou mécanique.

En l'an 1250, Richard de Fournival, dont j'ai décrit plus haut les théories sur la lecture et la mémoire, imagina un système fondé sur un modèle horticole. Comparant sa bibliothèque à un jardin « où ses concitoyens pourraient cueillir les fruits de la connaissance », il divisa ce jardin en trois parterres – correspondant à la philosophie, aux «sciences lucratives» et à la théologie – et chaque parterre en un certain nombre de carrés, ou *areolae*, qui comprenaient chacun une table des matières ou *tabula* (comme les *pinakoi* de Callimaque) énumérant les sujets traités[20]. Le parterre de la philosophie, par exemple, était divisé en trois *areolae* :

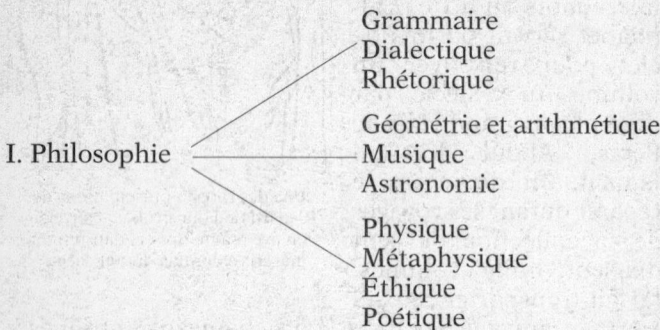

I. Philosophie

Grammaire
Dialectique
Rhétorique

Géométrie et arithmétique
Musique
Astronomie

Physique
Métaphysique
Éthique
Poétique

Les «sciences lucratives» du deuxième parterre ne comptaient que deux *areolae*, la médecine et le droit. Le troisième parterre était réservé à la théologie.

II. Sciences lucratives

Médecine

Droit civil et droit canon

III. Théologie

Dans les *areolae*, chaque *tabula* comportait un certain nombre de lettres, égal au nombre des livres qui s'y trouvaient contenus, de sorte qu'on pouvait attribuer une lettre à chaque livre et l'inscrire sur sa couverture. Afin d'éviter la confusion résultant de l'identification de plusieurs livres par la même lettre, Fournival variait typographies et couleurs, marquant un livre de grammaire d'un A majuscule rose vif, un autre d'un A oncial violacé.

Bien que la bibliothèque de Fournival fût divisée en trois «parterres», les *tabulae* n'étaient pas nécessairement allouées aux sous-catégories en ordre d'importance,

Une bibliothèque islamique au XIIIᵉ siècle. Un groupe de lecteurs consulte un des volumes soigneusement répertoriés qui sont rangés à plat sur les petites étagères à l'arrière-plan.

mais en fonction du nombre des volumes qui s'y trouvaient. La dialectique, par exemple, occupait une table entière parce qu'il y avait plus d'une douzaine de livres sur ce sujet ; la géométrie et l'arithmétique, représentées chacune par six livres seulement, partageaient une même table[21].

Dans l'organisation de ce jardin, Richard de Fournival s'était inspiré, du moins en partie, des sept arts libéraux distingués au Moyen Âge par l'éducation traditionnelle : la grammaire, la rhétorique, la logique, l'arithmétique, la géométrie, l'astronomie et la musique. Ces sept sujets, énumérés au début du Vᵉ siècle par Martianus Capella, étaient censés couvrir la gamme entière de la sagesse humaine, à l'exception de la médecine, du droit et de la théologie[22].

Un siècle environ avant que Fournival ne propose son système, d'autres amateurs de livres tels que le père du droit canon, Gratien, et le théologien Pierre Lombard avaient suggéré de nouvelles divisions du savoir humain fondées sur une relecture d'Aristote, dont l'hypothèse d'une hiérarchie universelle de l'existence leur paraissait très attrayante, mais leurs suggestions restèrent ignorées pendant de nombreuses années. Au milieu du XIIe siècle, cependant, le nombre des œuvres d'Aristote qui avaient commencé à se répandre en Europe (traduites en latin d'après les versions arabes, elles-mêmes traduites du grec, par des érudits tels que Michael Scot et Hermannus Alemannus) obligea les savants à reconsidérer les catégories que Fournival trouvait si naturelles. À partir de 1251, l'Université de Paris inscrivit officiellement l'œuvre d'Aristote à son programme[23]. À l'instar de leurs prédécesseurs d'Alexandrie, les bibliothécaires européens recherchèrent Aristote. Ils le trouvèrent, édité et annoté avec méticulosité par des savants musulmans tels qu'Averroès et Avicenne, ses principaux interprètes d'Orient et d'Occident.

L'adoption d'Aristote par les Arabes commence par un rêve. Une nuit, au début du IXe siècle, le calife Al-Ma'mun, fils du quasi légendaire Haroun al-Rachid, rêva une conversation. L'interlocuteur du calife était un homme pâle, aux yeux bleus, au front élevé et aux sourcils froncés, assis tel un roi sur un trône. Cet homme (le calife le reconnut avec l'assurance que nous éprouvons tous en rêve) était Aristote, et les paroles secrètes qu'ils échan-

Portrait de Roger Bacon, gravure du XVIe siècle.

gèrent incitèrent le calife à recommander aux érudits de l'académie de Bagdad de consacrer leurs efforts, à compter de cette nuit-là, à la traduction du philosophe grec[24].

Bagdad n'était pas le seul lieu où l'on collectionnait Aristote et les autres classiques grecs. Au Caire, la bibliothèque fatimide contenait, avant les purges sunnites de 1175, plus d'un million cent mille volumes, catalogués par sujets[25]. (Les croisés, avec l'exagération suscitée par l'étonnement et l'envie, racontèrent qu'il y avait trois millions de livres en possession des infidèles.) Fidèle au modèle d'Alexandrie, la bibliothèque fatimide comprenait également un musée, des archives et un laboratoire. Des savants chrétiens comme Jean de Gorce firent le voyage afin de profiter de ces ressources inestimables. L'Espagne islamique comptait également de nombreuses bibliothèques importantes ; rien qu'en Andalousie, on en trouvait plus de soixante-dix, dont la bibliothèque des califes de Cordoue, où l'on recensait quatre cent mille volumes sous le règne d'Al-Hakam II (961-976)[26].

Roger Bacon, qui écrivait au début du XIIIe siècle, critiqua les nouveaux systèmes de catalogage dérivés de traductions des traductions arabes, lesquelles, à son avis, imprégnaient les textes d'Aristote des enseignements de l'islam. Scientifique expérimentateur qui avait étudié à Paris les mathématiques, l'astronomie et l'alchimie, Bacon fut le premier Européen à décrire en détail la fabrication de la poudre à canon (qui ne serait utilisée dans des canons qu'au siècle suivant) et à suggérer que, grâce à l'énergie solaire, il serait un jour possible d'avoir des bateaux sans rameurs, des voitures sans chevaux et des machines capables de voler. Il reprochait à des savants tels qu'Albert le Grand et saint Thomas d'Aquin de prétendre lire Aristote en dépit de leur ignorance du grec, et s'il admettait qu'on pouvait apprendre « quelque chose » des commentateurs arabes (il admirait Avicenne, par exemple, et étudiait avec assiduité, ainsi que nous l'avons vu, les œuvres d'Al-Haytham), il considérait comme essentiel que les lecteurs établissent leurs opinions sur les textes originaux.

À l'époque de Bacon, les sept arts libéraux étaient placés allégoriquement sous la protection de la Vierge Marie, ainsi qu'en témoigne le tympan surmontant le portail occidental de la cathédrale de Chartres. Avant de parvenir à une telle réduction théologique, un savant véritable – selon Bacon – devait posséder une connaissance approfondie de la science et du langage ; pour la première, l'étude des mathématiques était indispensable, pour la seconde celle de la grammaire. Dans le système utilisé par Bacon pour cataloguer le savoir (qu'il avait l'intention de décrire en détail dans une immense *Opus principale* encyclopédique, qu'il n'acheva jamais), les sciences de la nature constituaient une sous-catégorie de la

Un scribe absorbé dans sa tâche, sculpture du XIIIe siècle sur le portail occidental de la cathédrale de Chartres.

science de Dieu. Dans cette conviction, Bacon se battit pendant des années pour faire reconnaître l'enseignement des sciences comme faisant pleinement partie du programme universitaire, mais en 1268 la mort du pape Clément IV, qui avait manifesté de la sympathie envers ses idées, mit un terme au projet. Pendant le reste de sa vie, Bacon demeura impopulaire aux yeux de ses collègues intellectuels ; plusieurs de ses théories scientifiques furent comprises dans la condamnation de Paris en 1277, et il fut emprisonné jusqu'en 1292. On pense qu'il mourut peu après, sans soupçonner que les historiens à venir lui donneraient le titre de « Doctor Mirabilis », le Professeur Merveilleux pour qui chaque livre avait sa place, laquelle était aussi sa définition, et chaque aspect possible du savoir humain appartenait à une catégorie savante qui le délimitait avec exactitude.

Les catégories dans lesquelles un lecteur situe ses lectures – en fonction de son bagage social et culturel – et celles dans lesquelles cette lecture est située – en fonction de l'organisation matérielle de la bibliothèque – se modifient sans cesse les unes les autres, de façons qui semblent, les années passant, plus ou moins arbitraires ou plus ou moins imaginatives. Toute bibliothèque est une bibliothèque de préférences, et chaque catégorie choisie implique une exclusion. Après la dissolution de l'ordre des Jésuites en 1773, on confia les livres qui se trouvaient dans leur maison de Bruxelles à la Bibliothèque royale belge, où il n'y avait pas assez de place pour eux. On les rangea donc dans une église jésuite désaffectée. Comme celle-ci était infestée de souris, les bibliothécaires durent trouver un moyen de protéger les volumes. Le secrétaire de la société littéraire belge fut chargé de sélectionner les livres les meilleurs et les plus utiles, que l'on rangea sur des étagères au centre de la nef, tandis qu'on laissait les autres par terre. On pensait que les souris se grignoteraient un passage à l'extérieur et laisseraient le centre intact[27].

Il existe même des bibliothèques dont les catégories ne correspondent pas à la réalité. L'écrivain Paul Masson, qui avait été magistrat dans les colonies françaises, remarqua que la Bibliothèque nationale, à Paris, était peu fournie en livres latins et italiens du XVe siècle, et décida de remédier à cette déficience en composant une liste d'ouvrages appropriés, classés dans une nouvelle catégorie qui « sauverait l'honneur du catalogue » – une catégorie qui ne compterait que des livres dont il aurait inventé le titre. Comme Colette, une amie de toujours, lui demandait à quoi servaient des livres qui n'existaient pas, Masson protesta avec indignation qu'il ne pouvait penser à tout[28].

Un espace déterminé par des catégories artificielles, tel qu'une bibliothèque, suggère un univers logique, un univers bien ordonné dans lequel chaque objet a sa place et est défini par elle. Dans une nouvelle célèbre, Borges a poussé à l'extrême le raisonnement de Bacon en imaginant une bibliothèque aussi vaste que l'univers. Dans cette bibliothèque (qui multiplie à l'infini l'architecture de la vénérable Bibliothèque nationale, Calle Méjico, à Buenos Aires, dont Borges fut le directeur aveugle), il n'y a pas deux livres identiques. Comme les rayons contiennent toutes les combinaisons possibles de l'alphabet et, par conséquent, des rangées et des rangées de charabia indéchiffrable, tout livre réel ou imaginable s'y trouve représenté : « l'histoire détaillée du futur, les autobiographies des archanges, le catalogue véritable de la Bibliothèque, des milliers et des milliers de faux catalogues, la démonstration de la fausseté de ces catalogues, la démonstration de la fausseté du catalogue véritable, l'Évangile gnostique de Basilide, le commentaire de cet évangile, le commentaire du commentaire de cet évangile, le récit véridique de votre mort, une version de chaque livre en toutes les langues, l'interpolation de chaque livre dans tous les livres, le traité que Bède le Vénérable aurait pu écrire (et n'écrivit jamais) sur la mythologie saxonne, les livres disparus de Tacite ». À la fin, le narrateur de Borges (qui est également un bibliothécaire), errant jusqu'à l'épuisement dans les corridors, imagine que la Bibliothèque fait elle-même partie d'une autre écrasante catégorie de bibliothèques, et que la quasi infinie collection de livres est répétée périodiquement dans une éternité livresque. « Ma solitude, conclut-il, se console à cet élégant espoir[29]. »

Salles, corridors, étagères, rayonnages, fiches et catalogues informatisés supposent que les sujets qui occupent nos pensées sont de véritables entités, et cette présomption peut prêter à un livre une tonalité et une valeur particulières. Classé dans Fiction, *Les Voyages de Gulliver*, de Jonathan Swift, est un roman d'aventures humoristique ; dans Sociologie, une étude satirique de l'Angleterre du XVIIIe siècle ; dans Littérature pour enfants, une fable amusante où il est question de nains, de géants et de chevaux qui parlent ; dans Imaginaires, un précurseur de la science-fiction ; dans Voyages, un voyage fabuleux ; dans Classiques, une partie du patrimoine littéraire occidental. Les catégories sont exclusives ; la lecture ne l'est pas – ou ne devrait pas l'être. Quelles que soient les classifications choisies, chaque bibliothèque impose à la lecture sa tyrannie et oblige le lecteur – le lecteur curieux, le lecteur en alerte – à *délivrer* le livre de la catégorie à laquelle on l'a condamné.

Tête colossale du premier empereur chrétien, Constantin le Grand.

LIRE L'AVENIR

En 1256, l'immense érudit qu'était Vincent de Beauvais compara les opinions d'auteurs classiques tels que Lactance et saint Augustin, et, sur la base de leurs écrits, releva dans son *Speculum majus*, vaste encyclopédie du monde au XIIIe siècle, les lieux de naissance des dix sibylles antiques – Cumes, Cyme, Delphes, l'Érythrée, l'Hellespont, la Libye, la Perse, la Phrygie, Samos et Tibur[1]. Les sibylles, expliquait Vincent de Beauvais, étaient des femmes qui prononçaient des oracles sous forme d'énigmes – paroles d'inspiration divine que les humains étaient censés déchiffrer. En Islande, au Xe siècle, dans un monologue poétique connu sous le nom de *Voluspa*[2], une sibylle profère ces mots bourrus, tel un refrain adressé au lecteur curieux : « Eh bien, quoi, comprends-tu ? Hein ? »

Les sibylles étaient immortelles, quasi éternelles : l'une d'elles affirmait que son dieu avait commencé à parler par sa voix à la sixième génération après le Déluge ; une autre assurait qu'elle avait précédé le Déluge. La sibylle de Cumes qui, « échevelée, le sein palpitant, le cœur enflé d'une frénésie sauvage[3] », avait indiqué à Énée le chemin des Enfers, vécut pendant des siècles dans une bouteille suspendue en l'air, et quand des enfants lui demandaient ce qu'elle désirait, elle répondait : « Je voudrais mourir[4]. » Les prophéties sibyllines – dont plusieurs furent composées avec beaucoup d'à-propos par des poètes inspirés et mortels, après les événements annoncés – étaient tenues pour véridiques en Grèce, à Rome, en Palestine et dans l'Europe chrétienne. La sibylle de Cumes en personne les offrit, réunies en neuf volumes, à Tarquin le Superbe, septième et dernier roi de Rome[5]. Il refusa de payer, et la sibylle mit le feu à trois des volumes. Il refusa de nouveau ; elle en brûla trois autres. Finalement, le roi acheta au prix demandé pour les neuf volumes les trois rescapés, qui furent conservés dans un coffre à l'abri d'un caveau de pierre, sous le Temple de Jupiter, jusqu'à leur destruction par un incendie, en 83 avant J.-C. Plusieurs siècles plus tard, à Byzance, douze textes attribués aux sibylles furent découverts et rassemblés en un manuscrit unique ; une version incomplète en a été publiée en 1545.

La plus ancienne, la plus vénérée des sibylles fut Hérophile, qui prophétisa la guerre de Troie. Apollon proposa de lui offrir ce qu'elle désirait le plus ; elle lui demanda de lui accorder des années aussi nombreuses que les grains de sable qu'elle tenait en main. Malheureusement, à l'instar de Tithonus, elle oublia de demander au dieu de lui donner aussi la jeunesse éternelle. Hérophile était connue comme la sibylle érythréenne, et deux villes au moins prétendaient être son lieu de naissance : Marpessos, dans ce qui est aujourd'hui la province turque de Çanakkale (*erythrea* signifie «terre rouge», et la terre est rouge à Marpessos), et Érythrée, plus au sud, en Ionie, dans ce qui est à peu près aujourd'hui la province d'Izmir. En 162, au début des guerres parthes, Lucius Aurelius Verus, qui partagea le pouvoir avec Marc Aurèle durant huit ans, régla apparemment la question. Ignorant les revendications des citoyens de Marpessos, il pénétra dans la prétendue grotte de la sibylle en Érythrée ionienne, et y fit dresser deux statues, l'une de la sibylle et l'autre de sa mère, déclarant en son nom, par des vers gravés dans la pierre : « Nul pays n'est le mien qu'Érythrée[8]. » Ainsi fut établie l'autorité de la sibylle érythréenne.

En 330, Flavius Valerius Constantinus, que l'Histoire retiendrait sous le nom de Constantin le Grand, ayant vaincu six ans plus tôt l'armée de son rival l'empereur Licinius, affirma sa position à la tête du plus vaste empire du monde en déplaçant sa capitale des rives du Tibre à celles du Bosphore, à Byzance. Pour souligner la signification de ce changement de rivages, il donna à la ville le nom de Nouvelle Rome ; la vanité de l'empereur et l'adulation de ses courtisans devaient modifier à nouveau ce nom, qui devint Constantinople – la ville de Constantin.

Afin de rendre la cité digne d'un empereur, Constantin agrandit l'antique Byzance à la fois matériellement et spirituellement. La langue qu'on y parlait était le grec ; l'organisation politique était romaine ; la religion, chrétienne – en grande partie sous l'influence de la mère de Constantin, sainte Hélène. Élevé à Nicomédie, dans l'Empire romain d'Orient, à la cour de Dioclétien, Constantin connaissait une bonne partie de la riche littérature latine de la Rome classique. Il se sentait moins à l'aise en grec ; quand, par la suite, il se trouva obligé de prononcer des discours dans la langue de ses sujets, il les composait d'abord en latin et puis lisait des traductions préparées par ses esclaves instruits. La famille de Constantin, originaire d'Asie Mineure, avait adoré le soleil personnifié par Apollon, le Dieu invincible, que l'empereur Aurélien avait introduit comme divinité suprême de Rome en 274[9]. C'est du soleil que devait parvenir à Constantin, avant sa bataille contre Licinius, la vision de la Croix avec la phrase : *In hoc vinces* («Par ce [signe] tu vaincras[10] ») ; le symbole de la nouvelle cité de Constantin devint la couronne du soleil, dont les rayons étaient faits, croyait-on, des clous de la Vraie Croix, découverte par sainte Hélène près de la colline du Calvaire[11]. Si puissant était le rayonnement du dieu-soleil que dix-sept ans à peine après la mort de Constantin, la date de naissance du Christ – Noël – fut transférée au solstice d'hiver – jour où renaît le soleil[12].

En 313, Constantin et Licinius (avec lequel Constantin partageait alors le gouvernement de l'empire, et qu'il allait trahir) se rencontrèrent à Milan pour discuter « du bien-être et de la sécurité du royaume » et déclarèrent, par un édit célèbre, que « de toutes choses qui profitent à l'humanité entière, le culte de Dieu doit être à bon droit notre souci premier et primordial, et il est juste que les chrétiens et tous les autres aient la liberté de pratiquer la religion de leur choix[13] ». Avec cet édit de Milan, Constantin mettait un terme officiel à la persécution des chrétiens, que l'Empire romain avait considérés jusque-là comme des hors-la-loi et des traîtres, et châtiés en conséquence. Mais les persécutés devinrent persécuteurs : pour affirmer l'autorité de la nouvelle religion d'État, plusieurs leaders chrétiens adoptèrent les méthodes de leurs ennemis. À Alexandrie, par exemple, où la légende rapporte que l'empereur Maxence fit subir à sainte Catherine le supplice de la roue, c'est l'évêque en personne qui mena en 361 l'assaut contre le Temple de Mithra, le dieu persan dont sa popularité parmi les soldats faisait le seul concurrent vraiment sérieux à la religion du Christ ; en 391, le patriarche Théophile pilla le Temple de Dionysos – le dieu de la fertilité, dont on célébrait le culte lors de mystères très secrets – et encouragea la foule des chrétiens à détruire la grande statue du dieu égyptien Sérapis ; en 415, le patriarche Cyrille ordonna à une bande de jeunes chrétiens de pénétrer dans la maison d'Hypatie, mathématicienne et philosophe païenne, de la traîner dans les rues, de la couper en morceaux et de brûler ses restes sur la place publique[14]. Il faut dire que Cyrille lui-même n'était guère aimé. Après sa mort, en 444, l'un des évêques d'Alexandrie prononça l'éloge funèbre suivant : « Enfin cet homme odieux est mort. Son départ fait la joie des survivants, mais ne peut qu'attrister les défunts. Ils ne seront pas longs à en avoir assez de lui et à nous le renvoyer. Il faut donc couvrir sa tombe d'une pierre très lourde afin que nous ne courrions pas le risque de le revoir, même sous la forme d'un fantôme[15]. »

Comme le culte de la puissante déesse égyptienne Isis ou celui du Mithra des Persans, le christianisme devint la religion à la mode, et dans l'église chrétienne de Constantinople, que seule surpassait celle de Saint-Pierre, à Rome, les fidèles riches allaient et venaient parmi les fidèles pauvres, arborant de tels atours, soieries et bijoux (sur les émaux et broderies desquels les récits chrétiens avaient remplacé les mythes des dieux païens) que saint Jean Chrysostome, patriarche de l'église, debout sur les marches, les suivait d'un œil réprobateur. Les riches s'en plaignirent en vain ; après les avoir transpercés du regard, saint Chrysostome se mit à les flageller en paroles, en dénonçant leurs excès du haut de la chaire. Il était inconvenant, tonnait-il avec éloquence (le nom de Chrysostome signifie « Bouche d'or »), qu'un seul noble pût posséder dix ou vingt maisons et jusqu'à deux mille esclaves, et des portes sculptées dans l'ivoire, des sols de mosaïques étincelantes et des mobiliers incrustés de pierres précieuses[16].

Mais le christianisme était encore loin de représenter une force politique établie. Le danger venait de la Perse sassanide : la faible nation des Parthes s'était transformée en un État à l'expansion redoutable qui, trois siècles plus tard, devait conquérir la quasi-totalité de l'Orient romain[17]. Le danger venait des hérésies : les manichéens, par exemple, qui croyaient que l'univers n'est pas gouverné par un seul dieu omnipotent mais par deux pouvoirs antagonistes et qui, comme les chrétiens, avaient des missionnaires et des textes sacrés et faisaient des adeptes jusqu'au Turkestan et en Chine. Le danger venait des dissensions politiques : le père de Constantin, Constance Ier, n'avait régné que sur la partie orientale de l'Empire romain, et dans les coins reculés du royaume, les administrateurs se montraient plus loyaux envers leurs propres domaines qu'envers Rome. Il y avait un gros problème d'inflation, que Constantin aggrava en inondant le marché d'or saisi dans les temples païens. Il y avait les juifs, avec leurs livres et leurs discussions religieuses. Et il y avait encore les païens. Ce qu'il fallait à

Constantin, ce n'était pas la tolérance prônée dans son propre édit de Milan, c'était un christianisme strict, sans complaisance, universel et autoritaire, avec des racines profondes dans le passé et de bonnes perspectives d'avenir, établi grâce aux puissances, aux lois et aux coutumes de ce monde pour la plus grande gloire de Dieu et celle de l'empereur.

En mai 325, à Nicée, Constantin se présenta à ses évêques comme « l'évêque des choses extérieures » et déclara que ses récentes campagnes militaires contre Licinius n'avaient été « qu'une guerre contre le paganisme corrompu[18] ». En vertu de quoi Constantin fut dès lors considéré comme un chef sanctionné par la puissance divine, un émissaire de Dieu. (Quand il mourut en 337, on l'enterra à Constantinople à côté des cénotaphes des douze apôtres, impliquant par là qu'il était devenu un treizième posthume. Après sa mort, l'iconographie ecclésiastique le représenta généralement en train de recevoir la couronne impériale des mains de Dieu.)

Constantin se rendait compte de la nécessité d'établir l'exclusivité de la religion qu'il avait choisie pour son empire. Dans ce but, il décida de retourner contre les païens les héros païens en personne. Le Vendredi saint de cette même année 325, à Antioche, l'empereur s'adressa à une congrégation de fidèles chrétiens, y compris des évêques et des théologiens, et leur parla de ce qu'il appelait « la vérité éternelle du christianisme ». « Mon désir, annonça-t-il à l'assemblée – qu'il nomma « l'Assemblée des Saints » – est de puiser jusqu'aux sources étrangères un témoignage de la nature divine du Christ. Car un tel témoignage rend évident que ceux qui blasphèment Son nom doivent reconnaître, eux aussi, qu'Il est Dieu et le fils de Dieu, s'ils veulent en vérité accorder foi aux paroles de ceux dont les sentiments coïncident avec les leurs[19]. » En guise de preuve, Constantin évoqua la sibylle érythréenne.

Il raconta à son auditoire comment, en des temps reculés, la sibylle avait été vouée « par la folie de ses parents » au service d'Apollon et comment, « dans le sanctuaire de ses vaines superstitions », elle avait répondu aux questions des adorateurs d'Apollon. En une occasion, cependant, expliqua-t-il, la sibylle avait réellement été inspirée par l'Esprit et avait annoncé en versets prophétiques les intentions de Dieu, indiquant clairement la venue de Jésus par les lettres initiales d'une série de vers qui formaient l'acrostiche suivant : JÉSUS-CHRIST, FILS DE DIEU, SAUVEUR, CROIX. » Et Constantin se mit alors à réciter le poème de la sibylle.

Comme par magie, le poème contenait réellement l'acrostiche divin. En réfutation des sceptiques éventuels, Constantin s'empressa d'admettre l'évidente explication selon laquelle « quelqu'un qui professe notre foi et n'est pas ignorant de l'art poétique aurait composé ces vers ». Mais il écarta cette possibilité : « La vérité est néanmoins évidente dans ce cas-ci, grâce au zèle de nos concitoyens qui ont attentivement examiné les dates, de sorte qu'il n'y a pas lieu de soupçonner que ce poème fut composé après la venue et la condamnation du Christ. » Qui plus est, « Cicéron connaissait ce poème, qu'il a traduit en latin et incorporé à son œuvre personnelle ». Malheureusement, le passage dans lequel Cicéron parle de la sibylle – celle de Cumes, et non celle d'Érythrée – ne contient aucune référence ni à ce poème ni à

La sibylle érythréenne, gravure sur bois dans une édition de 1473 des *Dames de renom* de Boccace.

l'acrostiche et est, en réalité, une réfutation des prédictions prophétiques[20]. Pourtant, cette révélation merveilleuse tombait si bien à point que le monde chrétien a, pendant des siècles, accepté la sibylle au nombre de ses précurseurs et saint Augustin la plaça parmi les bienheureux dans sa Cité de Dieu[21]. À la fin du XIIe siècle, les architectes de la cathédrale de Laon sculptèrent sur sa façade la sibylle d'Érythrée (décapitée durant la Révolution) portant ses tablettes prophétiques, semblables à celles de Moïse, et inscrivirent à ses pieds le deuxième vers du poème apocryphe[22]. Et quatre cents ans plus tard, Michel-Ange la peignit au plafond de la chapelle Sixtine, comme l'une des quatre sibylles complémentaires aux quatre prophètes de l'Ancien Testament.

La sibylle était l'oracle païen, et Constantin l'avait fait parler au nom de Jésus-Christ. Se tournant alors vers la poésie païenne, il annonça que le « prince des poètes latins » avait été, lui aussi, inspiré par un Sauveur qu'il ne pouvait avoir connu. Virgile avait écrit une églogue en l'honneur de son protecteur Asinius Pollion, fondateur de la première bibliothèque publique de Rome ; l'églogue annonçait l'arrivée d'un nouvel âge d'or, né sous la forme d'un petit enfant :

> *Commence, petit enfant, à reconnaître ta mère à son sourire*
> *(à ta mère les mois jusqu'au dixième ont apporté de longs dégoûts),*
> *commence petit enfant : celui qui n'a pas vu ses parents lui sourire,*
> *un dieu ne l'a pas jugé digne de sa table, ni une déesse de sa couche*[23].

Traditionnellement, les prophéties étaient considérées comme infaillibles, et il était donc plus facile de modifier les circonstances historiques que d'altérer les mots d'une prédiction. Un siècle plus tôt, Ardashir, le premier roi sassanide, avait remanié la chronologie historique afin de faire bénéficier son empire d'une prophétie de Zoroastre. Celui-ci avait annoncé que l'empire et la religion perses seraient détruits après mille ans. Il avait vécu deux cent cinquante ans environ avant Alexandre le Grand, lequel était mort cinq cent quarante-neuf ans avant le règne d'Ardashir. Afin d'ajouter deux siècles à sa dynastie, Ardashir proclama que son règne n'avait débuté que deux cent soixante ans après Alexandre. Constantin, lui, choisit de n'altérer ni l'histoire ni les paroles prophétiques ; il préféra faire traduire Virgile en grec, en toute licence poétique, le résultat correspondant à ses intentions politiques.

Constantin lut à son public des passages de cette traduction, et désormais s'y trouvait toute la chronique rapportée par le Livre sacré, dans les termes vénérables de Virgile : la Vierge, le Roi-Messie tant attendu, les élus vertueux, l'Esprit-Saint. Constantin jugea bon d'oublier discrètement les passages dans lesquels Virgile parlait des dieux païens, Apollon, Pan et Saturne. Des personnages antiques qu'on ne pouvait laisser de côté devinrent des métaphores de la venue du Christ. « Une autre Hélène causera d'autres guerres/Et le grand Achille précipitera le destin des Troyens », avait écrit Virgile. Voici, prétendait Constantin, qui représentait le Christ « partant en guerre contre Troie, et par Troie il faut entendre le monde entier ». Dans d'autres cas, expliquait Constantin à ses auditeurs, les références païennes étaient un procédé grâce auquel Virgile bernait les autorités romaines. « Je suppose, disait-il (et nous pouvons l'imaginer, baissant la voix après la déclamation sonore des vers de Virgile) qu'il se sentait retenu par la conscience du danger menaçant quiconque nuirait au crédit des anciennes pratiques religieuses. C'est donc avec prudence et, dans la mesure du possible, en toute sécurité, qu'il présente la vérité à ceux qui ont la faculté de la comprendre. »

« Ceux qui ont la faculté de la comprendre » : le texte devenait un message chiffré qui ne pouvait être lu que par quelques élus possédant les « facultés » nécessaires. Il n'était pas ouvert aux interprétations ; pour Constantin, une seule lecture était la bonne, et lui-même et ses coreligionnaires étaient seuls à en détenir la clef. L'édit de Milan avait offert la liberté de foi à tous les citoyens romains ; le concile de Nicée limita cette liberté, ne la laissant qu'à ceux qui partageaient la foi de Constantin. Douze années à peine après leur avoir accordé à Milan le droit public de lire ce qu'ils voulaient et comme ils voulaient, on déclarait désormais aux gens, à Antioche et puis à Nicée, que, sous peine de châtiment légal, une seule lecture était véridique. Dans la conception qu'avait Constantin d'un empire unanime, imposer une lecture unique des textes religieux était indispensable ; ce qui paraît plus original et moins compréhensible, c'est la notion d'une seule interprétation orthodoxe pour un texte laïque tel que les poèmes de Virgile.

Tout lecteur attribue à certains livres une certaine lecture, même si celle-ci n'est pas toujours aussi tirée par les cheveux que celle de Constantin. Voir une parabole de l'exil dans *Le Magicien d'Oz*, comme le fait Salman Rushdie[24], ce n'est pas du tout pareil que de lire dans Virgile une prédiction de la venue du Christ. Et pourtant c'est un peu au même tour de passe-passe, ou à la même expression de foi, qu'on a affaire dans ces deux lectures, quelque chose qui permet au lecteur, sinon d'être convaincant, au moins de se montrer convaincu. À treize ou quatorze ans, je me suis pris de nostalgie littéraire pour Londres, et je lisais les histoires de Sherlock Holmes avec la certitude absolue que la pièce enfumée de Baker Street, avec sa babouche turque pour le tabac et sa table tachée par d'affreux produits chimiques, ressemblait tout à fait au logement que je posséderais un jour lorsque je vivrais, moi aussi, en Arcadie. Les créatures odieuses qu'Alice découvrait de l'autre côté du miroir, susceptibles, péremptoires et sans cesse en train de la harceler, m'annonçaient beaucoup des adultes de mon adolescence. Et quand Robinson Crusoé commençait à construire sa hutte, « une tente sous le bord d'un rocher, entourée d'une forte clôture de pieux et de câbles », je savais qu'il décrivait celle que je me bâtirais un été, sur la plage de Punta del Este. La romancière Anita Desai, que sa famille appelait, dans son enfance, *Lese Ratte* ou « rat lecteur », un rat de bibliothèque, se rappelle comment, lorsqu'elle découvrit à neuf ans *Les Hauts de Hurlevent*, son univers personnel, « un bungalow de la vieille ville de Delhi, avec ses vérandas, ses murs enduits de plâtre, ses ventilateurs aux plafonds, son jardin planté de papayers et de goyaviers pleins de perroquets stridents, la poussière granuleuse qui se déposait sur les pages d'un livre avant qu'on n'ait le temps de les tourner, tout cela s'estompa. Ce qui était devenu réel, d'une réalité éblouissante, par le pouvoir et la magie de la plume d'Emily Brontë, c'étaient les landes du Yorkshire, la bruyère battue par l'orage, les tourments de ses habitants errant angoissés sous la pluie et le grésil, en lançant du fond de leurs cœurs brisés des appels auxquels seuls répondaient des fantômes[25]. » Les mots écrits par Emily Brontë pour décrire une jeune fille en Angleterre en 1847 servaient à illuminer une jeune fille en Inde en 1946.

L'utilisation de passages choisis au hasard dans un livre pour prédire l'avenir est une longue tradition en Occident et, bien avant Constantin, Virgile fut la source favorite de divination païenne dans l'empire ; on pouvait consulter des exemplaires de ses poèmes dans plusieurs des temples dédiés à la déesse Fortune[26]. La première référence[27] à cette coutume, appelée *sortes Vergilianae*, se trouve dans la biographie d'Hadrien par Aelius Spartianus, qui raconte que le jeune Hadrien, désirant savoir ce que l'empereur Trajan pensait de lui, consulta au hasard l'*Énéide* de Virgile et découvrit les vers où Énée voit « le roi romain dont les lois rétabliront Rome ». Hadrien fut satisfait ; et, en effet, Trajan allait adopter Hadrien, qui deviendrait à son tour empereur de Rome[28].

En encourageant une nouvelle version des *sortes Vergilianae*, Constantin suivait la tendance de son temps.

À la fin du IVᵉ siècle, le prestige attaché aux oracles et aux devins était passé au mot écrit, non seulement à Virgile mais aussi à la Bible, et à une forme de divination appelée « sorts bibliques[29] ». Quatre siècles plus tard, l'art de prédire l'avenir, qui avait été proscrit, à l'époque des prophètes, comme une « abomination aux yeux du Seigneur[30] », jouissait d'une telle popularité qu'en 829 le concile de Paris dut le condamner officiellement. En vain : dans un mémoire personnel rédigé en latin et dont la traduction française fut publiée en 1434, l'érudit Gaspar Peucer avoue avoir, lorsqu'il était enfant, « fait un livre de papier & eſcrit en iceluy les principaux & cóme devinatoires vers de Virgile, deſquels je tirois cójecture, en me jouant & pour paſſe-têmps ſeulement, de tout ce qui me plaisait, cóme de la vie & mort des Princes, de mes avantures, & autres choſes : le tout afin de mieux & plus vivement imprimer ces vers en ma memoire[31] ». Peucer affirme que ce jeu avait un but mnémonique et non divinatoire, mais le contexte rend cette affirmation difficile à croire.

Au XVIᵉ siècle, le jeu divinatoire était encore si fermement établi que Rabelais pouvait parodier cette coutume dans les conseils de Pantagruel à Panurge au sujet de son mariage. Panurge, dit Pantagruel, doit s'en remettre aux *sortes Vergilianae*. La méthode correcte, explique-t-il, consiste en ceci : on choisit une page en ouvrant le livre au hasard ; ensuite on jette trois dés, et la somme de leurs chiffres indique une ligne sur la page[32]. Quand la méthode est mise en pratique, Pantagruel et Panurge proposent chacun une interprétation radicalement différente et également possible.

Bomarzo, le gros roman sur la Renaissance italienne de l'Argentin Manuel Mujica Láinez, fait allusion à la popularité dont jouissait dans la société du XVIIᵉ siècle la divination grâce à Virgile : « Je remettrais mon destin à la décision d'autres dieux, plus souverains que les Orsini, au moyen des *sortes Vergilianae*. À Bomarzo, nous avions l'habitude de pratiquer cette forme populaire de divination qui confiait la solution de problèmes ardus ou triviaux à l'oracle aléatoire d'un livre. Le sang de magiciens ne coulait-il pas dans les veines de Virgile ? Ne le considérons-nous pas, par la grâce de Dante, comme un magicien, un devin ? Je me soumettrais au décret de l'*Énéide*[33]. »

La plus célèbre illustration de cette pratique est sans doute le cas du roi Charles Ier, en visite dans une bibliothèque d'Oxford pendant les guerres civiles, à la fin de 1642 ou au début de 1643. Pour le distraire, Lord Falkland suggéra que le roi « mît son destin à l'épreuve des *sortes Vergilianae* qui, comme chacun le sait, étaient une sorte d'augures courante au temps passé ». Le roi ouvrit le livre à un passage du livre IV de l'*Énéide* et lut : « Puisse-t-il être harassé au combat par des tribus audacieuses, et exilé de son pays[34]. » Le mardi 30 janvier 1649, condamné comme traître par son propre peuple, Charles Ier fut décapité à Whitehall.

Quelque soixante-dix années plus tard, Robinson Crusoé avait encore recours à une méthode similaire sur son île inhospitalière : « Un matin que j'étais fort triste, écrit-il, j'ouvris la Bible à ce passage : *Jamais, jamais je ne te délaisserai, je ne t'abandonnerai jamais.* Immédiatement, il me sembla que ces mots s'adressaient à moi ; pourquoi autrement m'auraient-ils été envoyés juste au moment où je me désolais sur ma situation, comme un être abandonné des dieux et des hommes[35] ? » Et un peu plus de cent cinquante ans après lui, Bethsabée se tourne encore vers la Bible pour découvrir si elle doit ou non épouser Mr Boldwood dans *Loin de la foule déchaînée*[36].

Avec beaucoup d'intelligence, Robert Louis Stevenson observe que le don prophétique d'un auteur tel que Virgile a moins à voir avec un don surnaturel qu'avec le talent mimétique du poète, qui permet à un vers de s'adresser intimement et avec force aux lecteurs de tous les temps. Dans *Le Creux de la vague*, l'un des personnages de Stevenson, perdu sur une île lointaine, cherche à découvrir son avenir dans un vieil exemplaire de Virgile et la réponse du poète, montant de la page telle une voix « ni très assurée ni très encourageante », évoque au malheureux des visions de son pays natal. « Car c'est le destin de ces auteurs classiques graves et mesurés, écrit Stevenson, avec lesquels nous faisons connaissance à l'école de façon obligatoire et souvent pénible, de passer dans le sang et d'habiter nos souvenirs ; de sorte qu'une phrase de Virgile parle moins de Mantoue ou d'Auguste que de paysages anglais et de l'irrévocable jeunesse de l'élève[37]. »

Constantin fut le premier à lire dans Virgile des significations prophétiques chrétiennes, et en raison de cette lecture Virgile devint le plus prestigieux de tous les auteurs prophétiques. D'abord poète impérial et puis visionnaire chrétien, Virgile a joué dans la mythologie chrétienne un rôle important qui lui a permis, dix siècles après le panégyrique de Constantin, de guider Dante à travers l'enfer et le purgatoire. Son prestige a même remonté le temps ; une histoire préservée en vers dans la messe latine médiévale raconte que saint Paul en personne se rendit à Naples pour pleurer sur la tombe du poète antique.

Ce que Constantin a découvert, en ce lointain Vendredi saint et à jamais, c'est que la signification d'un texte est amplifiée par les capacités et les désirs du lecteur. Face à un texte, le lecteur peut transformer les mots en message qui résout pour lui une question sans rapport historique avec le texte ni avec son auteur. Cette transmigration du sens peut enrichir ou appauvrir le texte ; invariablement, la situation du lecteur déteint sur le texte. Par ignorance, par conviction, par intelligence, par ruse et tricherie, par illumination, le lecteur récrit le texte avec les mots de l'original mais sous un autre en-tête, il le recrée, en quelque sorte, du simple fait de lui donner une existence.

LE LECTEUR SYMBOLIQUE

En 1929, à l'Hospice de Beaune, le photographe hongrois André Kertész, qui avait acquis la maîtrise de son art durant son service dans l'armée austro-hongroise, a photographié une vieille femme en train de lire, assise dans son lit[1]. La composition est cadrée à la perfection. Au centre, la femme, menue, drapée dans un châle noir et coiffée d'un bonnet de nuit noir qui découvre, de façon insolite, ses cheveux blancs rassemblés en chignon; des oreillers blancs la soutiennent, un drap blanc lui couvre les jambes. Autour d'elle, derrière elle, des rideaux blancs froncés pendent entre les colonnes de bois noir du lit de style gothique. Un examen plus poussé révèle une petite plaque, sur la traverse supérieure du lit, portant le numéro 19, une corde à nœuds accrochée au ciel du lit (pour appeler à l'aide? pour tirer le rideau?) et une table de chevet sur laquelle sont posés une boîte, un pichet et un gobelet. Sur le plancher, sous la table, une bassine en métal. Avons-nous tout vu? Non. La femme est en train de lire, en tenant le livre à bonne distance de ses yeux manifestement encore vifs. Mais *que* lit-elle? Parce que c'est une vieille femme, parce qu'elle est au lit, parce que ce lit se trouve dans un hospice de vieillards à Beaune, au cœur de la catholique Bourgogne, nous pensons pouvoir deviner la nature de son livre : quelque ouvrage de dévotion, un recueil de sermons? S'il en était ainsi – et une inspection à la loupe ne nous en dit pas plus – l'image serait en quelque sorte cohérente, complète, le livre définissant la lectrice et identifiant son lit comme un lieu de paix spirituelle.

Hospice de Beaune, par André Kertész.

Mais si nous découvrions qu'en réalité le livre est tout autre ? Qu'elle lit, par exemple, Racine, Corneille – en lectrice raffinée, cultivée – ou, plus étonnant, Voltaire ? Ou s'il s'agissait des *Enfants terribles*, de Cocteau, ce scandaleux roman de la vie bourgeoise publié l'année même où Kertész prit cette photographie ? Soudain, la vieille femme quelconque cesse d'être quelconque ; du simple fait qu'elle a un livre entre les mains et non un autre, elle devient une questionneuse, un esprit encore brûlant de curiosité, une rebelle.

Assise en face de moi dans le métro à Toronto, une femme lit les *Labyrinthes* de Borges dans l'édition Penguin. J'ai envie de lui adresser la parole, de lui faire un signe de la main indiquant que je suis, moi aussi, un fidèle. Cette femme dont j'ai oublié le visage, dont j'ai à peine remarqué les vêtements, jeune ou vieille je ne pourrais le dire, est plus proche de moi, simplement parce qu'elle tient entre ses mains ce livre-là, que bien des gens que je vois tous les jours. Une de mes cousines de Buenos Aires, consciente du fait qu'un livre peut faire office de badge, choisissait toujours le livre qu'elle emmenait en voyage avec autant de soin qu'elle en mettait à choisir son sac à main. Elle ne voyageait pas avec Romain Rolland parce qu'elle pensait que cela lui aurait donné l'air prétentieux, ni avec Agatha Christie parce que cela lui aurait donné l'air vulgaire. Camus convenait pour un voyage court, Cronin pour un long ; un polar de Vera Caspary ou d'Ellery Queen était acceptable pour un week-end à la campagne ; un roman de Graham Greene approprié pour un trajet en avion ou en bateau.

L'association entre les livres et leurs lecteurs est différente de celles qui s'établissent entre d'autres objets et leurs utilisateurs. Outils, mobilier, vêtement – tous ont une fonction symbolique, mais les livres imposent à leurs lecteurs un symbolisme beaucoup plus complexe que celui d'un simple ustensile. La seule possession d'un livre implique une situation sociale et une certaine richesse intellectuelle ; dans la Russie du XVIIIe siècle, sous le règne de la Grande Catherine, un certain M. Klostermann fit fortune en vendant de longues rangées de reliures bourrées de déchets de papier, qui permettaient aux courtisans de créer l'illusion d'une bibliothèque et de gagner ainsi les faveurs de leur savante impératrice[2]. De nos jours, les décorateurs garnissent les murs de livres afin

L'Annonciation de Simone Martini, galerie des Offices, Florence.

de conférer à une pièce une atmosphère « raffinée », ou proposent des papiers de tapisserie imitant des rayonnages chargés de livres[3], et les producteurs d'émissions de télé pensent qu'un décor de bibliothèques ajoute à un plateau une note d'intelligence. Dans tous ces cas, l'idée des livres en général suffit à sous-entendre des intentions élevées, de même qu'un mobilier garni de velours rouge est devenu suggestif de plaisir sensuel. Le symbolisme du livre est d'une telle importance que sa présence ou son absence peuvent, aux yeux du spectateur, dénoter chez un personnage la présence ou l'absence de capacités intellectuelles.

En 1333 le peintre Simone Martini peignit pour le dôme de Sienne une Annonciation sur le panneau central d'un retable – le premier tableau d'autel consacré à ce sujet en Occident[4]. La scène est inscrite sous trois arches gothiques : une arche centrale plus haute contenant un groupe d'anges d'or sombre entourant le Saint-Esprit sous la forme d'une colombe, et une plus basse de chaque côté. Sous l'arche de gauche, on voit un ange agenouillé, en vêtements brodés, un rameau d'olivier dans la main gauche ; de l'index levé de sa main droite, il demande le silence, en un geste rhétorique habituel dans l'antique statuaire grecque et romaine. Sous l'arche de droite, la Vierge en manteau pourpre frangé d'or est assise sur un trône doré incrusté d'ivoire. Près d'elle, au milieu du panneau, on voit un bouquet de lis. La fleur d'une blancheur immaculée, asexuée, sans étamines, servait de parfait emblème à Marie, dont saint Bernard comparait la pureté à « l'inviolable chasteté du lis[5] ». La fleur de lis était aussi le symbole de la ville de Florence, et vers la fin du Moyen Âge elle remplaçait la hampe de hérault que tenait l'ange dans les Annonciations florentines[6]. Les peintres siennois, ennemis jurés des Florentins, ne pouvaient supprimer complètement la fleur de lis traditionnelle des représentations de la Vierge, mais refusaient d'honorer Florence en donnant sa fleur à porter à l'ange. C'est pourquoi l'ange de Martini tient un rameau d'olivier, la plante symbolique de Sienne[7].

Pour qui voyait ce tableau à l'époque de Martini, chaque objet et chaque couleur revêtaient une signification spécifique. Bien que le bleu dût devenir plus tard la couleur de la Vierge (la couleur de l'amour céleste, la couleur de la vérité apparue après dispersion des nuages[8]), le pourpre, couleur de l'autorité et aussi de la douleur et de la pénitence, passait alors pour évoquer ses chagrins à venir. Un récit populaire de la jeunesse de Marie dans un apocryphe du IIe siècle, le Protévangile de Jacques[9] (un remarquable best-seller durant tout le Moyen Âge, qui devait être familier au public de Martini), raconte que le conseil des prêtres exigea un nouveau voile pour le temple. Sept vierges sans tache de la tribu de David furent choisies, et on tira au sort celle qui filerait la laine pour chacune des sept couleurs requises ; la couleur pourpre échut à Marie. Avant de se mettre au travail, elle alla tirer de l'eau au puits et là, entendit une voix qui lui disait : « Je te salue, tu es pleine de grâce, le Seigneur est avec toi ; tu es bénie entre toutes les femmes. » Marie regarda à gauche et à droite (écrit le protévangéliste avec la patte d'un romancier), ne vit personne et, tremblante, rentra chez elle pour se mettre à filer sa laine pourpre. « Et voici que l'ange du Seigneur se tint auprès d'elle et dit : Sois sans crainte, Marie, car tu as trouvé grâce aux yeux de Dieu[10]. » On peut en déduire que, dès avant Martini, l'angélique héraut, l'étoffe pourpre et le lis – représentant respectivement l'acceptation de la parole divine, l'acceptation de la souffrance et la virginité immaculée – désignaient les qualités pour lesquelles l'Église chrétienne voulait qu'on honore Marie[11]. Et puis, en 1333, Martini lui mit un livre entre les mains.

Traditionnellement, dans l'iconographie chrétienne, le livre ou le rouleau appartenaient à la divinité mâle, que ce fût Dieu le Père ou le Christ triomphant, le nouvel Adam, en qui le Verbe de Dieu s'était incarné[12]. Le livre était le reposoir de la loi divine ; quand le gouverneur de l'Afrique romaine demanda à un groupe de prisonniers chrétiens ce qu'ils avaient apporté pour leur défense devant le tribunal, ils répondirent : « Des textes de Paul, un homme juste[13]. » Le livre conférait en outre l'autorité intellectuelle, et dès le début, les représentations du Christ le montrèrent souvent en train d'exercer les fonctions rabbiniques de maître, d'interprète, de savant, de lecteur. À la femme appartenait l'Enfant, affirmation de son rôle de mère.

Tout le monde n'était pas d'accord. Deux siècles avant Martini, Pierre Abélard, chanoine de Notre-Dame de Paris, qui avait été émasculé pour avoir séduit son élève Héloïse, entreprit avec sa bien-aimée, alors abbesse au Paraclet, une correspondance qui allait devenir célèbre. Dans ces lettres, Abélard, qu'avaient condamné les conciles de Sens et de Soissons et à qui le pape Innocent II avait interdit d'enseigner ou d'écrire, suggérait que les femmes étaient en réalité plus proches du Christ que n'importe quel homme. À l'obsession masculine de la guerre, de la violence, de l'honneur et du pouvoir, Abélard opposait l'âme raffinée et l'intelligence de la femme, « capable de converser avec l'Esprit-Saint dans le royaume intérieur de l'âme en termes d'amitié intime[14] ». Une contemporaine d'Abélard, l'abbesse Hildegarde de Bingen, l'une des grandes figures intellectuelles de son siècle, soutenait que la faiblesse de l'Église était une faiblesse masculine, et que les femmes devaient faire usage de la force de leur sexe en ce *tempus muliebre*, cet Âge de la Femme[15].

Mais l'hostilité traditionnelle envers les femmes ne devait pas être aisément surmontée. L'avertissement de Dieu à Ève au chapitre 3, verset 16 de la Genèse fut utilisé à de multiples reprises pour prêcher les vertus de la docilité et de la douceur féminines : « Ta convoitise te poussera vers ton mari, et lui dominera sur toi. » « La femme a été créée pour être la compagne de l'homme », paraphrasait saint Thomas d'Aquin[16]. À l'époque de Martini, saint Bernardin de Sienne, sans doute le prédicateur le plus populaire de son temps, ne voyait pas la Marie de Martini comme conversant avec l'Esprit-Saint, mais comme un modèle de la femme soumise et consciencieuse. « Il me semble, écrivit-il en analysant le tableau, que voici assurément l'attitude la plus belle, la plus respectueuse, la plus modeste qu'on vît jamais dans une Annonciation. On voit qu'elle ne regarde pas l'ange, mais reste figée dans cette pose presque craintive. Elle savait bien que c'était un ange, pourquoi donc se sentir troublée ? Qu'aurait-elle fait s'il s'était agi d'un homme ? Prenez-la en exemple, jeunes filles, de ce que vous devez faire. Ne parlez jamais à un homme, sauf en présence de votre père ou de votre mère[17]. »

Dans un tel contexte, associer Marie et la puissance intellectuelle était un acte téméraire. Dans l'introduction à un manuel rédigé pour ses élèves à Paris, Abélard met en lumière la valeur de la curiosité intellectuelle : « En doutant, nous en venons à nous poser des questions, et en posant des questions, nous apprenons la vérité[18]. » La puissance intellectuelle venait de la curiosité, mais pour les détracteurs d'Abélard – et pour saint Bernardin, en écho à leur concert misogyne – la curiosité était un péché, surtout chez une femme, le péché qui avait conduit Ève à goûter au fruit défendu de la connaissance. Il fallait à tout prix préserver l'innocence virginale des femmes[19].

Du point de vue de saint Bernardin, l'éducation était le dangereux résultat de la curiosité, qu'à son tour elle encourageait. Nous avons vu qu'au XIVe siècle – à vrai dire, pendant presque tout le Moyen Âge – la plupart des femmes n'étaient éduquées que dans la mesure où cela pouvait les rendre utiles à la maison d'un homme. En fonction de leur statut social, les jeunes filles que connaissait Martini ne recevaient que peu d'instruction, voire aucune. Celles qui étaient élevées dans des familles aristocratiques étaient formées comme dames d'honneur ou apprenaient à diriger un domaine, ce qui n'impliquait qu'une initiation rudimentaire à la lecture et à l'écriture – elles furent nombreuses néanmoins à devenir lettrées. Celles qui appartenaient à la classe des commerçants acquéraient quelque connaissance des affaires, dont la conduite requérait un minimum de lecture, d'écriture et de mathématiques. Marchands et artisans enseignaient parfois leur métier à leurs filles, qui devenaient alors des assistantes non payées. Les enfants des paysans, garçons et filles, ne recevaient en général aucune instruction[20]. Dans les ordres religieux, les femmes s'adonnaient parfois à des travaux intellectuels, mais elles étaient constamment soumises à la censure de leurs supérieurs. Les écoles et universités étant pour la plupart fermées aux femmes, l'épanouissement artistique et littéraire de la fin du XIIe au XIVe siècle avait les hommes pour centre[21]. Les femmes dont des œuvres remarquables ont émergé pendant cette période – comme Hildegarde de Bingen, Julienne de Norwich, Christine de Pisan et Marie de France – se sont affirmées en dépit de handicaps apparemment insurmontables.

Dans ce contexte, la Marie de Martini mérite un deuxième examen, moins sommaire. Elle est assise dans une pose embarrassée, la main droite crispée sur son manteau relevé sous le menton, le corps détourné de son étrange visiteur, les yeux fixés non sur les yeux angéliques mais (n'en déplaise à saint Bernard) sur les angéliques lèvres. Les paroles que prononce l'ange coulent de sa bouche vers le regard de Marie en grandes lettres dorées ; Marie n'entend pas seulement, elle voit aussi l'Annonciation. Elle tient dans la main gauche le livre qu'elle était en train de lire, qu'elle garde entrouvert avec son pouce. C'est un volume de bonne taille, un in-octavo à la reliure rouge.

De quel livre s'agit-il ?

Vingt ans avant que Martini achève son tableau, Giotto avait donné à la Marie de son Annonciation un petit livre d'heures bleu dans l'une des fresques de la chapelle de l'Arena, à Padoue. À partir du XIIIe siècle, le livre d'heures (sans doute inventé au VIIIe siècle par Benoît d'Aniane comme supplément à l'office canonique) devint le livre de prières habituel des riches, et sa vogue se prolongea bien avant dans les XVe et XVIe siècles

– ainsi qu'on le voit dans de nombreuses évocations de l'Annonciation, où la Vierge est représentée en train de lire son livre d'heures comme n'importe quelle dame noble ou de sang royal. Dans beaucoup de maisons fortunées, le livre d'heures était le seul livre, et les mères et les gouvernantes s'en servaient pour apprendre à lire aux enfants[22].

Il est possible que la Marie de Martini soit simplement en train de lire un livre d'heures. Mais il pourrait s'agir d'autre chose.

Détail de *L'Annonciation* de Giotto, chapelle des Scrovegni, Padoue.

Conformément à la tradition qui voyait dans le Nouveau Testament l'accomplissement des prophéties faites dans l'Ancien – une conviction courante à l'époque de Martini – Marie pouvait, après l'Annonciation, avoir conscience du fait que les événements de sa vie et de celle de son fils avaient été prédits dans Isaïe ainsi que dans les livres « poétiques et sapientiaux » de la Bible : les Proverbes, Job et l'Ecclésiaste, et aussi L'Ecclésiastique de Jésus, fils de Sirach et Le Livre de la Sagesse[23]. Avec cette sorte de parallélisme littéraire qui enchantait les publics médiévaux, la Marie de Martini était peut-être en train de lire, juste avant l'arrivée de l'ange, le chapitre d'Isaïe où, précisément, il annonce son destin : « Voici, la jeune fille est enceinte, et elle va enfanter un fils qu'elle appellera Emmanuel[24]. »

Mais il est plus éclairant encore d'imaginer que la Marie de Martini lit les livres sapientiaux.

Au neuvième chapitre des Proverbes, la Sagesse est représentée comme une femme qui a « bâti sa maison, elle a dressé ses sept colonnes [...]. Elle a dépêché ses servantes et proclamé sur les hauteurs de la cité : Qui est simple ? Qu'il passe par ici ! À l'homme insensé elle dit : Venez, mangez de mon pain, buvez du vin que j'ai préparé[26] ! » Et dans deux autres sections des Proverbes, Dame Sagesse est décrite comme née de Dieu. Par elle, « Il a fondé la terre » (III, 19) à l'aube de toutes choses ; « Dès l'éternité je fus fondée, dès le commencement, avant l'origine de la terre » (VIII, 23). Plusieurs siècles plus tard, le rabbin de Lublin expliqua qu'on appelle la sagesse « Mère » parce que « lorsqu'un homme se confesse et se repent, lorsque son cœur accepte l'Intelligence et se laisse convertir par elle, il devient pareil à un enfant nouveau-né, et se tourne vers Dieu comme il se tournerait vers sa mère[27] ».

Dame Sagesse est la protagoniste d'un des livres les plus populaires au XVe siècle, *L'Horloge de Sapience*, écrit au XIVe siècle par Heinrich Seuse, un dominicain plus connu en France sous le nom de Suso[28]. Entre 1455 et 1460, un artiste que nous connaissons comme le Maître de Jean Rolin créa pour ce livre une série d'enluminures ravissantes. L'une de ces miniatures montre la Sagesse assise sur un trône entouré d'une guirlande d'anges cramoisis, tenant du bras gauche le globe terrestre et dans la main droite un livre ouvert. Au-dessus d'elle, de part et d'autre, d'autres anges plus grands sont agenouillés dans un ciel étoilé ; au-dessous d'elle, à sa droite, cinq moines commentent deux savants volumes ouverts devant eux ; à sa gauche, un donateur couronné, à genoux devant un livre ouvert sur un prie-Dieu recouvert d'un drap, lui adresse ses prières. La situation de Dame Sagesse est identique à

La Vierge représentée avec les attributs de la Sagesse dans un manuscrit enluminé de *L'Orloge de Sapience*, d'Henri Suso.

celle de Dieu le Père, assis sur un même trône d'or dans d'innombrables autres enluminures, généralement assorties d'une Crucifixion, tenant le globe dans la main gauche et un livre dans la droite, et entouré des mêmes anges de feu.

Associant Marie au concept chrétien oriental de Sophie, la Sagesse, Carl Jung a suggéré que Sophie-Marie « se révèle aux hommes comme une amie capable de les aider et d'être leur avocate auprès de Yahvé, et qu'elle leur montre le côté clair, l'aspect aimable et juste de leur Dieu[29] ». Sophie, la Dame Sagesse des Proverbes et de *L'Orloge* de Suso, provient de l'antique tradition de la Déesse Mère dont on a trouvé dans toute l'Europe et en Afrique du Nord des images sculptées, dites figurines de Vénus, datant de vingt-cinq à quinze mille ans avant J.-C., et dans le monde entier de moins anciennes[30]. Quand les Espagnols et les Portugais arrivèrent dans le Nouveau Monde en brandissant leurs épées et leurs croix, les Aztèques et les Incas (entre autres peuples indigènes) reportèrent leur foi en diverses divinités représentant la Terre maternelle, telles que Tonantzin et Pacha Mama, sur un Christ androgyne encore manifeste aujourd'hui dans l'art religieux latino-américain[31].

Aux alentours de l'an 500 le souverain franc Clovis, après s'être converti au christianisme et avoir renforcé le rôle de l'Église, interdit le culte de la Déesse Sagesse sous ses multiples apparences – Diane, Isis, Athéna – et ferma les derniers de ses temples[32]. La décision de Clovis était conforme à l'affirmation de saint Paul (Epître aux Corinthiens, I, 24), selon laquelle le Christ seul est « la sagesse de Dieu ». Usurpée dès lors à la divinité féminine, la sagesse fut attribuée au Christ dans l'abondante et ancienne iconographie où Il apparaît en porteur de livre. Vingt-cinq ans environ après la mort de Clovis, l'empereur Justinien assistait à la consécration de la nouvelle cathédrale de Constantinople, Hagia Sophia (Sainte Sagesse), l'un des plus grands monuments érigés par l'homme dans l'Antiquité. Là, la tradition rapporte qu'il s'exclama : « Salomon, je t'ai surpassé[33] ! » Pas une seule des célèbres mosaïques de Sainte-Sophie – pas même la Vierge en majesté de 867 – n'accorde un livre à Marie. Même dans son propre temple, la Sagesse demeure soumise.

Avec un tel arrière-plan historique, on peut considérer le portrait que fait Martini de Marie en héritière – voire en incarnation – de la sainte Sagesse comme une tentative de restaurer le pouvoir intellectuel dénié à la divinité féminine. Dans le tableau de Martini, le livre que tient Marie, dont le texte nous est caché et dont nous sommes réduits à deviner le titre, pourrait être sous-entendu comme la dernière parole de la déesse détrônée, une déesse plus ancienne que l'histoire, condamnée au silence par une société qui avait choisi de se créer un dieu à l'image de l'homme. Soudain, à cette lumière, *L'Annonciation* de Martini devient subversive[34].

On sait peu de chose de la vie de Simone Martini. Il fut vraisemblablement l'élève de Duccio di Buoninsegna, le père de la peinture siennoise; la première œuvre datée de Martini, sa *Maestà* de 1315, est inspirée de Duccio. Il a travaillé à Pise, à Assise et, bien entendu, à Sienne, et en 1340 est parti en Avignon, à la cour des papes, où les seuls vestiges de son activité sont deux fresques très abîmées dans le portail de la cathédrale[35]. On ne sait rien de son éducation, des influences intellectuelles qu'il a subies, des discussions auxquelles il peut avoir participé à propos des femmes et du pouvoir, de la Mère de Dieu et de Notre-Dame de la Sagesse, mais dans le livre à la reliure rouge qu'il a peint à un moment quelconque de l'année 1333 pour la cathédrale de Sienne, il a peut-être laissé, sinon une affirmation, du moins un soupçon de réponse à ces questions.

L'Annonciation de Martini a été copiée au moins sept fois[36]. Du point de vue technique, elle proposait aux peintres une alternative au sobre réalisme de Giotto dans son *Annonciation* de Padoue; du point de vue philosophique, elle peut avoir étendu le domaine des lectures de Marie d'un petit livre d'heures à une somme théologique complète, enracinée dans les plus antiques croyances en la sagesse de la déesse. Dans des représentations ultérieures de Marie[37], l'Enfant Jésus froisse ou arrache une page du livre qu'elle lit, indiquant ainsi sa supériorité intellectuelle. Le geste de l'Enfant signifie que le Nouveau Testament apporté par le Christ a remplacé l'Ancien, mais pour les gens de la fin du Moyen Âge, auxquels la relation entre Marie et les livres de sapience pouvait être encore apparente, l'image servait aussi à rappeler le dicton misogyne de saint Paul.

Je sais que, pour ma part, le fait de voir quelqu'un en train de lire suscite en mon esprit une curieuse métonymie où l'identité du lecteur prend la couleur du livre et celle du cadre dans lequel il est lu. J'aime l'idée qu'Alexandre le Grand, qui habite dans l'imagination populaire les mêmes paysages mythiques que les héros d'Homère, ait toujours eu sur lui un exemplaire de l'*Iliade* et de l'*Odyssée*[38]. J'adorerais savoir quel livre Hamlet tient à la main quand il élude la question de Polonius – « Que lisez-vous, mon seigneur ? » – en répondant « Des mots, rien que des

L'Enfant Jésus déchirant des pages de l'Ancien Testament pour indiquer l'avènement du Nouveau : Roger Van der Weyden : *La Vierge et l'Enfant*, vers 1450.

mots »; ce titre insaisissable pourrait m'en dire un peu plus sur le caractère trouble du prince[39]. Le prêtre qui a sauvé *Tirant lo Blanc*, de Joan Martorell, du bûcher auquel ils avaient, lui et le barbier, condamné la bibliothèque de Don Quichotte, cause de sa folie[40], a préservé pour les générations à venir un extraordinaire roman de chevalerie; sachant exactement *quel* livre Don Quichotte lisait, nous pouvons comprendre un peu de l'univers qui fascinait le chevalier à la Triste Figure – une lecture grâce à laquelle nous pouvons, nous aussi, devenir un instant Don Quichotte.

Parfois, le processus s'inverse, et le fait de connaître un lecteur affecte notre opinion d'un livre : « Je le lisais à la lumière d'une bougie, où au clair de lune à l'aide d'une grosse loupe », raconte Adolf Hitler à propos de l'auteur de romans d'aventures Karl May[41], condamnant ainsi cet auteur de récits du Far West tels que *The Treasure of Silver Lake* au sort de Richard Wagner, dont pendant des années la musique ne fut pas jouée en public en Israël parce que Hitler l'avait admirée.

Des intégristes islamiques en train de brûler un exemplaire des *Versets sataniques* de Salman Rushdie.

Au cours des premiers mois de la *fatwa* contre Salman Rushdie, quand il fut devenu de notoriété publique qu'un auteur avait été menacé de mort pour avoir écrit un roman, le journaliste américain de télévision John Innes garda sur son bureau un exemplaire des *Versets sataniques* chaque fois qu'il présentait ses commentaires sur quelque sujet que ce fût. Il ne faisait allusion ni au livre, ni à Rushdie, ni à l'Ayatollah, mais la présence du roman sous son coude manifestait la solidarité d'un lecteur avec le destin du livre et de son auteur.

LIRE EN LIEU CLOS

La papeterie du coin, près de chez moi, à Buenos Aires, offrait un assez bon choix de livres pour enfants. J'avais (et j'ai toujours) un appétit gourmand pour les cahiers (dont, en Argentine, les couvertures étaient décorées du profil d'un de nos héros nationaux et qui comportaient parfois une page détachable d'étiquettes gommées représentant des images d'histoire naturelle ou des scènes de bataille) et je traînais souvent dans la boutique. La papeterie se trouvait près de l'entrée ; au fond, les rangées de livres. Il y avait là les albums illustrés de l'*Editorial Abril*, avec leurs grands caractères et leurs couleurs vives, écrits pour les petits enfants par C. Vigil (dont on s'aperçut, à sa mort, qu'il avait amassé l'une des plus importantes collections de littérature pornographique d'Amérique latine). Il y avait (j'en ai déjà parlé) les livres à couverture jaune de la collection Robin Hood. Et il y avait deux rangées jumelles de livres cartonnés au format de poche, les uns reliés en vert et les autres en rose. La série verte comprenait les aventures du roi Arthur, d'affreuses traductions espagnoles des livres de Just William, *Les Trois Mousquetaires*, les histoires d'animaux d'Horacio Quiroga. Dans la rose, on trouvait les romans de Louisa May Alcott, *La Case de l'oncle Tom*, les histoires de la comtesse de Ségur, la saga complète de Heidi. L'une de mes cousines adorait lire (plus tard, un été, je lui ai emprunté *The Black Spectacles*, de John Dickson Carr, à la suite de quoi je suis devenu « accro » aux romans policiers pour le restant de

Dames de la cour au Moyen Âge, gravure sur bois d'Hishikawa Moronobu dans l'édition de 1681 d'*Ukiyo Hyakunin Onna*.

mes jours) et nous lisions tous deux les aventures de pirates de Salgari, reliées en jaune. Elle m'empruntait parfois un Just William, de la collection verte. Mais la collection rose, qu'elle lisait en toute impunité, m'était interdite – à dix ans j'en avais nettement conscience. Ses couvertures étaient un avertissement, plus éclatant que n'importe quel phare, de ce qu'il s'agissait là de livres qu'aucun garçon digne de ce nom n'aurait lus. Des livres pour les filles.

L'idée que certains livres sont destinés au regard exclusif de certains groupes est presque aussi ancienne que la littérature. Des savants ont suggéré que, puisque les poèmes épiques et le théâtre s'adressaient d'abord à un public masculin, les premiers romans grecs étaient sans doute destinés à un public avant tout féminin[1].

Bien que Platon eût écrit que dans sa république idéale l'instruction serait obligatoire pour les filles comme pour les garçons[2], l'un de ses disciples, Théophraste, soutenait qu'il ne fallait enseigner aux femmes que ce dont elles avaient besoin pour tenir une maison, car une instruction poussée «transforme une femme en bavarde querelleuse et paresseuse». Puisque peu de Grecques savaient lire (mais on a suggéré que les courtisanes, elles, étaient «très lettrées[3]»), des esclaves instruites leur lisaient les romans à haute voix. Compte tenu de la langue raffinée des auteurs et du nombre relativement réduit des fragments qui subsistent, l'historien William V. Harris a suggéré que ces romans n'étaient pas massivement populaires, mais constituaient plutôt la lecture légère d'un public féminin limité jouissant d'une certaine éducation[4].

Ils avaient pour sujets l'amour et l'aventure; le héros et l'héroïne étaient toujours jeunes, beaux et bien nés; le malheur les accablait, mais cela se terminait toujours bien; la confiance dans les dieux était de règle, de même que la virginité ou la chasteté (chez l'héroïne, du moins[5]). Dès les premiers temps, leur contenu était explicité au lecteur. Au commencement de l'ère chrétienne, l'auteur du plus ancien roman grec subsistant

Le Fruit défendu, gravure de 1865 d'après un tableau d'Auguste Toulmouche.

dans son intégralité[6] se présente, ainsi que son sujet, dans les deux premières phrases : « Moi, Cariton d'Aphrodise [une ville d'Asie Mineure], secrétaire du rhéteur Athénagore, je vais vous conter une histoire d'amour qui est arrivée à Syracuse. » « Une histoire d'amour » – *pathos erotikon* : dès les premières lignes, les livres destinés aux femmes étaient associés à ce qu'on appellerait plus tard l'amour romantique. Dans la lecture de cette fiction autorisée, de la société patriarcale de la Grèce au Ier siècle jusqu'au XIIe siècle byzantin (quand furent écrits les derniers de ces romans sentimentaux), les femmes doivent avoir trouvé au milieu du fatras une forme quelconque de stimulation intellectuelle : dans les peines, les périls et les souffrances de couples d'amoureux, elles découvraient parfois des sources inattendues de réflexion. Plusieurs siècles plus tard, lorsqu'elle lisait, enfant, des romans de chevalerie, sainte Thérèse y trouva une bonne partie de l'imagerie qu'elle allait développer dans ses écrits mystiques. « Je pris l'habitude de les lire, et cette faute mineure refroidit mon désir et ma volonté d'accomplir mes autres tâches. Et je n'hésitais pas à passer plusieurs heures par jour et par nuit en ce vain exercice, en cachette de mon père. Mon ravissement était si grand que si je n'avais pas un nouveau livre à lire, il me semblait impossible d'être heureuse[7]. » Vain, l'exercice pouvait le paraître, mais les œuvres de Marguerite de Navarre, *La Princesse de Clèves* de Mme de La Fayette et les romans des sœurs Brontë et de Jane Austen doivent beaucoup à la lecture de cette littérature sentimentale. Comme le fait remarquer la critique anglaise Kate Flint, la lecture de ces romans n'offrait pas seulement à la lectrice l'occasion « de se réfugier dans la passivité induite par l'opium de la fiction. De façon bien plus intéressante, elle lui permettait de prendre conscience de sa personnalité et de savoir qu'elle n'était pas seule à le faire[8]. » Dès les temps les plus reculés, les lectrices ont trouvé des moyens de subvertir le matériau que la société plaçait sur leurs étagères.

Le fait de mettre à part un groupe de livres ou un genre à l'intention spécifique d'un groupe de lecteurs (qu'il s'agisse des romans grecs ou des séries à couverture rose de mon enfance) ne crée pas simplement un espace littéraire que ces lecteurs sont encouragés à explorer ; très souvent, il interdit aux autres l'accès à cet espace. On m'avait dit que ces livres reliés en rose étaient pour les filles et, d'être vu avec l'un de ces livres entre les mains, j'aurais été jugé efféminé ; je me souviens de l'air surpris et désapprobateur du libraire de Buenos Aires quand j'achetai un jour l'un des livres à couverture rose, et d'avoir dû m'empresser d'expliquer que c'était pour offrir à une fille. (Je devais rencontrer par la suite un préjugé similaire lorsque, après que j'avais participé à l'édition d'une anthologie de fiction *gay* masculine, des amis « normaux » me dirent qu'ils se sentiraient gênés d'être vus en public avec le livre, craignant qu'on les prenne pour des homosexuels.) S'aventurer dans la littérature que la société réserve, avec condescendance, à un groupe « moins privilégié » ou « moins accepté », c'est courir le risque d'être étiqueté par association, puisque la même restriction ne s'appliquait pas à ma cousine, qui pouvait braver l'interdit de la série verte sans provoquer d'autre commentaire qu'une remarque moqueuse de sa mère sur ses « goûts éclectiques ».

Mais il arrive que les lectures réservées à un groupe distinct soient la création délibérée des lecteurs faisant partie de ce groupe. Pareille création fut, au XIᵉ siècle, le fait des dames de la cour japonaise.

En 894 – un an après la fondation de la nouvelle capitale, Heiankyô, aujourd'hui Kyôto –, le gouvernement japonais décida de ne plus envoyer de représentants officiels en Chine. Pendant les trois siècles précédents, les ambassadeurs avaient rapporté chez eux les arts et enseignements de leur immense et millénaire voisin, et les modes japonaises avaient été soumises aux coutumes chinoises ; désormais, coupé de l'influence chinoise, le Japon commença à improviser un style de vie qui lui était propre et qui atteignit son apogée à la fin du Xᵉ siècle sous la régence de Fujiwara no Michinaga[9].

Femmes épiées dans leurs quartiers : illustration de Tosa Mitsuyoshi pour *Le Dit du Genji*.

Comme dans toute société aristocratique, rares étaient ceux qui profitaient de cette renaissance. Les femmes de la cour japonaise, même si elles étaient très privilégiées par rapport à celles des classes inférieures[10], subissaient un grand nombre de règles et de limitations. Recluses loin du monde, astreintes à des routines monotones, limitées jusque dans leur langage (puisque, à de rares exceptions près, elles étaient ignorantes des vocabulaires de l'histoire, du droit et de la philosophie, ainsi que « de toute autre forme de savoir[11] » et qu'en règle générale leurs échanges s'effectuaient par lettres plutôt que par la conversation), les femmes durent inventer seules – et en dépit d'une batterie de restrictions – des méthodes circonspectes pour explorer dans les faits et dans les livres le monde au sein duquel elles vivaient, ainsi que le monde au-delà de leurs murs de papier. À propos d'une jeune princesse, le prince Genji, héros du *Dit du Genji*, de dame Murasaki, déclare : « Ce serait sans grande utilité pour l'instruction de cette enfant ! D'ailleurs, il serait de fort mauvais ton qu'une femme trahît ses préférences, en manifestant un goût exclusif pour un seul art. De même qu'il serait fâcheux qu'en quelque domaine que ce soit, elle fût tout à fait ignorante. Pour ce qui est du caractère, il conviendrait qu'elle fût sûre d'elle et maîtresse de soi, sous des dehors affables et amènes[12]... »

Les apparences comptaient par-dessus tout, et du moment qu'elles affectaient une indifférence manifeste au savoir et une ignorance intacte, les femmes de la cour réussissaient à se donner certains moyens d'échapper à leur condition. Dans de telles circonstances, il est ahurissant qu'elles aient pu créer la littérature la plus importante de cette période, inventant même des genres nouveaux. Être à la fois le créateur et l'amateur de la littérature – former, en quelque sorte, un cercle fermé qui produit et consomme ce qu'il produit, le tout dans le cadre strict d'une société qui veut que ce cercle demeure soumis – doit être considéré comme un acte de courage extraordinaire.

À la cour, les femmes passaient la majeure partie de leurs journées à « contempler l'espace » dans une torturante oisiveté (« souffrir d'oisiveté » est une expression récurrente), apparentée à la mélancolie européenne. Les chambres pratiquement vides, avec leurs tentures et leurs écrans de soie, se trouvaient presque tout le temps dans l'obscurité. Mais cela n'impliquait pas l'intimité. Les murs légers et les parapets à claire-voie laissaient libre passage aux bruits, et des centaines d'illustrations représentent des voyeurs en train d'épier les activités des femmes.

Les longues heures de loisirs forcés, à peine interrompues par les fêtes annuelles et de rares visites aux temples à la mode, les amenèrent à pratiquer la musique et la calligraphie mais, surtout, à lire à haute voix ou à écouter lire. Tous les livres n'étaient pas autorisés. Dans le Japon de Heian, comme dans la Grèce antique, en Islam, dans l'Inde postvédique et dans tant d'autres sociétés, les femmes n'avaient pas accès à ce qui était considéré comme de la littérature « sérieuse » : elles étaient censées se contenter du domaine des divertissements banals et frivoles, que les érudits confucéens regardaient avec mépris, et on faisait très nettement la distinction entre littérature et langage « mâles » (dont les thèmes étaient héroïques et prophétiques, et la voix publique) ou « féminins » (triviaux, domestiques et intimes). Cette distinction s'étendait à différents domaines : c'est ainsi, puisqu'on continuait d'admirer les façons de la Chine, qu'on appelait « masculine » la peinture chinoise cependant que la peinture japonaise, plus légère, était dite « féminine ».

Même si toutes les bibliothèques de littérature chinoise et japonaise leur avaient été ouvertes, les femmes de Heian n'auraient pas trouvé, dans la plupart des livres de l'époque, le son de leurs propres voix. C'est pourquoi, en partie pour augmenter leurs réserves de lecture et en partie pour se donner accès à des lectures qui répondraient à leurs préoccupations personnelles, elles créèrent leur propre littérature. Afin de la rédiger, elles mirent au point une transcription phonétique de la langue qu'elles étaient autorisées à parler, le *kanabungaku*, un japonais purgé d'à peu près toutes les tournures chinoises. Ce langage écrit devint connu comme « l'écriture des femmes » et, étant réservé à la main féminine, il acquit aux yeux des hommes qui les dominaient un caractère érotique. Pour être séduisante, une femme de Heian devait non seulement posséder des charmes physiques mais aussi savoir tracer une calligraphie élégante ainsi qu'être versée en musique et capable de lire, d'interpréter et de composer de la poésie. Ces talents, néanmoins, n'étaient jamais considérés comme comparables à ceux des artistes et savants mâles.

Selon Walter Benjamin, on peut considérer que, de toutes les façons de se procurer des livres, les écrire soi-même est la méthode la plus estimable[13]. Dans certains cas, comme l'avaient découvert les femmes de Heian, c'est l'unique méthode. Dans leur nouveau langage, les femmes de Heian écrivirent des œuvres qui figurent parmi les plus importantes de la littérature japonaise, et peut-être de tous les temps. La plus célèbre est le monumental *Dit du Genji* de dame Murasaki, commencé sans doute en 1001 et terminé au plus tôt en 1010, que le savant et traducteur anglais Arthur Waley considérait comme le premier vrai roman au monde ; et les *Notes de chevet* de Sei Shônagon, ouvrage ainsi appelé parce qu'il fut composé, à peu près en même temps que *Genji*, dans la chambre à coucher de l'auteur, et sans doute rangé dans les tiroirs de son chevet de bois[14].

Des ouvrages tels que *Genji* et les *Notes de chevet* explorent dans le plus grand détail la vie culturelle et sociale des hommes et des femmes, mais ne s'intéressent guère aux manœuvres politiques qui occupaient à la cour le temps des officiels mâles. Waley trouvait déconcertant, dans ces livres, « le vague extraordinaire des femmes en ce qui concerne les activités purement masculines[15] » ; exclues à la fois du langage et de la politique, des femmes comme Sei Shônagon et dame Murasaki n'auraient certes pas pu décrire ces activités autrement que par ouï-dire. De toute façon, ces femmes écrivaient surtout pour elles-mêmes – en présentant des miroirs à leurs propres existences. Elles n'attendaient pas de la littérature les images que leurs pairs masculins trouvaient plaisantes ou intéressantes, mais un reflet de cet autre univers où le temps était lent et la conversation maigre, et où le paysage ne changeait que lorsque les saisons apportaient un changement. *Le Dit du Genji*, tout en déployant un vaste tableau de la vie contemporaine, était destiné à être lu principalement par des femmes comme l'auteur; des femmes qui partageaient son intelligence et sa perspicacité aiguë en matière de psychologie.

Quelques années après *Le Dit du Genji*, une autre femme brillante décrivit sa passion pour les histoires, durant son enfance dans la lointaine province de Sarashina. « Moi qui fus élevée dans des régions au bout de la route d'Azuma, au fin fond du pays, combien devais-je être empruntée, et pourtant, comment pourrais-je m'en être avisée? Je sus qu'il existait en ce monde ce que l'on appelle les dits, et je brûlais de l'envie d'en lire, cependant qu'aux jours de désœuvrement, ou le soir à la veillée, j'écoutais ma sœur aînée ou ma belle-mère qui citaient des passages de tel ou tel dit, ou commentaient les faits et gestes de Genji le Radieux, ce qui ne faisait qu'exciter ma curiosité, mais comment eussent-elles pu de mémoire m'en dire autant que je le l'eusse souhaité? Dans mon impatience extrême, j'obtins que l'on me fît une statue de ma taille du Bouddha Yakushi, je me purifiais les mains, et quand nul ne me pouvait voir, je me glissais dans l'oratoire : « Faites qu'au plus tôt je puisse monter à la Ville et permettez que de ces dits que l'on prétend nombreux, j'en voie autant qu'il en est[16]! »»

Les *Notes de chevet* de Sei Shônagon rapportent, avec une apparente désinvolture, impressions, descriptions, commérages, listes de choses agréables ou désagréables; pleines d'opinions fantaisistes, de préjugés et de vanité, elles sont complètement dominées par la notion de hiérarchie. Les propos de l'auteur sonnent avec une franchise qui vient, dit-elle (faut-il la croire?) du fait que « je n'ai jamais pensé que ces notes seraient lues par quiconque, et j'y ai donc mis tout ce qui me passait par la tête, si étrange ou déplaisant que ce fût ». Sa simplicité fait beaucoup de son charme. Voici deux exemples de « choses qui sont délicieuses » :

> *Découvrir un grand nombre de contes qu'on n'a pas encore lus. Ou acquérir le deuxième volume d'un récit dont on a apprécié le premier volume. Mais on est souvent déçu.*

> *Les lettres sont chose assez courante, et pourtant quelle merveille ! Quand quelqu'un se trouve dans une province éloignée, et qu'on se fait du souci pour lui, et puis qu'une lettre arrive soudain, on a l'impression de l'avoir en face de soi. Et c'est une grande consolation que d'avoir exprimé ses sentiments dans une lettre – même si l'on sait qu'elle ne peut pas encore être arrivée[17].*

Comme *Le Dit du Genji*, les *Notes de chevet*, avec leur adoration paradoxale envers le pouvoir impérial nonobstant leur mépris pour les usages des hommes, valorisent les loisirs forcés et placent l'existence domestique des femmes au même niveau littéraire que la vie « épique » des hommes. Dame Murasaki estimait néanmoins que les récits des femmes devaient être mis en scène dans le cadre des épopées masculines et non, de façon frivole, dans les confins de leurs murs de papier, et elle reprochait « de nombreuses lacunes » aux écrits de Sei Shônagon « aussi les personnes qui affectent le bon ton vont-elles, jusque dans les circonstances les plus triviales, afficher une profonde émotion, et leur souci de ne laisser échapper la moindre occasion de briller les fait tout naturellement tomber dans une frivolité de mauvais aloi. Et comment, une fois parvenues à ce degré de frivolité, pourraient-elles connaître une fin heureuse[18] ? »

Il semble qu'au sein d'un groupe victime de ségrégation, on pratique deux types au moins de lecture. Dans l'un, les lectrices, telles des archéologues pleines d'imagination, se fraient un passage entre les lignes de la littérature officielle afin d'en dégager la présence de leurs sœurs exclues, d'y trouver leurs reflets dans les histoires de Clytemnestre, de Lady Macbeth, des courtisanes de Balzac. Dans l'autre, les lectrices deviennent auteurs, s'inventent de nouvelles façons de raconter des histoires afin de compenser sur le papier la chronique quotidienne de leurs vies recluses dans le laboratoire de la cuisine, dans l'atelier de la lingerie, dans la jungle de la chambre d'enfants.

Il existe peut-être une troisième catégorie. Bien des siècles après Sei Shônagon et dame Murasaki, au-delà des océans, l'auteur anglais George Eliot, à propos de la littérature de son époque, décrivait ce qu'elle appelait « les romans niais des dames romancières… un genre comportant de nombreuses espèces caractérisées par la qualité spécifique de niaiserie qui y prédomine – la futile, la verbeuse, la pieuse ou la pédante. Mais c'est un mélange de tout cela – un ordre composite de fatuité féminine, qui produit la catégorie la plus importante de ces romans, que nous intitulerons "Belles-lettres et chiffons" »… L'excuse couramment invoquée pour les femmes qui deviennent écrivains sans qualification particulière est que la société leur interdit toute autre sphère d'occupation. La société est une entité très coupable, et doit répondre de la fabrication de nombreuses denrées malsaines, des mauvais condiments à la mauvaise poésie. Mais la société, de même que « la matière », le Gouvernement de Sa Majesté et autres abstractions grandioses, reçoit sa part de blâme excessif autant que de louanges excessives. « Dans tout labeur, il y a profit, conclut Eliot ; mais les romans niais des dames sont moins, à notre avis, le résultat d'un labeur que celui d'une oisiveté affairée[19]. » Ce que George Eliot évoquait là, c'était une littérature qui, bien qu'écrite au sein du groupe, ne fait guère plus que donner un écho aux stéréotypes et aux préjugés officiels qui ont été à l'origine de la création de ce groupe.

La niaiserie était aussi le défaut que dame Murasaki, en tant que lectrice, reprochait aux écrits de Sei Shônagon. La différence manifeste, néanmoins, était que Sei Shônagon n'offrait pas à ses lectrices une image dépréciée d'elles-mêmes, conforme aux préjugés des hommes. Ce que dame Murasaki trouvait frivole, c'était le sujet de Sei Shônagon : l'univers quotidien dans lequel elle vivait, dont Sei Shônagon étudiait la trivialité avec autant d'attention que s'il se fût agi du monde étincelant de Genji en personne. Quelles que fussent les critiques de dame Murasaki, le style de littérature intime et d'apparence banale de Sei Shônagon s'épanouit parmi les lectrices de son époque. Le premier exemple connu datant de cette période est le journal d'une dame de la cour de Heian connue seulement comme « la Mère de Michitsuna » : le *Journal de la fin de l'été* ou *Journal de l'éphémère*. L'auteur s'y emploie à rendre compte, aussi fidèlement que possible, de la réalité de son existence. En parlant d'elle-même à la troisième personne, elle écrit : « cependant qu'elle se laissait ainsi vivre jour après nuit et nuit après jour, elle lisait des bribes de ces dits anciens si répandus par le monde, et n'y trouvait parfois que fariboles ; si donc elle notait sa propre expérience, qui n'était pas banale, sous la forme d'un journal, peut-être lui trouverait-on un tour insolite ? À qui s'interrogerait sur la vie des grands de ce monde, elle fournirait en quelque sorte un exemple, se disait-elle, mais comme elle n'avait plus qu'un souvenir confus des ans et des mois écoulés, il faudrait bien souvent se contenter du possible[20]. »

Malgré les critiques de dame Murasaki, on comprend sans difficulté pourquoi la confession, cette forme dans laquelle une femme pouvait « lâcher la bride à ses émotions », devint la lecture favorite des femmes de Heian. *Genji* présentait un aspect de la vie des femmes à travers les personnages entourant le prince, mais les *Notes de chevet* permettaient aux lectrices de devenir leurs propres historiennes.

Il y a quatre façons d'écrire la vie d'une femme, dit la critique américaine Carolyn G. Heilbrun. La femme peut la raconter elle-même, dans ce qu'elle décide d'appeler une autobiographie ; elle peut la raconter dans ce qu'elle préfère appeler une fiction ; un biographe, femme ou homme, peut écrire l'histoire de cette femme dans ce qu'on appelle une biographie ; ou la femme peut écrire sa propre vie avant de l'avoir vécue, sans en être consciente et sans reconnaître ni nommer le processus[21].

Les prudentes distinctions imaginées par Carolyn Heilbrun correspondent vaguement aux catégories indécises de la littérature que produisaient les femmes de Heian – *monogatari* (romans), notes de chevet et autres. Dans ces textes, leurs lectrices découvraient leurs propres vies vécues ou non, idéalisées ou imaginées, voire rapportées avec faconde et fidélité sous forme de chroniques documentées. C'est généralement le cas des lecteurs victimes de ségrégation : ce qu'il leur faut, ce sont des confessions, des biographies, des ouvrages didactiques, parce que des lecteurs dont l'identité est niée n'ont d'autre lieu où trouver leur histoire que la littérature qu'ils produisent eux-mêmes. Dans une discussion à propos de la littérature *gay* – que l'on peut à bon droit appliquer à la littérature féminine, à la littérature de tout groupe exclu du groupe dominant – l'auteur américain Edmund White observe qu'aussitôt qu'un individu remarque qu'il (nous pouvons ajouter « ou elle ») est autre, il lui faut s'en justifier, et que de telles justifications constituent une sorte de romanesque primitif, « les récits ressassés sans relâche sur l'oreiller, dans les bars ou sur le divan du psychanalyste ». En se racontant « les uns aux autres – ou au monde hostile qui les entoure – les histoires de leurs vies, ils ne se bornent pas à rapporter le passé mais façonnent aussi l'avenir, en se forgeant une identité en même temps qu'ils la révèlent[22] ». En Sei Shônagon comme en dame Murasaki, on peut deviner les ombres de la littérature féminine que nous lisons aujourd'hui.

Une génération après George Eliot, dans l'Angleterre victorienne, la Gwendoline d'*Il importe d'être Constant*, d'Oscar Wilde, déclarait qu'elle ne voyageait jamais sans son journal intime « parce qu'on doit toujours avoir quelque chose de sensationnel à lire dans le train » ; elle n'exagérait pas. Son pendant, Cecily, définit un journal intime comme « tout simplement le récit fait par une très jeune fille de ses réflexions et impressions personnelles, et par conséquent destiné à la publication[23] ». La publication – c'est-à-dire la reproduction d'un texte dans le but d'en multiplier le nombre des lecteurs grâce à des copies manuscrites, par des lectures à haute voix ou dans la presse – permettait aux femmes de rencontrer des voix semblables aux leurs, de découvrir que leur lot n'était pas unique, de trouver dans la confimation de l'expérience une base solide sur laquelle édifier une image authentique d'elles-mêmes. Cela était aussi vrai pour les femmes de Heian que pour George Eliot.

À la différence de la papeterie de mon enfance, une librairie offre aujourd'hui non seulement les livres mis sur le marché à l'intention des femmes pour des raisons extérieures d'intérêt commercial, qui déterminent et limitent ce qu'une femme doit lire, mais également les livres venus de l'intérieur du groupe, dans lesquels les femmes écrivent pour elles-mêmes ce qui est absent des textes officiels. Cette diversité impose aux lectrices une tâche dont les femmes de Heian avaient peut-être eu la prémonition : franchir les murs, s'emparer de tout livre qui semble attirant, lui arracher sa couverture aux couleurs codées et le ranger parmi ces volumes que le hasard et l'expérience ont placés sur sa table de chevet.

LE VOLEUR DE LIVRES

Je suis, une fois de plus, sur le point de déménager. Autour de moi, dans la poussière secrète issue de coins insoupçonnés que révèle à présent le déplacement des meubles, se dressent en équilibre instable des colonnes de livres, tels des piliers sculptés par le vent dans un paysage désertique. Tout en élevant pile sur pile de volumes familiers (j'en reconnais certains à leur couleur, d'autres à leur forme, beaucoup à un détail de leur couverture dont je tente de lire le titre la tête en bas ou selon un angle impossible) je me demande – comme je le fais chaque fois – pourquoi je conserve tant de livres dont je sais que je ne les relirai jamais. Et je me réponds que chaque fois que je me débarrasse d'un livre, je m'aperçois quelques jours plus tard que c'est précisément celui-là que je cherche. Je me dis qu'il n'existe aucun livre (ou peu, très peu) dans lequel je n'ai rien trouvé qui m'intéresse. Je me dis que, d'abord, je ne les ai pas introduits chez moi sans raison, et que cette raison peut prévaloir à nouveau dans l'avenir. Je me donne pour excuses la complétude, la rareté, une vague érudition. Mais je sais que la raison majeure de mon attachement à ce trésor amassé sans relâche est une sorte d'avidité voluptueuse. J'aime contempler mes bibliothèques encombrées, pleines de noms plus ou moins familiers. Je trouve délicieux de me savoir entouré d'une sorte d'inventaire de ma vie, assorti de prévisions de mon avenir. J'aime découvrir, dans des volumes presque oubliés, des traces du lecteur que j'ai été un jour – griffonnages, tickets

Un lecteur possessif, le comte Guglielmo Libri.

d'autobus, bouts de papier avec des noms et des numéros mystérieux, et parfois, sur la page de garde, une date et un lieu qui me ramènent à un certain café, à une lointaine chambre d'hôtel, à un été d'autrefois. Je pourrais, s'il le fallait, abandonner tous mes chers livres et recommencer ailleurs ; je l'ai déjà fait, plusieurs fois, par nécessité. Mais alors j'ai dû admettre aussi une perte grave, irréparable. Je sais que quelque chose meurt quand je me sépare de mes livres, et que ma mémoire continue de se tourner vers eux avec une nostalgie endeuillée. Et à présent, avec les années, ma mémoire se souvient de moins en moins bien, et elle m'apparaît comme une bibliothèque mise à sac : de nombreuses salles ont été fermées, et dans celles qui sont encore ouvertes à fin de consultation, il y a sur les rayonnages de grands espaces vides. Je prends un des livres restants et je m'aperçois que plusieurs pages en ont été arrachées par des vandales. Plus ma mémoire se dégrade, plus je souhaite protéger ce reposoir de mes lectures, cette collection de textures, de voix et d'odeurs. La possession de ces livres est devenue pour moi d'une importance capitale, parce que je suis devenu jaloux du passé.

La Révolution française a tenté d'abolir l'idée que le passé appartenait à une seule classe. Elle a réussi au moins en un sens : d'amusement aristocratique, faire collection d'objets anciens est devenu un passe-temps bourgeois, d'abord sous Napoléon, avec son amour pour les fastes de la Rome antique, et plus tard sous la République. À l'aube du XXe siècle, l'accumulation de bric-à-brac suranné, de tableaux de maître archaïques et de vieux livres était devenu en Europe un jeu à la mode. Les magasins de curiosités prospéraient. Les antiquaires amassaient des caches de trésors prérévolutionnaires, qui étaient achetés et puis exposés dans les musées privés des « nouveaux riches ». « Le collectionneur, écrit Walter Benjamin, rêve qu'il se trouve non seulement dans un monde lointain ou disparu mais aussi, en même temps, dans un monde meilleur où, bien que les hommes soient aussi mal pourvus de ce dont ils ont besoin que dans l'univers quotidien, les objets sont libérés de la sordide notion d'utilité[1]. »

En 1792, le palais du Louvre fut transformé en musée pour le peuple. Protestant avec hauteur contre l'idée de passé commun, le vicomte François René de Chateaubriand affirma que les œuvres d'art ainsi assemblées n'avaient plus rien à dire à l'imagination ni au cœur. Lorsque, quelques années plus tard, l'artiste et archéologue Alexandre Lenoir fonda le musée des Monuments français afin de sauver de la destruction la statuaire et les maçonneries des châteaux, monastères, palais et églises pillés par la Révolution, Chateaubriand décrivit d'un ton sans appel cette collection de ruines et de tombeaux de tous les siècles, assemblés sans rime ni raison dans le cloître des Petits-Augustins. Dans le monde officiel comme dans le monde privé des collectionneurs de débris du passé, on demeura sourd aux critiques de Chateaubriand.

Les livres comptaient parmi les plus abondants des vestiges abandonnés par la Révolution. Au XVIIIe siècle, les bibliothèques privées étaient des trésors de famille, conservés et augmentés de génération en génération par la noblesse, et les livres qu'elles contenaient étaient les symboles d'une situation sociale au même titre que le vêtement et les manières. On imagine le comte d'Hoym[2], l'un des plus célèbres bibliophiles de son temps (il est mort à quarante ans en 1736), retirant de l'une de ses étagères surpeuplées un volume du *De oratore* de Cicéron, qu'il devait considérer non comme un simple exemplaire parmi des centaines ou des milliers d'identiques exemplaires imprimés dispersés dans d'innombrables bibliothèques, mais comme un objet unique, relié selon ses spécifications, annoté de sa main et portant, estampées à l'or fin, les armoiries de sa famille.

Vers la fin du XIIe siècle, on commençait à reconnaître les livres comme des articles négociables, et en Europe leur valeur commerciale était suffisamment établie pour que les prêteurs les acceptent en gage ; on trouve dans de nombreux ouvrages du Moyen Âge des documents attestant de telles mises en gage, particulièrement dans les livres appartenant à des étudiants[3]. Dès le XVe siècle, le commerce des livres avait pris assez d'importance pour qu'ils figurent sur la liste des marchandises vendues lors des foires de Francfort et de Nördlingen[4].

Il va de soi que certains livres, uniques de par leur rareté, étaient estimés à des prix exorbitants (les introuvables *Epistolae* de Petrus Delphinus, écrites en 1524, furent vendues mille livres en 1719 – à peu près cent cinquante mille francs français au cours actuel[5]), mais ils avaient pour la plupart valeur d'objets personnels – héritages des familles, objets que ne toucheraient jamais que leurs mains et celles de leurs enfants. C'est la raison pour laquelle les bibliothèques devinrent l'une des cibles évidentes de la Révolution.

Mises à sac, les bibliothèques du clergé et de l'aristocratie, symboles des «ennemis de la République», aboutirent dans les immenses dépôts de plusieurs villes de France – Paris, Lyon et Dijon, entre autres – où elles attendirent, attaquées par l'humidité, la poussière et la vermine, que les autorités révolutionnaires décident de leur sort. Le problème du stockage de telles quantités de livres devint si sérieux que lesdites autorités commencèrent à organiser des ventes publiques afin de se débarrasser d'une partie du butin. Néanmoins, jusqu'à la création en 1800 de la Banque de France en tant qu'institution privée, la plupart des bibliophiles français (ceux qui n'étaient ni morts ni en exil) étaient trop appauvris pour se porter acquéreurs, et seuls des étrangers, surtout des Anglais et des Allemands, purent profiter de la situation. Pour satisfaire cette clientèle étrangère, des libraires locaux se mirent à agir comme fouineurs et comme agents. Lors d'une des ultimes ventes publiques de déstockage, à Paris en 1816, le libraire et éditeur Jacques-Simon Merlin acheta assez de livres pour remplir de la cave au grenier une maison de quatre étages qu'il avait achetée à cet effet[6]. Ces volumes, souvent précieux et rares, étaient vendus au prix du papier, et ceci à une époque où les livres neufs étaient encore très chers. Par exemple, pendant les dix premières années du XIXe siècle, un roman de publication récente aurait coûté le tiers des gages d'un fermier français, alors qu'on aurait pu obtenir une édition originale du *Roman comique* de Paul Scarron pour un dixième de cette somme[7].

Les livres que la Révolution avait réquisitionnés et qu'on n'avait ni détruits ni vendus à l'étranger furent finalement répartis entre les bibliothèques publiques de référence, mais rares étaient les lecteurs qui en faisaient usage. Pendant toute la première moitié du XIXe siècle, les heures d'accès à ces bibliothèques restèrent limitées, une tenue vestimentaire très stricte y était exigée, et les précieux volumes recommencèrent à se couvrir de poussière sur les étagères[8], oubliés et privés de lecteurs.

Mais plus pour longtemps.

Guglielmo Bruto Icilio Timoleone, comte Libri-Carucci della Somaia, naquit à Florence en 1803 dans une famille toscane d'ancienne noblesse. Il étudia à la fois le droit et les mathématiques, matière où il excella si bien qu'à l'âge de vingt ans il se vit offrir la chaire de mathématiques à l'université de Pise. En 1830, peut-être à la suite de menaces provenant d'une organisation nationaliste, les Carbonari, il émigra à Paris et devint peu après citoyen français. Sous le nom désormais moins ronflant de comte Libri, il fut bien accueilli par les universitaires français, fut élu membre de l'Institut, devint professeur de science à l'université de Paris et reçut la Légion d'honneur pour ses titres académiques. Mais Libri ne s'intéressait pas qu'à la science ; il s'était pris aussi de passion pour les livres et, en 1840, il avait amassé une collection remarquable, achetant et vendant manuscrits et livres rares. Deux fois, il tenta sans succès d'obtenir un poste à la Bibliothèque royale. Et puis, en 1841, il fut nommé secrétaire d'une commission chargée de superviser le très officiel « catalogue général et détaillé de tous les manuscrits en langues anciennes et modernes existant à ce jour dans toutes les bibiothèques publiques départementales[9] ».

Voici comment Sir Frederic Madden, responsable du département des Manuscrits au British Museum, décrit sa première rencontre avec Libri, le 6 mai 1846, à Paris : « Extérieurement, il paraissait n'avoir jamais usé de l'eau et du savon, ni d'une brosse. La pièce dans laquelle on nous introduisit ne mesurait guère plus de quatre mètres de large, mais elle était remplie jusqu'au plafond de manuscrits sur des étagères. Les fenêtres avaient des châssis doubles et un feu de charbon et de coke brûlait dans la cheminée, et sa chaleur, à quoi s'ajoutait l'odeur des piles de vélin qui nous entouraient, était si insupportable que j'étouffais. M. Libri remarqua le désagrément que nous subissions et ouvrit une des fenêtres, mais on voyait bien que le moindre souffle d'air lui était pénible, et il avait les oreilles bourrées de coton, comme pour l'empêcher d'y être sensible ! M. Libri est un individu assez corpulent, aux traits avenants mais épais[10]. » Ce que Sir Frederic ignorait – alors –, c'était que le comte Libri était l'un des voleurs de livres les plus accomplis de tous les temps.

D'après l'échotier du XVIIe siècle Tallemant des Réaux, voler des livres n'est un crime que si on les vend[11]. Nul doute que le plaisir de tenir en main un livre rare, de tourner des pages que personne d'autre ne tournerait sans sa permission, a motivé Libri jusqu'à un certain point. Mais que la vision de tant de beaux volumes ait représenté pour le savant bibliophile une tentation imprévue ou que ce soit, dès le début, sa passion des livres qui l'avait poussé à rechercher cette situation, nous ne le saurons jamais. Armé de documents officiels, vêtu d'un immense manteau sous lequel il dissimulait ses trésors, Libri avait accès à toutes les bibliothèques de France, où ses connaissances spécialisées lui permettaient de prélever les perles cachées. À Carpentras, à Dijon, à Grenoble, à Lyon, à Montpellier, à Orléans,

Poitiers et Tours, non content de dérober des volumes entiers, il lui arriva de découper des pages isolées, qu'il exposait ensuite et que parfois il vendait[12]. Il n'y eut qu'Auxerre où il n'accomplit pas de larcin. Le bibliothécaire obséquieux, anxieux de faire plaisir à cet officiel que ses papiers lui présentaient comme « Monsieur le Secrétaire » et « Monsieur l'Inspecteur général », autorisa volontiers Libri à travailler la nuit dans la bibliothèque, mais insista pour qu'un garde reste à ses côtés afin de veiller à tous les besoins de monsieur[13].

Les premières accusations portées contre Libri datent de 1846, mais – peut-être parce qu'elles paraissaient si invraisemblables – elles furent ignorées et Libri continua à piller les bibliothèques. Il se mit également à organiser des ventes importantes de certains des livres volés, ventes en vue desquelles il préparait d'excellents catalogues détaillés[14]. Pourquoi ce bibliophile passionné vendait-il les livres qu'il avait pris le risque de voler ? Peut-être pensait-il, comme Proust, que « le désir fleurit, la possession flétrit toutes choses[15] ». Peut-être n'avait-il besoin que de quelques-uns, les plus précieux, qu'il sélectionnait comme les perles rares de son butin. Peut-être les vendait-il par simple cupidité – mais cette supposition est bien moins intéressante. Quelles que fussent ses raisons, les ventes de livres volés ne purent longtemps passer inaperçues. Les accusations se renforcèrent, et au bout d'un an le ministère public lança une enquête discrète – qui fut étouffée par le président du Conseil, François Guizot, un ami de Libri, dont il avait été le témoin lors de son mariage. Il est probable que l'affaire en serait restée là si la révolution de 1848, qui mit fin à la monarchie de Juillet et instaura la Deuxième République, n'avait découvert le dossier de Libri dans un tiroir du bureau de Guizot. Averti, Libri s'enfuit en Angleterre avec sa femme, non sans emporter dix-huit caisses de livres estimés à vingt-cinq mille francs[16]. À l'époque, un travailleur qualifié gagnait environ quatre francs par jour[17].

Une armée de politiciens, d'artistes et d'écrivains prit (en vain) la défense de Libri. Certains avaient profité de ses combines et ne voulaient pas être impliqués dans un scandale ; d'autres l'avaient reconnu comme un savant honorable, et craignaient de passer pour des dupes. Prosper Mérimée, en particulier, fut un ardent défenseur de Libri[18]. Celui-ci lui avait montré, chez un ami, le célèbre Pentateuque de Tours, un volume enluminé du XVIIe siècle ; Mérimée, qui avait voyagé dans toute la France et visité de nombreuses bibliothèques, observa qu'il avait vu ce Pentateuque à Tours ; Libri, sans se démonter, expliqua à Mérimée que ce qu'il avait vu à Tours était une copie française de l'original qu'il avait lui-même acheté en Italie. Mérimée le crut. Dans une lettre à Édouard Delessert, le 5 juin 1848, Mérimée insiste : « Pour moi, qui ai toujours dit que l'amour des collections entraînait les gens au crime, je trouve que Libri est le plus honnête des collectionneurs, et je ne connais que lui qui soit capable de rendre à des bibliothèques des livres que d'autres leur ont volés[19]. » Finalement, deux ans après que Libri avait été jugé coupable, Mérimée prit la défense de son ami dans la *Revue des Deux Mondes*[20] avec tant de virulence qu'il reçut un mandat de comparution devant le tribunal de première instance, sous l'inculpation d'outrages publics envers des fonctionnaires de l'ordre judiciaire.

Sous le poids des preuves, Libri fut condamné par contumace à dix ans de prison et déchu de ses fonctions publiques. Lord Ashburnham, qui avait acheté à Libri par l'intermédiaire du libraire Joseph Barrois un autre Pentateuque enluminé d'une grande rareté (volé, celui-là, à la bibliothèque publique de Lyon), s'inclina devant les preuves de la culpabilité de Libri et restitua le livre à l'ambassadeur de France à Londres. Le Pentateuque est le seul livre que Lord Ashburnham ait rendu. « Les félicitations qui furent adressées de toutes parts à l'auteur d'un pareil acte de libéralité ne le décidèrent pas à répéter l'expérience sur d'autres manuscrits de sa bibliothèque », commenta Léopold Delisle[21], qui établit en 1888 un catalogue des larcins de Libri.

Mais à ce moment Libri avait depuis longtemps tourné la dernière page de son dernier livre volé. D'Angleterre, il était parti pour l'Italie et s'était installé à Fiesole, où il mourut le 28 septembre 1869, discrédité et dans le dénuement. Et pourtant, il finit par avoir sa revanche sur ses accusateurs. L'année de la mort de Libri, le mathématicien Michel Chasles, qui avait été élu à l'Institut en place de Libri, fit l'acquisition d'une incroyable collection d'autographes pour laquelle il était certain d'être envié et renommé. Elle comprenait des lettres de Jules César, de Pythagore, de Néron, de Cléopâtre et de l'évanescente Marie-Madeleine – dont au bout du compte il fut avéré qu'il s'agissait de faux, œuvres du célèbre faussaire Vrain-Lucas, à qui Libri avait demandé de rendre visite à son successeur[22].

Le vol de livres n'était pas à l'époque de Libri un délit nouveau. « L'histoire de la bibliocleptomanie, écrit Lawrence S. Thompson, remonte à l'origine des bibliothèques en Europe occidentale, et l'on pourrait sûrement en retrouver des traces encore antérieures dans l'histoire des bibliothèques grecques et orientales[23]. » Les premières bibliothèques romaines étaient composées en grande partie de volumes grecs, tant les Romains avaient soumis la Grèce à un pillage intensif. La Bibliothèque royale de Macédoine, la bibliothèque de Mithridate, roi du Pont, la bibliothèque d'Apellicon de Téos (dont Cicéron se servit plus tard), furent toutes dévalisées par les Romains et transférées sur le sol romain. Les premiers siècles chrétiens ne furent pas épargnés : le moine copte Pachomius, qui avait créé une bibliothèque dans son monastère à Tabennisi, en Égypte, dans les premières décades du IIIe siècle, en vérifiait chaque soir l'inventaire afin de s'assurer que les livres avaient été remis en place[24]. Au cours de leurs raids sur l'Angleterre anglo-saxonne, les Vikings volaient les manuscrits enluminés des moines, sans doute à cause de l'or de leurs reliures. L'un de ces riches volumes, le Codex Aureus, dut être rendu à ses propriétaires moyennant rançon, car les voleurs ne purent trouver acquéreur. Les voleurs de livres étaient une plaie au Moyen Âge et à la Renaissance ; en 1752, le pape Benoît XIV émit une bulle qui les frappait d'excommunication.

D'autres menaces étaient plus séculières, telle cette admonestation figurant dans un précieux volume de la Renaissance :

> *Le nom de mon Maître tu vois ci-dessus*
> *Prends donc garde de ne pas me voler ;*
> *Car si tu me voles, sans délai,*
> *C'est ton cou... qui devra payer.*
> *Regarde en bas et tu verras*
> *L'image d'un gibet ;*
> *Prends donc garde à toi maintenant*
> *Que tu ne grimpes à cet arbre*[25] *!*

Ou cette inscription dans la bibliothèque du monastère de San Pedro, à Barcelone :

> *Celui qui vole, ou emprunte et ne rend pas, un livre à son propriétaire, que le livre volé se change en serpent dans sa main et le pique. Qu'il soit frappé de paralysie, que tous ses membres éclatent. Qu'il languisse dans la douleur, qu'il demande grâce en pleurant, et qu'il n'y ait de sursis à ses tourments avant qu'il ne soit anéanti. Que les vers lui rongent les entrailles, au nom du Ver qui ne périt pas. Et quand enfin il ira à son châtiment final, que les flammes de l'Enfer le consument à jamais*[26].

Et pourtant, aucune malédiction ne paraît décourager ces lecteurs qui, tels des amants éperdus, sont décidés à s'approprier un certain livre. Le désir de posséder un livre, d'en être le seul propriétaire, est une convoitise d'une espèce sans pareille. « On lit mieux, confessait Charles Lamb [un contemporain de Libri], un livre qu'on possède, et qu'on connaît depuis si longtemps qu'on sait la topographie de ses taches et de ses pages cornées, et qu'on peut y retrouver la trace d'une lecture agrémentée de thé et de muffins beurrés[27]. »

L'acte de lire établit une relation intime, physique, à laquelle prennent part tous les sens : les yeux saisissent les mots sur la page, les oreilles font écho aux sons lus, le nez respire l'odeur familière de papier, de colle et d'encre, la main caresse la page rugueuse ou lisse, la couverture souple ou dure ; même le goût intervient parfois, quand le lecteur porte les doigts à sa langue (c'est ainsi que le meurtrier empoisonne ses victimes dans *Le Nom de la rose*, d'Umberto Eco). Tout cela, de nombreux lecteurs sont peu enclins à le partager – et si le livre qu'ils souhaitent posséder appartient à quelqu'un d'autre, les lois de la propriété sont aussi difficiles à respecter que celles de la fidélité en amour. Qui plus est, la propriété matérielle devient parfois synonyme d'un sentiment d'appréhension intellectuelle. Nous en venons à croire que les livres que nous détenons sont les livres que nous connaissons, comme si la possession représentait, dans les bibliothèques comme devant les tribunaux, les neuf dixièmes de la loi ; qu'un coup d'œil jeté sur les dos des livres que nous appelons nôtres, docilement à leurs postes le long des murs de notre chambre, prêts à nous parler, et à nous seulement, au moindre tournant d'une page, nous autorise à dire « tout cela m'appartient », comme si leur simple présence nous remplissait de sagesse, sans que nous ayons à faire l'effort de connaître réellement leur contenu.

Dans ce domaine, j'ai été aussi coupable que le comte Libri. Aujourd'hui encore, submergés que nous sommes par des douzaines d'éditions et des milliers d'exemplaires identiques d'un même titre, je sais que le volume que je tiens entre les mains, ce volume et nul autre, devient le Livre. Annotations, taches, marques de toutes espèces, à un moment et en un lieu donné, caractérisent ce volume aussi certainement que s'il s'agissait d'un manuscrit d'une valeur inestimable. Nous pouvons refuser avec dégoût de justifier les larcins de Libri, mais la tentation latente, ce désir d'être, ne fût-ce qu'un instant, seul à pouvoir appeler un livre « mien », est commune à plus d'hommes et de femmes honnêtes que nous ne souhaiterions l'admettre.

Pline le Jeune, sculpteur sur la façade de la cathédrale de Côme.

L'AUTEUR EN LECTEUR

Un soir, à Rome, à la fin du Iᵉʳ siècle de notre ère, Caius Plinius Caecilius Secundus (connu de ses futurs lecteurs sous le nom de Pline le Jeune, pour le distinguer de son savant oncle Pline l'Ancien, mort pendant l'éruption du Vésuve en 79) sortit de chez un de ses amis dans un état de vertueuse fureur. Sitôt rentré dans son cabinet, Pline s'assit et, afin de rassembler ses esprits (et avec peut-être un œil sur le volume de lettres qu'il allait un jour réunir et publier), décrivit sa soirée dans une lettre au juriste Claudius Restitutus. « Je viens de quitter dans l'indignation une lecture chez un de mes amis, et je sens qu'il me faut t'écrire immédiatement, puisque je ne puis t'en parler de vive voix. Le texte qu'on lisait était d'une grande perfection à tous les sens possibles, mais deux ou trois esprits forts – ainsi paraissaient-ils à eux-mêmes et à quelques autres – l'écoutaient comme des sourds-muets. Jamais ils n'ouvraient la bouche, ni ne faisaient un geste de la main, ni même n'étendaient les jambes pour modifier leur position assise. À quoi rime un tel comportement sobre et savant, ou plutôt cette paresse, ce mépris, cette absence de tact et de bon goût, à cause desquels on peut passer une journée entière à ne rien faire que chagriner et transformer en ennemi l'homme qu'on est venu écouter comme son ami le plus cher[1] ? »

Il nous est un peu difficile, à vingt siècles de distance, de comprendre le désarroi de Pline. À son époque, les lectures d'auteurs étaient devenues une cérémonie sociale à la mode[2] et, comme dans le cas d'autres cérémonies, une étiquette établie régissait auditeurs et lecteurs. On attendait des auditeurs une réaction critique, à partir de laquelle l'auteur pourrait améliorer son texte – c'est pourquoi l'immobilité de l'auditoire avait tellement scandalisé Pline ; lui-même essayait parfois le premier état d'un discours devant un groupe d'amis pour le modifier ensuite en fonction de leur réaction[3]. En outre, les auditeurs étaient censés assister à la cérémonie entière, quelle que fût sa durée, afin de ne manquer aucune partie de l'œuvre lue, et Pline estimait que ceux qui ne trouvaient dans ces lectures qu'une simple distraction sociale ne valaient guère mieux que des voyous. « La plupart d'entre eux restent assis dans les antichambres, écrivait-il, furieux, à un autre ami, à perdre leur temps au lieu d'être attentifs, et ordonnent à leurs serviteurs de leur dire à tout moment si le lecteur est arrivé et a lu son introduction, ou s'il a terminé. Alors seulement, et bien à contrecœur, ils entrent sans se presser. Et ils ne restent guère, mais partent avant la fin, les uns en s'efforçant de s'échapper discrètement, les autres sans vergogne… On doit louer et honorer d'autant plus ceux dont l'amour de l'écriture et de la lecture à haute voix n'est pas affecté par les mauvaises manières et l'arrogance de leur auditoire[4]. »

Pour que ses lectures aient du succès, l'auteur était obligé, lui aussi, de se conformer à certaines règles car il y avait toutes sortes d'obstacles à surmonter. Avant tout, il fallait trouver un lieu de lecture approprié. Des hommes riches qui se croyaient poètes récitaient leurs œuvres à des assemblées d'amis et connaissances dans l'*auditorium* de leurs opulentes villas – une pièce construite à cette intention. Certains de ces poètes fortunés, tel Titinius Capito[5], se montraient généreux et prêtaient leurs *auditoria* à d'autres auteurs, mais en général ces salles de récitation étaient réservées à l'usage exclusif de leurs propriétaires. Une fois ses amis réunis à l'endroit prévu, l'auteur devait s'asseoir face à eux sur un siège surélevé, vêtu d'une toge neuve et arborant toutes ses bagues[6]. Selon Pline, cette coutume le gênait doublement : « Il est très désavantagé par le simple fait de se trouver assis, même s'il a autant de talent que les orateurs qui parlent debout[7] » et il a « les deux principaux accessoires de son éloquence, c'est-à-dire les yeux et les mains » occupés par son texte. Le talent oratoire était par conséquent essentiel. Dans l'éloge qu'il fait d'un lecteur, Pline observe « qu'il haussait et baissait la voix avec une grande souplesse, et qu'il faisait preuve de la même dextérité pour passer de sujets nobles à d'autres moins élevés, de la simplicité à la complexité, de sujets légers à de plus sérieux. Sa voix très agréable était un autre avantage, augmenté encore par sa modestie, sa tendance à rougir et sa nervosité, qui contribuent toujours au charme d'une lecture. Je ne sais pas pourquoi, mais la timidité convient mieux à un auteur que l'assurance[8]. »

Ceux qui doutaient de leurs talents de lecteur pouvaient recourir à certains stratagèmes. Pline lui-même, sûr de lui quand il s'agissait de lire des discours mais moins certain de sa capacité de lire des poèmes, eut, pour une soirée consacrée à sa poésie, l'idée suivante : « J'ai l'intention d'offrir une lecture intime à quelques amis, écrivit-il à Suétone, l'auteur dès *Vies des douze césars*, et je pense utiliser l'un de mes esclaves. Je ne ferai pas preuve d'une grande civilité envers mes amis, car l'homme que j'ai choisi n'est pas un bon lecteur, mais je crois qu'il sera meilleur que je ne le serais, à condition qu'il ne soit pas trop nerveux… La question, c'est que dois-je faire pendant qu'il lit ? Dois-je rester assis en silence comme un spectateur, ou faire ce que font certaines personnes, suivre ses paroles en les articulant avec mes lèvres, mes yeux et mes gestes ? » Nous ne savons pas si Pline a exécuté ce soir-là une des premières synchronisations labiales de l'histoire.

Beaucoup de ces lectures devaient paraître interminables ; Pline assista à une séance qui se prolongea pendant trois jours. (Ladite lecture ne semble pas l'avoir gêné, peut-être parce que le lecteur avait annoncé à son auditoire : « Mais que m'importent les poètes du passé, puisque je connais Pline[9] ? ») Pouvant durer de quelques heures à une demi-semaine, les lectures publiques devinrent pratiquement incontournables pour quiconque souhaitait être connu comme auteur. Horace se plaignait que les lecteurs cultivés ne paraissaient plus s'intéresser aux écrits proprement dits d'un poète, mais oubliaient même « le plaisir de l'oreille pour les vaines et capricieuses jouissances des yeux[10] ». Excédé par le harcèlement de rimailleurs anxieux de lui lire leurs vers, Martial s'en plaignit en ces termes :

> *Je vous le demande, qui peut supporter tant d'efforts ?*
> *Vous me faites la lecture quand je suis debout,*
> *Vous me faites la lecture quand je suis assis,*
> *Vous me faites la lecture quand je me promène,*
> *Vous me faites la lecture quand je chie*[11].

Pline approuvait cependant des lectures faites par les écrivains : il y voyait le signe d'un nouvel âge d'or littéraire. « Il ne s'est guère passé de jour en avril où personne ne donnait de lecture publique, note-t-il avec satisfaction. Je suis ravi de voir prospérer la littérature et fleurir le talent[12]. » Les générations ultérieures ont contredit le verdict de Pline, et choisi d'oublier les noms de la plupart de ces poètes-lecteurs.

Et pourtant si, grâce à ces lectures publiques, la célébrité devenait son lot, un auteur ne devait plus attendre la mort pour être consacré. « Les opinions diffèrent, écrit Pline à son ami Valerius Paulinus, mais l'idée que je me fais d'un homme vraiment heureux, c'est celui qui peut compter sur une bonne et durable réputation et, confiant dans le verdict de la postérité, vit dans la certitude de la célébrité à venir[13]. » La célébrité immédiate était importante à ses yeux. Il fut ravi quand quelqu'un, aux courses, pensa que Tacite (un auteur qu'il admirait beaucoup) pouvait être Pline. « Si Démosthène avait le droit d'être content quand la vieille femme d'Attique le reconnut et s'écria « Voilà Démosthène », je peux sûrement me réjouir que mon nom soit connu. En vérité, je *suis* content et je l'admets[14]. » Ses œuvres étaient publiées et lues jusqu'aux confins de Lugdunum (Lyon). À un autre ami, il écrivit : « Je ne pensais pas qu'il y avait des libraires à Lugdunum, je n'en ai donc été que plus heureux d'apprendre par ta lettre que les fruits de mes efforts se vendent. Je me réjouis qu'ils conservent à l'étranger la popularité qu'ils ont acquise à Rome, et je commence à croire que ce que j'écris doit être vraiment bien si l'opinion publique s'accorde là-dessus en deux endroits si différents[15]. » Il préférait toutefois de beaucoup l'accolade d'un auditoire attentif à l'approbation silencieuse de lecteurs anonymes.

Pline a suggéré une quantité de raisons pour lesquelles la lecture publique était un exercice bénéfique. La célébrité en était certainement un facteur important, mais il y avait aussi le plaisir d'entendre sa propre voix. Il se justifiait de cette faiblesse en faisant observer que le fait d'écouter un texte amenait l'auditoire à acquérir l'œuvre publiée, entraînant donc une demande propre à satisfaire à la fois les auteurs et les libraires-éditeurs[16]. La lecture publique était, à son avis, la meilleure façon pour un auteur de se gagner un public. En fait, la lecture publique était en soi une forme rudimentaire de publication.

Ainsi que Pline l'observait avec à-propos, la lecture publique était une représentation, une action entreprise à l'aide du corps entier afin de toucher autrui. Alors comme aujourd'hui, l'auteur qui lit en public souligne les mots au moyen de certains sons et les interprète au moyen de certains gestes ; cette exécution confère au texte un ton qui est (en principe) celui que l'auteur avait à l'esprit au moment de sa conception, et donne donc à l'auditeur une impression de proximité avec les intentions de l'auteur ; cela marque également le texte du sceau de l'authenticité. Mais en même temps, la lecture par l'auteur déforme aussi le texte en l'améliorant (ou en l'appauvrissant) par l'interprétation. Le romancier canadien Robertson Davies ajoutait à ses lectures couche sur couche de caractérisation, il jouait sa fiction plus qu'il ne la récitait. Nathalie Sarraute, au contraire, lit d'un ton monotone qui ne rend pas justice à sa musique. Dylan Thomas psalmodiait sa poésie, en marquant les accents comme à coups de gong et en faisant de longues pauses[17]. T.S. Eliot marmonnait la sienne, tel un curé grognon maudissant ses ouailles.

Lu à haute voix devant un auditoire, un texte n'est plus exclusivement déterminé par la relation entre ses caractéristiques intrinsèques et celles de son public arbitraire et toujours différent, puisque les auditeurs n'ont plus la liberté (qu'auraient des lecteurs ordinaires) de revenir en arrière, de relire, d'attendre, et de connoter le texte par leur intonation personnelle. Il dépend au contraire de l'auteur-interprète qui joue le rôle de lecteur des lecteurs, incarnation présumée de chacun des membres de l'auditoire captif pour lequel la lecture est effectuée, telle une démonstration de la façon de lire. Les lectures d'auteurs peuvent devenir tout à fait dogmatiques.

Les lectures publiques n'existaient pas qu'à Rome. Les Grecs aussi les pratiquaient. Cinq siècles avant Pline, par exemple, Hérodote lisait ses œuvres aux festivals d'Olympie, où s'assemblait un public nombreux et enthousiaste venu de la Grèce entière, évitant ainsi l'obligation de voyager de ville en ville. Mais au VIe siècle, les lectures publiques disparurent effectivement parce qu'il semblait ne plus y avoir de « public cultivé ». La dernière description que nous connaissions d'un public romain assistant à une lecture se trouve dans une lettre du poète chrétien Sidoine Apollinaire écrite dans la seconde moitié du Ve siècle. À cette époque, Sidoine Apollinaire s'en plaint dans ses lettres, le latin était devenu une langue étrangère et spécialisée, « le langage de la liturgie, des chancelleries et de quelques érudits[18] ». Par un tour ironique des choses, l'Église chrétienne, qui avait adopté le latin dans le but d'apporter l'Évangile « à tous les hommes en tous lieux », s'aperçut que, pour la vaste majorité des fidèles, ce langage avait cessé d'être compréhensible. Le latin devint l'un des « mystères » de l'Église, et au XIe siècle les premiers dictionnaires latins apparurent, afin d'aider étudiants et novices dont le latin n'était plus la langue maternelle.

Mais les auteurs continuèrent à avoir besoin de la stimulation d'un public immédiat. À la fin du XIIIe siècle, Dante suggérait que la « langue vulgaire » – c'est-à-dire vernaculaire – était plus noble encore que le latin, pour trois raisons : parce que c'était la première langue parlée par Adam et Ève ; parce qu'elle était « naturelle », alors que le latin était « artificiel », puisqu'on ne l'apprenait qu'à l'école ; et parce qu'elle était universelle, puisque tous les hommes parlaient une langue vulgaire et que rares étaient ceux qui savaient le latin[19]. Bien que cette apologie de la langue vulgaire fût écrite, paradoxalement, en latin, il est probable que vers la fin de sa vie, à la cour de Guido Novello da Polenta à Ravenne, Dante lut lui-même à haute voix des passages de sa *Commedia* dans cette « langue vulgaire » dont il avait pris la défense avec tant d'éloquence. Ce qui est certain, c'est qu'aux XIVe et XVe siècles, les lectures d'auteurs étaient redevenues pratique courante ; il y a de nombreux cas dans les littératures séculière et religieuse. En 1309, Jean de Joinville adressait sa *Vie de saint Louis* à « vous et vos frères qui l'entendront lire[20] ». À la fin du XIVe siècle, l'historien Froissart brava l'orage au milieu de la nuit pendant six longues semaines d'hiver pour lire son roman *Méliador* au comte de Blois[21], qui souffrait d'insomnie. Fait prisonnier par les Anglais à Azincourt en 1415, le prince et poète Charles d'Orléans écrivit de nombreux poèmes durant sa longue captivité et, après sa libération en 1440, les lut à la cour de Blois lors de soirées littéraires auxquelles étaient conviés d'autres poètes, tel François Villon. L'introduction de 1499 à *La Celestina*, de Fernando de Rojas, précise bien que cette longue pièce (ou roman en forme de pièce) était destinée à être lue à haute voix « sitôt que dix personnes seraient réunies pour écouter cette comédie[22] » ; il est vraisemblable que l'auteur (dont nous ne savons que peu de chose, en dehors du fait que c'était un juif converti, peu désireux d'attirer sur son œuvre l'attention de l'Inquisition) avait essayé sa « comédie » sur ses amis[23]. En janvier 1507, l'Arioste lut son *Orlando furioso* encore inachevé à Isabelle de Gonzague convalescente, lui faisant passer deux journées « non seulement sans ennui mais avec le plus grand des plaisirs[24] ». Quant à Geoffrey Chaucer, dont les livres sont remplis de références à la littérature lue à haute voix, il lisait certainement ses œuvres devant un auditoire attentif[25].

Fils d'un riche négociant en vins, Chaucer fit probablement ses études à Londres, où il découvrit les œuvres d'Ovide, de Virgile et des poètes français. Selon l'usage courant pour les enfants de familles fortunées, il entra au service d'une maison aristocratique – celle d'Elizabeth, comtesse d'Ulster, épouse du deuxième fils du roi Édouard III. La tradition rapporte qu'un de ses premiers poèmes fut un hymne à la Vierge écrit à la demande d'une noble dame, Blanche de Lancaster (pour laquelle il devait écrire plus tard *Le Livre de la duchesse*), et qu'il lut à haute voix devant elle et ses suivantes. On imagine le jeune homme, d'abord nerveux, et puis s'échauffant, bégayant çà et là, lisant son poème comme un étudiant d'aujourd'hui lirait sa rédaction devant la classe. Chaucer doit avoir persévéré ; les lectures de sa poésie continuèrent. Un manuscrit de *Troïlus et Cressida*, qui se trouve à présent au Corpus Christi College de Cambridge, représente un homme debout devant un lutrin en plein air et s'adressant à un auditoire de seigneurs et de dames, un livre ouvert posé devant lui. Cet homme est Chaucer ; le couple royal, à côté de lui, est formé par le roi Richard II et la reine Anne.

Le style de Chaucer combine des procédés empruntés aux rhétoriciens classiques avec les expressions familières et les rengaines traditionnelles des ménestrels, de sorte qu'un lecteur suivant ses paroles par-delà les siècles entend le texte autant qu'il le voit. Parce que le public de Chaucer allait « lire » ses poèmes par les oreilles, des procédés tels que la rime, la cadence, les répétitions et la caractérisation des différents personnages étaient des éléments essentiels de sa composition poétique ; en lisant à haute voix, il pouvait les modifier en fonction des réactions de ses auditeurs. Quand le texte était consigné par écrit, soit pour que quelqu'un d'autre en fasse la lecture, soit pour qu'on puisse le lire en silence, il importait bien évidemment de conserver l'effet de ces astuces vocales. C'est pourquoi, de même qu'on avait inventé certains signes de ponctuation pour la lecture silencieuse, on mit alors au point des signes tout aussi pratiques pour la lecture à haute voix. Par exemple, le *diple* – un signe graphique en forme de tête de flèche, tracé dans la marge pour attirer l'attention sur un élément du texte – est devenu le signe que nous utilisons aujourd'hui, sous le nom de guillemets, pour indiquer d'abord des citations, puis des passages en discours direct. De même, le copiste qui rédigea à la fin du XIVe siècle le manuscrit d'Ellesmere des *Contes de Canterbury* avait recours à des traits de plume obliques (le *solidus*) pour marquer le rythme des vers prononcés à haute voix :

> *In Southwerk/at the Tabard/as I lay*
> *Redy/to wenden on my pilgrimage* [26]
>
> *À Southwerk/à [l'auberge] « the Tabard »/comme j'étais*
> *Prêt/à m'en aller en pèlerinage*

En 1387, cependant, le contemporain de Chaucer, Jean de Trévise, qui traduisait du latin une épopée à l'immense popularité, le *Polychronicon*, choisit de le rendre en prose plutôt qu'en vers – une forme moins adaptée à la lecture publique – parce qu'il savait que son public ne s'attendait plus à écouter une récitation et préférerait, selon toute probabilité, lire le livre personnellement. La mort de l'auteur, pensait-on, permettait au lecteur d'entretenir avec le texte un commerce plus libre.

Chaucer en train de faire la lecture au roi Richard II, dans un manuscrit de *Troïlus et Cressida* datant du début du XVᵉ siècle.

Et pourtant l'auteur, le magicien créateur du texte, conservait un prestige incantatoire. Ce qui intriguait les nouveaux lecteurs, c'était de rencontrer ce créateur, le corps où habitait l'esprit qui avait imaginé le Dr Faust, Tom Jones, Candide. Et pour les auteurs existait un acte de magie parallèle : rencontrer cette invention littéraire, le public, le « cher lecteur », ces gens qui étaient pour Pline les détenteurs bien ou mal élevés d'oreilles et d'yeux visibles et qui désormais, des siècles plus tard, n'étaient plus qu'un simple espoir au-delà de la page. « On a vendu sept exemplaires, réfléchit le protagoniste de *L'Abbaye de cauchemar*, le roman de Thomas Love Peacock, au début du XIXe siècle. Sept est un nombre mystique, et le présage est bon. Que je trouve les sept acheteurs de mes sept exemplaires, et ils seront les sept chandeliers d'or avec lesquels j'illuminerai le monde[27]. » Pour rencontrer leur lot de sept (et de sept fois sept, si les astres étaient favorables), les auteurs recommencèrent à lire leurs œuvres en public.

Ainsi que Pline l'avait l'expliqué, les lectures faites en public par l'auteur étaient censées présenter le texte non seulement à l'auditoire mais aussi, en retour, à l'auteur lui-même. Nul doute que Chaucer corrigea le texte des *Contes de Canterbury* après ses lectures publiques (mettant peut-être dans la bouche de ses pèlerins – tel l'Homme de Loi, qui trouve prétentieuses les rimes de Chaucer – certaines des critiques qu'il avait entendues). Trois siècles plus tard, Molière avait l'habitude de lire ses pièces à sa servante. « Si Molière lui faisait la lecture, commente le romancier anglais Samuel Butler dans ses *Carnets*, c'est parce que le simple fait de lire à haute voix lui faisait voir son œuvre sous un jour nouveau et, en l'obligeant à être attentif à chaque ligne, rendait son jugement plus rigoureux. J'ai toujours l'intention, et je la réalise en général, de lire à quelqu'un ce que j'écris ; n'importe qui fait l'affaire ou presque, si son intelligence n'est pas telle que j'en aie peur. Je sens tout de suite, quand je lis à haute voix, la faiblesse d'un passage dont je pensais, en ne lisant que pour moi seul, que cela pouvait aller[28]. »

Dans certains cas, ce n'était pas le désir d'améliorer son texte mais la censure qui ramenait un auteur à la lecture publique. Jean-Jacques Rousseau, à qui les autorités françaises avaient interdit de publier les *Confessions*, les lut pendant tout l'hiver long et froid de 1768 dans plusieurs maisons aristocratiques de Paris. L'une de ces lectures dura de neuf heures du matin à trois heures de l'après-midi. D'après l'un de ses auditeurs, quand Rousseau arriva au passage où il décrit comment il a abandonné ses enfants, le public, d'abord embarrassé, versa des larmes de chagrin[29].

Dans toute l'Europe, le XIXe siècle fut l'âge d'or des lectures d'auteurs. En Angleterre, la star était Charles

Dickens lisant *Le Carillon* à un groupe d'amis.

Dickens. Toujours intéressé par le théâtre d'amateurs, Dickens (qui monta effectivement sur les planches en plusieurs occasions) mettait à profit ses talents de comédien lorsqu'il lisait ses œuvres. Ces lectures, comme celles de Pline, étaient de deux sortes : lectures à ses amis afin d'amender ses dernières versions et d'évaluer l'effet de sa fiction sur son auditoire; et lectures publiques, qui lui valurent la célébrité à la fin de sa vie.

Dans une lettre où il raconte à sa femme, Catherine, sa lecture du deuxième de ses Contes de Noël, *Le Carillon*, il exulte : « Si tu avais vu, hier soir, Macready [un de ses amis] sangloter ouvertement et pleurer sur le canapé pendant que je lisais, tu aurais senti (comme moi) ce que c'est que le pouvoir. » « Pouvoir sur autrui, ajoute l'un de ses biographes. Pouvoir d'émouvoir et d'emporter. Le Pouvoir de son écriture. Le Pouvoir de sa voix. » À Lady Blessington, à propos de la lecture du *Carillon*, Dickens écrivit : « J'ai grand espoir de vous faire pleurer amèrement[30]. »

À peu près à la même époque, Alfred, Lord Tennyson, commença à hanter les salons de Londres où il lisait son très célèbre (et très long) poème *Maud*. Lorsqu'il lisait, Tennyson ne recherchait pas le pouvoir, comme Dickens, mais plutôt une approbation continue, la confirmation du fait que son œuvre avait bel et bien un public. « Allingham, cela vous dégoûterait-il que je vous lise *Maud* ? Expireriez-vous ? » demandait-il à un ami en 1865[31]. Jane Carlyle se le rappelait allant et venant au cours d'une soirée en demandant aux gens s'ils avaient aimé *Maud*, et lisant *Maud* à haute voix, n'ayant que « Maud, Maud, Maud » à la bouche, et « aussi sensible aux critiques que si elles avaient été des atteintes à son honneur[32] ». C'était une auditrice patiente ; chez les Carlyle, à Chelsea, Tennyson l'avait obligée à approuver son poème en le lui lisant trois fois de suite[33]. D'après un autre témoin, Dante Gabriel Rossetti, Tennyson lisait ses propres œuvres avec l'émotion qu'il cherchait à susciter chez son auditoire, en versant des larmes et « animé de sentiments d'une telle intensité qu'il saisit et ne cessa de tordre inconsciemment entre ses mains puissantes un gros coussin de brocart[34] ». Emerson, lui, n'atteignait pas une telle intensité lorsqu'il lisait à haute voix les poèmes de Tennyson. « C'est un assez bon test pour une ballade, entre tous les genres poétiques, confia-t-il à ses carnets, que la facilité de la lire à haute voix. Même dans Tennyson, la voix devient solennelle et endormie[35]. »

Dickens était un lecteur beaucoup plus professionnel. Sa version du texte – le ton, l'emphase, jusqu'aux suppressions et amendements destinés à mieux adapter l'histoire à l'expression orale – convainquait tout le monde qu'il ne pouvait y avoir qu'une seule et unique interprétation. Cela devint évident au cours de ses fameuses tournées de lecture. La première grande tournée, commencée à Clifton pour s'achever à Brighton, comprenait environ quatre-vingts lectures dans plus de quarante villes. Dickens lisait dans des entrepôts, des salles de réunion, des librairies, des bureaux, des halles, des hôtels et des pavillons de villes d'eaux. Devant un pupitre élevé, devant un plus bas ensuite, pour permettre à ses auditeurs de mieux voir ses gestes, il les encourageait à s'efforcer de ressembler à un « petit groupe d'amis réunis pour entendre raconter une histoire ». Le public réagissait comme Dickens le souhaitait. Un homme pleura ouvertement et puis « se couvrit le visage des deux mains et s'effondra sur le dossier du siège devant lui, tout secoué par l'émotion ». Un autre, chaque fois qu'il devinait qu'allait réapparaître un certain personnage, « riait et s'essuyait à nouveau les yeux, et poussait quand celui-ci arrivait une sorte de cri, comme si c'en était trop pour lui ». Pline aurait approuvé.

Un tel effet n'était pas obtenu sans peine ; Dickens avait passé au moins deux mois à travailler à sa diction et à ses gestes. Il avait noté ses réactions. Dans les marges de ses « livres de lecture » – des exemplaires préparés en vue de ces tournées –, il avait inscrit des consignes pour se rappeler le ton à employer : « Joyeux... Sévère... Pathétique... Mystère... Rapidement », ainsi que les gestes : « Tendre un bras vers le sol... Montrer du doigt... Frémir... Regard éperdu de terreur[36]... » Il remaniait certains passages en fonction de l'effet produit sur l'auditoire. Toutefois, comme le note un de ses biographes, « il ne jouait pas les scènes mais les suggérait, les évoquait, les suscitait. En d'autres termes, il restait un lecteur, et non un acteur. Sans maniérisme. Sans artifice. Sans affectation. Il parvenait à obtenir des effets surprenants avec une économie de moyens qui lui était tout à fait personnelle, et on avait donc l'impression qu'en vérité les romans eux-mêmes parlaient par sa bouche[37]. » Après la lecture, il ne répondait jamais aux applaudissements. Il saluait, quittait la scène et changeait ses vêtements trempés de sueur.

C'était en partie pour cela qu'on venait écouter Dickens, et c'est pour cela qu'on assiste aujourd'hui à des lectures publiques : pour regarder l'écrivain se produire, non comme un acteur, mais en tant qu'écrivain ; pour entendre la voix que l'écrivain avait en tête lorsqu'il créait un personnage ; pour comparer la voix de l'écrivain avec son écriture. Certains lecteurs viennent par superstition. Ils veulent savoir de quoi ça a l'air, un écrivain, car ils pensent que l'écriture relève de la magie ; ils veulent voir le visage de celui qui est capable de créer un roman ou un poème, de même qu'ils voudraient voir le visage d'un petit dieu, créateur d'un petit univers. Ils font la chasse aux autographes, fourrent des livres sous le nez de l'auteur dans l'espoir de les récupérer avec l'inscription bénie : « À M. Jourdain, meilleurs vœux, l'Auteur. » Leur enthousiasme provoqua la boutade de William Golding (pendant le Festival international de la littérature de 1989, à Toronto) : « Un jour, quelqu'un découvrira un roman de William Golding non dédicacé, et cela vaudra une fortune. » Ils sont poussés par la même curiosité qui pousse les enfants à regarder derrière un théâtre de marionnettes ou à démonter un réveil. Ils ont envie de baiser la main qui a écrit *Ulysse* même si, comme l'a dit James Joyce, « elle a fait aussi beaucoup d'autres choses[38] ». L'écrivain espagnol Dámaso Alonso n'en était pas impressionné. Il considérait que les lectures publiques sont « une expression du snobisme hypocrite et de l'incurable superficialité de notre époque ». En comparant la découverte progressive d'un livre lu en silence, dans la solitude, et la brève rencontre avec un auteur dans un amphithéâtre encombré, il décrivait celle-ci comme « le véritable fruit de notre hâte inconsciente. C'est-à-dire de notre barbarie. Parce que la culture est lenteur[39]. »

Lors de lectures d'auteurs, aux fêtes du livre de Nice, d'Édimbourg, de Melbourne ou de Salamanque, les lecteurs s'attendent à participer au processus artistique. L'inattendu, l'imprévu, l'événement qui se révélera, d'une façon ou d'une autre, inoubliable, pourrait, espèrent-ils, se produire sous leurs yeux, faisant d'eux les témoins d'un instant de création – joie refusée même à Adam – de sorte que si quelqu'un leur demande un jour, quand l'âge les rendra radoteurs : « Et Monsieur Teste, vous l'avez rencontré ? », leur réponse sera oui.

Dans un essai consacré au sort des pandas, le biologiste Stephen Jay Gould a écrit que « les zoos se transforment, d'institutions de capture et d'exposition, en havres de préservation et de propagation[40] ». Dans les plus belles fêtes du livre, aux lectures publiques les plus courues, les écrivains sont à la fois préservés et propagés. Préservés parce qu'ils ont l'impression (comme l'avouait Pline) d'avoir un public qui attache de l'importance à leur œuvre ; préservés, au sens le plus cru, parce qu'ils sont (à la différence de Pline) payés pour leur peine ; et propagés parce que les écrivains engendrent des lecteurs, qui à leur tour engendrent des écrivains. Les auditeurs qui achètent des livres après une lecture multiplient cette lecture ; l'auteur qui se rend compte qu'il ou elle écrit peut-être sur une page blanche mais, au moins, ne s'adresse pas à une salle vide, peut se sentir encouragé par l'expérience, et écrire davantage.

LE TRADUCTEUR EN LECTEUR

Dans un café situé non loin du musée Rodin, à Paris, je parcours laborieusement une petite édition de poche des sonnets de Louise Labé traduits en allemand par Rainer Maria Rilke. Pendant plusieurs années, Rilke a été le secrétaire de Rodin, et par la suite, devenu l'ami du sculpteur, il a écrit sur l'art du vieil homme un admirable essai. Il a habité quelque temps, dans l'immeuble qui devait devenir le musée Rodin, une pièce ensoleillée ornée de moulures de plâtre qui donnait sur un jardin à la française envahi par la végétation, où il songeait avec nostalgie à une chose qu'il pensait ne jamais pouvoir atteindre – une certaine vérité poétique que des générations de lecteurs ont cru, depuis, trouver dans son œuvre. Cette chambre fut l'un de ses nombreux gîtes transitoires, d'hôtel en hôtel, et de château en château somptueux. « N'oubliez jamais que la solitude est mon lot, écrivait-il de chez Rodin à l'une de ses maîtresses, aussi transitoires que ses logements. J'implore tous ceux qui m'aiment d'aimer ma solitude[1]. » De ma table, au café, j'aperçois la fenêtre solitaire qui fut celle de Rilke ; s'il était là aujourd'hui, il pourrait me voir au loin, tout en bas, occupé à lire le livre qu'il devait un jour écrire. Sous le regard vigilant de son fantôme, je répète la fin du sonnet XIII :

> *Er küßte mich, es mundete mein Geist*
> *auf seine Lippen ; und der Tod war sicher*
> *noch süßer als das dasein, seliglicher.*

Rilke devant sa fenêtre à l'hôtel Biron, à Paris.

> *Il m'embrassait, mon âme se transformait*
> *Sous ses lèvres ; et la mort était certainement*
> *Plus douce que l'existence, plus bénie.*

Je m'arrête longuement sur ce mot, *seliglicher*. *Seele*, c'est « âme » ; *selig* signifie « béni », mais aussi « débordant de joie », « bienheureux ». Le comparatif, *-icher*, offre à ce mot plein d'âme, avant sa fin, quatre doux ricochets sur la langue. Il semble prolonger cette « joie bénie » donnée par le baiser de l'amant ; comme le baiser, il demeure dans la bouche jusqu'à ce que le *-er* expire sur les lèvres. Tous les autres mots de ces trois vers ont un son monocorde, isolé ; seul *seliglicher* occupe la voix pendant un temps plus long, refuse de lâcher prise.

Je retrouve l'original du sonnet dans un autre livre de poche, cette fois les *Œuvres poétiques* de Louise Labé[2], qui, par le miracle de l'édition, est devenue sur ma table de bistrot la contemporaine de Rilke. Elle a écrit :

> *Lors que souef plus il me baiserait,*
> *Et mon esprit sur ses lèvres fuirait,*
> *Bien je mourrais, plus que vivante, heureuse.*

Sans tenir compte de la connotation moderne de *baiserait* (qui, à l'époque de Labé, ne signifiait rien de plus que donner un baiser, et qui n'a acquis que plus tard le sens de rapport sexuel complet), l'original français me paraît conventionnel, encore que plaisamment direct. Que l'on soit plus heureux dans les affres mortelles de l'amour que dans les misères de la vie, c'est l'une des affirmations poétiques les plus anciennes ; l'image de l'âme exhalée dans un baiser est également ancienne et également commune. Qu'a donc découvert Rilke dans le poème de Labé, qui lui a permis de convertir le banal *heureuse* en ce mémorable *seliglicher* ? Qu'est-ce qui lui a permis de m'offrir à moi, qui aurais pu, sinon, feuilleter distraitement les poèmes de Labé, cette lecture complexe et troublante ? Dans quelle mesure la lecture d'un traducteur doué tel que Rilke affecte-t-elle notre perception de l'original ? Et qu'advient-il dans ce cas de la confiance du lecteur en l'autorité de l'auteur ? Je pense qu'une ébauche de réponse a pu se former dans l'esprit de Rilke, un hiver, à Paris.

Carl Jacob Burckhardt – non pas le célèbre auteur de *La Civilisation de la Renaissance en Italie*, mais un autre historien suisse plus jeune et moins connu – avait quitté sa Bâle natale pour étudier en France et, au début des années vingt, il travaillait à Paris, à la Bibliothèque nationale. Un matin, il entra dans un salon de coiffure près de la Madeleine pour se faire laver les cheveux[3]. Comme il était assis, les yeux fermés, face au miroir, il entendit derrière lui s'élever une querelle. Quelqu'un criait d'une voix de basse :

— Monsieur, cela pourrait être l'excuse de n'importe qui !
Le timbre aigu d'une femme s'en mêla :
— Incroyable ! Et il a demandé la lotion Houbigan !
— Monsieur, nous ne vous connaissons pas. Vous êtes un parfait inconnu pour nous. Nous n'apprécions pas ce genre de choses ici !
Une troisième voix, faible et geignarde, qui semblait provenir d'une autre dimension – une voix rustique, à l'accent slave – tentait d'expliquer : Mais vous devez me pardonner, j'ai oublié mon portefeuille, je vais simplement aller le chercher à l'hôtel...
Au risque de se remplir les yeux de savon, Burckhardt regarda ce qui se passait. Trois coiffeurs gesticulaient sauvagement. Derrière le comptoir, la caissière les observait, lèvres rouges serrées, pleine d'une vertueuse indignation. Et devant eux, un petit homme discret, au front élevé et à la longue moustache, plaidait sa cause : Je vous assure, vous pouvez téléphoner à l'hôtel pour confirmer. Je suis... je suis... le poète Rainer Maria Rilke.
— Bien sûr. C'est ce que tout le monde dit, gronda le coiffeur. Vous n'êtes certainement pas quelqu'un que nous connaissons.
Burckhardt, les cheveux dégoulinants, sauta de son siège et, mettant la main à la poche, annonça d'une voix forte : C'est moi qui vais payer !

Burckhardt avait rencontré Rilke quelque temps auparavant, mais il ignorait que le poète était revenu à Paris. Pendant un bon moment, Rilke ne reconnut pas son sauveur ; ensuite il éclata de rire et proposa d'attendre que Burckhardt soit prêt et puis de l'emmener faire une promenade de l'autre côté de la Seine. Burckhardt accepta. Un peu plus tard, Rilke dit qu'il se sentait fatigué et, comme il était trop tôt pour déjeuner, il suggéra une visite chez un revendeur de livres d'occasion, non loin de la place de l'Odéon. À l'entrée des deux hommes, le vieux libraire les salua en se levant de son siège et en brandissant le petit volume relié de cuir qu'il était en train de lire. « Ceci, messieurs, déclara-t-il, est le Ronsard de 1867, l'édition de Blanchemin. » Enchanté, Rilke répliqua qu'il adorait les poèmes de Ronsard. Ils parlèrent d'un auteur, puis d'un autre, et finalement le libraire cita quelques vers de Racine qui étaient, croyait-il, la traduction littérale du psaume 36[4]. « Oui, fit Rilke. Ce sont les mêmes mots humains, les mêmes concepts, les mêmes expériences et intuitions. » Et puis, comme s'il faisait là une découverte soudaine : « La traduction est le plus pur des processus par lesquels s'affirme le talent poétique. »

Ce séjour devait être le dernier de Rilke à Paris. Il devait mourir deux ans plus tard, âgé de cinquante et un ans, le 29 décembre 1926, d'une forme rare de leucémie dont il n'osa jamais parler, même à ses proches. (Par licence poétique, dans ses derniers jours, il encouragea ses amis à penser qu'il mourait de la piqûre d'une épine de rose.) La première fois

Portrait de Louise Labé par un de ses contemporains.

qu'il était venu vivre à Paris, en 1902, il était pauvre, jeune et presque inconnu ; à présent, il était le poète le plus renommé d'Europe, loué et célébré (même si ce n'était manifestement pas le cas chez les coiffeurs). Entre-temps, il était revenu à Paris à plusieurs reprises, chaque fois pour tenter de reprendre sa quête de la « vérité ineffable ». « Le commencement, ici, c'est toujours un jugement[5] », écrivit-il à un ami à propos de Paris peu après avoir achevé son roman *Les Cahiers de Malte Laurids Brigge*, une tâche qui l'avait, lui semblait-il, vidé de sève créative. Pour tenter de se remettre à sa propre écriture, il décida d'entreprendre plusieurs traductions : un récit romantique de Maurice de Guérin, un sermon anonyme sur l'amour de Marie-Madeleine et les sonnets de Louise Labé, dont il avait découvert le livre en flânant dans la ville.

Les sonnets furent écrits à Lyon, une ville qui au XVIe siècle rivalisait avec Paris en tant que centre de la culture française. Louise Labé – Rilke préférait l'orthographe désuète : Louize – « était connue dans tout Lyon et au-delà non seulement pour sa beauté mais aussi pour ses talents. Elle était aussi rompue que ses frères aux jeux et exercices militaires et montait à cheval avec tant d'audace que des amis, par plaisanterie et admiration, l'appelaient Capitaine Loys. Elle était renommée pour sa façon de toucher le luth, cet instrument difficile, et de chanter. Femme de lettres, elle laissa un volume publié par Jean de Tournes en 1555, qui contenait une épître dédicatoire, une pièce de théâtre, trois élégies, vingt-quatre sonnets et des poèmes écrits en son honneur par certains des hommes les plus en vue de son époque. Dans sa bibliothèque, on trouvait des livres espagnols, italiens et latins aussi bien que français[6]. »

À seize ans, elle s'éprit d'un militaire et chevaucha à ses côtés dans l'armée du Dauphin pendant le siège de Perpignan. La légende veut que de cet amour (mais attribuer à un poète des sources d'inspiration est une occupation notoirement hasardeuse) furent issus les deux douzaines de sonnets pour lesquels on se souvient d'elle. Le recueil, offert à une autre femme de lettres lyonnaise, Mlle Clémence de Bourges, porte une dédicace très éclairante : « Car le passé nous réjouit, et sert plus que le présent ; mais les plaisirs des sentiments se perdent incontinent et ne reviennent jamais, et en est la mémoire autant fâcheuse, comme les actes ont été délectables. Davantage les autres voluptés sont telles que, quelque souvenir qu'il en vienne, si ne nous peut-il remettre en telle disposition que nous étions[7]. » Pour Louise Labé, la faculté du lecteur consiste à recréer le passé.

Mais le passé de qui ? Rilke était de ces poètes auxquels leurs lectures rappellent sans cesse leur propre biographie : il revoyait son enfance malheureuse, le père autoritaire qui l'avait mis de force à l'école militaire, sa mère mondaine qui, regrettant qu'il fût un garçon, l'habillait en fille, son incapacité à faire durer une relation amoureuse, déchiré qu'il était entre les séductions de la société élégante et celles d'une vie d'ermite. Il commença à lire Labé trois ans avant le début de la Première Guerre mondiale, désorienté par son œuvre personnelle dans laquelle il lui semblait reconnaître la désolation et l'horreur à venir.

> *Car lorsque je regarde jusqu'à disparaître*
> *Dans mon propre regard, il me semble porter la mort*[8].

Dans une lettre, il écrivit : « Je ne pense pas au travail, seulement à recouvrer peu à peu la santé en lisant, en relisant, en réfléchissant[9]. » Lire était pour lui une activité multiple.

Pour refondre en allemand les poèmes de Labé, Rilke s'était engagé dans plusieurs lectures simultanées. S'il ressaisissait le passé – ainsi que Labé l'avait suggéré – ce n'était pas celui de Labé, dont il ne savait rien, mais le sien. Sous « les mêmes mots humains, les mêmes concepts, les mêmes expériences et intuitions », il lisait ce que jamais Labé n'avait évoqué.

Il lisait pour le sens, en déchiffrant un texte dans une langue qui n'était pas la sienne mais qu'il possédait suffisamment pour écrire sa propre poésie. Le sens est souvent dicté par le langage utilisé. Quelque chose est dit, pas nécessairement parce que l'auteur choisit de le dire d'une façon particulière, mais parce que dans un langage donné il faut une certaine série de mots pour susciter un sens, une certaine musique est considérée comme agréable, on évite certaines constructions jugées cacophoniques ou ambiguës, ou qui semblent hors d'usage. Tous les atours convenus du langage conspirent pour favoriser un ensemble de mots plutôt qu'un autre.

Il lisait la longue ascendance du livre qu'il lisait, car les livres que nous lisons sont aussi ceux que d'autres ont lus. Je ne veux pas parler du plaisir par délégation consistant à tenir entre nos mains un volume qui a appartenu à un autre lecteur, évoqué tel un fantôme par le murmure de quelques mots griffonnés dans la marge, une signature sur la page de garde, une feuille séchée laissée là comme signet, une tache de vin suggestive. Je veux dire que chaque livre est engendré par de longues successions d'autres livres dont sans doute on ne verra jamais les couvertures ni ne connaîtra jamais les auteurs, mais dont on entend l'écho dans celui qu'on tient à la main. Quels étaient les livres rangés si précieusement dans la bibliothèque qui faisait la fierté de Louise Labé ? Nous ne le savons pas exactement, mais nous pouvons deviner. Des éditions espagnoles de Garsilaso de la Vega, par exemple, le poète qui introduisit le sonnet italien dans le reste de l'Europe, lui étaient sûrement connues puisqu'on traduisait cette œuvre à Lyon. Et son éditeur, Jean de Tournes, avait sorti des éditions françaises d'Hésiode et d'Esope et publié Dante et Pétrarque en italien, ainsi que les œuvres de plusieurs poètes lyonnais[10], et il est vraisemblable qu'elle avait reçu de lui des exemplaires de plusieurs d'entre eux. Dans les sonnets de Labé, Rilke lisait aussi les lectures qu'elle avait faites de

Pétrarque, de Garcilaso, de son contemporain le grand Ronsard, dont Rilke devait discuter avec le libraire de l'Odéon par un après-midi d'hiver à Paris.

Comme pour tout lecteur, la lecture de Rilke passait aussi par son expérience personnelle. Au-delà du sens littéral et de la signification littéraire, le texte que nous lisons subit la projection de notre expérience, l'ombre, en quelque sorte, de ce que nous sommes. Le soldat de Louise Labé, inspirateur présumé de ses vers ardents, est, de même que Louise, pour Rilke qui la lit dans sa chambre quatre siècles plus tard, un personnage imaginaire. De sa passion il ne pouvait rien connaître : les nuits sans sommeil, les vaines attentes devant la porte en feignant d'être heureuse, le souffle coupé à cause d'un nom entendu par hasard, le choc de le voir passer à cheval devant sa fenêtre et de se rendre compte aussitôt que ce n'était pas lui mais quelqu'un qui ressemblait à ce personnage sans pareil – tout cela était absent du livre que Rilke conservait sur sa table de chevet. Tout ce qu'il pouvait apporter aux mots imprimés tracés par Labé tant d'années auparavant – alors qu'elle était mariée et heureuse avec le cordier Ennemond Perrin, et que son soldat n'était plus guère qu'un souvenir un peu embarrassant –, c'était sa propre désolation. Cela suffisait, bien sûr, parce que nous autres lecteurs, nous croyons volontiers, tel Narcisse, que le texte offert à notre regard contient notre reflet. Avant même d'envisager de s'approprier l'œuvre par la traduction, Rilke doit avoir lu les poèmes comme si la première personne du singulier de Labé était aussi la sienne, à lui.

Dans son commentaire des traductions de Labé par Rilke, George Steiner les critiquait *à cause* de leur excellence, d'accord en cela avec le Dr Johnson. « Un traducteur doit tenter d'égaler son auteur, écrivait Johnson ; il n'a pas à le surpasser. » Et Steiner d'ajouter : « S'il le fait, il cause à l'original un dommage subtil. Et le lecteur est privé d'une vision juste[11]. » La clef de la critique de Steiner se trouve dans l'épithète « juste ».

Lire Louise Labé aujourd'hui – la lire dans le français original, loin du temps et du lieu où elle vivait – prête nécessairement au texte l'optique du lecteur. L'étymologie, la sociologie, l'étude des modes et de l'histoire de l'art – tout cela enrichit la compréhension d'un texte par le lecteur, mais en fin de compte ce n'est souvent que de l'archéologie. Le douzième sonnet de Louise Labé, dont le premier vers est : *Luth, compagnon de ma calamité*, s'adresse au luth, en ces termes, dans le second quatrain :

> *Et tant le pleur piteux t'a molesté*
> *Que, commençant quelque son délectable,*
> *Tu le rendais tout soudain lamentable,*
> *Feignant le ton que plein avais chanté.*

Labé utilise ici un mystérieux langage musical qu'en tant que luthiste elle devait bien connaître, mais qui nous est incompréhensible sans un dictionnaire historique des termes musicaux. *Plein ton* signifiait, au XVIe siècle, le mode majeur, par opposition au *ton feint*, le mode mineur. Ce vers suggère que le luth joue en mineur ce que le poète a chanté en majeur. Pour comprendre cela, le lecteur contemporain doit acquérir un savoir qui était normal pour Labé, il doit devenir (toutes proportions gardées) beaucoup plus instruit que ne l'était Labé, rien que pour la suivre en son temps. L'exercice est futile, bien entendu, s'il a pour but de présumer de la position du public de Labé : nous ne pouvons pas devenir le lecteur à l'intention duquel le poème a été écrit. Rilke, lui, a lu ceci :

> *[...] Ich riß*
> *dich so hinein in diesen Gang der Klagen,*
> *drin ich befangen bin, daß, wo ich je*
> *seligen Ton versuchend angeschlagen,*
> *da unterschlugst du ihn und tontest weg.*

> *[...] Je t'ai mené*
> *Si loin sur la voie du chagrin*

> *Où je suis piégée, que partout où*
> *Je tente de frapper un son heureux,*
> *Tu le caches et le fais taire et disparaître.*

Nulle connaissance spécialisée de l'allemand n'est nécessaire ici, et pourtant chacune des métaphores musicales du sonnet de Louise Labé est fidèlement préservée. Mais l'allemand permet des explorations plus poussées, et Rilke charge le quatrain d'une lecture plus complexe que Labé, qui écrivait en français, n'en *pouvait* percevoir. Les homophonies entre *anschlagen* (frapper) et *unterschlagen* (détourner, empocher, faire disparaître) lui permettent de comparer les deux attitudes amoureuses : celle de Labé, l'amante affligée, qui s'efforce de « frapper un son heureux », et celle de son luth, compagnon fidèle qui ne la laissera pas jouer une note « malhonnête », « feinte » et qui, paradoxalement, va « détourner », « cacher » celle-ci, afin de lui permettre, enfin, de se taire. Rilke (et c'est ici que l'expérience du lecteur se superpose au texte) lit dans les sonnets de Labé des images de voyage, de chagrin cloîtré, de silence préférable à l'expression fausse des sentiments, la suprématie sans compromis de l'instrument poétique sur toutes sortes de délicatesses sociales, telles que la simulation du bonheur, qui sont des aspects de sa propre existence. L'univers de Labé est clos, comme celui de ses sœurs lointaines dans le Japon de Heian ; c'est une femme seule, en deuil de son amour ; à l'époque de Rilke, cette image, courante à la Renaissance, ne trouve plus d'écho et demande une explication de la façon dont elle s'est trouvée « piégée » dans ce lieu de chagrin. On y perd quelque peu de la simplicité de Louise Labé (oserait-on dire de sa banalité ?), mais on y gagne beaucoup en profondeur, en sentiment tragique. Ce n'est pas que la lecture de Rilke déforme le poème de Labé plus que n'importe quelle lecture postérieure au siècle de l'auteur ; c'est une lecture meilleure que n'en pourraient faire la plupart d'entre nous, une lecture qui rend la nôtre possible, car toute autre lecture de Labé doit demeurer, pour nous, sur notre versant du temps, au niveau des talents intellectuels appauvris de chacun d'entre nous.

S'interrogeant sur la raison pour laquelle, dans l'œuvre de tous les poètes du XXe siècle, la poésie difficile de Rilke a conquis en Occident une telle popularité, le critique Paul de Man a suggéré que ce pouvait être que « beaucoup l'ont lu comme s'il s'adressait à leur part la plus secrète, révélant des profondeurs qu'ils soupçonnaient à peine, ou leur permettant de prendre part à des épreuves qu'il les aidait à comprendre et à surmonter[12] ». La lecture de Labé par Rilke ne « résout » rien, au sens de rendre la simplicité de Labé plus explicite encore ; au contraire, il semble s'être donné pour tâche d'approfondir sa pensée poétique, en la poussant plus loin que l'original n'était prêt à aller, en voyant, pourrait-on dire, sous les mots de Labé plus qu'elle-même n'y voyait.

À l'époque de Labé, déjà, le respect accordé à l'autorité d'un texte avait depuis longtemps cessé de faire loi. Au XIIe siècle, Abélard avait dénoncé l'habitude d'attribuer ses propres opinions à autrui – Aristote ou les Arabes – afin d'éviter les critiques directes[13] ; cet « argument d'autorité » – qu'Abélard comparait à la chaîne dont on lie les bêtes pour les mener à l'aveuglette – était possible parce que, dans l'esprit du lecteur, le texte classique et son auteur officiel étaient considérés comme infaillibles. Et si la lecture acceptée était infaillible, quelle place y avait-il pour l'interprétation ?

Même le texte considéré comme le plus infaillible de tous – le Verbe de Dieu en personne, la Bible – connut une longue série de transformations entre les mains de ses lecteurs successifs. Du canon de l'Ancien Testament établi au XIIe siècle par le rabbin Akiba ben Joseph à la traduction anglaise réalisée au XIVe siècle par John Wycliffe, le livre intitulé la Bible fut, selon les époques, la Bible grecque des Septante, au IIIe siècle (base des traductions latines ultérieures), la Vulgate (version latine de saint Jérôme, à la fin du IVe siècle), et puis toutes les Bibles du Moyen Âge : gothique, slave, arménienne, anglaise primitive, saxonne, anglo-normande, française, frisonne, allemande, irlandaise, néerlandaise, italienne, provençale, espagnole, catalane, polonaise, tchèque, hongroise. Chacune d'entre elles était pour ses lecteurs *la* Bible, et cependant chacune autorisait une lecture différente. Dans cette multiplicité des Bibles, certains virent l'accomplissement du rêve humaniste. Érasme avait écrit : « Je souhaite que même la plus faible femme lise les Évangiles – qu'elle lise les Épîtres de Paul. Et je souhaite que le tout soit traduit dans toutes les langues, afin de pouvoir être lu et compris non seulement par les Écossais et les Irlandais, mais aussi par les Turcs et les Sarrasins... J'aimerais que le cultivateur s'en récite des parties pour lui-même tout en suivant sa charrue, que le tisserand se les chante au son de sa navette[14]. » Ils avaient désormais leurs chances.

Devant l'explosion d'une telle multiplicité de lectures possibles, les autorités cherchèrent un moyen de conserver la maîtrise du texte – un livre unique faisant autorité, dans lequel on pourrait lire la parole de Dieu telle qu'Il l'entendait. Le 15 janvier 1604, à Hampton Court, en présence du roi Jacques Ier, le Dr John Rainolds, un puritain, demanda « à Sa Majesté qu'il y ait une nouvelle traduction de la Bible car celles qui avaient été autorisées durant les règnes d'Henry VIII et d'Édouard VI étaient vicieuses et ne correspondaient pas à la vérité de l'original » – à quoi l'évêque de Londres répondit que « si l'on devait complaire à tout le monde, il n'y aurait pas de fin à la traduction[15] ».

En dépit de la sage mise en garde de l'évêque, le roi marqua son accord et ordonna que le doyen de Westminster et les professeurs titulaires des chaires royales d'hébreu dans les universités de Cambridge et d'Oxford établissent une liste de savants capables d'entreprendre une tâche aussi énorme. Jacques ne fut pas satisfait de la première liste qu'on lui proposa, car plusieurs des personnes qui y figuraient n'avaient « qu'une fonction ecclésiastique très mineure, sinon nulle », et il pria l'archevêque de Cantorbéry de demander à ses collègues évêques des suggestions supplémentaires. Un nom apparu en dehors de toutes les listes : celui de Hugh Broughton, un grand hébraïsant, qui avait déjà réalisé une traduction de la Bible, mais auquel son caractère irascible avait valu peu d'amis. Broughton, sans attendre qu'on l'invite, envoya au roi une liste de recommandations en vue de l'entreprise.

Pour Broughton, on pouvait rechercher la fidélité textuelle au moyen d'un vocabulaire qui précisait et actualisait les termes utilisés par ceux qui ont rédigé la Parole de Dieu au temps des bergers du désert. Afin de rendre avec exactitude le tissu technique du texte, Broughton suggérait de recourir, pour les termes spécifiques, à l'aide des artisans, « des brodeurs pour l'éphod d'Aaron, des géomètres, des charpentiers et des maçons pour le Temple de Salomon et d'Ezéchiel ; et des jardiniers pour toutes les branches et ramures de l'arbre d'Ezéchiel[16] ». (Un siècle et demi plus tard, Diderot et d'Alembert devaient procéder exactement de la même manière pour s'assurer de l'exactitude des détails techniques rapportés dans leur extraordinaire *Encyclopédie*.)

Broughton (qui avait déjà réalisé, on l'a dit, sa propre traduction de la Bible) soutenait qu'une multitude de cerveaux étaient nécessaires pour résoudre les innombrables problèmes de sens et de signification, tout en préservant une cohérence générale. À cet effet, il proposa que le roi « charge plusieurs personnes de traduire une partie, et lorsqu'ils seront parvenus à un bon style anglais et au sens véritable, que d'autres travaillent à l'uniformité afin qu'on n'emploie pas des mots différents là où le mot original était le même[17] ». Ici naquit peut-être la tradition anglo-saxonne de l'*editing*, l'habitude de faire revoir le texte par un super-lecteur avant publication.

L'un des évêques qui faisaient partie du comité savant, l'évêque Bancroft, dressa à l'intention des traducteurs une liste de quinze règles. Ils devaient suivre d'aussi près que possible une Bible antérieure, la Bible des Évêques de 1568 (une édition révisée de la « Grande Bible » qui était, elle, une révision de la Bible dite de Matthew, elle-même un composite de la Bible incomplète de William Tyndale et de la première édition imprimée d'une Bible anglaise intégrale, publié par Miles Coverdale).

Les traducteurs travaillèrent avec devant les yeux la Bible des Évêques, en se référant de temps en temps à d'autres traductions anglaises et à tout un trésor de Bibles en langues diverses, et ils incorporèrent à la leur toutes ces lectures précédentes.

La Bible de Tyndale, cannibalisée lors d'éditions successives, leur procurait une matière abondante qu'ils considéraient désormais comme acquise. William Tyndale, savant et imprimeur, avait été condamné par Henry VIII comme hérétique (il avait offensé le roi en critiquant son divorce d'avec Catherine d'Aragon) et, en 1536, il fut d'abord étranglé puis brûlé sur un bûcher pour sa traduction de la Bible de l'hébreu et du grec. Avant d'entreprendre cette traduction, Tyndale avait écrit : « Parce que l'expérience m'a instruit qu'il est impossible d'affirmer les laïques dans une vérité quelconque, à moins que les Écritures ne leur soient clairement mises sous les yeux dans leur langue maternelle, afin qu'ils puissent voir le développement, l'ordre et la signification du texte. » Dans cette intention, il avait rendu les mots anciens grâce à un vocabulaire à la fois simple et élaboré. C'est lui qui a introduit dans la langue anglaise les mots « passover » [la pâque], « peacemaker » [qui apporte la paix], « long-suffering » [patient, endurant] et – ceci m'émeut inexplicablement – l'adjectif « beautiful » [littéralement : plein de beauté]. Il fut le premier à utiliser le nom de *Jéhovah* dans une Bible anglaise.

Miles Coverdale avait complété et parachevé l'œuvre de Tyndale, et publié en 1535 la première Bible anglaise intégrale. Diplômé de l'université de Cambridge et moine de l'ordre de Saint-Augustin, il avait, dit-on, assisté Tyndale dans certaines parties de sa traduction ; il entreprit une version anglaise sous le patronage de Thomas Cromwell, Lord Chancellor d'Angleterre, à partir, non des originaux hébreux et grecs, mais d'autres traductions. On parle parfois de sa Bible comme de la « Treacle Bible » parce qu'on y trouve, en Jérémie, 8, verset 22 : « N'y a-t-il plus de baume en Galaad », le mot *treacle* [mélasse] au lieu de *balm* [baume], ou encore la « Bugs Bible », [« Bible des insectes »], parce qu'au cinquième verset du psaume 91 il y est question des « insectes de la nuit » au lieu des « terreurs de la nuit ». C'est à Coverdale que les traducteurs ultérieurs durent l'expression : « the valley of the shadow of death » [la vallée de l'ombre de la mort] au verset 4 du psaume 23 [dans la Bible de Jérusalem : « un ravin de ténèbre »].

Mais les traducteurs du roi Jacques firent bien plus que recopier d'anciennes versions. L'évêque Bancroft avait recommandé de conserver les formes vulgaires des noms et des mots ecclésiastiques ; même si l'original suggérait une traduction plus exacte, l'usage traditionnel passerait avant l'exactitude. En d'autres termes, Bancroft reconnaissait qu'une version établie l'emportait sur celle de l'auteur. Avec sagesse, il comprit que le fait de restaurer un nom original introduirait une nouveauté surprenante, qui n'existait pas dans l'original. Pour la même raison, il déconseillait les notes marginales, recommandant au contraire leur inclusion « concise et appropriée » dans le texte proprement dit.

Les traducteurs du roi Jacques travaillèrent en six groupes, deux à Westminster, deux à Cambridge et deux à Oxford. Ces quarante-neuf personnes atteignirent, dans leurs interprétations personnelles et leur mise en commun, un équilibre extraordinaire d'exactitude et de respect de la phraséologie traditionnelle, dans un style d'ensemble qu'on ne lisait pas comme une œuvre nouvelle mais comme une chose qui existait depuis toujours. Le résultat de leur travail était si accompli que, plusieurs siècles plus tard, alors que la Bible du roi Jacques était reconnue comme l'un des chefs-d'œuvre de la prose anglaise, Rudyard Kipling imagina une histoire dans laquelle Shakespeare et Ben Jonson collaboraient à cette grande entreprise en traduisant quelques versets d'Isaïe[18]. Il est certain que la Bible du roi Jacques possède une profondeur poétique qui amplifie le texte bien au-delà d'un simple rendu du sens. On peut apprécier la différence entre une lecture correcte mais sèche, et une lecture précise et résonante, en comparant par exemple le fameux vingt-troisième psaume dans la Bible des Évêques à sa version dans celle du roi Jacques*.

On lit dans la Bible des Évêques :

> *God is my shepherd, therefore I can lose nothing;*
> *he will cause me to repose myself in pastures full of grass,*
> *and he will lead me unto calm waters.*
>
> *[Dieu est mon berger, je ne peux donc rien perdre ;*
> *il me fera me reposer dans des pâturages pleins*
> *d'herbe,*
> *et il me mènera vers des eaux calmes.]*

Les traducteurs du roi Jacques en ont fait ceci :

> *The Lord is my shepherd; I shall not want.*
> *He maketh me to lie down in green pastures :*
> *he leadeth me beside the still waters.*
>
> *[Le Seigneur est mon berger ; je ne manquerai de rien.*
> *Il me fait reposer dans de verts pâturages :*
> *il me mène auprès des eaux tranquilles.]*

Officiellement, la version du roi Jacques était censée clarifier et restaurer le sens. Néanmoins, toute traduction réussie est nécessairement *différente* de l'original, puisqu'elle suppose un texte original digéré, détourné de sa fragile ambiguïté, interprété. C'est dans la traduction que l'innocence perdue après la première lecture est rétablie sous d'autres atours, puisque le lecteur se

---

* À ma connaissance, aucune version française de la Bible n'atteint à la splendeur de la Bible du roi Jacques ; c'est pourquoi le lecteur français trouvera ici, en anglais et suivies de leur traduction littérale, les deux citations opposées par l'auteur, pour le plaisir de tous ceux qui aimeront savourer ce style unique. *(N.d.T.)*

retrouve face à un nouveau texte et au mystère attenant. Tel est l'inévitable paradoxe de la traduction, et aussi sa richesse.

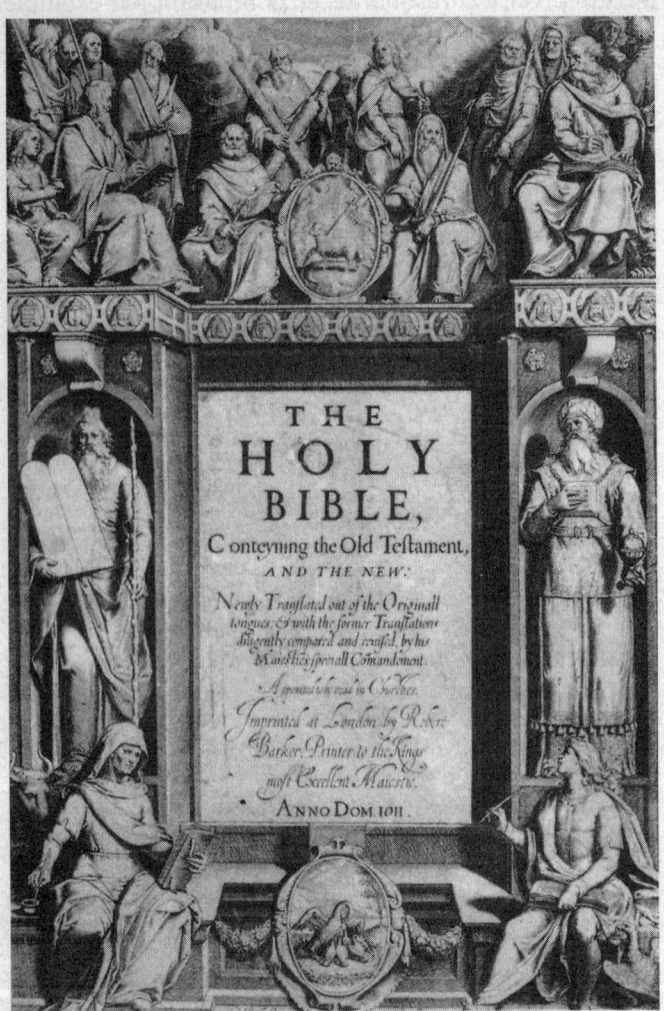

Page titre de la première édition de la Bible du roi Jacques.

Pour le roi Jacques et ses traducteurs, le but de cette entreprise colossale était ouvertement politique : produire une Bible que les gens pouvaient lire seuls et cependant, parce que c'était un texte universel, collectivement. L'imprimerie les portait à croire qu'ils pouvaient produire le même livre *ad infinitum*, illusion accrue par le fait de la traduction, qui paraissait néanmoins refondre les différentes versions du texte en une seule version officiellement approuvée, assumée du point de vue national et acceptable sur le plan religieux. Publiée en 1611 après quatre années de dur labeur, la Bible du roi Jacques devint la version « autorisée », la « Bible de tout un chacun » en langue anglaise, cette même *Everyman's Bible* que nous retrouvons aujourd'hui, si nous voyageons dans un pays anglophone, à notre chevet dans les chambres d'hôtel, selon une vieille coutume tendant à créer une communauté de lecteurs grâce à un texte unifié.

En France, ce texte unifié à l'intention de tous les lecteurs fut long à venir. Pendant de nombreuses années, les Psaumes furent, pour quelques traducteurs timides, le livre le plus connu de la Bible, voire le seul. Dans le courant de l'année 1179, on présenta au chanoine anglais Walter Map, qui assistait au troisième concile de Latran, une série de psaumes traduits en français, qu'il considéra comme des bizarreries et dont il rendit compte en ce sens[19]. Pourtant, des enquêtes entreprises vingt ans plus tard sur l'ordre du pape Innocent III ne révélèrent dans ces versions rien de contraire à l'orthodoxie.

Ces premières traductions françaises étaient un mot à mot prudent, un rendu littéral du texte sacré ; au début du XIVe siècle, elles devinrent plus idiomatiques. La version poétique que fit Raoul de Presles de plusieurs livres de la Bible acquit une telle notoriété qu'elle réapparut au XVe siècle dans les premières Bibles françaises imprimées[20]. Outre les Psaumes, le Livre de l'Apocalypse était un grand favori. Une première traduction en avait été réalisée au XIIe siècle en Normandie ; sa popularité est attestée par le fait qu'un siècle plus tard il en existait encore des exemplaires en circulation. C'est aussi du XIIe siècle que date une extraordinaire interprétation des quatre Livres des Rois[21], « une œuvre d'art par sa prose et un monument d'érudition par ses commentaires[22] ». Plus tard, un composite de plusieurs versions établi autour de la *Bible historiale* de Guyart de Moulins, datant de 1380 environ, s'imposa durant les XIVe et XVe siècles et servit de base aux Bibles imprimées qui commencèrent à apparaître sur le marché en 1487[23].

Mais ce ne fut qu'au XVIIe siècle, à Port-Royal, qu'un groupe d'écrivains et d'érudits connus comme « les solitaires de Port-Royal » donna à la France sa version complète de la Bible.

En France, le problème de la rédaction d'une Bible en langue vernaculaire était différent de ce qu'il était en Allemagne ou en Angleterre. La Contre-Réforme, par la voix du pape Pie IV, avait déclaré que les textes sacrés ne devaient pas être mis à la portée des regards profanes. « L'expérience démontre que la lecture de la Bible en langue vulgaire, si on devait l'autoriser sans réserves, causerait plus de mal que de bien, à cause de la cupidité intellectuelle des hommes. En ces choses, mieux vaut s'en remettre au jugement d'un prêtre ou d'un confesseur qui peut conseiller ou non la lecture de la Bible en langue vulgaire par des auteurs catholiques, et seulement à ceux qui, à leur avis, sont susceptibles de fortifier ainsi leur foi et leur piété plutôt que d'en être affectés de façon négative. Cette permission doit être obtenue par écrit[24]. »

Les jansénistes de Port-Royal s'opposaient radicalement à ces notions élitistes de grâce intellectuelle. Aux yeux du public instruit, en dépit de leur sublime pessimisme, ils défendaient la liberté individuelle de pensée et de conscience contre l'autoritarisme absolu de l'Église et de l'État. Ils soutenaient, par exemple, que l'enseignement exclusif du latin à l'école séparait les jeunes enfants du monde de leurs contemporains, et ils commencèrent à enseigner le français en tant que première langue dans leurs « petites écoles ». Contrairement aux jésuites, les jansénistes pensaient que la langue vulgaire familiariserait les enfants avec les imperfections de la vie réelle, au lieu d'inventer pour eux un univers idéal d'inaccessible et métaphysique perfection[25].

En 1625, mère Angélique Arnauld, abbesse de Port-Royal, transféra son monastère de l'insalubre vallée de Chevreuse vers le confort de Paris, au lieu qui fait aujourd'hui l'angle de la rue du Faubourg-Saint-Jacques et du boulevard de Port-Royal. Plusieurs années plus tard, sous la conduite spirituelle de l'abbé de Saint-Cyran, Jean Duvergier de Hauranne, plusieurs des intellectuels attachés à Port-Royal retournèrent mener dans la vallée abandonnée une existence studieuse et paisible. Certains d'entre eux étaient des parents de mère Angélique, notamment Louis-Isaac Lemaître de Sacy et Antoine Arnauld, dit « le Grand Arnauld ». Sous leur aile se rassemblèrent les grands esprits de l'époque : Leibniz, Descartes, Malebranche. La sœur de Pascal, Jacqueline, avait pris le voile à Port-Royal en 1652, et Pascal devint bientôt un habitué de ces réunions, une figure clef de l'abbaye jusqu'à la fermeture de Port-Royal sur l'ordre de Louis XIV en 1710.

Bien que l'idée d'une traduction française de la Bible eût été envisagée par les « solitaires » dès 1637, ils n'entreprirent ce travail que vingt ans plus tard. Ils avaient la ferme conviction qu'une compréhension individuelle de la Bible contribuerait à la compréhension de soi, grâce à ce que Pascal appelait « l'intelligence des mots de bien et de mal[26] ». Mais afin d'y parvenir, il fallait que ces mots fussent accessibles à tous, et dans le langage appris au sein de leur mère, absorbé en même temps que les premières impressions d'enfance et expérimenté dès les premières angoisses enfantines. Pascal avait dit : « Si c'est une marque de faiblesse de prouver Dieu par la nature n'en méprisez point l'Écriture ; si c'est une marque de force d'avoir connu ces contrariétés, estimez-en l'Écriture[27]. » Mais l'Écriture devait utiliser la langue du lecteur. Dieu n'était pas un étranger.

À la différence des traducteurs du roi Jacques, les solitaires, fidèles à leur nom, n'œuvrèrent pas en équipe mais en se relayant de texte en texte. Non que leur travail fût considéré comme appartenant en priorité à un seul individu : notre attribution, par exemple, de la Bible de Port-Royal à Lemaître de Sacy est un concept moderne, qui aurait fait horreur à la sensibilité des solitaires. Pascal avait fulminé contre « ces auteurs qui, parlant de leurs ouvrages, disent : Mon livre, mon commentaire, mon histoire, etc., qu'ils sentent leurs bourgeois qui ont pignon sur rue, et toujours un chez moi à la bouche[28] ».

La traduction du Nouveau Testament fut entreprise par Antoine Lemaître qui, en 1637, avait renoncé à une brillante carrière au barreau pour devenir le premier des solitaires de Port-Royal. Il acheva, peu avant sa mort, les quatre Évangiles et le Livre de l'Apocalypse. Son frère Lemaître de Sacy compléta les autres livres du Nouveau Testament, et le Grand Arnauld et Pierre Nicole furent chargés de revoir et de corriger leur version. Lemaître avait utilisé comme original la Vulgate de saint Jérôme ; les correcteurs consultèrent également les anciens textes grecs, plusieurs traductions modernes et un certain nombre de gloses et de commentaires. Le français de Lemaître est clair et dépourvu d'artifices. Saint Jérôme, dans une lettre expliquant sa Vulgate, avait déclaré que dans une traduction de l'Écriture sainte, « l'ordre même des mots a une signification mystique et doit être préservé[29] ». Les solitaires n'étaient pas de cet avis : ils accordaient plus d'importance à l'aisance avec laquelle le Verbe de Dieu était censé parler à l'œil et à l'oreille du fidèle, sans circonvolutions et sans surprises.

Afin d'échapper à la censure, la traduction achevée fut publiée à Amsterdam, sur les presses du grand imprimeur Elzévir, mais l'*imprimatur* portait le nom d'un libraire de Mons, Gaspar Migeot, et l'ouvrage fut connu comme « le Nouveau Testament de Mons ». Bien que condamné sévèrement par l'archevêque de Paris pour son insubordination et son manque de rigueur, le livre connut un succès immense.

La persécution des jansénistes continuait. En 1666, Lemaître de Sacy fut accusé d'avoir désobéi aux ordres ecclésiastiques et jeté à la Bastille sur ordre du roi. Avant son emprisonnement, il avait réussi à mener à bien la traduction de *L'Imitation de Jésus-Christ*, de Thomas a Kempis, et de plusieurs livres de l'Ancien Testament ; pendant ses deux années de geôle, il termina les autres livres de la Vulgate : selon ses amis, la Providence avait souri à l'art du traducteur en imposant à celui-ci une période de savant loisir. Son œuvre achevée, Lemaître de Sacy fut libéré en novembre 1668 et, dans un climat ecclésiastique plus détendu, reçu en grande pompe par Louis XIV qui autorisa sans plus de difficultés la publication de la traduction. Quand il mourut, en 1684, Lemaître de Sacy n'avait pas encore abordé les autres livres de la Bible catholique – des livres qui ne sont pas compris dans la Vulgate, du Deutéronome au Cantique des cantiques. Ceux-ci furent traduits de 1685 à 1693 par Pierre Thomas de Fossé, qui mena ainsi la Bible de Port-Royal à son terme. Avant sa mort, en 1696, le grand ouvrage fut enfin publié, l'ensemble des trente-deux volumes de « la sainte Bible, contenant l'Ancien et le Nouveau Testament », commençant par ces mots qui n'appartenaient plus désormais à un canon ancien mais au monde moderne : « Au commencement, Dieu créa le ciel et la terre[30]. » C'était, en un sens, la confirmation de la langue française : deux ans plus tôt seulement, l'Académie française avait présenté à Louis XIV le premier exemplaire de son Dictionnaire.

Dans leur « Préface au lecteur », les traducteurs du roi Jacques avaient écrit : « La traduction est ce qui ouvre la fenêtre, afin que puisse entrer la lumière ; ce qui brise la coque, afin que nous puissions manger l'amande ; ce qui écarte le rideau, afin que nous puissions contempler le saint des saints ; ce qui soulève le couvercle du puits, afin que nous puissions atteindre l'eau. » Cela signifiait qu'il ne fallait pas avoir peur de la « lumière des Écritures », mais créditer le lecteur de la possibilité d'une illumination ; ne pas procéder archéologiquement dans le but de ramener le texte à un état primitif illusoire, mais le libérer des contraintes du temps et de l'espace ; ne pas simplifier au bénéfice d'une explication superficielle, mais permettre au sens profond de devenir apparent ; ne pas commenter le texte à la manière scolastique, mais construire un texte nouveau et équivalent. « Car le royaume de Dieu n'est-il que mots et syllabes ? demandaient les traducteurs. Pourquoi leur serions-nous soumis si nous pouvons être libres... ? » Plusieurs siècles plus tard, on se posait encore cette question.

Tandis que Rilke, en présence de Burckhardt silencieux, poursuivait avec le libraire de l'Odéon son bavardage littéraire, un vieux monsieur, manifestement un habitué, entra dans la boutique et, selon l'habitude des lecteurs lorsqu'il est question de livres, se joignit à la conversation sans attendre qu'on l'en prie. La discussion se porta sur les mérites poétiques de Jean de La Fontaine, dont Rilke admirait les *Fables*, et de l'Alsacien Johann Peter Hebel, que le libraire considérait comme « une sorte de jeune frère » de La Fontaine. « Peut-on lire Hebel en traduction française ? » demanda Rilke, non sans une certaine mauvaise foi. Le vieux monsieur arracha le livre des mains du poète. « Une traduction de Hebel ! s'écria-t-il. Une traduction française ! Avez-vous jamais lu une traduction française d'un texte allemand qui fût à peu près supportable ? Les deux langues sont diamétralement opposées. Le seul Français qui aurait pu traduire Hebel, à condition de savoir l'allemand, et alors il n'aurait plus été le même homme, c'est La Fontaine. »

« Au paradis, interrompit le libraire, qui avait jusque-là gardé le silence, ils conversent sûrement dans une langue que nous avons oubliée. »

À quoi le vieux monsieur répliqua dans un grommellement courroucé : « Au diable le paradis ! »

Mais Rilke était d'accord avec le libraire. Au onzième chapitre de la Genèse, il est écrit qu'avant que Dieu n'introduise la confusion dans le langage des hommes afin d'empêcher la construction de la tour de Babel, « tout le monde se servait d'une même langue et des mêmes mots ». Ce langage primordial, dont les kabbalistes pensaient qu'il était aussi celui du paradis, on l'a plus d'une fois recherché ardemment au long de notre histoire – toujours sans succès.

En 1836, le savant allemand Alexander von Humboldt[31] suggéra que chaque langue possède une « forme linguistique interne » qui exprime l'univers particulier des peuples qui la parlent. Cela impliquerait qu'aucun mot, dans aucune langue, n'est exactement identique à aucun mot d'aucune autre langue, ce qui ferait de la traduction une tâche impossible, aussi impossible que de graver la face du vent ou de tresser une corde de sable. La traduction ne peut exister que comme une activité anarchique et informelle consistant à comprendre par le truchement de la langue du traducteur ce qui se trouve irrécupérablement caché dans l'original.

Quand nous lisons un texte dans notre propre langue, le texte lui-même devient une barrière. Nous pouvons y pénétrer aussi loin que le permettent les mots, en embrassant toutes leurs définitions possibles; nous pouvons en rapprocher d'autres textes et l'y réfléchir, comme dans un palais des miroirs; nous pouvons construire un autre texte, qui critique, étend et éclaire celui que nous lisons; mais nous ne pouvons échapper au fait que son langage est la limite de notre univers. La traduction propose une sorte d'univers parallèle, un autre espace-temps dans lequel le texte révèle d'autres significations possibles et extraordinaires. Pour ces significations, toutefois, il n'existe pas de mots, puisqu'elles existent dans le *no man's land* intuitif séparant le langage de l'original de celui du traducteur.

Selon Paul de Man, la poésie de Rilke promet une vérité dont, à la fin, le poète doit reconnaître qu'elle n'est qu'un mensonge. « On ne peut comprendre Rilke, dit de Man, que si l'on prend conscience du caractère impérieux de cette promesse en même temps que du besoin tout aussi impérieux, et tout aussi poétique, de la renier à l'instant même où il semble sur le point de nous l'offrir[32]. » En ce lieu ambigu où Rilke transporte les poèmes de Louise Labé, les mots (ceux de Labé ou ceux de Rilke – l'auteur possessif n'a plus d'importance) deviennent d'une richesse si lumineuse qu'aucune traduction n'est plus possible. Le lecteur (je suis ce lecteur, assis à ma table de café avec les versions française et allemande des poèmes ouvertes devant moi) doit saisir ces mots intimement, non plus à travers quelque langage explicatif, mais comme une expérience irrésistible, immédiate, *sans paroles*, qui recrée et redéfinit l'univers, sur la page et bien au-delà – ce que Nietzsche appelait « le mouvement du style » dans un texte. La traduction peut bien être impossibilité, trahison, fraude, invention, mensonge bien intentionné – mais dans le même temps, elle rend le lecteur plus sage, mieux à l'écoute : moins sûr de lui, beaucoup plus sensible, *seliglicher*.

LECTURES INTERDITES

En 1660, Charles II d'Angleterre, fils du roi qui avait si malencontreusement consulté l'oracle de Virgile, et connu de ses sujets comme le *Merrie Monarch*, le monarque joyeux, en raison de son goût des plaisirs et de son horreur des affaires, décréta que le *Council for Foreign Plantations* [en quelque sorte, le ministère des Colonies] devrait enseigner aux indigènes, aux serviteurs et aux esclaves des colonies britanniques les préceptes du christianisme. Le Dr Johnson qui, avec un recul d'un siècle, admirait le roi, disait qu'il avait eu « le mérite de tenter ce qu'il croyait favorable au salut des âmes de ses sujets[1] ». L'historien Macaulay[2] qui, à deux siècles de distance, ne l'admirait pas, affirmait que pour Charles « l'amour de Dieu, l'amour de la patrie, l'amour de la famille et l'amour des amis étaient des expressions d'une même espèce, des synonymes délicats et commodes de l'amour de soi[3] ».

On ne sait pas bien pourquoi Charles promulgua ce décret dans la première année de son règne, sinon parce qu'il imaginait que ce serait une façon de préparer le terrain pour la tolérance religieuse, à laquelle le Parlement était opposé. Charles qui, en dépit de ses tendances procatholiques, proclamait sa loyauté à la foi protestante, croyait (dans la mesure où il croyait quoi que ce fût) que, comme Luther l'avait enseigné, le salut de l'âme dépendait de la capacité qu'a chaque individu, homme ou femme, de lire pour soi-même la parole divine[4]. Mais les propriétaires d'esclaves ne furent pas convaincus. Ils

Une image rare : photographie d'une esclave en train de lire, prise vers 1856 à Aiken, en Caroline du Sud.

craignaient jusqu'à l'idée d'une « population noire alphabétisée » qui pourrait trouver dans les livres de dangereuses idées révolutionnaires. Ils ne croyaient pas ceux qui soutenaient qu'une culture limitée à la Bible renforcerait les liens de la société ; ils se rendaient compte que si les esclaves étaient capables de lire la Bible, ils le seraient également de lire des tracts abolitionnistes, et que, même dans les Écritures, ils pourraient trouver d'incendiaires notions de liberté et de révolte[5]. C'était dans les colonies américaines que l'opposition au décret de Charles était la plus forte, et particulièrement en Caroline du Sud où, un siècle plus tard, des lois sévères interdirent l'apprentissage de la lecture à tous les Noirs, esclaves ou hommes libres. Ces lois demeurèrent effectives au moins jusqu'au milieu du XIXe siècle.

Pendant des siècles, les esclaves afro-américains apprirent à lire en dépit d'obstacles extraordinaires, en risquant leur vie dans une entreprise qui, à cause des difficultés qu'ils rencontraient, demandait parfois plusieurs années. Nombreux et héroïques sont les récits de ces apprentissages. À quatre-vingt-dix-neuf ans, Belle Myers Carothers – interviewée par le *Federal Writers' Project*, une commission créée dans les années trente et chargée d'enregistrer, entre autres, les récits personnels d'anciens esclaves – se rappelait avoir appris ses lettres en surveillant le bébé du propriétaire de la plantation, qui jouait avec des blocs sur lesquels figuraient les lettres de l'alphabet. En la voyant faire, le propriétaire l'avait frappée à coups de pied. Myers tint bon et continua d'étudier les lettres de l'enfant ainsi que quelques mots dans un abécédaire qu'elle avait trouvé. « Un jour, raconte-t-elle, j'ai trouvé un recueil de cantiques… et j'ai épelé "Quand je peux lire mon titre clairement". J'étais si heureuse de voir que je pouvais vraiment lire que j'ai couru partout le raconter aux autres esclaves[6]. » Le maître de Leonard Black surprit un jour celui-ci avec un livre et le fouetta si sévèrement « qu'il écrasa ma soif de connaissance, et j'en abandonnai la recherche jusqu'après mon évasion[7] ». Doc Daniel

Dowdy rappelait que « la première fois qu'on vous prenait à essayer de lire ou d'écrire, on vous fouettait avec un cuir de vache, la fois suivante avec un chat à neuf queues et la troisième fois on vous coupait la première phalange de l'index[8] ». Dans tout le Sud, il était courant que des propriétaires de plantations pendent tout esclave qui tentait d'apprendre la lecture aux autres[9].

Dans ces conditions, les esclaves qui souhaitaient savoir lire étaient obligés de trouver des méthodes d'apprentissage détournées, soit auprès d'autres esclaves ou de professeurs blancs sympathisants, soit en inventant des procédés qui leur permettaient d'étudier sans être vus. L'écrivain américain Frederick Douglass, né esclave et devenu l'un des abolitionnistes les plus éloquents de son époque ainsi que le fondateur de plusieurs journaux politiques, rapporte dans son autobiographie : « À force d'entendre ma maîtresse lire la Bible à haute voix... ma curiosité fut éveillée quant à ce *mystère* qu'est la lecture, et le désir d'apprendre naquit en moi. Jusqu'alors, je n'avais rien su de cet art merveilleux, et mon ignorance, mon inexpérience de ce qu'il pouvait pour moi, ainsi que la confiance que m'inspirait ma maîtresse me donnèrent le courage de lui demander de m'apprendre à lire... En un temps incroyablement court, grâce à son aimable assistance, j'avais maîtrisé l'alphabet et pouvais épeler des mots de trois ou quatre lettres... [Mon maître] lui interdit de poursuivre mon instruction... [mais] la détermination dont il faisait preuve à me maintenir dans l'ignorance ne me rendit que plus résolu encore à rechercher l'intelligence. C'est pourquoi, si j'ai appris à lire, je ne suis pas certain de ne pas le devoir autant à l'opposition de mon maître qu'à l'aide généreuse de mon aimable maîtresse[10]. » Thomas Johnson, un esclave qui devint ensuite un missionnaire renommé en Angleterre, expliquait qu'il avait appris à lire dans une Bible qu'il avait volée. Comme son maître faisait chaque soir la lecture d'un chapitre du Nouveau Testament, Johnson le persuadait de relire un même chapitre plusieurs fois de suite, jusqu'à ce que, le connaissant par cœur, il pût en reconnaître les mots sur la page imprimée. En outre, quand le fils du maître apprenait ses leçons, Johnson suggérait au gamin d'en lire des passages à haute voix. « Dieu tout-puissant, s'exclamait-il pour l'encourager, lis ça de nouveau », ce que l'enfant faisait volontiers, croyant que Johnson admirait son habileté. Par la répétition, il en apprit assez pour être capable de lire les journaux quand éclata la guerre de Sécession, et par la suite il ouvrit sa propre école afin d'enseigner la lecture aux autres[11].

L'apprentissage de la lecture ne représentait pas, pour les esclaves, un passeport immédiat pour la liberté, mais plutôt le moyen d'accéder à l'un des puissants instruments de leurs oppresseurs : le livre. Les propriétaires d'esclaves (de même que les dictateurs, tyrans, monarques absolus et autres détenteurs illicites du pouvoir) étaient bien convaincus de la puissance de l'écrit. Ils savaient, beaucoup mieux que certains lecteurs, que la lecture est une force qui n'a besoin que de quelques premiers mots pour devenir irrésistible. Quiconque peut lire une phrase peut tout lire ; plus important, ce lecteur a désormais la possibilité de réfléchir à la phrase, d'agir sur elle, de lui donner un sens. « On peut faire l'idiot avec une phrase, dit Peter Handke. S'affirmer à l'aide d'une phrase contre d'autres. Nommer tout ce qu'on rencontre devant soi et l'écarter de son chemin. Se familiariser avec tous les objets. Faire de tous les objets une phrase dans la phrase. Avec cette phrase, tous les objets vous appartiennent. Avec cette phrase, tous les objets sont à vous[12]. » Autant de raisons d'interdire la lecture.

Ainsi que l'ont bien compris les dictateurs au cours des siècles, on domine plus facilement une population analphabète ; puisqu'on ne peut désapprendre l'art de lire une fois qu'il est acquis, reste à en limiter la portée. C'est pourquoi, plus que toute autre création humaine, le livre est le fléau des dictatures. Le pouvoir absolu demande que toute lecture soit une lecture officielle ; au lieu de bibliothèques d'opinions, la parole du souverain doit suffire. Les livres, écrit Voltaire dans un pamphlet

L'empereur Shih Huang-ti faisant brûler des livres,
gravure sur bois chinoise du XVIe siècle.

satirique intitulé *De l'horrible danger de la lecture*, « dissipent l'ignorance, gardienne et protectrice des Etats bien policés[13] ». La censure est par conséquent, sous une forme ou une autre, le corollaire de tout pouvoir, et l'histoire de la lecture est éclairée par une suite apparemment sans fin d'autodafés, des premiers rouleaux de papyrus aux livres de notre temps. Les œuvres de Protagoras furent brûlées vers 411 à Athènes. En l'an ~213, l'empereur de Chine Shih Huang-ti essaya d'en finir avec la lecture en brûlant tous les livres de son royaume. Vers 168, la bibliothèque juive de Jérusalem fut détruite de propos délibéré pendant le soulèvement des Maccabées. Au Ier siècle de notre ère, Auguste exila les poètes Cornelius Gallus et Ovide et interdit leurs œuvres. L'empereur Caligula ordonna de brûler tous les ouvrages d'Homère, de Virgile et de Tite-Live (mais son édit ne fut pas exécuté). En 303, Dioclétien condamna au bûcher tous les livres chrétiens. Et ce n'était qu'un début. Le jeune Goethe, témoin à Francfort de la destruction d'un livre par le feu, eut l'impression d'avoir assisté à une exécution. « Voir punir un objet inanimé, écrivit-il, est en soi une chose vraiment terrible[14]. » L'illusion caressée par ceux qui brûlent des livres est que, ce faisant, ils peuvent annuler l'histoire et abolir le passé. Le 10 mai 1933, à Berlin, sous l'œil des caméras, le ministre de la Propagande Joseph Paul Goebbels parla, tandis que l'on brûlait plus de vingt mille livres, devant une foule enthousiaste de plus de cent mille personnes : « Ce soir, vous faites bien de jeter au feu ces obscénités du passé. C'est une action forte, immense et symbolique, qui dira au monde entier que le vieil esprit est mort. De ces cendres s'élèvera le phénix de l'esprit nouveau. » Un gamin de douze ans, Hans Pauker, qui plus tard, à Londres, allait diriger l'Institut Leo Baeck d'études juives, assistait à cet événement et devait rapporter que, pendant qu'on lançait des livres dans les flammes, on prononçait des discours afin de renforcer la solennité de l'occasion[15]. « Contre l'exagération des pulsions inconscientes fondées sur une analyse destructrice du psychisme, pour la noblesse de l'âme

Les nazis brûlant des livres à Berlin, le 10 mai 1933.

humaine, je confie au bûcher l'œuvre de Sigmund Freud », déclamait l'un des censeurs avant de brûler les livres de Freud. Steinbeck, Marx, Zola, Hemingway, Einstein, Proust, H.G. Wells, Heinrich et Thomas Mann, Jack London, Bertolt Brecht et des centaines d'autres reçurent l'hommage de telles épitaphes.

En 1872, un peu plus de deux siècles après l'optimiste décret de Charles II, Anthony Comstock – un descendant des vieux colonialistes qui avaient désapprouvé les intentions éducatives de leur souverain – fonda à New York la Société pour la Suppression du Vice, le premier véritable bureau de censure aux États-Unis. Tout bien considéré, Comstock eût préféré que la lecture n'eût jamais été inventée (« Au paradis, notre père Adam ne savait pas lire », affirma-t-il un jour), mais puisque le mal était fait, il était décidé à en réglementer l'usage. Comstock se considérait comme le parangon des lecteurs, celui qui savait ce qui était de la bonne littérature et ce qui n'en était pas, et il s'efforçait de son mieux d'imposer ses opinions aux autres. « Pour ma part, écrivait-il dans son journal un an avant la fondation de sa société, je suis résolu, avec l'aide de Dieu, à ne pas m'incliner devant l'opinion d'autrui mais, si je sens et sais que j'ai raison, à tenir bon. Jamais Jésus ne s'est laissé détourner par l'opinion publique de la voie du devoir, si dure fût-elle. Pourquoi le ferais-je[16] ? »

Anthony Comstock était né à New Canaan, Connecticut, le 7 mars 1844. C'était un homme corpulent, et au cours de sa carrière de censeur il se servit souvent de sa taille pour dominer physiquement ses opposants. L'un de ses contemporains le décrit en ces termes : « Haut de quelque cinq pieds chaussures comprises, il porte si bien ses deux cent dix livres de muscles et d'os que l'on ne croirait pas qu'il en pèse plus de cent quatre-vingts. Ses épaules, dont l'envergure évoque Atlas et que surmonte un cou de taureau, sont assorties de biceps et de mollets d'une grosseur exceptionnelle et d'une solidité de fer. Ses jambes sont courtes et font un peu penser à des troncs d'arbres[17]. »

Comstock avait vingt et quelques années quand il arriva à New York avec trois dollars quarante-cinq cents en poche. Il trouva un emploi de vendeur d'articles de nouveauté et parvint bientôt à économiser les cinq cents dollars nécessaires pour acheter une petite maison à Brooklyn. Quelques années plus tard, il fit la connaissance de la fille d'un pasteur presbytérien, de dix ans son aînée, et l'épousa. À New York, Comstock se découvrit de nombreux objets de désapprobation. En 1868, un ami lui ayant raconté comment il avait été « dévoyé, corrompu et rendu malade » par un certain livre (le titre de cet ouvrage formidable ne nous est pas parvenu), Comstock en acheta un exemplaire et puis, accompagné d'un agent de police, fit arrêter le libraire et saisir le stock. Le succès de ce premier raid fut tel qu'il décida de continuer, et provoqua régulièrement l'arrestation de petits éditeurs et imprimeurs de littérature suggestive.

Assisté par des amis de l'YMCA, qui lui procurèrent huit mille cinq cents dollars, Comstock put fonder la société qui lui valut la célébrité. Deux ans avant sa mort, il déclara à quelqu'un qui l'interviewait à New York : « Depuis quarante et un ans que je suis ici, j'ai fait condamner assez d'individus pour remplir un train de soixante et une voitures, dont soixante contiendraient chacune soixante passagers et la soixante et unième serait presque remplie. J'ai détruit cent soixante tonnes de littérature obscène[18]. »

Caricature américaine d'époque du censeur autoproclamé, Anthony Comstock.

La ferveur de Comstock fut également responsable d'au moins quinze suicides. Après qu'il eut fait jeter en prison un ex-chirurgien irlandais, William Haynes, « pour avoir publié cent soixante-cinq espèces différentes de littérature lubrique », Haynes se donna la mort. Peu de temps après, Comstock allait monter sur le ferry de Brooklyn (rapporta-t-il plus tard) lorsqu'une « Voix » lui dit de se rendre à la maison de Haynes. Il arriva au moment où la veuve déchargeait d'un camion de livraison les plaques d'imprimerie des livres interdits. Avec une surprenante agilité, Comstock bondit sur le siège du cocher et mena le camion en trombe jusqu'à la YMCA, où les plaques furent détruites[19].

Quels livres Comstock lisait-il ? À son insu, il suivait le conseil facétieux d'Oscar Wilde : « Je ne lis jamais un livre dont je dois écrire la critique ; on se laisse tellement influencer. » Parfois, néanmoins, il jetait un coup d'œil aux ouvrages avant de les détruire, et il était horrifié de ce qu'il lisait. Il estimait que la littérature de France et d'Italie ne consistait guère qu'en « histoires de bordels et de prostituées dans ces nations follement concupiscentes. Combien de fois ne trouve-t-on pas dans ces récits abominables des héroïnes belles, accomplies, cultivées, riches et charmantes à tous égards, qui ont pour amants des hommes mariés ? Ou bien, après le mariage, des amants qui se pressent autour de la gracieuse jeune épouse, jouissant de privilèges qui n'appartiennent qu'au mari ! » Même les classiques n'étaient pas au-dessus des reproches. « Prenez, par exemple, une œuvre bien connue, écrite par Boccace », écrivait-il dans son livre, *Pièges pour la jeunesse*. Une œuvre « si répugnante » à ses yeux qu'il était prêt à n'importe quoi « pour l'empêcher, telle une bête sauvage, de s'échapper et de détruire la jeunesse du pays[20] ». Balzac, Rabelais, Walt Whitman, Bernard Shaw et Tolstoï se trouvaient au nombre de ses victimes. La lecture quotidienne de Comstock était, disait-il, la Bible.

Les méthodes de Comstock étaient barbares mais superficielles. Il ne possédait ni l'intelligence ni la patience de censeurs plus raffinés, capables de fouiller un texte avec le soin le plus farouche à la recherche de

Justification de la censure dans une bande dessinée américaine du XIXe siècle intitulée *L'Influence de la presse*.

messages cachés. En 1981, par exemple, la junte militaire aux ordres du général Pinochet interdit *Don Quichotte* au Chili parce que le général pensait (avec raison) qu'il contenait un plaidoyer pour la liberté individuelle et une attaque contre l'autorité en place.

La censure exercée par Comstock se bornait à inscrire les œuvres suspectes, avec une frénésie rageuse, au catalogue des damnés. En outre, son accès aux livres était limité ; il ne pouvait se lancer à leurs trousses qu'après leur parution, au moment où un grand nombre d'entre eux avaient trouvé refuge entre les mains de lecteurs avides. L'Église catholique avait beaucoup d'avance sur lui. En 1559, la Congrégation de la Suprême Inquisition avait publié le premier *Index des livres prohibés* – une liste des livres que l'Église considérait comme dangereux pour la foi et la moralité des catholiques romains. L'*Index*, qui comprenait aussi bien des livres censurés avant publication que des ouvrages immoraux déjà publiés, n'était pas destiné à représenter le catalogue complet de tous les livres proscrits par l'Église. Quand on l'abandonna en juin 1966, il contenait néanmoins, outre des centaines d'ouvrages théologiques, des centaines de titres d'auteurs séculiers allant de Voltaire et Diderot à Colette et Graham Greene. Nul doute que Comstock eût trouvé utile une telle liste.

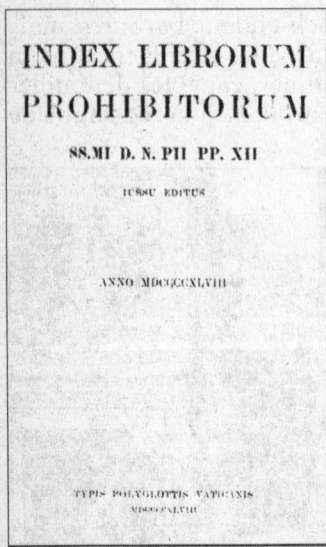

Page titre de l'*Index* catholique, dont la dernière révision remonte à 1948 et qui ne fut plus réimprimé après 1966.

« L'art n'est pas au-dessus de la morale. La morale prime tout, écrivait-il. La loi vient tout de suite après, en tant que défenseur de la morale publique. L'art n'entre en conflit avec la loi que lorsqu'il tend à l'obscénité, à la lubricité ou à l'indécence. » Ce qui incita le *New York World* à demander, dans un éditorial : « A-t-on jamais vraiment établi qu'il n'y a rien de beau en art qui ne soit vêtu[21] ? » La définition par Comstock de l'art immoral, comme celles que proposent tous les censeurs, prend la question pour un axiome. Comstock est mort en 1915. Deux ans plus tard, l'essayiste américain H.L. Mencken caractérise la croisade de Comstock comme « le nouveau puritanisme, [...] non pas ascétique, mais militant. Son but n'est pas de susciter des saints, mais d'abattre les pécheurs[22] ».

Comstock avait la conviction que ce qu'il appelait la « littérature immorale » pervertissait l'esprit de la jeunesse, qui aurait dû se préoccuper de questions spirituelles plus élevées. C'est là un souci ancien, et dont l'Occident n'a pas l'exclusivité. Dans la Chine du XVe siècle, un recueil de contes datant de la dynastie Ming, intitulé *Récits anciens et nouveaux*, rencontra un tel succès qu'il fallut le mettre à l'index chinois afin de ne pas distraire les jeunes lettrés de l'étude de Confucius[23]. Dans le monde occidental, une forme plus bénigne de cette obsession s'exprime dans la crainte de la fiction – au moins depuis l'époque de Platon, qui avait banni les poètes de sa république idéale. La belle-mère de Mme Bovary soutenait que les romans empoisonnaient l'âme d'Emma, et persuada son fils d'interrompre l'abonnement d'Emma à une bibliothèque de prêt, la plongeant ainsi plus profondément dans les marécages de l'ennui[24]. La mère de l'écrivain anglais Edmund Gosse n'autorisait l'entrée dans sa maison d'aucun roman, qu'il fût religieux ou séculier. Dans sa petite enfance, tout au début du XIXe siècle, elle s'était divertie ainsi que ses frères en lisant et en inventant des histoires, jusqu'à ce que sa gouvernante calviniste la surprenne et lui fasse sévèrement la leçon, en lui disant que ses plaisirs étaient mauvais. « Dès lors, écrivit Mrs Gosse dans son journal intime, je considérai qu'inventer une histoire de quelque sorte qu'elle fût était un péché. » Néanmoins, « le désir d'inventer des histoires me hantait avec violence ; tout ce que j'entendais et lisais alimentait mon insatisfaction. La simplicité de la vérité ne me suffisait pas : il me fallait broder par-dessus mes imaginations, et la folie, la vanité et le mal qui accablaient mon cœur dépassent ce que je puis exprimer. Aujourd'hui encore, bien que je le tienne à l'œil, que je prie et lutte contre lui, c'est le péché qui m'assaille le plus. Il a affaibli mes prières et contrarié mes progrès, et ainsi m'a beaucoup humiliée[25]. » Elle avait vingt-neuf ans lorsqu'elle traça ces lignes.

C'est dans cette conviction qu'elle éleva son fils. « Jamais, dans toute ma petite enfance, personne n'a prononcé pour moi l'émouvant préambule : Il était une fois ! On me racontait des histoires de missionnaires, jamais de pirates ; je savais tout des oiseaux-mouches, mais on ne m'avait jamais parlé des fées, se rappelle Gosse. On désirait me faire aimer la vérité ; cela eut pour effet de me rendre positif et sceptique. Si l'on m'avait enveloppé des plis moelleux de la fantaisie surnaturelle, mon cerveau aurait pu se contenter plus longtemps d'observer la tradition sans la remettre en question[26]. » Les parents qui intentèrent un procès aux écoles publiques du comté de Hawkins en 1980 n'avaient manifestement pas lu Gosse. Ils soutenaient qu'un cours entier de l'école primaire, qui comprenait *Cendrillon*, *Boucles d'or* et *Le Magicien d'Oz*, violait leurs convictions religieuses fondamentales[27].

Les lecteurs autoritaires qui empêchent autrui d'apprendre à lire, les lecteurs fanatiques qui décident de ce qu'on peut ou qu'on ne peut pas lire, les lecteurs stoïques qui refusent de lire pour le plaisir et demandent seulement qu'on leur rappelle des faits qu'eux-mêmes considèrent comme avérés : tous tendent à limiter les vastes et multiples pouvoirs du lecteur. Mais les censeurs peuvent aussi procéder d'autres manières, sans recourir au feu ni aux tribunaux. Ils peuvent réinterpréter les livres afin de les soumettre à leur seul usage, dans le but de justifier leurs droits autocratiques.

En 1967, quand j'étais dans ma cinquième année de

lycée, un coup d'État militaire se produisit en Argentine, sous l'autorité du général Jorge Rafael Videla. Il s'ensuivit une vague de violations des droits de l'homme telle que le pays n'en avait jamais connu. L'excuse invoquée par l'armée était qu'elle luttait contre les terroristes ; selon la définition du général Videla, « un terroriste n'est pas seulement un individu armé d'un fusil ou d'une bombe, mais aussi quelqu'un qui répand des idées contraires à la civilisation occidentale et chrétienne[28] ». Au nombre des milliers qui ont été enlevés et torturés se trouvait un prêtre, le père Orlando Virgilio Yorio. Un jour, l'interrogateur du père Yorio lui déclara que sa lecture des Évangiles était erronée. « Vous interprétez la doctrine du Christ de façon trop littérale, dit-il. Le Christ parlait des pauvres, mais quand il parlait des pauvres il parlait des pauvres en esprit et vous avez interprété cela de façon littérale, et vous êtes allé vivre, littéralement, avec les pauvres. En Argentine, ce sont les riches qui sont pauvres en esprit et à l'avenir vous devrez consacrer votre temps à aider les riches, car ce sont eux qui ont un réel besoin d'aide spirituelle[29]. »

Ainsi donc, tous les pouvoirs du lecteur ne sont pas éclairants. La même action qui peut conférer à un texte une existence, y trouver des révélations, en multiplier les significations, le confronter aux miroirs du passé, du présent et des possibilités de l'avenir, peut aussi détruire ou tenter de détruire la page vivante. Chaque lecteur invente ses lectures, ce qui n'est pas mentir ; mais chaque lecteur peut aussi mentir, imposer délibérément au texte la soumission à une doctrine, à une loi arbitraire, à des avantages personnels, à la loi des propriétaires d'esclaves ou à l'autorité des tyrans.

Sébastien Brandt, auteur de *La Nef des fous*.

LE FOU DE LIVRES

Ce sont tous gestes communs : on sort ses lunettes de leur étui, on les nettoie avec un mouchoir en papier, le bord d'une blouse ou le bout d'une cravate, on les pose sur son nez, calées derrière les oreilles, avant d'examiner la page désormais nette que l'on tient devant soi. Ensuite on les remonte ou on les pousse vers le bas sur l'arête luisante du nez afin de mettre au point sa vision des lettres et, au bout d'un moment, on les ôte et on se frotte la peau entre les sourcils, en serrant les paupières pour maintenir à distance l'attrait de sirène du texte. Dernier acte : on les enlève, on les replie et on les glisse entre les pages du livre pour marquer la page où on a cessé de lire ce soir-là. Dans l'iconographie chrétienne, sainte Lucie est représentée portant deux yeux sur un plateau ; les lunettes sont, en effet, des yeux que les lecteurs à la vue faible peuvent mettre et enlever à volonté. Elles sont un organe détachable, un masque à travers lequel on peut observer le monde, une créature semblable à un insecte qu'on porterait sur soi, telle une mante religieuse apprivoisée. Discrètes, assises jambes croisées au-dessus d'une pile de livres ou attendant sur le coin encombré d'un bureau, elles sont devenues l'emblème du lecteur, un signe de sa présence, un symbole de son activité.

Il est déroutant d'imaginer les nombreux siècles avant l'invention des lunettes, au cours desquels les lecteurs déchiffraient péniblement un texte aux contours nébuleux, et émouvant d'imaginer leur soulagement extraordinaire dès lors qu'ils purent disposer de lunettes et voir, presque sans effort, une page d'écriture. Un sixième de l'humanité est myope[1]; chez les lecteurs, la proportion est plus forte, près de vingt-quatre pour cent. Aristote, Luther, Samuel Pepys, Schopenhauer, Goethe, Schiller, Keats, Tennyson, le Dr Johnson, Alexander Pope, Quevedo, Wordsworth, Dante Gabriel Rossetti, Elizabeth Barrett Browning, Kipling, Edward Lear, Dorothy L. Sayers, Unamuno, Rabindranath Tagore, James Joyce – tous avaient la vue basse. Chez beaucoup de gens, la situation se détériore, et un nombre remarquable de lecteurs célèbres sont devenus aveugles dans leur grand âge, d'Homère à Milton, sans oublier James Thurber et Jorge Luis Borges. Borges, dont la vue commença à baisser alors qu'il avait à peine trente ans et qui fut nommé directeur de la Bibliothèque nationale de Buenos Aires en 1955, quand il l'avait perdue, a évoqué le sort étrange du lecteur frappé de cécité auquel on accorde un jour le royaume des livres :

> *Que nul ne rabaisse aux larmes ou aux reproches*
> *Cette affirmation du pouvoir de Dieu*
> *Qui avec une si magnifique ironie*
> *M'a donné en même temps l'obscurité et les livres*[2].

Borges comparait le sort du lecteur dans cet univers confus de « cendres pâles ressemblant à l'oubli et au sommeil » à celui du roi Midas, condamné à mourir de faim et de soif alors qu'il était entouré d'aliments et de boissons. Dans un épisode du feuilleton télévisé américain *The Twilight Zone*, il est question d'un tel Midas, un lecteur vorace, de toute l'humanité seul rescapé d'une catastrophe nucléaire. Tous les livres du monde sont désormais à sa disposition; et puis, par accident, il casse ses lunettes.

Avant l'invention des lunettes, un quart au moins de tous les lecteurs auraient eu besoin de très gros caractères pour pouvoir déchiffrer un texte. Immense était l'effort exigé des yeux des lecteurs médiévaux : les pièces dans lesquelles on tentait de lire étaient assombries en été pour les protéger de la chaleur ; en hiver, elles étaient naturellement sombres parce que les fenêtres, forcément petites afin d'éviter les courants d'air glacé, ne laissaient passer qu'une lumière poussiéreuse. Les scribes médiévaux se plaignaient beaucoup des conditions dans lesquelles ils devaient travailler et griffonnaient souvent leurs doléances dans les marges de leurs livres, telle celle que rédigea au milieu du IIIe siècle un certain Florencio dont nous ne connaissons que le prénom et la description mélancolique qu'il fait de son métier : « C'est une tâche pénible. Elle éteint la lumière des yeux, elle courbe le dos, elle écrase le ventre et les côtes, elle est cause de douleur aux reins et de fatigue du corps entier[3]. » Pour les malheureux lecteurs myopes, la besogne devait être plus pénible encore ; le médecin anglais Patrick Trevor-Roper a suggéré qu'ils devaient se sentir un peu plus à l'aise la nuit « parce que l'obscurité est grande égalisatrice[4] ».

À Babylone, à Rome, en Grèce, les lecteurs dont la vue était basse n'avaient d'autre ressource que de se faire faire la lecture, en général par des esclaves. Quelques-uns découvrirent qu'en regardant à travers une pierre transparente, ils voyaient mieux. À propos des propriétés des émeraudes[5], Pline l'Ancien notait en passant que l'empereur Néron, qui était myope, regardait les combats de gladiateurs à travers une émeraude. Que celle-ci en magnifiât les détails sanglants ou se bornât à les parer d'un reflet glauque, nous l'ignorons, mais l'histoire persista pendant tout le Moyen Âge et des érudits comme Roger Bacon et son maître Robert Grosseteste commentèrent les remarquables propriétés de cette pierre précieuse.

Mais peu de lecteurs disposaient de telles pierres. Ils étaient pour la plupart condamnés à passer leurs heures de lecture dans la dépendance de lecteurs par procuration ou dans un processus lent et pénible, les muscles des yeux bandés pour remédier à leur défaut. Et puis, quelque part vers la fin du XIIIe siècle, le sort du lecteur mal voyant changea.

Nous ne savons pas exactement quand se produisit ce changement, mais le 23 février 1306, du haut de la chaire de l'église Santa Maria Novella, à Florence, Giordano da Rivalto de Pise prononça un sermon dans lequel il rappelait à ses ouailles que l'invention des lunettes, « l'un des instruments les plus utiles au monde », datait déjà de vingt ans. Il ajoutait qu'il avait vu l'homme qui, le premier, avait découvert et fabriqué une paire de lunettes, et qu'il lui avait parlé[6].

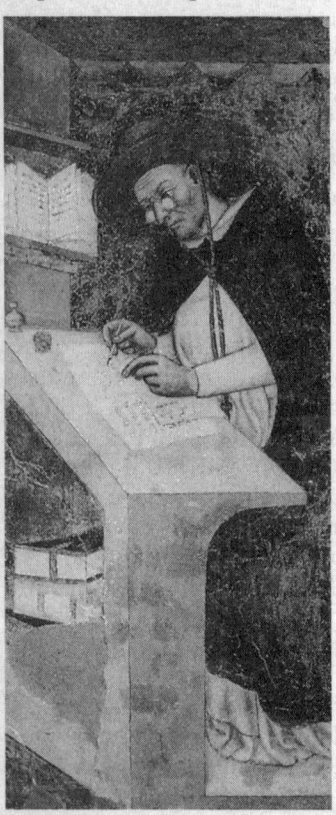

La première représentation de lunettes, sur le nez du cardinal Hugo de Saint-Cher, peint par Tommaso da Modena en 1352.

On ne sait rien de ce remarquable inventeur. C'était peut-être un contemporain de Giordano, un moine nommé Spina dont on racontait « qu'il fabriquait des lunettes et enseignait gratuitement cet art aux autres[7] ». Ou peut-être un membre de la Guilde des verriers de Venise, où l'on connaissait dès 1301 l'art de fabriquer des verres de lunettes, puisque l'une des règles de la guilde cette année-là expliquait la procédure à suivre par tous ceux qui désiraient « fabriquer des lunettes de lecture[8] ». À moins que l'inventeur ne fût un certain Salvino degli Armati, qu'une dalle funéraire encore visible dans l'église Santa Maria Maggiore de Florence appelle « inventeur des lunettes », ajoutant : « Que Dieu lui pardonne ses péchés. A.D. 1317. » Un autre candidat est Roger Bacon, que nous avons déjà rencontré en tant que maître ès catalogage et que Kipling fait témoin, dans l'un de ses derniers récits, de l'utilisation d'un antique microscope arabe introduit en fraude en Angleterre par un enlumineur[9]. En 1268, Bacon avait écrit : « Si on examine des lettres ou de petits objets au moyen d'un cristal ou d'un verre dont la forme soit celle du segment inférieur d'une sphère, avec le côté convexe du côté de l'œil, on verra les lettres plus nettes et plus grandes. Un tel instrument est utile à tout le monde[10]. » Quatre siècles plus tard, Descartes célébrait encore l'invention des lunettes, remarquant que toute l'organisation de notre existence dépend des sens et que, celui de la vue étant le plus complet et le plus noble, il ne fait aucun doute que les inventions qui servent à en augmenter la capacité sont des plus utiles qui puissent être.

La première représentation connue de lunettes se trouve dans un portrait du cardinal Hugo de Saint-Cher, en Provence, peint en 1352 par Tommaso da Modena[11]. On y voit le cardinal dans tous ses atours, en train d'écrire à sa table, un livre ouvert sur une étagère un peu plus haut que lui, à sa droite. Ses lunettes, appelées « lunettes à rivets », consistent en deux lentilles rondes entourées de montures épaisses et fixées au-dessus de l'arête du nez, de telle façon qu'on pouvait en régler la pression.

Jusqu'à près de la fin du XVe siècle, les lunettes de lecture furent un luxe ; elles coûtaient cher, et assez peu de gens en avaient besoin, puisque les livres eux-mêmes n'appartenaient qu'à quelques élus. Après l'invention de l'imprimerie et la relative démocratisation du livre, la demande de lunettes augmenta ; en Angleterre, par exemple, des colporteurs voyageant de ville en ville vendaient des « lunettes continentales à petit prix ». On relève des fabricants de lunettes et de lorgnons à Strasbourg en 1466, onze ans à peine après la publication de la première bible de Gutenberg ; à Nuremberg en 1478 ; et à Francfort en 1540[12]. Il se peut que l'accroissement du nombre et de la qualité des lunettes ait permis à de plus nombreux lecteurs de devenir meilleurs lecteurs, et d'acheter plus de

Une *Dormition de la Vierge* peinte au XIᵉ siècle, au monastère de Neuberg, à Vienne. Le deuxième, à partir de la droite, des docteurs qui l'assistent arbore une savante paire de lunettes ajoutée plus de trois siècles après afin de lui conférer de l'autorité.

livres, et qu'on ait pour cette raison associé les lunettes avec l'intellectuel, le bibliothécaire, l'érudit.

À partir du XIVᵉ siècle, on ajouta des lunettes sur de nombreux tableaux, afin de connoter la nature studieuse et sage d'un personnage. Dans beaucoup de représentations de la *Dormition de la Vierge*, plusieurs des docteurs et des sages entourant son lit de mort furent affublés de lunettes d'espèces variées ; dans la *Dormition* anonyme peinte au XIᵉ siècle qui se trouve aujourd'hui au monastère de Neuberg, à Vienne, une paire de bésicles a été ajoutée plusieurs siècles plus tard à un sage à la barbe blanche auquel un jeune homme inconsolable présente un lourd volume. On peut voir suggéré là que même les plus sages des savants ne possèdent pas une sagesse suffisante pour guérir la Vierge et modifier son destin.

En Grèce, à Rome et à Byzance, le poète-savant – le *doctus poeta*, représenté une tablette ou un rouleau à la main – a été considéré comme un modèle, mais ce rôle était réservé aux mortels. Les dieux ne s'occupaient jamais de littérature ; les divinités grecques et latines n'étaient jamais représentées tenant un livre[13]. La religion chrétienne fut la première à placer un livre entre les mains de son dieu, et à partir de la moitié du XIVᵉ siècle, le livre chrétien emblématique fut accompagné d'une autre image, celle des lunettes. La perfection du Christ et de Dieu le Père n'aurait pas justifié qu'on les imaginât myopes, mais les Pères de l'Église – saint Thomas d'Aquin, saint Augustin – et les auteurs anciens admis dans le canon catholique – Cicéron, Aristote – sont souvent représentés un livre savant à la main, et portant les sages lunettes de la connaissance.

Vers la fin du XVᵉ siècle, les lunettes étaient assez courantes pour symboliser non seulement le prestige de la lecture, mais aussi ses abus. La plupart des lecteurs, alors comme aujourd'hui, ont connu un jour l'humiliation de s'entendre affirmer que leur occupation est répréhensible. Je me souviens qu'on a ri de moi, pendant une récréation à l'école primaire, parce que je restais à l'intérieur pour lire, et que cela s'est terminé avec moi à plat ventre par terre, mes lunettes envoyées dans un coin d'un coup de pied, mon livre dans un autre. « Ça ne t'amuserait pas », fut le verdict d'un de mes cousins qui, au vu de ma chambre tapissée de livres, supposa que je n'aurais pas envie d'aller avec les autres voir un western de plus. Ma grand-mère, quand elle me voyait lire un dimanche après-midi, soupirait : « Tu rêvasses », parce que mon activité lui semblait une perte de temps et un péché contre la joie de vivre. Paresseux, faible, prétentieux, pédant, élitiste – tels sont quelques-unes des épithètes que l'on a peu à peu associées au savant distrait, au lecteur myope, au rat de bibliothèque, au bas-bleu. Enfoui dans les livres, isolé du monde des faits et de la chair, se croyant supérieur à ceux qui ne fréquentent pas les mots conservés entre des couvertures poussiéreuses, le lecteur à lunettes qui prétendait connaître ce que Dieu dans Sa sagesse avait caché était considéré comme un sot, et les lunettes devinrent emblématiques de l'arrogance intellectuelle.

En février 1494, pendant le fameux carnaval de Bâle, le jeune docteur en droit Sébastien Brandt publia un petit volume de poèmes allégoriques en allemand intitulé *Das Narrenschiff*, ou *La Nef des fous*. Son succès fut immédiat : dès la première année, le livre fut réimprimé trois fois et à Strasbourg, ville natale de Brandt, un éditeur entreprenant, anxieux d'avoir sa part des bénéfices, chargea un poète inconnu d'ajouter quatre cents vers à l'ouvrage. Brandt protesta contre cette sorte de plagiat, mais en vain. Deux ans après, Brandt demanda à son ami Jacques Locher, professeur de poésie à l'université de Fribourg, de traduire le livre en latin[14]. Locher s'exécuta, tout en réorganisant l'ordre des chapitres et en y incluant des variations personnelles. Quelles que fussent les modifications apportées au texte original, le nombre des lecteurs du livre ne cessa d'augmenter jusqu'au XVIIe siècle. Son succès était dû en partie aux gravures sur bois qui l'accompagnaient, dont beaucoup étaient de la main d'Albrecht Dürer, alors âgé de vingt-deux ans. Mais le mérite en revenait surtout à Brandt. Il avait survolé avec méticulosité les folies et péchés de sa société, de l'adultère et du jeu au manque de foi et à l'ingratitude, en termes précis et modernes : c'est ainsi que la découverte du Nouveau Monde, qui avait eu lieu moins de deux ans plus tôt, figure à mi-chemin du livre afin de mettre en évidence les folies de la curiosité et de la convoitise. Dürer et d'autres artistes offrirent à Brandt des images communes de ces nouveaux pécheurs, reconnaissables au premier coup d'œil parmi leurs pairs dans la vie de tous les jours, mais c'est Brandt qui ébaucha lui-même les illustrations qu'il souhaitait voir accompagner son texte.

L'une de ces images, la première après le frontispice, illustre la folie de l'érudit. Le lecteur qui ouvrait le livre de Brandt se trouvait confronté à lui-même : un homme dans son cabinet, entouré de livres. Il y a des livres partout : sur des étagères derrière lui, des deux côtés de son bureau-pupitre, dans les compartiments dudit bureau. L'homme porte un bonnet de nuit (afin de dissimuler ses oreilles d'âne), une coiffure de fou ornée de clochettes est rejetée dans son dos, et il tient dans la main droite un plumeau à l'aide duquel il chasse les mouches qui viennent se poser sur ses livres. C'est le *Büchernarr*, le « fou de livres », l'homme dont la folie consiste à s'ensevelir sous les livres. Sur son nez trône une paire de lunettes.

Ces lunettes l'accusent : voici un homme qui, au lieu de voir le monde en direct, préfère scruter les mots sans vie sur une page imprimée. « C'est pour une très bonne raison, dit le sot lecteur de Brandt, que je suis le premier à embarquer sur le navire. Pour moi le livre est tout, plus précieux même que l'or. J'ai de grands trésors ici, auxquels je ne comprends pas un mot. » Il avoue que, en compagnie d'hommes instruits qui citent des livres savants, il adore pouvoir dire : « je possède tous ces volumes chez moi » ; il se compare à Ptolémée II d'Alexandrie, qui accumulait les livres mais non la connaissance[15]. À travers le livre de Brandt, l'image du sot érudit à lunettes devint bientôt aussi répandue qu'une image pieuse ; dès 1505, dans le *De fide concubinarum* d'Olearius, un âne assis devant un bureau identique, lunettes sur le nez et chasse-mouche au sabot, fait à une classe d'animaux la lecture d'un grand livre ouvert devant lui.

La popularité du livre de Brandt était si grande qu'en 1509 le penseur humaniste Geiler von Kaysersberg entreprit une série de sermons inspirés par les person-

Le frontispice d'Albrecht Dürer pour la première édition de
La Nef des fous, de Brandt.

nages de Brandt, un pour chaque dimanche[16]. Le premier de ces sermons, correspondant au premier chapitre du livre de Brandt, avait évidemment pour sujet le fou de livres. Brandt avait prêté au fou les mots pour se décrire ; Geiler, en se servant de cette description, divisa cette folie livresque en sept types, dont chacun était reconnaissable au tintement d'une des clochettes de la coiffe de fou. D'après Geiler, la première clochette annonce le fou qui collectionne les livres pour la gloire, comme s'il s'agissait d'un mobilier coûteux. Au Ier siècle de notre ère, Sénèque (que Geiler citait volontiers) avait déjà dénoncé l'accumulation ostentatoire de livres : « Combien de gens n'ont pas le plus élémentaire savoir et trouvent, dans les livres, non le moyen d'apprendre mais une décoration de salon[17]. » Geiler insiste : « Celui qui attend des livres la célébrité doit apprendre d'eux quelque chose ; il doit les emmagasiner dans sa tête et non dans sa bibliothèque. Mais ce premier fou a enchaîné ses livres et en a fait ses prisonniers ; s'ils pouvaient se libérer et parler, ils le traîneraient devant le magistrat pour exiger qu'on l'enferme, lui, et pas eux. » La deuxième clochette annonce le fou qui espère devenir sage en consommant des livres en trop grand nombre. Geiler le compare à un estomac dérangé par des excès de table, et à un général gêné dans sa stratégie parce qu'il a trop de soldats. « Que devrais-je faire ? demandez-vous. Dois-je donc jeter tous mes livres ? » et nous pouvons imaginer Geiler, le doigt tendu vers l'un des paroissiens composant son public du dimanche. « Non, il ne faut pas faire cela. Mais

Fort d'une chaire, d'un livre, d'une poignée de verges et d'une paire de lunettes, un âne fait la classe à des animaux dans l'œuvre satirique d'Olearius, *De fide concubinarum*, datant de 1505.

vous devez choisir ceux qui vous seront utiles, et vous en servir au moment qui convient. » La troisième clochette appelle le fou qui collectionne des livres sans vraiment les lire, en se contentant de les feuilleter pour satisfaire sa vaine curiosité. Geiler le compare à un dément qui court dans la ville tout en essayant d'observer en détail, malgré sa précipitation, les enseignes et les emblèmes des façades. Cela, dit-il, est impossible, et une regrettable perte de temps.

La quatrième clochette appelle le fou qui aime les livres aux enluminures somptueuses. « N'est-ce pas folie, demande Geiler, que de se repaître les yeux d'or et d'argent alors que de si nombreux enfants de Dieu ont faim ? Vos yeux n'ont-ils pas le soleil, la lune, les étoiles, les fleurs innombrables et tant d'autres choses à apprécier ? » Quel besoin avons-nous de figures humaines ou de fleurs dans un livre ? Celles que nous offre Dieu ne suffisent-elles pas ? » Et Geiler de conclure que cet amour des images peintes est « une insulte à la sagesse ». La cinquième clochette annonce le fou qui couvre ses livres d'étoffes précieuses. (Ici encore, Geiler fait un emprunt complice à Sénèque protestant contre le collectionneur qui « apprécie les pages extérieures et les titres » et exhibe dans sa maison inculte « les œuvres complètes d'auteurs inconnus ou reconnus [...] sur des casiers empilés », parce que, « entre sa salle de bains froids et sa salle de bains chauds, on apporte un soin tout particulier à sa bibliothèque, fleuron obligé de toute demeure qui se respecte[18] ».) La sixième clochette appelle le fou qui compose et publie des livres mal écrits sans avoir lu les classiques, et sans aucune connaissance de l'orthographe, de la grammaire ou de la rhétorique. C'est le lecteur devenu auteur, tenté d'inscrire ses pensées brouillonnes au côté des œuvres des grands. Enfin – en une virevolte paradoxale que les anti-intellectuels à venir allaient ignorer – le septième et dernier fou de livres est celui qui méprise totalement les livres et se moque de la sagesse qu'on peut y trouver.

À travers l'imagerie intellectuelle de Brandt, Geiler, l'intellectuel, fournit des arguments aux anti-intellectuels de son temps, qui vivaient dans l'incertitude d'une époque où ils voyaient l'éclatement des structures civiles et religieuses de la société européenne à la suite des conflits dynastiques modifier leur conception de l'histoire, les explorations géographiques modifier leurs conceptions de l'espace et du commerce, les schismes religieux transformer à jamais leur conception de ce qu'ils étaient en ce monde, et pourquoi, et comment. Geiler les arma d'un catalogue complet d'accusations qui leur permettaient, en tant que société, au lieu de mettre en cause leurs propres actions, d'incriminer les *idées* relatives à leurs actions, dans leur imaginaire, leur raison et leurs lectures.

Beaucoup de ceux qui, dans la cathédrale de Strasbourg, dimanche après dimanche, écoutaient Geiler fulminer contre les folies du lecteur égaré, croyaient sans doute qu'il se faisait l'écho de l'animosité populaire envers l'homme de livres. Je peux imaginer le sentiment de malaise de ceux qui, comme moi, portaient lunettes, qui peut-être les ôtaient discrètement au moment où cet auxiliaire pacifique devenait soudain objet de déshonneur. Mais ce n'étaient pas le lecteur et ses lunettes que Geiler attaquait. Loin de là ; ses arguments étaient ceux d'un clerc humaniste, critique envers une compétition intellectuelle profane et vaine, mais défendant avec tout autant de conviction le besoin de culture et la valeur des livres. Il ne partageait pas le ressentiment croissant dans l'ensemble de la population, qui considérait que les érudits jouissaient de privilèges immérités, souffraient de ce que John Donne décrivait comme « les défauts de la solitude[19] » et se cachaient à l'écart des vrais travaux du monde dans ce que, plusieurs siècles plus tard, Nerval, après Sainte-Beuve, devait appeler la « tour d'ivoire des poètes », cet asile « où nous montons toujours plus haut pour nous isoler de la foule[20] », loin des occupations grégaires du commun. Le préjugé demeura, cette vision du lecteur en grosse tête distraite, en déserteur du monde, en rêveur éveillé, lunettes sur le nez, furetant entre les pages d'un livre dans un coin retiré.

L'écrivain espagnol Jorge Manrique, un contemporain de Geiler, divisait l'humanité en « ceux qui vivent de leurs mains, et les riches[21] ». Cette division fut bientôt perçue comme opposant « ceux qui vivent de leurs mains » et « le fou de livres », le lecteur à lunettes. Il est curieux qu'on n'ait jamais cessé d'associer ainsi les lunettes à l'éloignement du monde. Même à notre époque, ceux qui souhaitent paraître sages (ou, du moins, lettrés) profitent du symbole ; une paire de lunettes, médicales ou non, sape la sensualité d'un visage et suggère plutôt les préoccupations intellectuelles. Tony Curtis arbore une paire de lunettes volées quand il tente de convaincre Marilyn Monroe qu'il n'est qu'un millionnaire naïf dans *Certains l'aiment chaud*. Et selon la formule célèbre de Dorothy Parker, « Les hommes content rarement fleurette/Aux pauvres filles qui portent lunettes ». Opposer la vigueur du corps à la puissance de l'esprit, séparer l'homme moyen sensuel et l'érudit, voilà qui demande une argumentation approfondie. On a d'une part les travailleurs, les esclaves privés d'accès au livre, les créatures de chair et d'os, la majorité de l'humanité ; d'autre part, la minorité, les penseurs, l'élite des scribes, les intellectuels, que l'on suppose alliés à l'autorité. Dans un discours sur la signification du bonheur, Sénèque reconnaissait à la minorité l'apanage de la sagesse et méprisait l'opinion de la majorité. « Il faut nous garder, disait-il, de suivre le troupeau de ceux qui nous précèdent en nous dirigeant non où il faut aller mais où l'on va. Pourtant rien ne nous plonge dans de plus grands maux que de nous régler sur la rumeur publique avec l'idée que le meilleur c'est ce qui est reçu par l'opinion générale, de prendre modèle sur le grand nombre, de vivre non d'après la raison mais par esprit d'imitation[22]. » Dans une analyse de la relation entre les intellectuels et les masses au début du siècle, l'érudit anglais John Carey trouva des échos aux vues de Sénèque chez beaucoup des écrivains britanniques les plus célèbres de la fin du règne de Victoria et de la Belle Époque. « Étant donné les multitudes qui entourent l'individu, conclut Carey, il est virtuellement impossible de considérer autrui comme le possesseur d'une individualité aussi forte que la sienne. La masse, en tant que concept réducteur et exclusif, a été inventée pour résoudre cette difficulté[23]. »

La thèse opposant ceux qui ont le droit de lire, parce qu'ils sont capables de « bien » lire (ainsi que semblent l'indiquer les terribles lunettes), et ceux auxquels la lecture doit être refusée, parce qu'ils « ne comprendraient pas » est aussi ancienne que spécieuse. « D'autre part, soutenait Socrate, une fois écrit, chaque discours s'en va rouler de tous côtés *pareillement auprès des gens qui s'y connaissent comme, aussi bien, près de ceux auxquels il ne convient nullement* [c'est moi qui souligne]; il ignore à quels gens il doit ou ne doit pas s'adresser. Mais, quand il est aigrement vilipendé, il a toujours besoin du secours de son père, car il est incapable, tout seul, et de se défendre et de se porter secours à lui-même. » Les bons et les mauvais lecteurs : pour Socrate, il existe apparemment une interprétation « correcte » d'un texte, accessible seulement à quelques spécialistes avertis. Dans l'Angleterre victorienne, Matthew Arnold faisait écho à cette opinion d'une superbe arrogance : « Nous [...] ne sommes partisans de donner l'héritage ni aux Barbares, ni aux Philistins, ni même à la populace[24]. » Cherchant à comprendre en quoi consiste exactement cet héritage, Aldous Huxley le définit comme le savoir particulier accumulé par toute famille unique, propriété commune de tous ses membres. « Quand nous nous rencontrons, nous autres de la grande famille Culture, nous échangeons des souvenirs à propos de grand-papa Homère, et de cet affreux Dr Johnson, et de la tante Sappho, et du pauvre Johnny Keats. « Et vous rappelez-vous ce truc absolument inouï qu'a dit l'oncle Virgile ? Vous savez. *Timeo Danaos*... Inouï ; je ne l'oublierai jamais. » Non, nous ne l'oublierons jamais ; et, qui plus est, nous veillerons avec soin à ce que ces gens affreux qui ont l'impertinence de nous rendre visite, ces malheureux étrangers qui n'ont jamais connu ce cher et débonnaire oncle Virgile, ne l'oublient jamais, eux non plus. Nous ne cesserons jamais de leur rappeler qu'ils sont étrangers[25]. »

Qu'est-ce qui est venu d'abord ? L'invention des masses – que Thomas Hardy décrit comme « une foule de gens... contenant une certaine minorité pourvue d'âmes sensibles ; celle-ci, et les aspects de celle-ci, étant ce qui mérite qu'on l'observe[26] » – ou celle du fou de livres, avec ses bésicles, qui se croit supérieur au reste du monde et devant lequel le monde passe en riant ?

La chronologie n'a guère d'importance. Ces deux stéréotypes relèvent de la fiction et tous deux sont dangereux, parce que sous prétexte de critique morale ou sociale, ils sont mis au service d'une tentative de rabaisser une pratique qui, par essence, n'est ni limitée ni limitative. La réalité de la lecture réside ailleurs. Sigmund Freud, qui s'efforçait de découvrir chez les mortels ordinaires une activité proche de l'imagination littéraire, suggérait qu'on pouvait comparer les inventions des œuvres de fiction à celles de la rêverie éveillée, puisque lorsqu'on lit de la fiction, « le plaisir que nous prenons à une œuvre d'imagination provient d'une libération des tensions de notre esprit [...] nous permettant dès lors de prendre plaisir à notre rêverie personnelle sans remords ni honte[27] ». Mais, assurément, tel n'est pas le fait de la plupart des lecteurs. En fonction du temps et du lieu, de notre humeur et de nos souvenirs, de notre expérience et de nos désirs, le plaisir de lire, dans les meilleurs des cas, accentue les tensions de l'esprit plus qu'il ne les libère, il les renforce afin de les faire chanter, nous rendant plus – et non moins – conscients de leur présence. Il est vrai qu'à l'occasion le mot passe de la page à notre imaginaire conscient – notre lexique quotidien d'images – et alors nous errons sans but dans ces paysages inventés, aussi égarés et surpris que Don Quichotte[28]. Mais le plus souvent notre démarche est ferme. Nous savons que nous lisons même lorsque nous acceptons de faire taire notre incrédulité ; nous savons pourquoi nous lisons même quand nous ne savons pas comment, conscients en même temps, pourrait-on dire, du texte créateur d'illusions et de l'action de lire. Nous lisons pour connaître la fin, pour l'histoire. Nous lisons pour ne pas atteindre cette fin, pour le seul plaisir de lire. Nous lisons avec un intérêt profond, tels des chasseurs sur une piste, oublieux de ce qui nous entoure. Nous lisons distraitement, en sautant des pages. Nous lisons avec mépris, avec admiration, avec négligence, avec colère, avec passion, avec envie, avec nostalgie. Nous lisons avec des bouffées de plaisir soudain, sans savoir ce qui a provoqué ce plaisir. « Qu'est-ce donc que cette émotion, demande Rebecca West après avoir lu *Le Roi Lear*. Quelle est cette influence qu'ont sur ma vie les très grandes œuvres d'art, qui me fait tant de bien[29] ? » Nous ne le savons pas. Nous lisons dans l'ignorance. Nous lisons à longs gestes lents, comme si nous flottions dans l'espace, en apesanteur. Nous lisons pleins de préjugés, dans la malice. Nous lisons généreusement, pleins d'indulgence pour le texte, comblant les vides, réparant les erreurs. Et parfois, quand les astres nous sont favorables, nous lisons le souffle court, parcourus d'un frisson, comme si quelqu'un ou quelque chose avait « marché sur notre tombe », comme si un souvenir enfoui au fond de nous avait soudain été libéré – comme si nous reconnaissions une chose dont nous avions toujours ignoré la présence, ou une chose que nous sentions vaguement, ombre ou petite lueur, dont la silhouette fantomatique s'élève et rentre en nous avant que nous ayons pu voir ce que c'était, nous laissant plus vieux et plus sages.

Pareille lecture a son image. Une photographie prise en 1940, pendant les bombardements de Londres durant la Seconde Guerre mondiale, montre les décombres d'une bibliothèque effondrée. À travers le toit arraché on devine au-dehors des immeubles fantomatiques, tandis qu'au centre de la pièce sont entassés poutres et meubles brisés. Mais les rayonnages le long des murs ont résisté,

À Londres, des lecteurs bouquinent dans la bibliothèque de Holland H[ouse]

ment endommagée par une bombe incendiaire le 22 octobre 1940.

et les livres qui y sont alignés paraissent indemnes. Trois hommes sont debout au milieu des ruines : l'un, comme hésitant quant au choix d'un livre, semble lire les titres au dos des ouvrages ; il porte lunettes ; un autre s'apprête à saisir un volume ; le troisième lit, un livre ouvert entre les mains. Ils ne tournent pas le dos à la guerre, n'ignorent pas la destruction. Ils ne choisissent pas les livres de préférence à la vie qui les entoure. Ils tentent de tenir bon en dépit des difficultés évidentes ; ils revendiquent ensemble le droit de poser des questions ; ils s'efforcent de retrouver – parmi les décombres, dans l'illumination que procure parfois la lecture – une intelligence.

PAGES DE FIN

... j'ai toujours rêvé et tenté autre chose, avec une patience d'alchimiste, prêt à y sacrifier toute vanité et toute satisfaction, comme on brûlait jadis son mobilier et les poutres de son toit, pour alimenter le fourneau du Grand Œuvre. Quoi ? C'est difficile à dire : un livre, tout bonnement, en maints tomes, un livre qui soit un livre, architectural et prémédité, et non un recueil des inspirations de hasard, fussent-elles merveilleuses... Voilà l'aveu de mon vice, mis à nu, cher ami, que mille fois j'ai rejeté... mais cela me possède et je réussirai peut-être ; non pas à faire cet ouvrage dans son ensemble (il faudrait être je ne sais qui pour cela !) mais à en montrer un fragment d'exécuté... Prouver par les portions faites que ce livre existe, et que j'ai connu ce que je n'aurai pu accomplir.

Stéphane MALLARMÉ,
Lettre à Paul Verlaine, 16 novembre 1869.

PAGES DE FIN

Dans un récit célèbre d'Ernest Hemingway, *Les Neiges du Kilimandjaro*, le protagoniste mourant se rappelle toutes les histoires qu'il n'écrira jamais. « Il savait au moins vingt bonnes histoires de là-bas, et il n'en avait jamais écrit une seule. Pourquoi[1] ? » Il en évoque quelques-unes mais la liste doit, bien entendu, être interminable. Les rayons des livres que nous n'avons pas écrits, comme ceux des livres que nous n'avons pas lus, s'étendent dans les ténèbres, au fin fond de la bibliothèque universelle. Nous sommes toujours au début du début de la lettre *A*.

Au nombre des livres que je n'ai pas écrits – au nombre de ceux que je n'ai pas lus – se trouve *L'Histoire de la lecture*. Je l'aperçois, là, à l'endroit précis où finit la lumière de cette section de la bibliothèque et où commence l'obscurité de la suivante. Je sais exactement à quoi ressemble ce livre. Je peux me représenter sa couverture et imaginer le contact généreux de ses pages blanc cassé. Je peux imaginer avec une précision voluptueuse, sous la jaquette, la sensualité de sa reliure entoilée de noir, ainsi que les lettres dorées en relief. Je sais la sobriété de sa page titre, son épigraphe spirituelle et sa dédicace émouvante. Je sais qu'il possède un index abondant et curieux, qui fera mes délices intenses, avec des têtes de chapitre comme (je tombe par hasard sur la lettre T) : Tabous et censure, Tentation du lecteur, Tarzan et sa bibliothèque, Théâtralité de la page, Tolstoï (ses livres fétiches), Tombeaux, Tortues (cf. Carapaces et peaux d'animaux), Toucher les livres, Tourments du récitant, Transmigration des âmes de lecteurs (cf. Prêts de livres). Je sais qu'il y a dans le livre, telles les veines dans le marbre, des signatures d'illustrations que je n'ai encore jamais vues : une fresque du VIIe siècle représentant la bibliothèque d'Alexandrie vue par un artiste contemporain ; une photographie de Rimbaud en Afrique, en train de lire à haute voix dans un jardin sauvage, sous la pluie ; un croquis de la chambre de Pascal, à Port-Royal, où l'on voit les livres qu'il avait sur son bureau ; une photographie des livres trempés d'eau de mer sauvés par une passagère du *Titanic* et sans lesquels elle aurait refusé d'abandonner le navire ; la liste de cadeaux de Noël dressée par Greta Garbo en 1933, rédigée de sa main, montrant que parmi les livres qu'elle allait acheter se trouvait *Miss Lonelyhearts*, de Nathanael West ; Emily Dickinson dans son lit, un bonnet orné de ruches douillettement noué sous le menton, avec six ou sept livres épars autour d'elle, dont je distingue mal les titres.

J'ai le livre ouvert devant moi, sur la table. Il est écrit dans un style amical (j'en sens le ton très exactement), accessible et néanmoins érudit, riche en renseignements et aussi en réflexion. L'auteur, dont j'ai vu le visage sur le beau frontispice, sourit avec charme (je ne saurais dire si c'est un homme ou une femme ; son visage imberbe pourrait être celui de l'un ou de l'autre, ainsi que les initiales de son nom) et j'ai l'impression d'être en de bonnes mains. Je sais qu'au long de mon parcours, de chapitre en chapitre, je serai mis en présence de cette vénérable famille des lecteurs, dont quelques-uns sont célèbres et beaucoup obscurs, à laquelle j'appartiens. Je serai instruit de leurs mœurs, et des modifications de leurs mœurs, et des transformations qu'ils ont subies, eux qui portaient en eux, tels les mages d'autrefois, le pouvoir de transformer des signes morts en mémoire vivante. Je lirai la relation de leurs triomphes, de leurs tourments et de leurs découvertes quasi secrètes. Et à la fin, je comprendrai mieux qui je suis, moi, lecteur.

Le fait qu'un livre n'existe pas (ou n'existe pas encore) n'est pas une raison de l'ignorer, pas plus que nous n'ignorerions un livre dont le sujet est imaginaire. Il y a des volumes consacrés à la licorne, à l'Atlantide, à l'égalité des sexes, à la couleur des yeux d'Emma Bovary. Mais l'histoire que raconte ce livre a été particulièrement difficile à saisir; elle est faite, si l'on peut dire, de ses digressions. Un sujet en évoque un autre, une anecdote fait venir à l'esprit un épisode apparemment incongru, et l'auteur progresse comme s'il était inconscient de la causalité logique ou de la continuité historique, comme s'il définissait la liberté du lecteur par sa façon même d'écrire à ce sujet.

Et pourtant, sous cette apparence aléatoire, il y a une méthode : ce livre que je vois devant moi n'est pas seulement l'histoire de la lecture mais aussi celle des lecteurs ordinaires, ces individus qui, à travers les âges, ont choisi certains livres plutôt que d'autres, accepté dans certains cas le verdict de leurs aînés mais, d'autres fois, repêché dans le passé des titres oubliés, ou rangé sur les rayons de leurs bibliothèques les élus parmi leurs contemporains. Cette histoire est celle de leurs petits triomphes et de leurs souffrances secrètes, et de la manière dont ces choses se sont passées. Ce livre est la chronique minutieuse de la manière dont tout cela est arrivé, dans la vie quotidienne de quelques gens ordinaires découverts çà et là dans des mémoires familiaux, des annales villageoises, des récits d'existences vécues dans des pays lointains en des temps reculés. Mais c'est toujours d'individus qu'il est question, jamais de vastes nationalités ni de générations, dont les choix ne relèvent pas de l'histoire de la lecture mais de celle des statistiques. Rilke a demandé un jour : « Est-il possible que toute l'histoire du monde soit un malentendu ? Est-il possible que le passé soit faux, parce que nous avons toujours parlé de ses masses, comme si on parlait d'une assemblée de gens, au lieu de parler de celui autour duquel ils étaient rassemblés, parce qu'il était étranger et en train de mourir ? Oui, c'est possible[2]. » Ce malentendu, l'auteur de *L'Histoire de la lecture* l'a sûrement reconnu.

Voici donc, au chapitre XIV, Richard de Bury, évêque de Durham, trésorier et chancelier du roi Édouard II, né le 24 janvier 1287 dans un petit village proche de Bury St. Edmund, dans le Suffolk, et qui, le jour de son cinquante-huitième anniversaire, achevait un livre dont il expliquait que « parce qu'il traite principalement de l'amour des livres, nous avons choisi, à la manière des anciens Romains, de le nommer affectueusement d'un mot grec : *Philobiblon* ». Il devait mourir quatre mois plus tard. De Bury avait collectionné les livres avec passion ; il possédait, disait-on, plus de livres que tous les autres évêques d'Angleterre réunis, et il y en avait tant, empilés autour de son lit, qu'on pouvait à peine se déplacer dans sa chambre sans marcher dessus. De Bury, grâce au ciel, n'était pas un savant et lisait simplement ce qu'il aimait. Il considérait l'*Hermes Trismegistus* (un traité néoplatonicien d'alchimie égyptienne datant du IIIᵉ siècle de notre ère) comme un excellent ouvrage scientifique « d'avant le Déluge », attribuait à Aristote des œuvres dont il n'est pas l'auteur et citait quelques vers affreux comme étant d'Ovide. Peu importe. « Dans les livres, écrivait-il, je trouve les morts comme s'ils étaient vivants ; dans les livres, il est question des choses de la guerre ; des livres viennent les lois de la paix. Toutes choses se corrompent et passent avec le temps ; Saturne ne cesse de dévorer les enfants qu'il engendre : toute la gloire du monde serait enfouie dans l'oubli, si Dieu n'avait donné aux mortels ce remède que sont les livres[3]. » (Notre auteur ne le signale pas, mais Virginia Woolf, dans une rédaction lue en classe, a fait écho à cette affirmation de Richard de Bury : « J'ai quelquefois rêvé, écrivait-elle, qu'à l'aube du Jugement dernier, quand les grands conquérants, les juristes et les hommes d'État viendront recevoir leurs récompenses

– leurs couronnes, leurs lauriers, leurs noms gravés, indélébiles, sur le marbre impérissable – le Tout-Puissant se tournera vers Pierre et dira, non sans une certaine envie, quand il nous verra venir avec nos livres sous le bras : Vois, ceux-là n'ont pas besoin de récompense. Nous n'avons rien ici à leur donner. Ils ont aimé la lecture[4]. »)

Le chapitre XVIII est consacré à une lectrice presque inconnue dont saint Augustin, dans une de ses lettres, loue l'impressionnant talent de scribe et à qui il a dédié l'un de ses livres. Elle s'appelait Mélanie la Jeune (pour la distinguer de sa grand-mère, Mélanie l'Ancienne), et elle a vécu à Rome, en Égypte et en Afrique du Nord. Elle est née vers 385 et morte à Bethléem en 439. Elle aimait passionnément les livres et recopiait pour son propre usage tous ceux qu'elle pouvait trouver, rassemblant ainsi une bibliothèque considérable. Le savant Gerontius, au Ve siècle, la décrit comme « naturellement douée » et aimant la lecture au point de « dévorer les *Vies des Pères* comme si elle mangeait un dessert ». « Elle lisait des livres achetés aussi bien que des livres découverts par hasard, avec tant d'application que pas un mot ni une pensée ne lui demeuraient inconnus. Son goût de s'instruire était si débordant que lorsqu'elle lisait en latin, tout le monde avait l'impression qu'elle ne connaissait pas le grec, et par contre, quand elle lisait en grec, on pensait qu'elle ignorait le latin[5]. » Brillante et éphémère, Mélanie la Jeune traverse *L'Histoire de la lecture*, une parmi tant d'autres qui ont cherché le réconfort dans les livres.

Surgi d'un siècle plus proche de nous (mais l'auteur de *L'Histoire de la lecture* ne s'embarrasse guère de ces conventions arbitraires, et l'invite au chapitre VI), un autre lecteur éclectique, le génial Oscar Wilde, fait son apparition. Nous suivons son cheminement, des contes de fées celtiques que lui donnait sa mère aux volumes savants qu'il lisait au Magdalen College d'Oxford. C'est là, à Oxford, que lors d'un examen on lui demanda de traduire un passage de la version grecque du récit de la

Passion dans le Nouveau Testament, et comme il le faisait avec aisance et exactitude, les examinateurs lui dirent que cela suffisait. Wilde continua, et de nouveau les examinateurs lui dirent de s'arrêter. « Oh, laissez-moi continuer, implora Wilde, je voudrais savoir comment cela finit. »

Pour Wilde, il importait autant de savoir ce qu'on aimait que de savoir ce qu'il fallait éviter. Au bénéfice des abonnés de la *Pall Mall Gazette*, il publia, le 8 février 1886, ces conseils intitulés « Lire, ou ne pas lire » :

> *Livres à ne pas lire du tout, comme par exemple* Les Saisons *de Thomson,* Italie *de Rogers,* Les Évidences *de Paley, tous les Pères de l'Église à l'exception de saint Augustin, tout John Stuart Mill, sauf l'essai sur la liberté, toutes les pièces de Voltaire sans aucune exception, l'*Analogie *de Butler, l'*Aristote *de Grant,* Angleterre *de Hume, l'*Histoire de la philosophie *de Lewes, tous les ouvrages raisonnés et tous les livres qui prétendent prouver quelque chose... Dire aux gens ce qu'il faut lire est en général inutile ou nuisible, car la véritable appréciation de la littérature est une question de tempérament et ne s'enseigne pas, il n'existe pas d'introduction au Parnasse, et rien de ce qu'on peut apprendre ne vaut jamais la peine d'être appris. Mais dire aux gens ce qu'il ne faut pas lire est une autre affaire, et je prends la liberté de recommander celle-ci en tant que mission du Projet d'Extension de l'Université.*

Les goûts publics et privés en matière de lecture sont examinés tout au début du livre, au chapitre IV. Il y est question du rôle du lecteur comme anthologiste, comme rassembleur de matériau à ses fins propres (le carnet de notes de Jean-Jacques Rousseau est donné en exemple) ou destiné aux autres (le *Golden Treasury* de Palgrave) et notre auteur de montrer, avec beaucoup d'esprit, comment la notion de public modifie le choix de textes d'un auteur d'anthologie. À l'appui de cette « microhistoire des anthologies », notre auteur cite le professeur

Jonathan Rose à propos des « cinq *contrevérités* communes aux réactions des lecteurs » :

> – *Toute littérature est politique, au sens où elle influence la conscience politique du lecteur ;*
> – *l'influence d'un texte donné est directement proportionnelle à sa diffusion ;*
> – *la culture « populaire » a un public beaucoup plus étendu que la culture « supérieure », et reflète donc avec plus de fidélité les attitudes des masses ;*
> – *la culture « supérieure » tend à renforcer l'acceptation de l'ordre politique et social existant (présomption très répandue à gauche comme à droite) ; et*
> – *le canon des « grands livres » est défini exclusivement par les élites sociales. Les lecteurs ordinaires ne reconnaissent pas ce canon, ou alors ils ne l'acceptent que par déférence envers les opinions de l'élite*[6].

Notre auteur le montre clairement, nous sommes en général, nous autres lecteurs, coupables de souscrire au moins à quelques-unes, sinon à l'ensemble de ces contrevérités. Le chapitre fait également état d'anthologies « toutes faites », constituées et découvertes par hasard, tels les dix mille textes réunis en d'étranges archives juives découvertes en 1890 à Geniza, dans le débarras scellé d'une synagogue médiévale du Vieux Caire. En raison de la révérence juive envers le nom de Dieu, on ne jetait aucun papier, de crainte que Son nom n'y figurât, et par conséquent tous les documents, des contrats de mariages aux listes d'épicerie, des poèmes d'amour aux catalogues de libraires (dont l'un comprenait la première référence connue aux *Mille et Une Nuits*) se trouvaient là réunis pour un futur lecteur[7].

Ce n'est pas un mais trois chapitres (XXXI, XXXII et XXXIII) qui sont consacrés à ce que notre auteur appelle « l'Invention du lecteur ». Tout texte suppose un lecteur. Quand Cervantès commence son introduction à la première partie de *Don Quichotte* par l'apostrophe « Lecteur[8]... », c'est moi qui, dès les premiers mots, deviens un personnage de fiction, quelqu'un qui peut s'accorder le temps de savourer l'histoire annoncée. C'est à moi que Cervantès adresse le livre, à moi qu'il explique les réalités de sa composition, à moi qu'il confesse les défauts de l'ouvrage. Sur le conseil d'un ami, il a écrit lui-même quelques poèmes élogieux pour le recommander (moins inspirée, la pratique d'aujourd'hui consiste à demander des éloges à des personnalités bien connues et à faire figurer leurs panégyriques sur la jaquette du livre). En me mettant dans sa confidence, Cervantès sape sa propre autorité. Moi, lecteur, je suis mis sur mes gardes et, par là même, désarmé. Comment pourrais-je dénoncer ce qui m'a été expliqué avec tant de clarté ? J'accepte de jouer le jeu. J'accepte la fiction. Je ne ferme pas le livre.

Je continue sciemment de me laisser tromper. Au huitième chapitre de la première partie de *Don Quichotte*, j'apprends que le récit de Cervantès s'arrête là et que le reste du livre est une traduction de l'arabe par l'historien Cid Hamed Ben-Engeli. Pourquoi cet artifice ? Parce que moi, le lecteur, on ne m'en fait pas accroire, et si je ne me laisse pas abuser par la plupart des trucs à l'aide desquels l'auteur proteste de sa véracité, je trouve amusant de me laisser attirer dans un jeu où les niveaux de lecture ne cessent de changer. Je lis un roman, je lis une aventure véridique, je lis la traduction d'une aventure véridique, je lis une version corrigée des faits.

L'Histoire de la lecture est éclectique. L'invention du lecteur est suivie d'un chapitre sur l'invention de l'auteur, autre personnage imaginaire. « Mais j'ai eu le malheur de commencer un livre par le mot « je » et, aussitôt, on a cru qu'au lieu de chercher à découvrir des lois générales, je « m'analysais » au sens individuel et détestable du mot[9]. » Ceci amène notre auteur à discuter de l'usage de la première personne du singulier et de la façon dont ce « je » fictif entraîne de force le lecteur dans un semblant de dialogue d'où il est, néanmoins, exclu par la réalité physique de la page. « Le dialogue n'a lieu que lorsque le lecteur lit *au-delà* de l'autorité de l'écrivain », dit notre auteur, et il prend ses exemples dans le *nouveau roman*, notamment dans *La Modification*, de Michel Butor[10], écrite à la deuxième personne. Ici, dit notre auteur, les cartes sont sur la table et l'écrivain ne s'attend ni à ce que nous croyions au « je », ni à ce que nous assumions docilement le rôle du « cher lecteur ».

Dans une digression fascinante (chapitre XL de *L'Histoire de la lecture*), notre auteur avance une suggestion originale : la forme sous laquelle on s'adresse au lecteur serait à l'origine de la création des principaux genres littéraires – ou, du moins, de leur catégorisation. En 1948, dans *Das Sprachliche Kunstwerk*, le critique allemand Wolfgang Kayser suggérait que le concept de genre dérivait des trois personnes qui existent dans tous les langages connus : « Je », « tu » et « il ou elle ». Dans la littérature lyrique, le « je » s'exprime par l'émotion ; dans le drame, le « je » devient une deuxième personne, « tu », et s'engage avec un autre « tu » dans un dialogue passionné ; enfin, dans le récit épique, le protagoniste est la troisième personne, « il ou elle », qui raconte avec objectivité. De plus, chacun des trois genres exige du lecteur une attitude différente : une attitude lyrique (celle du chant), une attitude dramatique (que Kayser nomme « apostrophe ») et une attitude épique, ou énonciation[11]. Notre auteur se lance avec enthousiasme dans la défense de cette proposition, et se met en devoir de l'illustrer à travers trois lecteurs : une écolière française du XIXᵉ siècle, Éloïse Bertrand, dont le journal intime a survécu à la guerre franco-prussienne de 1870, et qui avait relaté fidèlement sa lecture de Nerval ; Douglas Hyde, qui était souffleur aux représentations du *Vicaire de Wakefield* au Court Theatre de Londres, avec Ellen Terry dans le rôle d'Olivia ; et la gouvernante de Proust, Céleste, qui a lu (en partie) le gros roman de son employeur.

Au chapitre LXVIII (cette *Histoire de la lecture* est un volume d'une réjouissante épaisseur), notre auteur pose la question de savoir comment (et pourquoi) certains lecteurs gardent le souvenir d'une lecture longtemps après que la plupart des autres l'ont abandonné au passé. Il cite en exemple un extrait d'un journal de Londres publié vers 1855, quand la majorité des journaux anglais étaient pleins des nouvelles de la guerre de Crimée :

> *John Challis, un homme âgé d'une soixantaine d'années, vêtu des atours pastoraux d'une bergère de l'âge d'or, et George Campbell, un homme de trente-cinq ans qui se disait juriste et apparut entièrement équipé d'une tenue féminine, ont comparu devant Sir R.W. Carden, accusés d'avoir été trouvés, déguisés en femmes, dans un dancing non autorisé, le Druid's-hall, Turnagain Lane, avec l'intention d'exciter autrui à commettre un crime contre nature*[12].

« Une bergère de l'âge d'or » : en 1855, l'idéal pastoral en littérature était largement passé de mode. Codifiée dans les *Idylles* de Théocrite au IIIe siècle avant notre ère, appréciée des écrivains, sous une forme ou une autre, jusque bien avant dans le VIIe siècle et tentant des auteurs aussi disparates que Milton, Garcilaso de la Vega, Giambattista Marino, Cervantès, Sidney et Fletcher, la pastorale trouva un tout autre reflet chez des romanciers comme George Eliot et Elizabeth Gaskell, Émile Zola et Ramón del Valle Inclán, dont les livres offraient aux lecteurs des visions différentes et moins ensoleillées de la vie paysanne : *Adam Bede* (1859), *Cranford* (1853), *La Terre* (1887), *Tirano Banderas* (1926). Ces remises en cause n'étaient pas nouvelles. Dès le XIVe siècle, l'écrivain espagnol Juan Ruiz, archiprêtre de Hita, dans son *Libro de buen amor (Le livre du bien aimer)*, avait subverti la convention selon laquelle un poète ou un chevalier solitaire rencontre une jolie bergère qu'il séduit avec douceur, en confrontant son narrateur, dans les montagnes de Guadarrama, à quatre bergères sauvages, costaudes et volontaires. Les deux premières le violent, il échappe à la troisième grâce à une fausse promesse de mariage, et la quatrième lui pro-

418

pose de le loger en échange de vêtements, de bijoux, de mariage ou d'espèces sonnantes et trébuchantes. Deux siècles plus tard, rares étaient ceux qui, tel le vieux Mr Challis, croyaient encore à l'attrait symbolique de sujets tels que le berger amoureux et sa bergère, le galant gentilhomme et l'innocente paysanne. Selon l'auteur de *L'Histoire de la lecture*, il s'agit là d'une des manières (extrême, sans aucun doute) dont les lecteurs sauvegardent le passé et le racontent à nouveau.

Plusieurs chapitres, en différentes parties du livre, évoquent les devoirs de la fiction opposée à ce que le lecteur accepte comme réel. Les chapitres consacrés à la lecture de faits réels sont un peu secs ; ils vont des théories de Platon aux critiques de Hegel et de Bergson ; bien que ces chapitres mentionnent Sir John de Mandeville, un auteur anglais de récits de voyage du XIVe siècle (peut-être apocryphe), ils sont trop denses pour se prêter à un résumé. Les chapitres concernant la lecture de fiction, eux, sont plus concis. Deux opinions y sont avancées, également péremptoires et radicalement opposées. Selon l'une, le lecteur est censé croire aux personnages d'un roman et se conduire comme eux. Selon l'autre, le lecteur doit écarter ces personnages comme de simples fabrications sans aucune portée sur le « monde réel ». Henry Tilney, dans le roman de Jane Austen, *L'Abbaye de Northanger*, exprime la première de ces opinions lorsqu'il interroge Catherine après la rupture de son amitié avec Isabella ; il attend d'elle des sentiments conformes aux conventions de la fiction :

> — *Vous avez l'impression, je suppose, qu'en perdant Isabella, vous avez perdu la moitié de vous-même : vous sentez un vide dans votre cœur que rien ne peut combler. La société devient irritante ; et quant aux amusements qu'elle et vous deviez partager à Bath, la seule idée d'y aller sans elle vous est odieuse. Vous n'iriez pas maintenant, par exemple, au bal pour un empire. Il vous semble n'avoir plus d'amie à qui vous puissiez parler sans réserve, du regard de laquelle vous soyez*

> *dépendante, sur les conseils de laquelle, en toute diffi-*
> *culté, vous puissiez compter. C'est là ce que vous res-*
> *sentez ?*
> *— Non, répondit Catherine après un instant de réflexion, je ne ressens rien de tout cela – le devrais-je[13] ?*

Le ton du lecteur et la façon dont il affecte le texte sont étudiés dans le chapitre LI, à travers le personnage de Robert Louis Stevenson qui, à Samoa, lit des histoires à ses voisins. Stevenson attribuait son sentiment dramatique et la musique de sa prose aux contes que, lorsqu'il était enfant, sa nurse Alice Cunningham, « Cummie », lui lisait pour l'endormir. Elle lui lisait des histoires de fantômes, des hymnes religieux, des pamphlets calvinistes et des romans écossais, et tout cela finit par se trouver une place dans sa fiction. « C'est vous qui m'avez donné la passion du drame, Cummie », lui confia-t-il, devenu adulte. « Moi, Master Lou ? Jamais de ma vie je n'ai mis les pieds dans un théâtre. » « Ah, femme ! répliqua-t-il. Vous aviez une façon magnifiquement dramatique de réciter les hymnes[14]. » Stevenson n'apprit à lire qu'à l'âge de sept ans, non par paresse mais parce qu'il souhaitait faire durer le plaisir d'entendre les histoires s'animer. Ce que notre auteur appelle « le syndrome de Schéhérazade[15] ».

La lecture de fiction n'est pas la seule préoccupation de notre auteur. La lecture de brochures scientifiques, de dictionnaires, de parties de livres telles qu'index, notes en bas de page et dédicaces, de cartes, de journaux – chacune mérite (et reçoit) son chapitre propre. On y trouve un portrait bref mais significatif du romancier Gabriel García Márquez, qui lit chaque matin quelques pages d'un dictionnaire (n'importe lequel sauf le pompeux *Diccionario de la Real Academia Española*) – habitude que notre auteur compare à celle de Stendhal, qui lisait et relisait le Code Napoléon afin d'apprendre à écrire dans un style tendu et précis.

La lecture de livres empruntés constitue le sujet du chapitre XV. Jane Carlyle (la femme de Thomas Carlyle, épistolière renommée) nous guide au travers des dédales de la lecture de livres qui ne nous appartiennent pas, « comme si on avait une liaison illicite », ou de titres pris en bibliothèque au risque de faire du tort à notre réputation. Un après-midi de janvier 1843, après avoir choisi dans la respectable London Library plusieurs romans osés de Paul de Kock, elle s'inscrivit crânement dans le registre sous le nom d'Erasmus Darwin, le défunt grand-père valétudinaire du plus célèbre Charles, au grand étonnement des bibliothécaires[16].

Voici également les cérémonies de lecture de notre temps et d'autrefois (chapitres XLIII et XLV). Voici les lectures-marathon d'*Ulysse* célébrant le « Bloomsday » (anniversaire du jour où se déroule l'action du livre), les lectures nostalgiques, à la radio, quand vient l'heure du coucher, les lectures en bibliothèque dans de grandes salles pleines de monde ou dans des salles désertes isolées par la neige, les lectures au chevet des malades, les lectures d'histoires de fantômes au coin du feu en hiver. Voici la curieuse science de la bibliothérapie (chapitre XXI), définie par le dictionnaire Webster comme « l'usage de textes choisis en guise de compléments thérapeutiques en médecine et en psychiatrie », grâce à laquelle certains médecins prétendent pouvoir guérir les malades de corps et d'esprit à l'aide du *Voyage au centre de la Terre* ou de *Bouvard et Pécuchet*[17].

Voici les sacs de livres, vade-mecum obligé de tout voyage victorien. Qu'il se rende sur la Côte d'Azur ou dans l'Antarctique, nul voyageur ne partait de chez lui sans une valise pleine de lectures appropriées. (Pauvre Amundsen : notre auteur nous raconte que, en route vers le pôle Sud, le sac de livres de l'explorateur sombra sous la glace, et qu'il fut obligé de passer de nombreux mois en compagnie de l'unique volume qu'il avait pu sauver : *Le Portrait de Son Auguste Majesté dans Sa solitude et Ses souffrances*, du Dr John Gauden.)

L'un des chapitres de la fin (mais pas le dernier) concerne la reconnaissance explicite par l'auteur des pouvoirs du lecteur. Voici les livres laissés ouverts, tels des jeux de construction à l'usage du lecteur : *Tristram Shandy*, de Laurence Sterne, qui nous autorise à le lire dans n'importe quel sens, et *Marelle*, de Julio Cortázar, un roman composé de chapitres interchangeables dont le lecteur détermine à son gré l'ordre de succession. Sterne et Cortazar nous mènent inévitablement aux romans du *New Age*, les « hypertextes ». Ce terme (nous dit notre auteur) a été inventé dans les années soixante-dix par un spécialiste en informatique, Ted Nelson, afin de décrire l'espace narratif non séquentiel rendu possible par les ordinateurs. Notre auteur cite le romancier Robert Coover, qui écrivait à propos de l'hypertexte, dans un article pour le *New York Times* : « Il n'existe pas de hiérarchies dans ces réseaux sans limite (et sans fond), puisque paragraphes, chapitres et autres divisions conventionnelles du texte sont remplacés par des blocs de texte ou d'illustrations à la dimension de « fenêtres », à la puissance uniforme et également éphémères[18]. » Le lecteur d'un hypertexte peut aborder le texte pratiquement n'importe où ; il peut modifier le cours du récit, demander des insertions, corriger, développer ou effacer. Ces textes n'ont pas non plus de fin, puisque le lecteur (ou l'auteur) peut toujours continuer ou renouveler un récit : « Si tout est milieu, comment sait-on qu'on en a terminé, qu'on soit lecteur ou auteur ? demande Coover. Si l'auteur est libre de mener une histoire n'importe où, n'importe quand et dans autant de directions qu'il ou elle le souhaite, cette liberté ne devient-elle pas *obligation* d'agir ainsi ? » Entre parenthèses, notre auteur émet des doutes sur la liberté implicite dans une telle obligation.

L'Histoire de la lecture, heureusement, n'a pas de fin. Après le dernier chapitre et avant le copieux index déjà mentionné, notre auteur a laissé quelques pages blanches où le lecteur pourra noter ses réflexions complémentaires sur la lecture, les sujets dont l'absence le frappe, des citations opportunes, des événements et personnages encore à venir. Il y a là quelque consolation. Je m'imagine posant le livre à mon chevet, je m'imagine l'ouvrant ce soir, ou demain soir, ou le lendemain soir, et me disant : « Ce n'est pas fini. »

NOTES

LA DERNIÈRE PAGE (p. 15 à 46)

1. Claude Lévi-Strauss, *Tristes Tropiques* (Paris, Plon, 1955). Pour Lévi-Strauss, les sociétés sans écriture sont caractérisées par une cosmologie tendant à annuler la séquence d'événements qui constitue notre notion de l'histoire.
2. Philippe Descola, *Les Lances du crépuscule* (Paris, Plon, 1993).
3. Miguel de Cervantes Saavedra, *El Ingenioso Hidalgo Don Quixote de la Mancha*, 2 vol., éd. Celina S. de Cortázar & Isaías Lerner (Buenos Aires, 1969) I, 9; *L'Ingénieux Hidalgo Don Quichotte de la Mancha*, trad. Louis Viardot (Lausanne, 1962)
4. Gershom Scholem, *Kabbalah* (Jérusalem, 1974).
5. Miguel de Unamuno, sonnet sans titre in *Poesia completa* (Madrid, 1979).
6. Virginia Woolf, « Charlotte Brontë », in *The Essays of V. W.*, vol. II, 1912-1918, Andrew McNeillie (Londres, 1987).
7. Jean-Paul Sartre, *Les Mots* (Paris, Gallimard, 1964; « Folio », 1977).
8. James Hillman, « A Note on Story », in *Children's Literature : The Great Excluded*, vol. 3, éd. Francelia Butler et Bennett Brockman (Philadelphie, 1974).
9. Robert Louis Stevenson, « My Kingdom », *A Child's Garden of Verses* (Londres, 1885).
10. Michel de Montaigne, « De l'éducation des enfants », dans *Essais* (Paris, Gallimard, « Pléiade »).

11. Walter Benjamin, « A Berlin Chronicle », in *Reflections* ; « Chronique berlinoise », in *Ecrits autobiographiques*, trad. C. Jouanlanne et J.-F. Poirier, p. 321 (Paris, Bourgois, 1990).
12. Samuel Butler, *The Notebooks of Samuel Butler* (Londres, 1912).
13. Jorge Luis Borges, « Pierre Menard, autor del Quijote », in *Ficciones* (Buenos Aires, 1944); *Fictions*, trad. P. Verdevoye et Ibarra, p. 74 (Paris, Gallimard, 1957).
14. Spinoza, *Traité théologico-politique*.
15. Thomas a Kempis cité par John Willis Clark, *Libraries in the Medieval and Renaissance Periods* (Cambridge, 1894).
16. Saint Benoît, Traditio Generalis Capituli *of the English Benedictines* (Philadelphie, 1866).
17. Jamaica Kincaid, *A Small Place* (New York, 1988).
18. À l'époque, ni Borges ni moi ne savions que le « paquet-message » de Kipling n'était pas une invention. D'après Ignace J. Gelb (*The History of Writing*, Chicago, 1952), au Turkestan oriental, une jeune femme envoya à son amant un message consistant en une poignée de thé, une feuille d'herbe, un fruit rouge, un abricot sec, un morceau de charbon, une fleur, un morceau de sucre, un caillou, une aile de faucon et une noix. Le message signifiait : « Je ne peux plus boire de thé, je suis aussi pâle que l'herbe sans toi, je rougis quand je pense à toi, mon cœur brûle comme le charbon, ta beauté est celle d'une fleur, ta douceur celle du sucre, mais ton cœur est-il de pierre ? Je volerais vers toi si j'avais des ailes, je suis à toi telle une noix dans ta main. »
19. Borges a analysé le langage de Wilkins dans un essai, « El idioma analítico de John Wilkins », in *Otras Inquisiciones* (Buenos Aires, 1952).
20. Evelyn Waugh, « The Man who Liked Dickens », un chapitre de *A Handful of Dust* (Londres, 1934).
21. Ezequiel Martínez Estrada, *Leer y escribir* (Mexico, 1969).
22. Dante, *Enfer*, XVe chant, 7e Cercle, trad. André Pézard (Paris, Gallimard, « Pléiade », 1965).

23. Jorge Semprún, *L'Écriture ou la vie* (Paris, 1994).
24. Jorge Luis Borges, critique de *Men of Mathematics*, de E.T. Bell, in *El Hogar*, Buenos Aires, 8 juillet 1938.
25. P.K.E. Schmöger, *Das Leben der Gottseligen Anna Katharina Emmerich* (Fribourg, 1867).
26. Platon, *Phèdre*, in *Œuvres complètes*, t. II, trad. L. Robin (Paris, Gallimard, «Pléiade», 1950).
27. Hans Magnus Enzensberger, «In Praise of Illiteracy», in *Die Zeit*, Hambourg, 29 nov. 1985.
28. Allan Bloom, *The Closing of the American Mind* (New York, 1987).
29. Charles Lamb, «Detached Thoughts on Books and Reading», in *Essais of Elia* (Londres, 1833).
30. Orhan Pamuk, *The White Castle*, traduit en anglais par Victoria Holbrook (Manchester, 1990).

LIRE DES OMBRES (p. 47 à 64)

1. Ceci ne signifie pas que toute écriture a ses racines dans ces tablettes sumériennes. Il est généralement admis que l'écriture chinoise et celles d'Amérique centrale, par exemple, se sont développées de façon indépendante. Cf. Albertine Gaur, *A History of Writing* (Londres, 1984).
2. «Systèmes d'écriture archaïques», in *World Archeology* 17/3, Henley-on-Thames, février 1986. L'invention mésopotamienne de l'écriture a probablement influencé d'autres systèmes d'écriture : l'égyptien, peu après 3000, et l'indienne, vers 2500.
3. William Wordsworth, en 1819, décrit un sentiment analogue : «*O Ye who patiently explore/The wreck of Herculanean lore,/What rapture! Could you seize/some Theban fragment, or unrol/One precious, tender-hearted scroll/of pure Simonides.*» («Ô toi qui explores avec patience/le naufrage de la tradition d'Herculanum,/quel ravissement! Si tu pouvais mettre la main/sur quelque fragment thébain, ou dérouler/un précieux rouleau au cœur tendre/d'authentique Simonide.»

4. Cicéron, *De l'orateur*, vol. I (II, 87, 357).
5. Saint Augustin, *Confessions*, X, 34 (Paris, 1959).
6. M.D. Chenu, *Grammaire et théologie aux XIIe et XIIIe siècles* (Paris, 1935-1936).
7. Empédocle, fragment 84 DK, cité par Ruth Padel, in *In and Out of the Mind : Greek Images of the Tragic Self* (Princeton, 1992).
8. Épicure, Lettre à Hérodote, in Diogène Laërce, *Vies, doctrines et sentences des philosophes illustres*, 10, cité par David C. Lindberg dans *Studies in the History of Medieval Optics* (Londres, 1983).
9. *Ibid.*
10. Pour une explication lucide de ce terme complexe, cf. Padel, *In and Out of the Mind*.
11. Aristote, *De anima*.
12. Cité par Nancy G. Siraisi, *Medieval and Early Renaissance Medicine* (Chicago & Londres, 1990).
13. Saint Augustin, *op. cit.*, X, 8-11.
14. Nancy G. Siraisi, *op. cit*.
15. Kenneth D. Keele et Carlo Pedretti, éd. : *Leonardo da Vinci : Corpus of the Anatomical Studies in the Collection of Her Majesty the Queen at Windsor Castle*, 3 vol. (Londres, 1978-1980).
16. Albert Hourani, *A History of the Arab Peoples* (Cambridge, Mass., 1991).
17. Johannes Pedersen, *The Arabic Book*, trad. Geoffrey French (Princeton, 1984).
18. Sadik A. Assaad, *The Reign of al-Hakim bi Amr Allah* (Londres, 1974).
19. Ces explications assez élaborées sont développées par Saleh Beshara Omar dans *Ibn al-Haytham's Optics : A Study of the Origins of Experimental Science* (Minneapolis & Chicago, 1977).
20. David C. Lindberg, *Theories of Vision from Al-Kindi to Kepler* (Oxford, 1976).
21. Émile Charles, *Roger Bacon, sa vie, ses ouvrages, ses doctrines d'après des textes inédits* (Paris, 1861).
22. M. Dax, « Lésions de la moitié gauche de l'encéphale coïncidant avec l'oubli des signes de la pensée », *Gazette*

hebdomadaire de médecine et de chirurgie, 2 (1865), et P. Broca, « Sur le siège de la faculté du langage articulé », Bulletin de la Société d'anthropologie, 6, 337-393 (1865) in André Roch Lecours *et al.*, « Illiteracy and Brain Damage (3) : A Contribution to the Study of of Speech and Language Disorders in Illiterates with Unilateral Brain Damage (Initial Testing) », *Neuropsychologia* 26/4 (Londres, 1984).

23. André Roch Lecours, « The Origin and Evolution of Writing », in *Origins of the Human Brain* (Cambridge, 1993).

24. Daniel N. Stern, *The Interpersonal World of the Infant : A View from Psychoanalysis and Developmental Psychology* (New York, 1985).

25. Roch Lecours *et al.*, « Illiteracy and Brain Damage (3) ».

26. Jonathan Swift, *Les Voyages de Gulliver dans des contrées lointaines*, t. II, 3e partie : « Voyage à Laputa », chap. X; in *Œuvres complètes*, p. 221, trad. E. Pons (Paris, Gallimard, « Pléiade », 1965).

27. Entretien de l'auteur avec André Roch Lecours, Montréal, 1992.

28. Émile Javal, huit articles dans *Annales d'oculistique*, 1878-1879, commentés par Paul A. Kolers dans « Reading », conférence prononcée devant l'assemblée de la Canadian Psychological Association, Toronto, 1971.

29. Oliver Sacks, « The President's Speech », in *The Man who Mistook his Wife for a Hat* (New York, 1987).

30. Merlin C. Wittrock, « Reading Comprehension », in *Neuropsychological and Cognitive Processes in Reading* (Oxford, 1981).

31. Cf. D. LaBerge et S.J. Samuels, « Toward a Theory of Automatic Information Processing in Reading », in *Cognitive Psychology*, 6 (Londres, 1974).

32. Merlin C. Wittrock, *op. cit*.

33. E.B. Huey, *The Psychology and Pedagogy of Reading* (New York, 1908), cité par P.A. Kolers dans « Reading ».

34. Cité par Lindberg dans *Theories of Vision from Al-Kindi to Kepler*.

LIRE EN SILENCE (p. 65 à 82)

1. Saint Augustin, *op. cit.*, V, 12.
2. Donald Attwater, « Ambrose », in *A Dictionary of Saints* (Londres, 1965).
3. W. Ellwood Post, *Saints, Signs and Symbols* (Harrisburg, Penn., 1962).
4. Saint Augustin, *op. cit.*, VI, 3.
5. En 1927, dans un article intitulé « Voces Paginarum » (*Philologus* 82), le savant hongrois Josef Balogh tenta de prouver que la lecture silencieuse était presque complètement inconnue dans le monde antique. Quarante et un ans plus tard, en 1968, Bernard M. W. Knox (« Silent Reading in Antiquity », in *Greek, Roman and Byzantine Studies* 9/4 – hiver 1968) soutint, en contradiction avec Balogh, que « les livres anciens étaient normalement lus à haute voix, mais que rien n'indique que la lecture silencieuse des livres fût une chose extraordinaire ». Néanmoins, les exemples que donne Knox (j'en cite plusieurs) me semblent trop faibles pour appuyer sa thèse, et paraissent représenter des exceptions à la lecture à voix haute, plutôt que la règle.
6. Bernard M.W. Knox, « Silent Reading in Antiquity ».
7. Plutarque, « De la fortune d'Alexandre », *Moralia*, vol. 4, fragment 340a dans l'édition en langue anglaise de Frank Cole Babbitt (Cambridge, Mass., & Londres, 1972). [Éditions françaises : Hachette 1870 et Les Belles-Lettres, 1974-1989, 9 vol.] « En réalité, on rapporte qu'un jour, alors qu'il avait rompu le sceau d'une lettre confidentielle de sa mère et la lisait en silence, Héphestion appuya doucement la tête contre celle d'Alexandre et lut la lettre avec lui ; Alexandre ne voulut point l'en empêcher, mais ôta son anneau et en plaça le sceau sur les lèvres d'Héphestion.
8. Claude Ptolémée, *Sur le Criterium et le principe directeur de l'âme*, commenté dans *The Criterion of Truth*, éd. Pamela Huby et Gordon Neal (Oxford, 1952).
9. Plutarque, « Brutus », V, in *Les Vies parallèles*. Il ne paraît pas étrange que César ait lu cette lettre en silence.

D'abord, il pouvait n'avoir pas envie de donner à entendre une lettre d'amour; ensuite, il pouvait entrer dans ses projets d'irriter son ennemi, Caton, et de l'inciter à soupçonner une conspiration – ce qui est exactement ce qui arriva, d'après Plutarque. On obligea César à montrer la lettre, et Caton fut ridiculisé.

10. Saint Cyrille de Jérusalem, *The Works of Saint Cyril of Jerusalem*, vol. I, trad. L.P. McCauley et A.A. Stephenson (Washington, 1968).

11. Sénèque, *Epistulae Morales*, lettre 56.

12. On ne trouve le refrain « tolle, lege » dans aucun des anciens jeux d'enfants connus à ce jour. Pierre Courcelle suggère qu'il s'agit d'une formule utilisée dans la divination et cite la *Vie de Porphyre*, de Marc le Diacre, où la formule est prononcée par un personnage apparu en rêve, comme une incitation à consulter la Bible à des fins divinatoires. Cf. Pierre Courcelle, « L'enfant et les « sortes bibliques » », in *Vigiliae Christianae*, vol. 7 (Nîmes, 1953).

13. Saint Augustin, *op. cit.*, IV, 3.

14. Saint Augustin, « Concerning the Trinity », XV, 10-19, in *Basic Writings of Saint Augustine*, éd. Whitney J. Oates (Londres, 1948).

15. Martial, *Epigrammes*, I, 38

16. Cf. Henri-Jean Martin, « Pour une histoire de la lecture » (*Revue française d'histoire du livre*, 46, Paris, 1977). D'après Martin, le sumérien (pas l'araméen) et l'hébreu ne possèdent pas de verbe spécifique signifiant « lire ».

17. Ilse Lichtenstadter, *Introduction to Classical Arab Literature* (New York, 1974).

18. Cité par Gerald L. Bruns in *Hermeneutics Ancient and Modern* (New Haven & Londres, 1952).

19. Julian Jaynes, *The Origin of Consciousness in the Breakdown of the Bicameral Mind* (Princeton, 1976).

20. Cicéron, *Tusculanes*, V, XL (116), trad. E. Bréhier (Paris, Gallimard, « Pléiade », 1962).

21. Albertine Gaur, *A History of Writing* (Londres, 1984).

22. William Shepard Walsh, *A Handy-Book of Literary Curiosities* (Philadelphie, 1892).

23. Virgile, *Énéide* : « collectam exilio pubem », cité par M.B. Parkes, *Pause and Effect : An Introduction to the History of Punctuation in the West* (Berkeley & Los Angeles, 1993).
24. Suétone, *Vies des douze Césars*.
25. T. Birt, *Aus dem Leben der Antike* (Leipzig, 1922).
26. A. Gaur, *A History of Writing*.
27. Pierre Riché, *Les Écoles et l'enseignement dans l'Occident chrétien de la fin du Ve siècle au milieu du XIe siècle* (Paris, 1979).
28. Parkes, *Pause and Effect*.
29. Saint Isaac de Syrie, « Directions of Spiritual Training », in *Early Fathers from the Philokalia*, éd. et trad. E. Kadloubovsky et G.E.H. Palmer (Londres & Boston, 1954).
30. Isidore de Séville, *Libri sententiae*, III, 13-9, cité dans *Etimologías*, éd. Manuel C. Díaz y Díaz (Madrid, 1982-1983).
31. Isidore de Séville, *Etimologías*, I, 3-1.
32. David Diringer, *The Hand-Produced Book* (Londres, 1953).
33. Parkes, *op. cit*.
34. Carlo M. Cipolla, *Literacy and Development in the West* (Londres, 1969).
35. Cité par Wilhelm Wattenbach dans *Das Schriftwesen im Mittelalter* (Leipzig, 1896).
36. Alan G. Thomas, *Great Books and Books Collectors* (Londres, 1975).
37. Saint Augustin, *op. cit.*, VI, 3.
38. *Psaumes*, 91, 6. (Toutes les citations de la Bible ont pour référence en français la *Bible de Jérusalem*, traduite sous la direction de l'École biblique de Jérusalem [Paris, éd. du Cerf, 1955].)
39. Saint Augustin *op. cit.*, VI, 3.
40. David Christie-Murray, *A History of Heresy* (Oxford & New York, 1976).
41. Robert I. Moore, *The Birth of Popular Heresy* (Londres, 1975).

42. Heiko A. Oberman, *Luther : Mensch zwischen Gott und Teufel* (Berlin, 1982).
43. E.G. Léonard, *Histoire générale du protestantisme*, vol. I (Paris, 1961-1964).
44. Van Wyck Brooks, *The Flowering of New England, 1815-1865* (New York, 1936).
45. Ralph Waldo Emerson, *Society and Solitude* (Cambridge, Mass., 1870).

LE LIVRE DE LA MÉMOIRE (p. 83 à 96)

1. Saint Augustin, « Of the Origin and Nature of the Soul » (« De l'origine et de la nature de l'âme »), IV, 7-9, in *Basic Writings of Saint Augustine*, éd. Whitney J. Oates (Londres, 1948).
2. Cicéron, *De l'orateur*, vol. I (II, 86, 354).
3. Louis Racine, *Mémoires contenant quelques particularités sur la vie et les ouvrages de Jean Racine*, in Jean Racine, *Œuvres complètes*, vol. I, éd. Raymond Picard (Paris, 1950).
4. Platon, *Phèdre*, op. cit.
5. Mary J. Carruthers, *The Book of Memory* (Cambridge, 1990).
6. *Ibid.*
7. Eric G. Turner, « I Libri nell'Atene del V e IV secolo A.C. », in Guglielmo Cavallo, *Libri, editori et pubblico nel mondo antico* (Rome & Bari, 1992).
8. Évangile selon saint Jean, 8, 8.
9. Mary J. Carruthers, *op. cit.*
10. *Ibid.*
11. Aline Roussel, *Porneia* (Paris, 1966).
12. Frances A. Yates, *The Art of Memory* (Londres, 1966).
13. Pétrarque, *Secretum meum*, II, in *Prose*, éd. Guido Martelloti *et al.* (Milan, 1951).
14. Victoria Kahn, « The Figure of the Reader in Petrarch's *Secretum* », in *Petrarch : Modern Critical Views*, éd. Harold Bloom (New York & Philadelphie, 1989).
15. Pétrarque, *Familiares*, 2.8.822, cité dans *ibid.*

16. Cité par Hubert Nyssen dans *L'Editeur et son double : Carnets 1989-1996* (Arles, Actes Sud, 1997).

APPRENTISSAGE DE LA LECTURE (p. 97 à 120)

1. Claude Lévi-Strauss, *op. cit*.
2. A. Dorlan, « Casier descriptif et historique des rues & maisons de Sélestat » (1926), in *Annuaire de la Société des amis de la bibliothèque de Sélestat* (Sélestat, 1951).
3. Cité par Paul Adam dans *Histoire de l'enseignement secondaire à Sélestat* (Sélestat, 1969).
4. Herbert Grundmann, *Vom Ursprung der Universität im Mittelalter* (Francfort/Main, 1957).
5. *Ibid.*
6. Édouard Fick, introduction à *La Vie de Thomas Platter écrite par lui-même* (Genève, 1862).
7. Paul Adam, *L'Humanisme à Sélestat : l'école, les humanistes, la bibliothèque* (Sélestat, 1962).
8. Thomas Platter, *La Vie de Thomas Platter écrite par lui-même*, trad. Edouard Fick (Genève, 1862).
9. Israel Abrahams, *Jewish Life in the Middle Ages* (Londres, 1896).
10. L'auteur remercie le professeur Roy Porter pour cette mise en garde.
11. Mateo Palmieri, *Della vita civile* (Bologne, 1944).
12. Leon Battista Alberti, *I Libri della famiglia*, éd. R. Romano et A. Tenenti (Turin, 1969).
13. Quintilien, *De l'institution oratoire*, I I 12.
14. Ph. de Novare, cité par Pierre Riche et Danièle Alexandre-Bidon dans *L'Enfance au Moyen Âge*, catalogue de l'exposition à la Bibliothèque nationale (Paris, 1995).
15. *Ibid.*
16. M.D. Chenu, *La Théologie comme science au XIIIe siècle*, 3e éd. (Paris, Vrin, 1969).
17. Dominique Sourdel et Janine Sourdel-Thomine, éd., *Medieval Education in Islam and the West* (Cambridge, Mass., 1977).

18. Alphonse le Sage, *Las Siete Partidas*, éd. Ramón Menéndez Pidal (Madrid, 1955).
19. On possède une lettre, à peu près de la même époque, dans laquelle un étudiant prie sa mère de lui obtenir certains livres, sans souci du coût : « Je désire aussi que Paul achète les *Orationes Demosthenis Olynthiacae*, les fasse relier et me les envoie. » Stephen Ozment, *Three Behaim Boys : Growing up in Early Modern Germany* (New Haven & Londres, 1990).
20. Paul Adam, *op. cit.*
21. Jakob Wimpfeling, *Isidoneus*, XXI, in J. Freudgen, *Jakob Wimpfelings pädagogische Schriften* (Paderborn, 1892)
22. Isabel Suzeau, « Un écolier de la fin du XVe siècle : À propos d'un cahier inédit de l'école latine de Sélestat sous Crato Hofman », in *Annuaire de la Société des amis de la bibliothèque de Sélestat* (Sélestat, 1991).
23. Jacques Le Goff, *Les Intellectuels au Moyen Âge*, édition révisée (Paris, Le Seuil, 1985).
24. Lettre de L. Guidetti à B. Massari datée du 25 oct. 1465, in *La critica del Landino*, éd. R. Cardini (Florence, 1973). Cité par Anthony Grafton dans *Defenders of the Text : The Traditions of Scholarship in an Age of Science, 1450-1800* (Cambridge, Mass., 1991).
25. Jakob Wimpfeling, *Isidoneus*, XXI.
26. Paul Adam, *L'Humanisme à Sélestat : l'école, les humanistes, la bibliothèque* (éd. amis de la bibliothèque de Sélestat, 1987).
27. *Ibid.*
28. Finalement, les préférences de Drongenberg prévalurent : dans les premières années du XVIe siècle, en réaction contre la Réforme, les maîtres qui enseignaient à l'école latine éliminèrent tous les auteurs païens considérés comme « suspects », c'est-à-dire non canonisés par les autorités, notamment saint Augustin, et insistèrent sur une éducation strictement catholique.
29. Jakob Spiegel, « Scholia in Reuchlin Scaenica progymnasmata », in G. Knod, *Jakob Spiegel aus Schletts-*

tadt : Ein Betrag zur Geschichte des deutschen Humanismus (Strasbourg, 1884).
30. Jakob Wimpfeling, « *Diatriba* » *IV*, in G. Knod, *Aus der Bibliothek des Beatus Rhenanus : Ein Beytrag sur Geschichte der Humanismus* (Strasbourg, 1884).
31. Jérôme Gebwiler, cité dans *Schlettstadter Chronik der Schulmeisters Hieronymus Gebwiler*, éd. J. Geny (Sélestat, 1890).
32. Nicolas Adam, « Vraie manière d'apprendre une langue quelconque », in *Dictionnaire pédagogique* (Paris, 1787).
33. Helen Keller, *The Story of My Life*, 3ᵉ éd. (Londres, 1903).
34. Cité par E.P. Goldschmidt dans *Medieval Texts and Their First Appearance in Print*, suppl. à *Biographical Society Transactions*, 16 (Oxford, 1943).
35. L'Église catholique n'a révoqué le ban sur les écrits de Copernic qu'en 1758.

LA PREMIÈRE PAGE MANQUANTE (p. 121 à 134)

1. Franz Kafka, *Erzählungen* (Francfort/Main, 1967).
2. Cf. Goethe (cité par Umberto Eco dans *The Limits of Interpretation*, Bloomington & Indianapolis, 1990) : « Le symbolisme transforme l'expérience en idée et l'idée en image, de sorte que l'idée exprimée au moyen de l'image reste toujours active et inaccessible et, même si elle est exprimée dans toutes les langues, demeure inexprimable. L'allégorie transforme l'expérience en concept et le concept en image, mais de telle manière que le concept reste toujours défini et exprimable par l'image.
3. Paul de Man, *Allegories of Reading : Figural Language in Rousseau, Nietzsche, Rilke and Proust* (New Haven, 1979).
4. Dante, in *Le Opere di Dante. Testo critico della Società Dantesca Italiana*, éd. M. Barbi *et al.* (Milan, 1921-1922).
5. Ernst Pavel, *The Nightmare of Reason : a Life of Franz Kafka* (New York, 1984).

6. Cité par Ernst Pavel, *op. cit.*
7. Gustav Janouch, *Conversations avec Kafka*, trad. Goronwy Rees, (2ᵉ éd. revue et augmentée) (New York, 1971).
8. Martin Buber, *Tales of the Hasidim*, 2 vol., trad. Olga Marx (New York, 1947).
9. Marc-Alain Ouaknin, *Le Livre brûlé : Philosophie du Talmud* (Paris, 1986).
10. Ernst Pavel, *op. cit.*
11. G. Janouch, *op. cit.*
12. Walter Benjamin, *Illuminations*, trad. Harry Zohn (New York, 1968).
13. *Ibid.*
14. Fedor Dostoïevski, *Les Frères Karamazov*, trad. H. Mongault, L. Désormonts, B. de Schloezer et S. Lumeau (Paris, Gallimard, « Pléiade », 1952)
15. G. Janouch, *op. cit.*
16. U. Eco, *The Limits of Interpretation*.
17. Ernst Pavel, *op. cit.*
18. G. Janouch, *op. cit.*
19. Cité par Gershom Scholem dans *Walter Benjamin, the Story of a Friendship*, trad. Harry Zohn (New York, 1981).
20. Marthe Robert, *La Tyrannie de l'imprimé* (Paris, Grasset, 1984).
21. Jorge Luis Borges, « Kafka y sus precursores », in *Otras Inquisiciones* (Buenos Aires, 1952).
22. Marthe Robert, *op. cit.*
23. Vladimir Nabokov, « Metamorphosis », in *Lectures on Literature* (New York, 1980).
24. Franz Kafka, Lettre à Oskar Pollak, 27 janvier 1904, in *Correspondance 1902-1924*, trad. Marthe Robert (Gallimard, 1965).

LIRE DES IMAGES (p. 135 à 152)

1. Luigi Serafini, *Codex Seraphinianus*, intr. par Italo Calvino (Milan, 1981).

2. John Atwatter, *The Penguin Book of Saints* (Londres, 1965).

3. K. Heussi, « Untersuchungen zu Nilus dem Asketem », in *Texte und Unntersuchungen*, vol. XLII, fasc. 2 (Leipzig, 1917).

4. Louis-Sébastien Le Nain de Tillemont, *Mémoires pour servir à l'histoire ecclésiastique des six premiers siècles*, vol. XIV (Paris, 1693-1712).

5. *Dictionnaire de théologie catholique* (Paris, 1903-1950).

6. Saint Nil, *Epistula* LXI : « Ad Olympidoro Eparcho », in *Patrologia Graeca*, LXXIX, 1857-1866.

7. Cité par F. Piper dans *Über der christlichen Bilderkreis* (Berlin, 1852).

8. Cité par Claude Dagens dans *Saint Grégoire le Grand : Culture et expérience chrétienne* (Paris, 1977).

9. Synode d'Arras, chap. 14, in *Sacrorum Nova et Amplissima Collectio*, éd. J.D. Mansi (Paris et Leipzig, 1901-1927), cité par Umberto Eco dans *Il problema estetico di Tommaso d'Aquino* (Milan, 1970).

10. Exode, 24, 4 ; Deutéronome, 5, 8.

11. Livre des Rois, 6, 7.

12. André Grabar, *Christian Iconography : A Study of Its Origins* (Princeton, 1968).

13. Évangile selon saint Matthieu, 1, 22 ; et aussi 2, 5 ; 4, 14 ; 8, 17 ; 13, 35 ; 21, 4 ; 27, 35.

14. Évangile selon saint Luc, 24, 44.

15. *A Cyclopedic Bible Concordance* (Oxford, 1952).

16. Saint Augustin, « In Exodum » 73, in *Quaestiones in Heptateuchum*, II, *Patrologia Latina*, XXXIV, chap. 625, 1844-1855.

17. Eusèbe de Césarée, *Demostratio evangelium*, IV, 15, *Patrologia Graeca*, XXII, chap. 296, 1857-1866.

18. Cf. « ils buvaient en effet à un rocher spirituel qui les accompagnait, et ce rocher c'était le Christ », saint Paul, première Epître aux Corinthiens, 10, 4.

19. Grabar, *Christian Iconography*.

20. Cité dans Piper, *Über den christlichen Bilderkreis*.

21. Allan Stevenson, *The Problem of the Missale Speciale* (Londres, 1967).

22. Cf. Maurus Berve, *Die Armenbibel* (Beuron, 1989). La *Biblia Pauperum* figure comme le ms 148 au catalogue de la bibliothèque de l'université de Heidelberg.
23. Gerhard Schmidt, *Die Armenbibeln des XIV Jahrhunderts* (Francfort/Main, 1959).
24. Karl Gotthelf Lessing, *G.E. Lessings Leben* (Francfort/Main, 1793-1795).
25. G.E. Lessing, « Ehemalige Fenstergemälde im Kloster Hirschau », in *Zur Geschichte und Literatur aus der Herzoglichen Bibliothek zu Wolfenbüttel* (Braunschweig, 1773).
26. G. Heider, « Beitrage zur christlichen Typologie », in *Jahrbuch der K.K. Central-Comission zur Erforschung der Baudenkmale*, vol. V (Vienne, 1861).
27. Marshall McLuhan, *Understanding Media : The Extensions of Man* (New York, 1964).
28. François Villon, *Œuvres complètes*, éd. P.L. Jacob (Paris, 1854).
29. *Ibid.*, « Ballade que Villon fit à la requeste de sa mère pour prier Nostre-Dame », in *Le Grand Testament*.
30. Berve, *Die Armenbibel*.
31. G. Schmidt, *op. cit.* ; voir aussi Elizabeth L. Einsenstein, *The Printing Revolution in Early Modern Europe* (Cambridge, 1983).

ÉCOUTER LIRE (p. 153 à 172)

1. Philip S. Foner, *A History of Cuba and Its Relations with the United States*, vol. II (New York, 1963).
2. José Antonio Portuondo, cité dans « *La Aurora* » *y los comienzos de la prensa y de la organización en Cuba* (La Havane, 1961).
3. *Ibid.*
4. P. Foner, *A History of Cuba*.
5. *Ibid.*
6. Hugh Thomas, *Cuba : The Pursuit of Freedom* (Londres, 1971).

7. L. Glenn Westfall, *Key West : Cigar Kity USA* (Key West, 1984).
8. Manuel Deulofeu y Lleonart, *Martí, Cayo Hueso y Tampa : La emigración* (Cienfuegos, 1905).
9. Kathryn Hall Proby, *Mario Sánchez : Painter of Key West Memories* (Key West, 1981). Egalement un entretien privé, 20 nov. 1991.
10. T.F. Lindsay, *St Benedict, His Life and Work* (Londres, 1949).
11. La nouvelle de Borges intitulée *L'Aleph*, dans le recueil portant le même titre (Buenos Aires, 1949), est centrée sur une telle vision universelle.
12. García Colombas et Inaki Aranguren, *La regla de San Benito* (Madrid, 1979).
13. « Ils sont donc deux Livres où je trouve ma Divinité ; outre le livre écrit par Dieu, un autre de sa servante Nature, ce Manuscrit universel et public, qui s'étend sous les yeux de tous. » Sir Thomas Browne, *Religio Medici*, I, 16 (Londres, 1642).
14. Saint Benoît, « The Rule of Saint Benedict », in *Documents of the Christian Church*, éd. Henry Bettenson (Oxford, 1963).
15. John de Ford, dans sa *Vie de Wulfric de Haselbury*, compare cet « amour du silence » à la requête de l'épouse demandant le silence dans le Cantique des cantiques, 2, 7. Cf. Pauline Matarasso, éd., *The Cistercian World : Monastic Writings of the Twelfth Century* (Londres, 1993).
16. « Je vous le dis, mes frères, aucun malheur ne peut nous toucher, aucune situation si amère ni si attristante ne peut se produire qui ne soit, sitôt que les saintes Écritures nous saisissent, réduit à néant ou rendu supportable. » Aelred de Rievaulx, « Le Miroir de Charité », in Matarasso, *ibid*.
17. Cedric E. Pickford, « Fiction and the Reading Public in the Fifteenth Century, in *Bulletin of the John Rylands University Library of Manchester*, vol. 45, II, Manchester, mars 1963.
18. Gaston Paris, *La Littérature française au Moyen Âge* (Paris, 1890).

19. Cité par Urban Tigner Holmes Jr, dans *Daily Living in the Twelfth Century* (Madison, Wisconsin, 1952).
20. Pline le Jeune, IX, 36, éd. A.M. Guillemin, 3 vol. (Paris, 1927-1928)
21. J.M. Richard, *Mahaut, comtesse d'Artois et de Bourgogne* (Paris, 1887).
22. Iris Cutting Origo, *The Merchant of Prato : Francesco di Marto Datini* (New York, 1957).
23. Emmanuel Le Roy Ladurie, *Montaillou, village occitan de 1294 à 1324* (Paris, Gallimard, 1978).
24. *L'Évangile des quenouilles*, édité par Madeleine Jeay (Librairie philosophique, éd. Vrin, 1985 et Presses de l'université de Montréal). La quenouille, bâton fourchu qui porte la laine ou le lin à filer, symbolise le sexe féminin. En anglais, *the distaff side of the family* (littéralement : « le côté quenouille de la famille ») signifie la branche féminine.
25. Miguel de Cervantes Saavedra, *op. cit.*, I, 34.
26. Quatorze chapitres plus tôt, Don Quichotte lui-même reproche à Sancho de raconter une histoire pleine d'interruptions et de digressions, au lieu de la narration linéaire qu'attend le chevalier féru de livres. Sancho se défend en affirmant que « c'est comme ça qu'on raconte les histoires dans mon pays ; je ne connais aucune autre façon, et Votre Grâce est injuste de me demander d'adopter de nouvelles manières », *ibid.* I, 20.
27. William Chambers, *Memoir of Robert Chambers with Autobiographic Reminiscences*, 10e éd. (Edimbourg, 1880). L'auteur tient cette merveilleuse anecdote de Larry Pfaff, bibliothécaire à l'Art Gallery d'Ontario.
28. *Ibid.*
29. Jean-Pierre Pinies, « Du choc culturel à l'ethnocide : la pénétration du livre dans les campagnes languedociennes du XVIIe au XIXe siècle », in *Folklore* 44/3 (1981), cité par Martyn Lyons dans *Le Triomphe du livre : une histoire sociologique de la lecture dans la France du XIXe siècle* (Paris, Promodis, Cercle de la librairie, 1987).
30. Cité par Amy Cruse dans *The Englishman and His Books in the Early Nineteenth Century* (Londres, 1930).

31. Denis Diderot, « Lettre à sa fille Angélique » 28 juillet 1781, in *Correspondance littéraire, philosohique et critique*, éd. Maurice Tourneux, XV, 253-254 (Paris, 1877-1882).
32. Benito Pérez Galdós, *Episodios Nacionales*, in *Obras completas* (Madrid, 1952).
33. Jane Austen, *Letters*, éd. R. W. Chapman (Londres, 1952).
34. Denis Diderot, *Essais sur la peinture*, in *Œuvres esthétiques*, p. 712 et 713 (Paris, éd. Paul Vernière, 1972).

LA FORME DU LIVRE (p. 173 à 204)

1. David Diringer, *The Hand-Produced Book* (Londres, 1953).
2. Pline l'Ancien, *Histoire naturelle*, XIII, 11.
3. Le plus ancien codex grec existant sur vélin est une *Iliade* du troisième siècle de notre ère (bibliothèque Ambrosienne, Milan).
4. Martial, *Épigrammes*, XIV, 184.
5. François Ier, *Lettres de François Ier au pape* (Paris, 1527).
6. John Powers, *A Handy-Book about Books* (Londres, 1870).
7. Cité dans Geo. Haven Putnam, *Books and Their Makers during the Middle Ages*, vol. I (New York, 1896-1897).
8. Janet Backhouse, *Books of Hours* (Londres, 1870).
9. John Harthan, *Books of Hours and Their Owners* (Londres, 1977).
10. Se trouve aujourd'hui à la bibliothèque municipale de Semur- en-Auxois.
11. Johannes Duft, *Stiftsbibliothek Sankt Gallen : Geschichte, Barocksaal, Manuskripte* (Saint-Gall, 1990). L'antiphonaire est catalogué sous la référence : Codex 541, *Antiphonarium Officii* (parchemin, 618 p.), bibliothèque de l'Abbaye, Saint-Gall, Suisse.
12. Ramelli, Agostino : cité (en traduction anglaise) par

D.J. Gillies, « Engineering Manuals of Coffe-Table Books : The Machine Books of the Renaissance », in *Descant*, 13, Toronto, hiver 1975.

13. Benjamin Franklin, *The Autobiography of B. F.* (New York, 1818).

14. Elizabeth L. Eisenstein, *The Printing Revolution in Early Modern Europe* (Cambridge, 1983).

15. Victor Scholderer, *Johann Gutenberg* (Francfort/Main, 1963).

16. Cité par Guy Bechtel dans *Gutenberg et l'invention de l'imprimerie* (Paris, Fayard, 1992).

17. Paul Needham, directeur du département des Livres et Manuscrits chez Sotheby, à New York, a suggéré deux autres réactions possibles de la part du public de Gutenberg : la surprise parce que cette nouvelle méthode utilisait pour fabriquer les lettres une technologie métallurgique, et non la plume ou le roseau, et aussi parce que cet « art sacré » provenait des bas-fonds de la Germanie barbare et non de la savante Italie. Paul Needham, « Haec sancta ars : Gutenberg's Invention As a Divine Gift, in *Gazette of the Grolier Club*, n° 42, 1990 (New York, 1991).

18. Svend Dahl, *Historia del libro*, trad. Albert Adell ; rev. Fernando Huarte Morton (Madrid, 1972).

19. Konrad Haebler, *The Story of Incunabula* (Londres, 1953).

20. Warren Chappell, *A Short Story of the Printed Word* (New York, 1970).

21. Sven Birkerts, *The Gutenberg Elegies : The Fate of Reading in an Electronic Age* (Boston & Londres, 1994).

22. Catalogue : *Il Libro della Biblia, Esposizione di manoscritti et di edizioni a stampa della Biblioteca Apostolica Vaticana dal Secolo III al Secolo XVI* (Cité du Vatican, 1972).

23. Alan G. Thomas, *Great Books and Books Collectors* (Londres, 1975).

24. Lucien Febvre et Henri-Jean Martin, *L'Apparition du livre* (Paris, Albin Michel, 1958).

25. Marino Zorzi, introduction à *Aldo Manuzio e*

l'ambiente veneziano 1494-1515, éd. Susy Marcon et Marino Zorzi (Venise, 1994). Également : Martin Lowry, *The World of Aldus Manutius* (Oxford, 1979).

26. Anthony Grafton, « The Strange Deaths of Hermes and the Sibyls », in *Defenders of the Text : the Traditions of Scholarship in an Age of Science, 1450-1800* (Cambridge, Mass., & Londres, 1991).

27. Cité par Alan G. Thomas, *Fine Books* (Londres, 1967).

28. Cité par E.L. Eisenstein dans *The Printing Revolution in Early Modern Europe*. (Sources non mentionnées.)

29. L. Febvre et H.-J. Martin, *op. cit.*

30. Dans le cadre de l'exposition « Au cœur de l'Afrique », Royal Ontario Museum, Toronto, 1992.

31. Shakespeare, *Un conte d'hiver*, acte IV, scène 4.

32. En anglais : *chap-books*. Ce terme dérive de *chapmen*, nom donné aux colporteurs qui vendaient ces livres, *chapel* désignant l'ensemble des colporteurs attachés à une imprimerie en particulier. Cf. John Feather, éd., *A Dictionary of Book History* (New York, 1986).

33. John Ashton, *Chap-Books of the Eighteenth Century* (Londres, 1882).

34. Philip Dormer Stanhope, quatrième comte de Chesterfield, « Lettre du 22 février 1748 », *Letters to His Son, Philip Stanhope, Together with Several Other Pieces on Various Subjects* (Londres, 1774).

35. John Sutherland, « Modes of Production », in *The Times Literary Supplement*, Londres, 19 nov. 1993.

36. Hans Schmoller, « The Paperback Revolution », in *Essays in the History of Publishing in Celebration of the 250th Anniversary of the House of Longman 1724-1974*, éd. Asa Briggs (Londres, 1974).

37. *Ibid.*

38. J.E. Morpugo, *Allen Lane, King Penguin* (Londres, 1979).

39. Cité dans Hans Schmoller, « The Paperback Revolution ».

40. Anthony G. Mills, « A Penguin in the Sahara », in *Archeological Newsletter of the Royal Ontario Museum*, II, 37, Toronto, mars 1990.

LECTURE PRIVÉE (p. 205 à 222)

1. Colette, *La Maison de Claudine* (Paris, 1922).
2. Claude et Vincenette Pichois (avec Alain Brunet), *Album Colette* (Paris, 1984).
3. Colette, *La Maison de Claudine* (Paris, 1922).
4. *Ibid.*
5. *Ibid.*
6. W.H. Auden, Lettre à Lord Byron, in *Collected Longer Poems* (Londres, 1968).
7. André Gide, *Voyage au Congo* (Paris, Gallimard, 1927).
8. Colette, *Claudine à l'école* (Paris, 1900).
9. Cité par Gerald Donaldson dans *Books, Their History, Art, Power, Glory, Infamy and Suffering According to Their Creators, Friends and Enemies* (New York, 1981).
10. *Bookmarks*, édité et présenté par Frederic Raphael (Londres, 1975).
11. Maurice Keen, *English Society in the Later Middle Ages, 1348-1500* (Londres, 1990).
12. Cité par Urban Tigner Homes, Jr., dans *Daily Living in the Twelfth Century* (Madison, Wisconsin, 1952).
13. Henry Miller, *The Books in my Life* (New York, 1952).
14. Marcel Proust, *Du côté de chez Swann* (Paris, 1913).
15. Ch.-A. Sainte-Beuve, *Critiques et portraits littéraires* (Paris, 1836-1839).
16. P.B. Shelley, cité dans N.I. White, *Life of Percy Bysshe Shelley*, 2 vol. (Londres, 1947).
17. Marguerite Duras, interview dans le *Magazine littéraire*, 158, Paris, mars 1980.
18. Marcel Proust, *Journées de lecture*, éd. Alain Coelho, p. 180 (Paris, « 10-18 », 1993).
19. Marcel Proust, *Le Temps retrouvé* (Paris, 1927).
20. Geoffrey Chaucer, « The Proem », *The Book of the Duchesse*, 44-51, in *Chaucer : Complete Works*, éd. Walter W. Skeats (Oxford, 1973).

21. Josef Skvorecký, « The Pleasures of the Freedom to Read », in *Anteus*, n° 59, Tanger, Londres & New York, automne 1987.
22. Annie Dillard, *An American Childhood* (New York, 1987).
23. Hollis S. Barker, *Furniture in the Ancient World* (Londres, 1966).
24. Jérôme Carcopino, *La Vie quotidienne à Rome à l'apogée de l'empire* (Paris, 1939).
25. Pétrone, *Satiricon*, trad. William Arrowsmith (Ann Arbor, 1959).
26. *Byzantine Books and Bookmen* (Washington, 1975).
27. Pascal Dibie, *Ethnologie de la chambre à coucher* (Paris, Grasset, 1987).
28. C. Gray et M. Gray, *The Bed* (Philadelphie, 1946).
29. Keen, *English Society in the Later Middle Ages*.
30. Margaret Wade Labarge, *A Small Sound of the Trumpet : Women in Medieval Life* (Londres, 1986).
31. Eileen Harris, *Going to Bed* (Londres, 1981).
32. G. Ecke, *Chinese Domestic Furniture* (Londres, 1963).
33. Jean-Baptiste de La Salle, *Les Règles de la bienséance de la civilité chrétienne* (Paris, 1703).
34. Jonathan Swift, *Directions to Servants* (Dublin, 1746) in *Œuvres complètes*, trad. E. Pons, p. 1284 (Paris, Gallimard, « Pléiade », 1965).
35. Van Wyck Brooks, *The Flowering of New England, 1815-1865* (New York, 1936).
36. Antoine de Courtin, *Nouveau Traité de la civilité qui se pratique en France parmi les honnestes gens* (Paris, 1672).
37. Mrs Haweis, *The Art of Housekeeping* (Londres, 1989), cité par Asa Briggs dans *Victorian Things* (Chicago, 1988).
38. Cynthia Ozick, « Justice (Again) to Edith Wharton », in *Art & Ardor* (New York, 1983).
39. R. W. B. Lewis, *Edith Wharton : A Biography* (New York, 1975), cité *ibid*.
40. Claude et Vincenette Péchois, *op. cit*.

41. Germaine Beaumont et André Parinaud, *Colette par elle-même* (Paris, 1960).

MÉTAPHORES DE LA LECTURE (p. 223 à 238)

1. Walt Whitman, « Song of Myself », in *Leaves of Grass (Feuilles d'herbe)*, 1856 in *The Complete Poems*, éd. Francis Murphy (Londres, 1975).
2. *Ibid.*
3. Walt Whitman, « Song of Myself », in *op. cit.*
4. Goethe, « Sendscreiben », cité par E. R. Curtius dans *Europäische Literatur und lateinisches Mittelalter* (Berne, 1948).
5. Walt Whitman, « Shakespeare-Bacon's Cipher », in *Leaves of Grass*, 1892, in *The Complete Poems*.
6. Ezra Pound, *Personae* (New York, 1926).
7. Walt Whitman, « Inscriptions », in *op. cit.*, 1881, in *The Complete Poems*.
8. Cité par Philip Callow dans *Walt Whitman : From Noon to Starry Night* (Londres, 1992).
9. Walt Whitman, « A Backward Glance O'er Travel'd Roads », introduction to *November Boughs*, 1888, in *The Complete Poems*.
10. Walt Whitman, « Song of Myself » in *Leaves of Grass*, 1856, in *The Complete Poems*.
11. *Ibid.*
12. Cité par Thomas L. Brasher dans *Whitman as Editor of the Brooklyn « Daily Eagle »* (Detroit, 1970).
13. Cité par William Harlan Hale dans *Horace Greely, Voice of the People* (Boston, 1942).
14. Cité par Randall Stewart dans *Nathaniel Hawthorne* (New York, 1948).
15. Cité par Arthur W. Brown, *Margaret Fuller* (New York, 1951).
16. Walt Whitman, « My Canary Bird », in *November Boughs, op. cit.*
17. Hans Blumenberg, *Schiffbruch mit Zuschauer* (Francfort/Main, 1979).

18. Fray Luis de Granada, *Introducción al simbolo de la fé* (Salamanque, 1583).

19. Sir Thomas Browne, *Religio Medici*, I-16, éd. Sir Geoffrey Keynes (Londres, 1928-1931).

20. George Santayana, *Realms of Being*, vol. II (New York, 1940).

21. Cité par Henri de Lubac in *Augustinisme et théologie moderne* (Paris, 1965). Pierre Bersuire, dans son *Repertorium morale*, étend l'image au Fils : « Car le Christ est une sorte de livre écrit sur la peau de la vierge... Ce livre fut énoncé dans la disposition du père, écrit dans la conception de la mère, exposé dans la clarification de la nativité, corrigé dans la passion, effacé dans la flagellation, ponctué à l'infliction des blessures, ornementé dans la crucifixion au-dessus de la chaire, illuminé dans le sang jaillissant, lié dans la résurrection et examiné dans l'ascension. » Cité par Jesse M. Gelrich dans *The Idea of the Book in the Middle Ages : Language Theory, Mythology, and Fiction* (Ithaca & Londres, 1985).

22. Shakespeare, *Macbeth*, acte I, scène 5.

23. Henry King, « An Exequy to His Matchlesse Never to Be Forgotten Friend », in *Baroque Poetry*, éd. J. P. Hill et E. Caracciolo-Trejo (Londres, 1975).

24. Benjamin Franklin, *The Papers of Benjamin Franklin*, éd. Leonard W. Labaree (New Haven, 1959).

25. Francis Bacon, « Of Studies », in *The Essays or Counsels* (Londres, 1625).

26. Joel Rosenberg, « Jeremiah and Ezekiel », in *The Literary Guide to the Bible*, éd. Robert Alter et Frank Kermode (Cambridge, Mass., 1987).

27. Ezéchiel, 2, 9-10.

28. Saint Jean, Apocalypse, 10, 9-11.

29. Élisabeth Ire, reine d'Angleterre, *A Book of Devotions : Composed by Her Majesty Elizabeth R.*, éd. Adam Fox (Londres, 1970).

30. William Congreve, *Love for Love*, acte I, scène 1, in *The Complete Works*, 4 vol., éd. Montague Summers (Oxford, 1923).

31. James Boswell, *The Life of Samuel Johnson*, éd. John Wain (Londres, 1973).
32. Walt Whitman, « Shut Not Your Doors », in *Leaves of Grass*, 1867, in *The Complete Poems*.

COMMENCEMENTS (p. 239 à 250)

1. Joan Oates, *Babylon* (Londres, 1986).
2. Georges Roux, *Ancient Iraq* (Londres, 1964).
3. Hubert Nyssen, *Du texte au livre, les avatars du sens* (Paris, Nathan, 1993).
4. G. Roux, *op. cit.*
5. Mark Jones, *Fake ? The Art of Deception* (Berkeley & Los Angeles, 1990).
6. Alan G. Thomas, *Great Books and Books Collectors* (Londres, 1975).
7. A. Parrot, *Mission archéologique à Mari* (Paris, 1958-1959).
8. C.J. Gadd, *Teachers and Students in the Oldest Schools* (Londres, 1956).
9. C.B.F. Walker, *Cuneiform* (Londres, 1987).
10. *Ibid.*
11. William W. Hallo et J.J.A. van Dijk, *The Exaltation of Inanna* (New Haven, 1968).
12. Catalogue de l'exposition *Naissance de l'écriture*, Bibliothèque nationale (Paris, Réunion des musées nationaux, 1982).
13. M. Lichtheim, *Ancient Egyptian Literature*, vol. I (Berkeley, 1973-1976).
14. Roland Barthes, « Ecrivains et écrivants », in *Essais critiques* (Paris, Seuil, 1971 ; Seuil, « Points », 1981).
15. Saint Augustin, *op. cit.*, XIII, 29.
16. Richard Wilbur, « To the Etruscan Poets », in *The Mind Reader* (New York, 1988), and *New and Collected Poems* (Londres, 1925).

ORDONNATEURS DE L'UNIVERS (p. 251 à 268)

1. Quinte Curce, *The History of Alexander, Histoire d'Alexandre*, 4.8.1-6, John Yardley éd. et trad. (Londres, 1984).

2. Ménandre, *Sententiae* 657, in *Works*, éd. W.G. Arnott (Cambridge, Mass., & Londres, 1969).
3. M.J. Rosovtzeff, *A Large Estate in Egypt in the Third Century B.C.* (Madison, 1922), cité dans William V. Harris, *Ancient Literacy* (Cambridge, Mass., 1989).
4. *P. Col. Zen.* 3.4, plus *P. Cair. Zen.* 4.59687, in Harris, *ibid.*
5. J'éprouve une certaine fierté à l'idée que, jusqu'à nos jours, la seule ville au monde qui ait été fondée avec une bibliothèque est Buenos Aires. En 1580, après une tentative infructueuse d'installation sur les rives du río de la Plata, une seconde ville fut érigée. Les livres de l'Adelantado Pedro de Mendoza constituèrent la première bibliothèque de la nouvelle ville, et ceux des membres de l'équipage qui savaient lire (y compris le jeune frère de sainte Thérèse, Rodrigo de Ahumada) purent lire Érasme et Virgile sous la Croix du Sud. (Cf. l'introduction par Enrique de Gandia à *La Argentina* de Ruy Días de Guzmán, Buenos Aires, 1990.)
6. Plutarque, « Vie d'Alexandre » in *Les Vies parallèles*, éd. B. Perrin (Cambridge, Mass., & Londres, 1970).
7. *Ibid.*
8. Athenaeus, *Deipnosophistai*, vol. I, cité par Luciano Canfora, *La biblioteca scomparsa* (Palerme, 1987).
9. Canfora, *ibid.*
10. Anthony Hobson, *Great Libraries* (Londres, 1970). Hobson note qu'en 1968 le nombre des volumes entrés à la British Museum Library était de 128 706.
11. Howard A. Parsons, *The Alexandrian Library : Glory of the Hellenic World* (New York, 1967).
12. Ausonius, *Opuscules*, 113, cité dans Guglielmo Vavallo, « Libro et pubblico alla fine del monde antico », in *Libri, editori e pubblico nelo monde antico* (Rome & Bari, 1992).
13. James W. Thompson, *Ancient Libraries* (Hamden, Conn., 1940).
14. P.M. Fraser, *Ptolemaic Alexandria* (Oxford, 1972).
15. David Diringer, *The Alphabet : a Key to the History of Mankind*, 2 vol. (Londres, 1968).

16. Christian Jacob, « La leçon d'Alexandrie », in *Autrement*, n° 121, Paris, avril 1993.
17. Prosper Alfaric, *L'Evolution intellectuelle de saint Augustin* (Tours, 1918).
18. Sidoine Apollinaire, *Epistolae*, II, 9.4, cité dans Cavallo « Libro e pubblico alla fine del mondo antico ».
19. Edward G. Browne, *A Literary History of Persia*, 4 vol. (Londres, 1902-1924).
20. Alain Besson, *Medieval Classification and Cataloguing : Classification Practices and Cataloguing Methods in France from the 12th to 15th Centuries* (Biggleswade, Beds., 1980).
21. *Ibid.*
22. Près de quinze siècles plus tard, le bibliothécaire américain Melvil Dewey triplait le nombre des catégories, en répartissant toutes les connaissances en dix groupes et en assignant à chaque groupe cent nombres grâce auquel on pouvait classer n'importe quel livre.
23. Titus Burckhardt, *Die maurische Kultur in Spanien* (Munich, 1970).
24. Johannes Pedersen, *The Arabic Book*, trad. Geoffrey French (Princeton, 1984). Pedersen note qu'Al-Ma'mun ne fut pas le premier à établir une bibliothèque de traductions ; le fils d'un calife omeyyade, Khalid ibn Yazid ibn Mu'awiya, l'aurait, dit-on, précédé.
25. Jonathan Berkey, *The Transmission of Knowledge in Medieval Cairo : A Social History of Islamic Education* (Princeton, 1992).
26. T. Burckhardt, *op. cit.*
27. A. Hobson, *Great Libraries*.
28. Colette, *Mes apprentissages* (Paris, 1936).
29. Jorge Luis Borges, « La Biblioteca de Babel », in *op. cit.*

LIRE L'AVENIR (p. 269 à 282)

1. Michel Lemoine, « L'œuvre encyclopédique de Vincent de Beauvais », in Maurice de Gandillac *et al.*, *La Pensée*

encyclopédique au Moyen Âge (Paris, Baconnière, 1966).
2. *Voluspa*, éd. Sigurdur Nordal, traduction anglaise Ommo Wilts (Oxford, 1980).
3. Virgile, *Énéide*, IV, 48-49.
4. Pétrone, *Satiricon*, XV, 48.
5. Aule-Gelle, *Les Nuits attiques*.
6. Pausanias, *Description de la Grèce*, x, 12-1 ; Euripide, prologue de *Lamia*.
7. Dans *The Greek Myths* (Londres, 1955), II, 132.5, Robert Graves signale que « l'emplacement d'Erytheia, également appelée Érythrée ou Erythrie, est contesté ». D'après Graves, il pourrait s'agir d'une île au-delà de l'océan, ou près de la côte de Lusitanie, ou ce pourrait être un nom donné à l'île de León sur laquelle fut construite la première ville de Gades.
8. Pausanias, *op. cit.*, X. 12.4-8.
9. Aurélien, *Scriptores Historiae Augustae*, 25, 4-6, cité dans John Ferguson, *Utopias of the Classical World* (Londres, 1975).
10. Eusebius Pamphilis, *Ecclesiastical History : The Life of the Blessed Emperor Constantine, in Four Books*, chap. XVIII (Londres, 1845).
11. Ferguson, *Utopias of the Classical World*.
12. Bernard Botte, *Les Origines de la Noël et de l'Épiphanie* (Paris, 1932). En dépit d'une référence dans le *Liber pontificalis* indiquant que le pape Telesphore a inauguré la célébration de Noël à Rome entre 127 et 136, la première mention certaine du 25 décembre comme anniversaire de la naissance du Christ se trouve dans le *Deposito martyrum* du calendrier philocalien de 354.
13. L'édit de Milan, dans Henri Bettenson éd., *Documents of the Christian Church* (Oxford, 1943).
14. Le romancier anglais Charles Kingsley fit de la philosophe néoplatonicienne l'héroïne de son ouvrage aujourd'hui négligé, *Hypatia, or New Foes with an Old Face* (Londres, 1853).
15. Jacques Lacarrière, *Les Hommes ivres de Dieu* (Paris, Fayard, 1975).

16. C. Baur, *Der heilige Johannes Chrysostomus und seine Zeit*, 2 vol. (Francfort/Main, 1929-1930).

17. Garth Fowden, *Empire to Commonwealth : Consequences of Monotheism in Late Antiquity* (Princeton, 1993) ; voir aussi le remarquable ouvrage de Jacques Giès et Monique Cohen, *Sérinde, Terre de Bouddha. Dix siècles sur la Route de la Soie*. (Catalogue de l'exposition au Grand Palais, Paris, 1996.)

18. J. Daniélou et H. I. Marrou, *The Christian Centuries*, vol. I (Londres, 1964).

19. Eusèbe, *Ecclesiastical History*.

20. Cicéron, *De la divination*, II, 54.

21. Saint Augustin, *La Cité de Dieu*, vol. VI.

22. Lucien Broche, *La Cathédrale de Laon* (Paris, 1926).

23. Virgile, *Bucoliques*, IV, V, 60-63, trad. E. de Saint-Denis (Paris, 1932).

24. Salman Rushdie, *The Wizard of Oz*, British Film Institute Film Classics (Londres, 1992).

25. Anita Desai, « A Reading Rat on the Moors », in *Soho Square III*, éd. Alberto Manguel (Londres, 1990).

26. Aelius Lamridius, *Vita Severi Alexandri*, 4.6, 14.5, cité dans L. P. Wilkinson, *The Roman Experience* (Londres, 1975).

27. Cf. Helen A. Loane, « The Sortes Vergilianae », in *The Classical Weekly* 21/24, New York, 30 avril 1928. Loane cite De Quincey, selon qui la tradition voulait que le nom du grand-père maternel de Virgile fût Magus. Les gens de Naples, raconte De Quincey, confondirent ce nom avec une profession et considérèrent que Virgile « était entré par simple succession et droit d'héritage en possession des pouvoirs infernaux et de la science de son méchant vieux grand-père, dont il fit usage pendant des siècles sans reproche et pour le plus grand bien des fidèles ». Thomas De Quincey, *Collected Writings*, III, 251-269 (Londres, 1896).

28. Aelius Spartianus, *Vita Hadriani*, 2.8, in *Scriptores Historiae Augustae*, cité par Loane dans « The Sortes Vergilianae ». Virgile n'était pas le seul qu'on consultait de cette manière. Cicéron, au Ier siècle avant J.-C., raconte

dans *De Natura Deorum*, II, 2, comment l'augure Tiberius Sempronius Gracchus provoqua, en 162, « la démission des consuls à l'élection desquels il avait présidé l'année précédente, en fondant sa décision sur une erreur des auspices, dont il avait pris conscience « en lisant les livres » ».

29. William V. Harris, *Ancient Literacy* (Cambridge, 1989).

30. Deutéronome, 18, 10-12, « On ne trouvera chez toi personne qui fasse passer au feu son fils ou sa fille, qui pratique divination, incantation, mantique ou magie, personne qui use des charmes, qui interroge les spectres ou les esprits, qui invoque les morts. Car quiconque fait ces choses est en abomination à Yahvé ton Dieu... »

31. Gaspar Peucer, *Les Devins ou Commentaire des principales sortes de devinations*, trad. Simon Goulard (1434).

32. Rabelais, *Le Tiers Livre de Pantagruel*, 10-12.

33. Manuel Mujica Láinez, *Bomarzo*, chap. II (Buenos Aires, 1979).

34. William Dunn Macray, *Annals of the Bodleian Library, A.D. 1598 to A.D. 1867* (Londres 1868).

35. Daniel Defoe, *The Life and Strange Surprising Adventures of Robinson Crusoe, of York, Mariner*, éd. J.D. Crowley (Londres & Oxford, 1976 ; in *Œuvres*, trad. Petrus Borel, p. 114 (Paris, Gallimard, « Pléiade », 1959).

36. Thomas Hardy, *Far from the Madding Crowd* (Londres, 1874).

37. Robert Louis Stevenson (avec Lloyd Osbourne), *The Ebb Tide* (Londres, 1894).

LE LECTEUR SYMBOLIQUE (p. 283 à 298)

1. André Kertész, *On Reading* (New York, 1971).
2. Michael Olmert, *The Smithsonian Book of Books* (Washington, 1992).
3. Beverley Smith, « Homes of the 1990s to stress substance », *The Globe and Mail*, Toronto, 13 janvier 1990.

4. Andrew Martindale, *Gothic Art from the Twelfth to the Fifteenth Centuries* (Londres, 1967).

5. Cité dans Louis Réau, *Iconographie de l'art chrétien*, vol. II (Paris, 1957).

6. *Marienbild in Rheinland unh Westfalen*, catalogue d'une exposition à la Villa Hugel, Essen, 1968.

7. George Ferguson, *Signs and Symbols in Christian Art* (Oxford, 1954).

8. *De Madonna in de Kunst*, catalogue d'une exposition (Anvers, 1954).

9. *The Lost Books of the Bible and the Forgotten Books of Eden*, préface de Frank Crane (New York, 1971).

10. *Protoevangelion, ibid.*, IX, 1-9.

11. Marie au puits et Marie au rouet sont les images les plus courantes de l'Annonciation dans l'art chrétien primitif, particulièrement dans les représentations byzantines à partir du Ve siècle. Auparavant, les représentations de l'Annonciation sont rares et schématiques. La plus ancienne image connue de Marie avec l'ange précède de dix siècles *L'Annonciation* de Martini. Peinte en couleurs ternes sur un mur de la catacombe de sainte Priscilla, aux environs de Rome, elle montre une Vierge assise, à la face dépourvue de traits, en train d'écouter un homme debout – un ange sans ailes ni couronne.

12. Évangile selon saint Jean, I, 14.

13. Robin Lane Fox, *Pagans and Christians* (New York, 1986).

14. *Les Lettres de Pierre Abélard*.

15. Hildegarde de Bingen, *Opera omnia*, in *Patrologia Latina*, vol. LXXII (Paris, 1844-1855).

16. Cité dans Carol Ochs, *Behind the Sex of Goc : Towards a New Consciousness – Transcending Matriarchy and Patriarchy* (Boston, 1977).

17. San Bernardino, *Prediche volgari*, in Creighton E. Gilbert, *Italian Art, 1400-1500 : Sources and Documents* (Evanston, 1980).

18. Victor Cousin, éd., *Petri Abaelardi Opera*, 2 vol. (Londres, 1849-1859).

19. Cinq siècles plus tard, peu de choses semblaient avoir

changé, ainsi qu'en témoigne le sermon prononcé par le savant J.W. Burgon en 1884 à l'occasion d'une proposition faite à Oxford d'admettre des femmes à l'Université : « Aucun d'entre vous n'aura-t-il la générosité ou la franchise de dire [à la femme] quelle créature très désagréable elle deviendra inévitablement aux yeux des hommes ? Pour qu'elle puisse se mesurer aux hommes avec succès en vue d'obtenir les « honneurs », il faudra lui mettre sans réserve entre les mains les auteurs classiques de l'Antiquité – c'est-à-dire lui faire connaître les obscénités des littératures grecque et romaine. Pouvez-vous sérieusement envisager cela ?... J'en terminerai avec une brève allocution adressée à l'autre sexe... Dieu vous a faites nos inférieures : et nos inférieures vous demeurerez jusqu'à la fin des temps. » Cité dans Jan Morris, éd., *The Oxford Book of Oxford* (Oxford, 1978).

20. S. Harksen, *Women in the Middle Ages* (New York, 1976).

21. Margaret Wade Labarge, *A Small Sound of the Trumpet : Women in Medeval Life* (Londres, 1986).

22. Janet Backhouse, *Books of Hours* (Londres, 1985).

23. Paul J. Achtemeier, éd., *Harper's Bible Dictionary* (San Francisco, 1985).

24. Isaïe, VII, 14.

25. Anna Jameson, *Legends of the Madonna* (Boston & New York, 1898).

26. Proverbes, IX, 1, IX, 3-5.

27. Martin Buber, *Erzählungen der Chassidim* (Berlin, 1947).

28. E.P. Spencer, « L'Horloge de Sapience » (Bruxelles, Bibliothèque royale, ms. IV 111), in *Scriptorium*, 1963, XVII.

29. C.G. Jung, « Answer to Job », in *Psychology and Religion, West and East* (New York, 1960).

30. Merlin Stone, *The Paradise Papers : The Suppression of Women's Rites* (New York, 1976).

31. Carolyne Walker Bynum, *Jesus as Mother : Studies in the Spirituality of the High Middle Ages* (Berkeley & Londres, 1982).

32. Saint Grégoire de Tours, *Histoire des Rois francs*, éd. J.J.E. Roy, préface d'Erich Aurebach (Paris, 1990).

33. Heinz Kahlen et Cyril Mango, *Hagia Sophia* (Berlin, 1967).

34. Dans « The Fourteenth-Century Common Reader » (« Le lecteur ordinaire au XIVe siècle »), un texte inédit prononcé à la conférence de Kalamazoo en 1992 et faisant référence à l'image de Marie en train de lire figurant dans les livres d'heures du XIVe siècle, Daniel Williman suggère que « sans apologie, le livre d'heures incarne l'appropriation par les femmes d'un *opus Dei* et des Lettres ».

35. Ferdinando Bologna, *Gli affreschi di Simone Martini in Assisi* (Milan, 1965).

36. Giovanni Paccagnini, *Simone Martini* (Milan, 1957).

37. Colyn de Coter, *La Vierge et l'Enfant couronnés par les anges*, 1490-1510, au Chicago Art Institute ; la *Madonna auf der Rasenbank*, anonyme, Haut-Rhin, vers 1470-1480, à l'Augustinermuseum de Fribourg ; et de nombreux autres.

38. Plutarque, « On the Fortune of Alexander », 327,4, in *Moralia*, vol. IV, éd. Frank Cole Babbitt (Cambridge, Mass., & Londres, 1972). Également Plutarque, « Life of Alexander », VIII et XXVI, in *Les Vies parallèles, op. cit.*

39. *Hamlet*, acte II, scène 2. George Steiner a suggéré que ce livre est la traduction par Florio des *Essais* de Montaigne (« Le trope du livre-monde dans Shakespeare », conférence à la Bibliothèque nationale, Paris, 23 mars 1995).

40. Miguel de Cervantes, *Don Quixote*, éd. Celina S. de Cortazár et Isaías Lerner, I, 6 (Buenos Aires, 1969).

41. Martin Bormann, *Hitler's Table Talk*, intr. par Hugh Trevor Roper (Londres, 1953).

LIRE EN LIEU CLOS (p. 299 à 314)

1. Thoas Hägg, *The Novel in Antiquity*, éd. anglaise (Berkeley & Los Angeles, 1983).

2. Platon, *Les Lois*, VII, 804 c-e.
3. William V. Harris, *Ancient Literacy* (Cambridge, Mass., 1989).
4. *Ibid.*
5. Reardon, *Collected Ancient Greek Novels*.
6. C. Ruiz Montero, « Una observación para la cronologia de Caritón de Afrodisias », in *Estudios Clásicos* 24 (Madrid, 1980).
7. Santa Teresa de Jesús, *Libro de la Vida*, II, 1, in *Obras completas*, Biblioteca de Autores Cristianos (Madrid, 1967).
8. Kate Flint, *The Woman Reader, 1837-1914* (Oxford, 1993).
9. Ivan Morris, *The World of the Shining Prince : Court Life in Ancient Japan* (Oxford, 1964).
10. *Ibid.* : « La grande majorité des femmes, à l'époque de Murasaki, travaillaient dur dans les champs, étaient maltraitées par leurs maris, enfantaient jeunes et souvent mouraient prématurément, sans avoir pensé à l'indépendance matérielle ou aux plaisirs culturels plus qu'à la possibilité de se rendre sur la Lune. »
11. *Ibid.*
12. Murasaki Shikibu, *Le Dit du Genji*, présentation et traduction du japonais par René Sieffert (POF).
13. Walter Benjamin, « En déballant ma bibliothèque », in *Illuminations*.
14. Ivan Morris, introduction à sa traduction de Sei Shônagon, *The Pillow Book of Sei Shônagon* (Oxford & Londres, 1967).
15. Cité dans I. Morris, *The World of the Shining Prince*.
16. Anonyme, *Le Journal de Sarashina*, présentation et traduction du japonais par René Sieffert (POF).
17. Sei Shônagon, *op. cit.*
18. Murasaki Shikibu, *Journal*, présentation et traduction du japonais par René Sieffert (POF).
19. George Eliot, « Silly Novels by Lady Novelists », in *Selected Critical Writings* [« Romans naïfs de dames romancières », in *Choix de textes critiques*], éd. Rosemary Ashton (Oxford, 1992).

20. La mère de Michitsuna, *Le Journal de l'éphémère*, traduction de René Sieffert encore inédite.
21. Carolyn G. Heilbrun, *Writing a Woman's Life* (New York, 1989).
22. Edmund White, *The Faber Book of Gay Short Stories* (Londres, 1991).
23. Oscar Wilde, *Il importe d'être Constant*, acte II.

LE VOLEUR DE LIVRES (p. 315 à 328)

1. Walter Benjamin, « Paris, capitale du dix-neuvième siècle », in *Reflections*, éd. Peter Demetz.
2. Jean Viardot, « Livres rares et pratiques bibliophiliques, in *Histoire de l'édition française*, vol. II (Paris, 1984).
3. Michael Olmert, *The Smithsonian Book of Books* (Washington, 1992).
4. Geo. Haven Putnam, *Books and Their Makers during the Middle Ages*, vol. I (New York, 1896-97).
5. *Ibid.*
6. P. Riberette, *Les Bibliothèques françaises pendant la Révolution* (Paris, BNF, 1970).
7. Bibliothèque nationale, *Le Livre dans la vie quotidienne* (Paris, BNF, 1975).
8. Simone Balayé, *La Bibliothèque nationale des origines à 1800* (Genève, Droz, 1988).
9. Madeleine B. Stern et Leona Rostenberg, « A Study in « Bibliokleptomania » », in *Bookman's Weekly*, n° 67, New York, 22 juin 1981.
10. Cité par A.N.L. Munby dans « The Earl and the Thief : Lord Ashburnham and Count Libri », in *Harvard Literary Bulletin*, vol. XVII (Cambridge, Mass., 1969).
11. Gédéon Tallemant des Réaux, *Historiettes* (Paris, 1834).
12. Albert Cim, *Amateurs et voleurs de livres* (Paris, 1903).
13. *Ibid.*
14. Léopold Delisle, *Les Manuscrits des fonds Libri et Barrois* (Paris, 1888).

15. Marcel Proust, *Les Plaisirs et les jours* (Paris, 1896).
16. Munby, « The Earl and the Thief ».
17. Philippe Vigier, « Paris pendant la monarchie de Juillet, 1830-1848 », in *Nouvelle Histoire de Paris* (Paris, éd. Association pour la publication d'une histoire de Paris, 1991).
18. Jean Freustié, *Prosper Mérimée, 1803-1870* (Paris, 1982).
19. Prosper Mérimée, *Correspondance*, établie et annotée par Maurice Parturier, vol. V : *1847-1849* (Paris, 1946).
20. Prosper Mérimée, « Le procès de M. Libri », in *Revue des Deux Mondes*, Paris, 15 avril 1852.
21. L. Delisle, *Les Manuscrits des fonds Libri et Barrois*.
22. A. Cim, *op. cit.*
23. Lawrence S. Thompson, « Notes on Bibliokleptomania », in *The Bulletin of the New York Public Library*, New York, sept. 1944.
24. Rudolf Buchner, *Bücher und Menschen* (Berlin, 1976).
25. L.S. Thompson, *op. cit.*
26. A. Cim, *op. cit.*
27. Charles Lamb, *Essays of Elia*, deuxième série (Londres, 1833).

L'AUTEUR EN LECTEUR (p. 329 à 344)

1. Pline le Jeune, *Lettres I-IX*, éd. A. M. Guillemin, VI, 17, 3 vol. (Paris, 1927-1928).
2. Même l'empereur Auguste assistait à ces lectures « avec bonne volonté et patience » : Suétone, « Augustus », 89, 3, in *Vies des douze césars*, éd. J.C. Rolfe (Cambridge, Mass., & Londres, 1948).
3. Pline le Jeune, *op. cit.*, V, 12 et VII, 17.
4. *Ibid.*, I, 13.
5. *Ibid.*, VIII, 12.
6. Juvénal, VII, 39-47, in *Juvenal and Persius, Works*, éd. G.G. Ramsay (Cambridge, Mass., & Londres, 1952).

7. Pline le Jeune, *op. cit.*, II, 19.
8. *Ibid.*, V, 17.
9. *Ibid.*, IV, 27.
10. Horace, Lettre à Auguste, in *Classical Literary Criticism*, éd. D. A. Russell et M. Winterbottom (Oxford, 1989).
11. Martial, *Epigrammes*, III, 44, in *Works*, éd.W.C.A. Ker (Cambridge, Mass., & Londres, 1919-1920).
12. Pline le Jeune, *op. cit.*, II, 19.
13. *Ibid.*, IX, 3.
14. *Ibid.*, IX, 23.
15. *Ibid.*, IX, 11.
16. *Ibid.*, VI, 21.
17. Le poète Louis MacNeice rapporte qu'après l'une des lectures de Dylan Thomas, « un acteur qui était demeuré ébloui dans les coulisses lui dit avec admiration : M. Thomas, l'une de vos pauses a duré cinquante secondes ! Dylan se redressa, l'air vexé (une chose où il excellait) : Lu aussi vite que je pouvais, répliqua-t-il avec hauteur. » John Berryman, « After Many a Summer : Memories of Dylan Thomas », in *The Times Literary Supplement*, Londres, 3 sept. 1993.
18. Erich Auerbach, *Literatursprache und Publikum in der lateinischen Spätantike und im Mittelalter* (Berne, 1958).
19. Dante, *De vulgare eloquentia*, trad. et éd. Vittorio Coletti (Milan, 1991).
20. Jean de Joinville, *Histoire de saint Louis*, éd. Noël Corbett (Paris, 1977).
21. William Nelson, « From « Listen, Lordings » to « Dear Reader », in *University of Toronto Quarterly* 47/2 (hiver 1976-1977).
22. Fernando de Rojas, *La Celestina : Tragicomedia de Calisto y Melibea*, éd. Dorothy S. Severin (Madrid, 1969).
23. Maria Rosa Lida de Malkiel, *La originalidad artística de La Celestina* (Buenos Aires, 1967).
24. Ludovico Ariosto, *Tutte le opere*, éd. Cesare Segre, I, XXXVIII (Milan, 1964) cité dans W. Nelson, *op. cit*.
25. Ruth Crosby, « Chaucer and the Custom or Oral

Delivery », in *Speculum : A Journal of Medieval Sudies* 13, Cambridge, Mass., 1938.

26. Cité dans M.B. Parkes, *Pause and Effect : an Introduction to the History of Punctuation in the West* (Berkeley & Los Angeles, 1993).

27. Thomas Love Peacock, *Nightmare Abbey* (Londres, 1818).

28. Samuel Butler, *The Notebooks of Samuel Butler*, éd. Henry Festing Jones (Londres, 1921).

29. P.N. Furbank, *Diderot* (Londres, 1992).

30. Peter Ackroyd, *Dickens* (Londres, 1991).

31. Paul Turner, *Tennyson* (Londres, 1976).

32. Charles R. Saunders, « Carlyle and Tennyson », PLMA 76 (mars 1961), Londres.

33. Ralph Wilson Rader, *Tennyson's Maud : The Biographical Genesis* (Berkeley & Los Angeles, 1963).

34. Charles Tennyson, *Alfred Tennyson* (Londres, 1950).

35. Ralph Waldo Emerson, *The Topical Notebooks*, éd. Ronald A. Bosco (New York & Londres, 1993).

36. Kevin Jackson, review of Peter Ackroyd's lecture « Londres Luminaries and Cockney Visionaries » au Victoria and Albert Museum, in *The Independant*, Londres, 9 déc. 1993.

37. P. Ackroyd, *op. cit*.

38. Richard Ellman, *James Joyce*, éd. révisée (Londres, 1982).

39. Dámaso Alonso, « Las conferencias », in *Insula* 75, 15 mars 1952, Madrid.

40. Stephen Jay Gould, *The Panda's Thumb* (New York, 1989).

LE TRADUCTEUR EN LECTEUR (p. 345 à 370)

1. Rainer Maria Rilke, Lettre à Mimi Romanelli, 11 mai 1911, in *Briefe 1907-1914* (Francfort/Main, 1933).

2. Louise Labé, *Œuvres poétiques*, éd. Françoise Charpentier (Paris, 1983).

3. Carl Jacob Burckhardt, *Ein Vormittag beim Buchhandler* (Bâle, 1944).

4. Le poème de Racine, traduction de la seconde moitié seulement du psaume 36, commence ainsi : « Grand Dieu, qui vis les cieux se former sans matière ».

5. Cité par Donald Prater, in *A Ringing Glass : The Life of Rainer Maria Rilke* (Oxford, 1986).

6. Alta Lind Cook, *Sonnets of Louise Labé* (Toronto, 1950).

7. L. Labé, *op. cit.*

8. Rainer Maria Rilke, « Narcissus », in *Sämtliche Werke*, éd. Rilke-Archiv (Francfort/Main, 1955-1957).

9. Cité par Prater, in *A Ringing Glass*.

10. Nathalie Zemon Davis, « Le monde de l'imprimerie humaniste : Lyon », in *Histoire de l'édition française*, I (Paris, 1982).

11. George Steiner, *After Babel* (Oxford, 1973).

12. Paul de Man, *Allegories of Reading : Figural language in Rousseau, Nietzsche, Rilke and Proust* (New Haven & Londres, 1979).

13. D.E. Luscombe, *The School of Peter Abelard : The Influence of Abelard's Thought in the Early Scholastic Period* (Cambridge, 1969).

14. Cité par Olga S. Opfell, in *The King James Bible Translators* (Jefferson, N.C., 1982).

15. *Ibid.*

16. *Ibid.*

17. *Ibid.*

18. Rudyard Kipling, « Proofs of Holy Writ », in *The Complete Works of Rudyard Kipling*, « Uncollected Items », vol. XXX, Sussex Edition (Londres, 1939).

19. Montague R. James, introduction à *De nugis curialum*, de Walter Map (Oxford, 1914).

20. Samuel Berger, *La Bible française au Moyen Âge* (Paris, nouvelle éd., 1967).

21. Ms 70, bibliothèque Mazarine, Paris.

22. Samuel Berger, *op. cit.*

23. *The Cambridge History of the Bible*, éd. par G.W.H. Lampe, vol. II (Cambridge, 1969).

24. Pie IV, *Dominici Gregis*, 1564, cité par R. Koch dans *Am Tisch des Wortes* (Stuttgart, 1965).

25. Roger Chartier, Dominique Julia et Marie-Madeleine Compère, *L'Éducation en France du XVIᵉ au XVIIᵉ siècle* (Paris, 1976).
26. Blaise Pascal, Papiers non classés, fragment 473 (500) in *Pensées*, texte établi par Louis Lafuma (Paris, 1962).
27. Propos attribués à Pascal (1000), rapportés par De Vigneul-Marville, *ibid.*
28. Blaise Pascal, Papiers non classés, fragment 466 (428), *op. cit.*
29. Saint Jérôme, *Lettre 57*, citée par G. J. M. Bartelink, *Liber de optimo genere interpretandi : Ein Kommentar* (Berlin, 1980).
30. La Bible : traduction de Louis-Isaac Lemaître de Sacy, préface et textes d'introduction établis par Philippe Sellier (Paris, Laffont, 1990).
31. Alexander von Humboldt, *Über die Verschiedenheit des menschlischen Sprachbaues und ihren Einfluß auf die geistige Entwicklung des Menschengeschlechts* cité dans U. Eco, *La Ricerca della Lingua Perfetta* (Rome et Bari, 1993).
32. Paul de Man, *op. cit.*

LECTURES INTERDITES (p. 371 à 386)

1. James Boswell, *op. cit.*
2. T.B. Macaulay, *The History of England*, 5 vol. (Londres, 1849-1961).
3. Charles était néanmoins considéré comme un roi digne d'estime par la plupart de ses sujets, qui estimaient que ses vices mineurs corrigeaient les plus grands. John Aubrey raconte l'histoire d'un certain Arise Evans, dont le nez était atteint d'un fongus, « et qui disait avoir eu la révélation que la main du roi le guérirait : et la première fois que le roi Charles II vint au parc St. James, il baisa la main du roi et s'en frotta le nez, ce qui surprit le roi mais guérit Evans » : John Aubrey, *Divers*, in *Trois Œuvres en prose*, éd. John Buchanan-Brown (Oxford, 1972).

4. Antonia Fraser, *Royal Charles : Charles II and the Restoration* (Londres, 1979).
5. Janet Duitsman Cornelius, *When I Can Read My Title Clear : Literacy, Slavery, and Religion in the Antebellum South* (Columbia, S.C., 1991).
6. Cité *ibid*.
7. *Ibid*.
8. *Ibid*.
9. *Ibid*.
10. Frederick Douglass, *The Life and Times of Frederick Douglass* (Hartford, Conn., 1881).
11. Cité dans Duitsman Cornelius, *When I Can Read...*
12. Peter Handke, *Kaspar* (Francfort/Main, 1976).
13. Voltaire, « De l'Horrible Danger de la Lecture », in *Mémoires, suivis de Mélanges divers* et précédés de *« Voltaire démiurge »* par Paul Souday (Paris, 1927).
14. Johann Wolfgang von Goethe, *Dichtung und Wahrheit*, IV, I (Stuttgart, 1986).
15. Margaret Horsfield, « The Burning Books », dans l'émission *Ideas* de CBC Radio Toronto, diffusée le 23 avril 1990.
16. Cité par Heywook Brown et Margaret Leech, *Anthony Comstock : Roundsman of the Lord* (New York, 1927).
17. Charles Gallaudet Trumbull, *Anthony Comstock, Fighter* (New York, 1913).
18. Cité par H. Brown et M. Leech in *Anthony Comstock*.
19. *Ibid*.
20. *Ibid*.
21. *Ibid*.
22. H.L. Mencken, « Puritanism as a Literary Force », in *A Book of Prefaces* (New York, 1917).
23. Jacques Dars, introduction à *En mouchant la chandelle* (Paris, 1986).
24. Gustave Flaubert, *Madame Bovary*, II, 7 (Paris, 1857).
25. Edmund Gosse, *Father and Son* (Londres, 1907).
26. *Ibid*.
27. Joan DelFattore, *What Johnny Shouldn't Read : Text-*

book Censorship in America (New Haven & Londres, 1992).
28. Cité dans *The Times*, Londres, 4 janvier 1978 ; citation reprise par Nick Caistor dans son avant-propos à *Nunca Más : A Report by Angentina's National Commission on Disappeared People* (Londres, 1986, 1983).
29. Dans *Nunca Más*.

LE FOU DE LIVRES (p. 387 à 408)

1. Patrick Trevor-Roper, *The World through Blunted Sight* (Londres, 1988).
2. Jorge Luis Borges, « Poema de los dones », in *El Hadedor* (Buenos Aires, 1960).
3. Royal Ontario Museum, *Books of the Middle Ages* (Toronto, 1950).
4. P. Trevor-Roper, *The World through Blunted Sight*.
5. Pline l'Ancien, *Histoire naturelle*, éd. D. E. Eichholz, Livre XXXVII, 16 (Cambridge, Mass., & Londres, 1972).
6. A. Bourgeois, *Les Bésicles de nos ancêtres* (Paris, 1923). (Bourgeois ne donne ni le jour ni le mois, et l'année est fausse.) Voir aussi Edward Rosen, « The Invention of Eyeglasses », in *The Journal of the History of Medicine and Allied Sciences*, 11 (1956).
7. Redi, *Lettera sopra l'invenzione degli occhiali di nazo* (Florence, 1648).
8. E. Rosen, « The Invention of Eyeglasses ».
9. Rudyard Kipling, « The Eye of Allah », in *Debits and Credits* (Londres, 1926).
10. Roger Bacon, *Opus maius*, éd. S. Jebb (Londres, 1959).
11. W. Poulet, *Atlas on the History of Spectacles*, vol. II (Godesberg, 1980).
12. Hugh Orr, *An Illustrated History of Early Antique Spectacles* (Kent, 1985).
13. E.R. Curtius, citant F. Messerschmidt, *Archiv fur Religionswissenschaft* (Berlin, 1931), note que les Etrusques ont néanmoins représenté plusieurs de leurs dieux en scribes ou en lecteurs.

14. Charles Schmidt, *Histoire littéraire de l'Alsace* (Strasbourg, 1879).

15. Sébastien Brandt, *Das Narrenschiff*, éd. Friedrich Zarncke (Leipzig, 1854).

16. Geiler von Kaysersberg, *Nauicula siue speculum fatuorum* (Strasbourg, 1510).

17. Sénèque, « De la tranquillité de l'âme », in *Moral Essays [Essais moraux]*, éd. R. M. Gummere (Cambridge, Mass., & Londres, 1955) ; trad. de C. Lazam, p. 114 (Paris, Gallimard, « Pléiade »).

18. *Ibid*

19. John Donne, « The Extasie », in *The Complete English Poems*, éd. C.A. Patrides (New York, 1985).

20. Gérard de Nerval, « Sylvie, souvenirs du Valois », dans *Autres chimères* (Paris, 1854).

21. Jorge Manrique, « Coplas a la muerte de su padre », in *Poesías*, éd. F. Benelcarría (Madrid, 1952).

22. Sénèque, *La Vie heureuse*, trad. Paul Veyne (Paris, 1993).

23. John Carey, *The Intellectuals and the Masses : Pride and Prejudice among the Literary Intelligentsia, 1880-1939* (Londres, 1992).

24. Matthew Arnold, *Culture and Anarchy* (Londres, 1932). Pour rendre justice à Arnold, sa phrase se poursuit ainsi : « mais nous sommes pour la transformation de tout un chacun en vertu de la loi de la perfection ».

25. Aldous Huxley, « Des charmes de l'Histoire », in *Music at Night* (Londres, 1931).

26. Thomas Hardy, texte écrit en 1887, cité par Carey in *The Intellectual and the Masses*.

27. Sigmund Freud, « Ecrivains et rêveurs », in *Art and Literature*, vol. XIV de la Pelican Freud Library, trad. James Strachey (Londres, 1985).

28. Et même Don Quichotte n'est pas complètement perdu dans la fiction. Quand lui et Sancho enfourchent le cheval de bois, convaincus qu'il s'agit du coursier volant Clavileño et que l'incrédule Sancho veut enlever le mouchoir qui lui couvre les yeux afin de voir s'ils se trouvent réellement dans les airs et près du soleil, Don

Quichotte lui ordonne de n'en rien faire. Une preuve prosaïque détruirait la fiction. (*Don Quichotte*, II, 41.) La *suspension of disbelief*, comme le faisait justement remarquer Coleridge, doit être volontaire; au delà de cette volonté se trouve la folie.

29. Rebecca West, « The Strange Necessity, » in *Rebecca West – a Celebration* (New York, 1978).

PAGES DE FIN (p. 409 à 422)

1. Ernest Hemingway, « The Snows of Kilimanjaro », in *The Snows of Kilimanjaro and Other Stories* (New York, 1927); *Les Neiges du Kilimandjaro*, trad. M. Duhamel (Paris, 1969).
2. Rainer Maria Rilke, *Die Aufzeuchnungen des Malte Laurids Brigge*, éd. Erich Heller (Francfort/Main, 1986).
3. Richard de Bury, *The Philobiblon*.
4. Virginia Woolf, « How Should One Read a Book? », in *The Common Reader*, second series (Londres, 1932).
5. Gerontius, *Via Melaniae Janioris*, trad. et éd. Elizabeth A. Clark (New York & Toronto, 1984).
6. Jonathan Rose, « Rereading the English Common Reader : A Preface to a History of Audiences », in the *Journal of the History of Ideas*, 1992.
7. Robert Irwin, *The Arabian Nights : A Companion* (Londres, 1994).
8. Miguel de Cervantes Saavedra, *op. cit.*
9. Marcel Proust, *Journées de lecture*, éd. Alain Coelho (Paris, « 10-18 », 1993).
10. Michel Butor, *La Modification* (Paris, Minuit, 1957).
11. Wofgang Kayser, *Das Sprachliche Kunstwerk* (Leipzig, 1948).
12. Cité par Thomas Boyle dans *Black Swine in the Sewers of Hampstead : Beneath the Surface of Victorian Sensationalism* (New York, 1989).
13. Jane Austen, *Northanger Abbey* (Londres, 1818).
14. Graham Balfour, *The Life of Robert Louis Stevenson*, 2 vol. (Londres, 1901).

15. Peut-être mal à propos, commente Simone Vauthier, professeur à l'université de Strasbourg, dans un article consacré au livre. On s'attendrait plutôt au « syndrome du roi Shahryar » ou si, comme le romancier américain John Barth, on est attentif à l'autre auditrice de Schéhérazade, sa jeune sœur, au « syndrome de Dunyazade ».
16. John Wells, *Rude Words : A Discursive History of the Londres Library* (Londres, 1991).
17. Marc-Alain Ouaknin, *Bibliothérapie : Lire, c'est guérir* (Paris, Seuil, 1984).
18. Robert Coover, « The End of Books », in *The New York Times*, 21 juin 1992.

CRÉDITS PHOTOGRAPHIQUES

Page 14, *en haut, à gauche* : Musée d'Orsay, Paris ; © photo RMN ; *en haut, au centre* : Westfälisches Landesmuseum für Kunst und Kulturgeschichte, Münster/R. Wakonigg. Dauerleihgabe der Gesellschaft für westfälische Kulturarbeit ; *en haut, à droite* : Museo S. Marco, Florence ; photo Scala, Florence ; *au milieu, à gauche* : Bayer. Staatsgemäldesammlungen – Schack-Galerie Munich ; *au centre* : Library of the Topkapi Sarayi Muzesi, Istanbul ; *au milieu, à droite* : musée de Unterlinden, Colmar ; photo O. Zimmermann ; *en bas, à gauche* : musée du Louvre, Paris ; © photo RMN ; *en bas, au centre* : avec l'aimable autorisation de la National Gallery, Londres (détail) ; *en bas, à droite* : Öffentliche Bibliothek der Universität, Bâle.

P. 16, *en haut, à gauche* : Francis Bartlett Donation of 1912 and Picture Fund. Avec l'aimable autorisation du Museum of Fine Arts, Boston (détail) ; *en haut, au centre* : avec l'aimable autorisation de la Korea National Tourism Corporation, London Office ; *en haut, à droite* : Winchester Cathedral ; © photographies en couleur, Judges Postcards Ltd, Hastings ; *en bas, à gauche* : musée de la Ville de Strasbourg ; *en bas, au centre* : Dickens House Museum, Londres ; *en bas, à droite* : collection de l'auteur.

P. 17, *à gauche* : Musée du Louvre, Paris ; © photo RMN ; *au centre* : photographie d'Eduardo Comesaña ; *à droite* : Staatliche Kunsthalle, Karlsruhe (détail).

P. 20 : Avec l'aimable autorisation de l'Institute of History and Philology, Academia Sinica, Taiwan.
P. 23 : Jewish National & University Library, Jérusalem.
P. 42 : Bibliothèque universitaire d'Istanbul ; photo © Roland Michaud, John Hillelson Agency.
P. 43 : British Museum ; photographie de J. Oates.
P. 46 : Wellcome Institute Library, Londres.
P. 48 : The Royal Collection, Windsor ; © 1995 ; Her Majesty Queen Elizabeth II.
P. 49 : Suleymaniye Library, Istanbul.
P. 55 : Marcus E. Raichle MD, Washington University School of Medicine.
P. 58 : © Bibliothèque royale Albert Ier, Bruxelles. Ms 10791 fol. 2r.
P. 60 : Église Saint-Ambroise, Milan ; photo Scala, Florence.
P. 67 : Musée archéologique national, Athènes. N° 1260 (détail).
P. 72 : Mary Evans Picture Library.
P. 74 : Musée du Louvre, Paris ; © photo RMN.
P. 76-77 : Tombe de Cino da Pistoia, dôme de Pistoia ; photo Scala, Florence.
P. 82 : Chadwyck-Healey Ltd, Cambridge.
P. 83 : © Cliché Bibliothèque nationale de France, Paris.
P. 88 : Bibliothèque humaniste, Sélestat.
P. 94, *à gauche* : église de Luat, Fresnay-le-Luat (Oise) ; © Collection Viollet ; *à droite* : Musée lorrain, Nancy, cliché Mangin.
P. 96, *gauche et droite* : Bibliothèque humaniste, Sélestat.
P. 97, Musée de Cluny, Paris ; © photo RMN.
P. 98, *en haut* : Musée de Cluny, Paris ; © photo RMN ; *en bas*, Öffentliche Kunstsammlung, Bâle, Kunstmuseum ; photo : Öffentliche Kunstsammlung, Bâle, Martin Bühler (détail).
P. 99 : © Cliché Bibliothèque nationale de France, Paris.
P. 103 : Library of Congress LC-USZ 62-78985.
P. 104 : Bibliothèque humaniste, Sélestat.
P. 108 : Bildarchiv Preussischer Kulturbesitz, Berlin.

P. 111 : Photo Scala, Florence.

P. 117 : National Gallery of Prague.

P. 120 : Franco Maria Ricci.

P. 124 : Israel Museum, Jérusalem.

P. 126 : St. Bavon, Gand, photo © IRPA-KIK, Bruxelles (détail).

P. 127 : Église Sainte-Sabine, Rome ; photographie Alinari-Giraudon.

P. 129 : Universitätsbibliothek Heidelberg.

P. 131 : Das Gleimhaus, Halberstadt, Allemagne.

P. 132 : TBWA/V & S Vin & Sprit AB.

P. 134 : Swiss National Museum, Zurich. Inv. Nr. LM7211, Neg Nr. 11308.

P. 135 : Schnütgen-Museum, Cologne/Rheinisches Bildarchiv, Cologne.

P. 136 : © Bibliothèque nationale de France, Paris/ Archives Seuil.

P. 140 : Library of Congress LC-USZ 65011.

P. 141 : Key West Art & Historical Society.

P. 143 : Archives de l'abbaye du Mont-Cassin, Italie/G. Dagli Orti, Paris.

P. 147 : Musée Condé, Chantilly/Lauros-Giraudon.

P. 154 : Biblioteca Nazionale Marciana, Venise ; photo Toso.

P. 159 : Collection de l'auteur.

P. 160 : Avec l'aimable autorisation de la British Library, Add Ms. 63493, f. 112v.

P. 161, *à gauche* : Stiftsbibliothek Saint-Gall, Suisse ; *à droite* : avec l'aimable autorisation du Victoria & Albert Museum.

P. 162 : Avec l'aimable autorisation du Victoria & Albert Museum.

P. 163 : Mary Evans Picture Library/Institution of Civil Engineers.

P. 165 : Collection de l'auteur.

P. 168 : Avec l'aimable autorisation de la British Library G. 9260.

P. 169 : Avec l'aimable autorisation de la British Library IB24504.

P. 171, *à gauche* : Avec l'aimable autorisation de la Folger Shakespeare Library ; *à droite* : Avec l'aimable autorisation du Royal Ontario Museum.
P. 173, *en haut* : © cliché Bibliothèque nationale de France, Paris ; *en bas* : Mary Evans Picture Library.
P. 175 : WH Smith Ltd.
P. 177, *à gauche* : Penguin Books ; *à droite* : © cliché Bibliothèque nationale de France, Paris.
P. 178 : Avec l'aimable autorisation du Fogg Art Museum. Harvard University Art Museums, Bequest of James P. Warburg.
P. 179 : Beinecke Rare Book and Manuscript Library, Yale University.
P. 180, *en haut* : avec l'aimable autorisation de la British Library, NL. Tab. 2 ; *en bas à gauche* : Associated Press ; *en bas à droite* : © The Dakhleh Oasis Project ; photo Alan Hollet.
P. 182 : Photo Jean-Loup Charmet.
P. 184 : Fonterrault, France ; photo AKG, Londres/Erich Lessing.
P. 190 : National Museum of Antiquities, Leyde.
P. 191 : Bibliothèque Mazarine, Paris ; photo Jean-Loup Charmet.
P. 193 : Avec l'aimable autorisation du Victoria & Albert Museum.
P. 196 : Paris-Match/Walter Carone.
P. 198 : Yale Collection of American Literature, Beinecke Rare Book and Manuscript Library, Yale University.
P. 203 : Library of Congress LC-USZ62-70956.
P. 208 : Avec l'aimable autorisation de la British Library LR413G1 798 (31).
P. 209 : Mary Evans Picture Library.
P. 212 : © Iraq Museum, Bagdad ; avec l'aimable autorisation de J. Oates.
P. 220 : © British Museum.
P. 224 : Bibliothèque nationale de France/photo © Collection Viollet.
P. 228 : Mary Evans Picture Library.
P. 231 : Collection de l'auteur.

P. 233 : © Cliché Bibliothèque nationale de France, Paris.
P. 234 : Mary Evans Picture Library.
P. 235 : Chartres ; photo Giraudon.
P. 238 : AKG, Londres.
P. 245 : Avec l'aimable autorisation de la British Library IB9110.
P. 252 : © Fonds André Kertész.
P. 254 : Galerie des Offices, Florence ; photo Scala, Florence.
P. 259 : Chapelle des Scrovegni à l'Arena de Padoue ; photo Scala, Florence.
P. 260 : © Bibliothèque royale Albert Ier, Bruxelles. Ms IV. 111 fol. 13r.
P. 263 : Musée du Prado, Madrid.
P. 264 : Sygma.
P. 266 : © British Museum.
P. 268 : Bibliothèque des Arts décoratifs, Paris/Jean-Loup Charmet.
P. 270 : Kyôto National Museum.
P. 280 : Éditions Tallandier Photothèque, Paris.
P. 290 : Côme ; photo AKG, Londres.
P. 299 : The Master and Fellows of Corpus Christi College, Cambridge.
P. 301 : The Dickens House Museum, Londres.
P. 306 : Rilke Archive, Gernsbach, Allemagne.
P. 309 : © Cliché Bibliothèque nationale de France, Paris.
P. 320 : Avec l'aimable autorisation de la British Library C 35 L 13 (1).
P. 328 : Détail de « Aunt Betsy's cabin in Aiken, South Carolina », photographie attribuée à J.A. Palmer, 1876. Collection of The New York Historical Society.
P. 333 : Avec l'aimable autorisation de la British Library Or 74 D. 45. Vol 5.
P. 334 : © Hulton.
P. 336 : Avec l'aimable autorisation de la British Library 010884 h. 23.
P. 337 : Corbis-Bettmann.

P. 338 : Collection de l'auteur.
P. 342 : Bibliothèque humaniste, Sélestat.
P. 346 : S. Niccolò, Trévise ; photo AKG, Londres.
P. 348 : Musée de l'abbaye de Klosterneuburg, Autriche.
P. 351 : Bibliothèque humaniste, Sélestat.
P. 352 : Bibliothèque humaniste, Sélestat.
P. 358-359 : Imperial War Museum, Londres.

5625

Composition Chesteroc International Graphics
Achevé d'imprimer en Europe (France)
par Maury-Eurolivres – 45300 Manchecourt
le 3 septembre 2001.
Dépôt légal septembre 2001. ISBN 2-290-30353-4

Éditions J'ai lu
84, rue de Grenelle, 75007 Paris
Diffusion France et étranger : Flammarion